P 26,-

Gruppe Feministischer Internationalismus (Hg.)
Zwischen Staatshaushalt und Haushaltskasse

Gruppe Feministischer Internationalismus
– Beate Beheim-Schwarzbach
Annekathrin Linck / Christa Prüßner
Ingrid Schneider / Elke Sirowy –
(Herausgeberinnen)

Zwischen Staatshaushalt und Haushaltskasse

Frauen in der Weltwirtschaft

edition CON

Fotonachweis: Andradi; terre des hommes;
Hinrich Schultze; Marily Stroux; Dirk Wildt.

CIP-Titelaufnahme der Deutschen Bibliothek

Zwischen Staatshaushalt und Haushaltskasse : Frauen in der Weltwirtschaft / Gruppe Feminist. Internationalismus. (Beate Beheim-Schwarzbach ...). – Bremen: Ed. CON, 1989
ISBN 3-88526-154-5
NE: Beheim-Schwarzbach, Beate [Mitverf.]; Gruppe Feministischer Internationalismus

Umschlag: Ulrike Schaz
Satz: Fotosatz Ulla Penselin, Hamburg
Druck und Bindearbeiten: Fuldaer Verlagsanstalt, Fulda
Lektorat: R. Pogorzelski

1. Auflage 1989

Printed in West Germany
ISBN 3-88526-154-5

Dieses Buch wurde hergestellt mit finanzieller Unterstützung der Nord-Süd-Kampagne des Europarats, dem ABP und der Stiftung Umverteilen

NORD-SÜD-KAMPAGNE DES EUROPARATS

Inhalt

Einleitung

Bislang wurden Ökonomie und Weltwirtschaft in der Frauenbewegung wenig diskutiert, auch wenn Aspekte davon in den verschiedensten Diskussionen immer wieder auftauchten.

Ein Beispiel ist das Thema Frauenarbeit. Thematisiert wurde die Diskriminierung von Frauen im Erwerbsleben, angefangen vom geschlechtsspezifischen Arbeitsmarkt über geschlechtsspezifische Lohngruppierungen (z.B. Leichtlohngruppen), ungeschützte Arbeitsverhältnisse für Frauen bis hin zur sexuellen Belästigung am Arbeitsplatz. Im Rahmen dieser Diskussion entstanden Frauengruppen in den Gewerkschaften und auch feministische Betriebsgruppen, die sich außerhalb der gewerkschaftlichen Strukturen organisierten.

Um die Bewertung von Frauenarbeit ging es auch in der sehr kontroversen Debatte zur Forderung 'Lohn für Hausarbeit'. Die marxistische Theorie wurde aus feministischer Sicht kritisiert, weil die Reproduktionsarbeit von Frauen nicht auftaucht, sozusagen einen „blinden Fleck" darstellt.[1] Mit dem Begriff der „Hausfrauisierung" wurde sowohl auf die Geschichte und Bedeutung von Hausarbeit im Kapitalismus hingewiesen als auch auf die Tendenz, Lohnarbeit durch „hausfrauisierte" Arbeitsverhältnisse zu ersetzen.[2]

Im Rahmen der Diskussion um Erwerbsarbeit wurde auch die soziale Sicherung von Frauen und die „Feminisierung der Armut" thematisiert. Die Diskussion über Frauenarbeit auf internationaler Ebene setzte sich z.B. mit der Rolle von Frauen als billigem Arbeitskräftereservoir in den Weltmarktfabriken auseinander, ebenso mit dem Frauenhandel im Prostitutionsgeschäft. Feministische Kritik gab es auch an der Entwicklungshilfe, wie sie kapitalistisch-patriarchale Arbeitsmodelle zu exportieren sucht und die Situation von Frauen in den entsprechenden Ländern oft verschlechtert. Frauengruppen in der Solidaritätsbewegung unterstützen ihrerseits Frauenprojekte in Ländern der „Dritten Welt", die versuchen, Autonomie und eigenständige Existenzsicherung von Frauen zu fördern.

In der bundesdeutschen Frauenbewegung hatte die Diskussion um Frauen und Geld, der Wunsch nach selbstbestimmter Arbeit und nach Frauenräumen als Ort der Bewegung zur Gründung von autonomen Frauenprojekten beigetragen. Für viele stellte sich aber das Problem der Abhängigkeit von Staatsknete, und so konnte eine Reihe von Projekten aus finanziellen Gründen nicht überleben.

Um einen Zugang von Frauen zu Geld geht es auch den „Goldrausch"-Frauen. Sie gründeten ein Frauennetzwerk, das Frauenprojekte finanziell unterstützt und berät.

Obwohl in der feministischen Diskussion bislang vielfältige Aspekte des Verhältnisses von Frauen zu Geld und Ökonomie zur Sprache kamen, existiert noch keine feministische Wirtschaftstheorie, ein Erklärungsansatz internationaler Wirtschaftszusammenhänge aus feministischer Sicht. Was haben Weltwirtschaft und Hauswirtschaft miteinander zu tun? Ökonomische Kreisläufe verbinden Frauen in allen Staaten, denn alle sind betroffen von Produktion und Handel, von der jeweiligen staatlichen Wirtschafts- und Finanzpolitik und von der internationalen Arbeitsteilung.

Eigentlich wäre hier ein Anknüpfungspunkt der Zusammenarbeit von autonomer Frauenbewegung und Frauen aus der Solidaritätsbewegung gegeben. Aber bislang wurden weder in der Solidaritätsbewegung noch in der Frauenbewegung internationale globale Forschungsansätze zum Verhältnis von Frauen und Weltwirtschaft entwickelt.

In unserer Gruppe, die seit 1983 besteht, haben wir zu internationaler Frauenarbeit und zum Zusammenhang Frauen und Entwicklungshilfe gearbeitet. Ende 1986 begannen wir, uns mit dem Thema feministische Ökonomie auf internationaler Ebene zu beschäftigen. Anlaß dazu waren die bevorstehende IWF-Tagung in Berlin 1988 und der Beschluß des Bundeskongresses entwicklungspolitischer Aktionsgruppen, eine fast zweijährige Kampagne gegen die Politik internationaler Banken und IWF zu starten.

Wir wollten uns gerade als Frauengruppe mit diesem Thema auseinandersetzen. Bis dahin war es in der Diskussion immer nur um Makroökonomie gegangen, sprich Verschuldungskrise, IWF und Banken, und es waren auch fast nur Männer, die zu diesem Thema schrieben und arbeiteten. Um Zusammenhänge zwischen Weltwirtschaft und der Situation von Frauen zu erarbeiten, eigneten wir uns Grundkenntnisse in Makroökonomie an. Anhand sozialer Auswirkungen der Verschuldungskrise, d.h. der durch die Krise veränderten Lebens- und Arbeitsbedingungen von Frauen, kristallisierten sich für uns allgemeine Zusammenhänge zwischen Mikro- und Makroökonomie in ihrer Bedeutung für Frauen heraus.

Durch Veröffentlichungen und Veranstaltungen mit Frauen zu diesem Thema (u.a. auf der Hamburger Frauenwoche und auf dem Buko-Kongreß) und Seminare wollten wir sowohl eine Diskussion in Frauenzusammenhängen initiieren als auch von anderen Frauen Anregungen dazu bekommen. Wir mußten aber feststellen, daß wir mit unserer Arbeit

Neuland betreten hatten und nur sehr wenig Frauen zu diesem Thema arbeiteten.

Die Idee zu diesem Buch entstand sowohl aus dem Anliegen, dieses Thema auch nach dem IWF-Kongreß für uns weiter zu verfolgen als auch die bisher von Frauen erarbeiteten Ansätze und Materialien fragmenthaft zusammenzubringen und öffentlich zu machen.

Unsere ursprüngliche Idee war, eine Materialsammlung zum Thema 'Frauen und Verschuldung/Strukturanpassung' zusammenzustellen, Texte von Frauen, die bisher kaum zugänglich waren und als 'graue Literatur' in unseren Aktenordnern schlummerten, zu veröffentlichen. Mit der Arbeit am Buchprojekt wuchsen unsere Ansprüche und die Ideen: Wir versuchten, möglichst viele Aspekte des Themas 'Frauen und Weltwirtschaft' abzudecken, wobei uns für die verschiedenen Ebenen und möglichen Zugangsweisen unterschiedliche Darstellungsformen vorschwebten; wir wollten ein sinnliches, reich bebildertes Werk im großen Format. Wir planten eine Fotoserie zu vielfältigen Facetten von (Frauen-)Armut in der BRD, Interviews mit Frauen zu ihrem persönlichen Verhältnis zu Geld ... Mit unseren Fragen wäre ein komplettes Frauenforscherinnenteam über Jahre beschäftigt gewesen: Bisher gibt es keinerlei übergreifende Studien, wie sich die Außenhandelsabhängigkeit der BRD in Frauenarbeitsplätzen niederschlägt, wie Frauen am 'globalen Fließband' multinationaler Produktions- und Handelsstrukturen miteinander verbunden sind. Gerne gehabt hätten wir auch eine Reportage über Frauenarbeitsbedingungen in transnationalen Unternehmen hier in der BRD (z.B. in der Bekleidungsindustrie), am liebsten geschrieben von einer Gewerkschafterin aus der „Dritten Welt". Ebenso hätten wir es interessant gefunden, von Bewohnerinnen und Mitarbeiterinnen aus Frauenhäusern Erfahrungsberichte und Analysen zu lesen, ob sich ökonomische Krisenerfahrungen durch Erwerbslosigkeit etc. in einen Zusammenhang mit erhöhter Männergewalt stellen lassen.

Gescheitert ist auch unser Wunsch, alle Autorinnen zu einer Redaktionskonferenz zusammenzubringen und gemeinsam über die jeweiligen Ansätze und Analyseprozesse zu diskutieren, um daraus Perspektiven für eine feministische Geld- und Wirtschaftstheorie wie -politik zu entwickeln. Möglichkeiten eines engeren Austauschs und intensiver Diskussionsprozesse haben wir total überschätzt. Weiterführende inhaltliche Diskussionen blieben oft sogar in unserer eigenen Gruppe auf der Strecke, weil wir hoffnungslos überladen waren mit Organisations- und Koordinationsarbeiten. Mehr Spaß am und Konzentration aufs Buchprojekt standen auch die materiellen und individuellen Bedingungen jeder einzelnen Frau, der Zwang zum Geldverdienen und andere Interessen und Projekte neben dem Buch auf die Reihe zu kriegen, gegenüber.

Strukturelle Hürden und fehlende Finanzierungsmöglichkeiten schluckten Energie und hemmten Fähigkeiten, belasteten auch unsere Zusammenarbeit in der Gruppe.

Wir haben vieles überschätzt an unseren eigenen Möglichkeiten und denen anderer Frauen. Gelernt haben wir dennoch eine Menge, gerade auch, wie langfristig ein solches Buchprojekt angelegt sein muß und wie viel an unsichtbarer Kleinarbeit, Selbstausbeutung und oft auch mühseligen Organisations- und Kommunikationsprozessen mit der Herstellung eines Readers verbunden sind.

Ein Lichtblick während unserer Arbeit am Buchprojekt war das von Goldrausch organisierte erste Feministische Ökonomieforum in Berlin. Wir empfanden es als einen positiven Ansatz, eine übergreifende, interdisziplinäre Diskussion von Feministinnen aus unterschiedlichen Bereichen zusammenzubringen. Wir wünschen uns, daß solche Begegnungen und Auseinandersetzungen um Feminismus und Ökonomie öfter stattfinden. Und in diesem Sinne wünschen wir uns auch, daß das vorliegende Buch die Diskussion in der Frauenbewegung zum Thema Ökonomie voranbringt.

Struktur und Aufbau des Readers

Den drei Artikeln des ersten Teils ist gemeinsam, daß sie das unendliche Gebiet von Frauen und Weltwirtschaft von unterschiedlichen Ecken angehen, mit übergreifenden Themenstellungen, mit Ansätzen zur Theoriebildung und dem Aufwerfen weiterer Fragestellungen.

Auf der Suche nach einem weiblichen Zugang zur Weltwirtschaft stellt sich **Anja Ruf** die Frage, wie die Verbindung zwischen dem internationalen Finanz- und Wirtschaftssystem und unserer persönlichen Betroffenheit aussehen könnte. Wie läßt sich das ökonomische Element in Geschlechterverhältnissen und in Beziehungen überhaupt erkennen? Männerherrschaft und ökonomische Macht hängen zusammen. Auch wenn Frauen ein möglichst großes Stück vom Kuchen – der auf Ausbeutung beruhenden Macht – für sich wollen, die alte Ordnung von Produktion und Reproduktion bleibt damit unangetastet. Unser Zugang zur Weltwirtschaft wäre daher einer, der den Traum von der Befreiung als Geschlecht nicht aufgibt, sondern im Gegenteil vertieft – bis hinein in die Wurzeln unserer Spaltung und unserer Machtlosigkeit.

Trotz seiner sprachlichen Schwierigkeiten stellt der Aufsatz von **Sushila Gidwani** vom UN-Frauenbüro INSTRAW einen bedeutenden Beitrag dar, da sie in ihrer Analyse die oft voneinander getrennten Ebenen der internationalen Währungs-und Finanzpolitik mit den Veränderungen in der Lebenslage von Frauen in Industrie- und „Dritte Welt"-Ländern in Verbindung setzt. Mit der Ausweitung des Welthandels und dem Übergang von Agrar- zu Industriegesellschaften wurden Frauen zunehmend ihrer produktiven Funktionen beraubt und gerieten in wachsende Abhängigkeit von Märkten, monetarisierten Beziehungen und den darin dominierenden Männern. In dem nach dem Zweiten Weltkrieg entstandenen Finanz- und Währungssystem von Bretton Woods kam den USA eine zentrale Stellung zu, die in den 80er Jahren zunehmend in die Krise gerät. Anhand der Veränderungen im Lauf der Nachkriegsjahrzehnte beschreibt Sushila Gidwani, wie Frauen aus den Industrieländern (hier am Fallbeispiel USA) und Frauen in der „Dritten Welt" den Einflüssen internationaler währungs- und finanzpolitischer Faktoren unterworfen wurden. Positiv erschien uns dabei vor allem die schichten- bzw. klassenspezifische Differenzierung, die in vielen Analysen zur Situation 'der Frauen' oft verloren zu gehen scheint.

Lydia Potts richtet in ihrem Artikel den Blick darauf, daß sich das kapitalistische System nicht nur durch einen Weltmarkt für Waren und Kapital bestimmt, sondern daß der direkte Transfer lebendiger Arbeitskraft durch Arbeitsmigrationen und vielfältige Formen von Zwangsarbeit konstitutiver und immanenter Bestandteil aller Entwicklungsphasen des Kapitalismus ist. Im Weltmarkt für Arbeitskraft kommt Frauen als (Re-)Produzentinnen von Arbeitskraft eine ganz zentrale Rolle zu. Neben einem kurzen historischen Abriß geht Lydia Potts auf neuere Tendenzen wie dem internationalen Menschenhandel und Produktionsverlagerungen ein; am Beispiel der Bundesrepublik beleuchtet sie die AusländerInnen- und AussiedlerInnenpolitik unter bevölkerungs- und arbeitsmarktpolitischen Aspekten. Ihre These: Die Reproduktion von Arbeitskraft funktioniert nicht nach kapitalistischen Prinzipien und ist in kapitalistischen Gesellschaften nach wie vor ungelöst; daher wird auch heute noch auf die Methode des direkten Imports von Arbeitskraft zurückgegriffen.

Nach diesen übergreifenden Ansätzen und Zugangsweisen zum Thema Frauen und Weltwirtschaft widmet sich der zweite Teil des Buches der aktuellen Situation von Frauen in der „Dritten Welt". Die Lebenslage der Mehrheit der Frauen dort steht unter dem Schatten von ökonomischer Krise. Eine zentrale Rolle spielt dabei die hohe Auslandsverschuldung der meisten „Dritte Welt"-Länder, die sich inzwischen insgesamt zu der dreizehnstelligen Zahl von 1,2 Billionen US-Dollar aufgetürmt hat. Jährlich müssen die verschuldeten Länder durchschnittlich die Hälfte ihrer Exporterlöse allein für die Zinsen aufbringen – ohne daß damit der Schuldenberg kleiner würde. Damit überweisen die permanent am Rande der Zahlungsunfähigkeit stehenden Länder jährlich fünf(!) Prozent ihres Bruttosozialprodukts in Form von Zinsen an die reichen Industrieländer und sind seit 1982 zu Nettokapitalexporteuren geworden. Das heißt, die internationalen Finanzströme haben sich mittlerweile umgedreht: Aus den 'offenen Adern' der „Dritten Welt" fließen jährlich mehr als 20 Mrd. US-Dollar in den reichen Norden. Im Rahmen von Umschuldungsverhandlungen kommt dem Internationalen Währungsfond (IWF) eine zentrale Rolle zu. Er verordnet den Ländern sog. „Strukturanpassungsprogramme", die dafür sorgen sollen, daß sämtliche ökonomischen Variablen dem Primat der Schuldenbedienung untergeordnet werden. Dies hat massive Verelendung zur Folge, die Zunahme von Erwerbslosigkeit und Unterbeschäftigung und die absolute Aushöhlung aller sozialen Leistungen des Staates. Anhand von Fallbeispielen aus Afrika, Asien und Lateinamerika werden die konkreten Auswirkungen dieser Krise auf Frauen untersucht:

Vicky Corpus beschreibt die Situation ihres Landes: Die heutige Unterentwicklung der Philippinen hat eine zentrale Ursache in der Schuldenkrise. Die Frauenorganisation GABRIELA entwickelte zu diesem Zusammenhang einen Standpunkt explizit aus weiblicher Sicht. Anliegen der Gruppe ist es, die verheerenden Auswirkungen der Krise auf den weiblichen Alltag darzustellen, dieses Wissen zu verbreiten und in Aktionen, sowohl mit philippinischen als auch mit betroffenen Frauen weltweit, umzusetzen.

Was Strukturanpassungspolitik in Afrika heißt, wird von **Gabriele Zdunnek** am Beispiel Nigeria anhand der Arbeitssituation von Frauen im städtischen informellen Sektor verdeutlicht. Während die nigerianische Regierung für Männer kompensatorische Programme zur Abfederung der sozialen Folgen bereitstellt, tragen Frauen den Hauptteil der sozialen Kosten und gehen bei kompensatorischen Maßnahmen leer aus. Tendenzen zur Remigration aufs Land werden kritisch beleuchtet.

Gerborg Meister und **Doris Jäger** beschäftigen sich mit den Auswirkungen von Verschuldungskrise und Strukturanpassungspolitik auf Frauen in Brasilien. Sie analysieren dabei vor allem die Auswirkungen der Krise auf die Arbeitssituation von Frauen im formellen Sektor und die Forderungen der Frauen der Gewerkschaftsbewegung. Am Beispiel der Arbeitsbedingungen der Frauen in der Paranuß-Industrie werden ihre Lebensbedingungen und Arbeitskämpfe konkretisiert.

Die Verschuldungskrise äußert sich vor allem als soziale Krise, sie wird aber auch sichtbar als Krise der Umwelt, als Zerstörung der natürlichen Lebensgrundlagen. **Marlies Fröse** rezensiert dazu ein Buch von Irene Dankelman und Joan Davidson, das das bisher wenig beachtete Thema von Frauen, Umwelt und Entwicklungsprojekten aufgreift. Es zeigt, in welchen Bereichen Frauen als Handelnde und als Betroffene (Energie, Wasser etc.) vorkommen, und gibt einige exemplarische Möglichkeiten der Selbsthilfe und -organisation von Frauen an. Kritisch anzumerken dazu bleibt allerdings, daß in dem Buch wenig eine Diskussion darüber geführt wird, was zu einem *feministischen* Begriff eines frauenwürdigen Verhältnisses zu Natur und Umwelt beitragen könnte.

Der dritte Teil des Buches beschäftigt sich am Beispiel der Bundesrepublik mit einigen Aspekten des Verhältnisses von Frauen in den Industrieländern zu nationalen und internationalen Wirtschaftszusammenhängen.

Wie ist das Land, in dem wir leben, arbeiten, Politik machen, wirtschaftlich mit der „Dritten Welt" verflochten? – Dieser Frage geht **Jutta Franz** in ihrem Artikel über die Wirtschaftsbeziehungen der Bundesrepublik mit der „Dritten Welt" nach, die sie in den Bereichen Außenhandel, Direktinvestitionen und anhand der wirtschaftspolitischen Eingriffe der BRD-Regierung am Beispiel Protektionismus und Entwicklungshilfe analysiert.

Obwohl dieser Artikel aus Gründen der Datenlage keine frauenspezifischen Aspekte beleuchtet, war er uns wichtig, weil er zum einen durch konkrete Daten und Zusammenhänge hilft, ein genaueres Bild von der Bedeutung und Eingebundenheit der BRD in die internationalen Wirtschaftsbeziehungen zu gewinnen und damit allzu plakative (und deshalb oft recht hohle) Parolen von 'unserer' Abhängigkeit von der „Dritten Welt" oder *dem* BRD-Imperialismus zurechtrückt und zu einer differenzierteren Betrachtungsweise beiträgt. Gleichzeitig wird darin die Marktmacht der BRD im Welthandel und Kapitaltransfer deutlich und die Rolle, die „Entwicklungshilfe" im Kontext der Wirtschaftsbeziehungen spielt. Da eine ernstgemeinte Solidarität mit der „Dritten Welt" vor allem im eigenen Land ansetzen muß, sind solche Basis- und Hintergrundinformationen eine wichtige Grundlage.

Ökonomische Unabhängigkeit vom Mann als eine Grundbedingung für selbstbestimmtes Frauenleben ist eine wichtige Forderung der Frauenbewegung. Die Realität der Erwerbssituation von Frauen sieht jedoch zunehmend düsterer aus. **Carola Möller** untersucht ungeschützte Beschäftigungsverhältnisse für Frauen, die sich in den letzten 10 Jahren als Kernstück unternehmerischer Flexibilisierungsstrategien durchgesetzt haben. Bereits heute ist die ungeschützte Arbeit die tragende Form in vielen Dienstleistungsbereichen. Sie wird weiter zunehmen. Und damit die Armut, auch für Männer, die patriarchale Arbeitsteilung dient dabei der beruflichen Durchsetzung. Gleichzeitig wächst die unbezahlte Arbeit, sie umfaßt die durch Einsparungen angewachsene Hausarbeit, die ehrenamtliche und die Konsumarbeit. Obgleich die Feminisierung der Armut sichtbar fortschreitet, gibt es bis heute noch kein gesellschaftliches Konzept, sie zu stoppen. Ein solches Konzept müßte die Einbeziehung der unbezahlten Arbeit als Basis der Erwerbsarbeit voraussetzen und die herrschende Arbeitsteilung zwischen Männern und Frauen grundsätzlich in Frage stellen.

Lebensmöglichkeiten von Frauen sind bei uns stark geprägt durch die scheinbar unsichtbaren rechtlichen und gesellschaftlichen Strukturen, wie sie von **Barbara Ketelhut** in ihrem Beitrag „Familienfesseln" anhand des Systems der sozialen Sicherung aufgezeigt werden. So geht u.a. durch das Subsidiaritätsprinzip implizit das Verständnis vom „Normalfall der Familie" in das Versicherungssystem ein. Dies läßt die Familien-, aber auch die Erwerbsarbeit von Frauen zum Ausgangspunkt einer permanenten Benachteiligung, Festschreibung auf traditionelle Rollen, bis hin zur Verarmung von Frauen – nicht nur im Alter – werden. Mögliche Ansätze alternativer Sicherungssysteme, wie das Grundeinkommen für alle, aber auch die von G. Ehrenfest entworfene „Versicherung der Kindheit" werden von Barbara Ketelhut abschließend andiskutiert, als Anfang einer Diskussion, die von uns offensiv weitergeführt werden muß.

Die letzten beiden Beiträge gehen über die nationale Ebene hinaus: **Ruth Kleinöder** bringt in der Form eines Frühstücksgesprächs die Situation von Kleinbäuerinnen verschiedener Generationen und Ansichten in der BRD auf den Tisch. Mit Rückgriffen auf die geschichtliche Entwicklung der Milchwirtschaft seit der Zeit des Nationalsozialismus und mit Bezug auf die Verstrickungen der bundesrepublikanischen Landwirtschaft mit den Ländern der „Dritten Welt" (Futtermittelimporte) unter anderem durch die EG-Agrarpolitik, entwirft Ruth Kleinöder ein komplexes Bild von diesem auch bisher in der feministischen Literatur vergessenen Thema der Bäuerinnen in *unserem* Land.

Die „magische Zahl" 1992 wird derzeit nicht nur in Hinblick auf die 500 Jahre der Ausbeutung Lateinamerikas diskutiert, sondern auch als Datum für die Etablierung des EG-Binnenmarktes. Der Beitrag von **Annette Goerlich** und **Margret Krannich** untersucht die Auswirkungen des EG-Binnemarktes auf die Lage von Frauen. Nach einer kurzen Darstellung, was der EG-Binnenmarkt überhaupt bedeutet, befassen sich die Autorinnen u.a. mit den Auswirkungen auf die Beschäftigungslage von Frauen, mit den Konsequenzen für Verbraucherinnen und mit der sog. Freizügigkeit von Frauen in EG-Ländern. Anschließend versuchen sie, Gegenstrategien aufzuzeigen.

Der vierte Teil des Buches zeigt auf ganz unterschiedlichen Ebenen Ansätze von Alternativen zum herrschenden Wirtschaftssystem auf und dokumentiert Beispiele von Protestaktionen, die internationale Bezüge herstellen. Außerdem werden darin Reflektionen und Analysen über aktuelle feministische Politik (hier: in Lateinamerika) und eine Kritik neuer Trends in der Entwicklungspolitik aufgestellt. Wichtig war uns dabei vor allem auch die Dokumentation von Selbstzeugnissen von Feministinnen aus Ländern der „Dritten Welt".

Alternative Projekte in der BRD sind aus dem Bedürfnis heraus entstanden, konkrete Utopien von neuen Produktionsweisen und Selbstverwaltung zu leben und auszuprobieren. **Martina Rački** überprüft thesenhaft, was sich für Frauen in gemischtgeschlechtlichen alternativen Projekten und Betrieben in der BRD tut, d.h. in welchen Aspekten geschlechtshierarchische Arbeitsteilungen weiterbestehen und wo und wie sie überwunden wurden. In kondensierter Weise stellt sie die Essenzen konkreter Erfahrungen aus dem Alltag der Projektfrauen den Wünschen und Ansprüchen vom anderen Arbeiten gegenüber. Wobei die Diskussion der ProjektlerInnen bisher die Einbeziehung der internationalen Dimension von Arbeiten und Wirtschaften, eben auch von alternativem Wirtschaften, noch nicht hat leisten können, leider.

Das Dokument **Von der Liebe zur Notwendigkeit** eines Workshops über 'feministische Politik in Lateinamerika heute' vom IV. lateinamerikanischen Feministinnen-Treffen ist eine selbstkritische Reflektion über die Praxis der feministischen Bewegung. Es zeigt 10 feministische Mythen auf, die die innere Dynamik der Frauenbewegung lähmen und einen stärkeren Einfluß auf die Politik und die Veränderung der Gesellschaft bisher verhindert haben. Viele dieser Mechanismen treffen unseres Erachtens auch auf die bundesdeutsche Feministinnenszene zu. Deshalb dürfte dieser Beitrag nicht nur für Lateinamerika, sondern auch für uns ein nützliches Instrument für die weitere Diskussion sein.

Sowohl sprachlich als auch inhaltlich in großem Kontrast zum vorigen Artikel ein weiteres lateinamerikanisches Dokument – die **Abschlußerklärung zum dritten Treffen der 'kontinentalen Frauenfront'** –, das sich unter anderem auch mit den Auswirkungen der Verschuldungskrise auf Frauen befaßt. Die beiden Papiere spiegeln sowohl die Vielfalt der Diskussions- und Sichtweisen in der lateinamerikanischen Frauenbewegung als auch die Unterschiede im Reflektionsprozeß, Befreiungsideal und im Frauenbild wider.

Die Organisierung von Frauen aus lateinamerikanischen Elendsvierteln und die Einrichtung von Volksküchen wird oft als Antwort auf die ökonomische Krise und als Ansatz zur Gegenwehr gepriesen. Am Beispiel von **Volksküchen in Peru** werden anhand von Ausschnitten aus einer kritischen Projektevaluierung und durch die Beschreibung des Alltags einer Frau, die in einer Volksküche mitarbeitet, sowohl die Vorteile der

Volksküchenbewegung (als Gegenstrategie und Mittel zur Organisierung) als auch die Nachteile (typische Frauenarbeit, Gefahr der Selbstausbeutung) aufgezeigt.

Ein Ansatz zur praktischen internationalen Frauensolidarität war der gemeinsame Aktionstag am 25. November 1988. Sowohl in Manila als auch in mehreren Großstädten Europas fanden Aktionen gegen die Gewalt an Frauen statt. Ziel war es, gegen Frauenhändler, Heiratsvermittlungs- und Reisebüros vorzugehen, die sexistische Reklame machen und frauenverachtende Geschäftspraktiken treiben. Darüber hinaus ging es darum, eine breite Solidarität mit Frauen in den Ländern der „Dritten Welt" herzustellen. Neben einem kurzen Überblick über die Hintergründe dieses internationalen Frauenaktionstages dokumentieren wir ein Flugblatt zu einer **Frauenaktion**, die am Hamburger Flughafen stattfand – einem Ort, wo sowohl die „Bumsflieger" Richtung Südostasien starten als auch Flüchtlinge, denen hier das Asylrecht verweigert wird, in ihre Herkunftsländer abgeschoben werden.

Das Jahr 1988 stand für viele Frauen und Männer aus der Solidaritäts- und den anderen sozialen Bewegungen im Zeichen einer breiten Kampagne gegen die Politik von IWF und Weltbank. Eine Gruppe **holländischer Frauen** aus verschiedenen entwicklungspolitischen Gruppen organisierte im März 1988 die **Konferenz „Frauen und Verschuldungskrise"**. Ziel war, die Auswirkungen der internationalen Schuldenkrise auf Frauen in Entwicklungsländern aufzuzeigen, besonders in den Bereichen Beschäftigung, Gesundheit und Erziehung, und Bezüge zur Betroffenheit von Frauen in den Industrieländern durch die Weltwirtschaftskrise herzustellen. Die Holländerinnen zeigen auf, wie die Anpassungsprogramme von IWF und Weltbank die Lebensbedingungen von Frauen in der „Dritten Welt" verschlimmert haben und fordern:

- Das internationale wirtschaftliche Ungleichgewicht muß beseitigt werden.
- Die Anpassungsprogramme müssen die Grundbedürfnisse sichern, so daß das Interesse der Frauen im Mittelpunkt steht.
- Frauen müssen an allen Entscheidungen beteiligt werden.

Daraus leiteten die Frauen Forderungen für die Umgestaltung der internationalen Wirtschaftspolitik und konkrete Forderungen an die holländische Regierung ab.

In der BRD wurde von einer Vielzahl von Gruppen und Organisationen zu Gegenaktionen gegen die im September 1988 in Berlin stattfindende Herbsttagung von IWF und Weltbank mobilisiert. Bereits zwei Jahre vor der Tagung wurde eine breite Kampagne zur Verschuldungskrise gestartet. **Clara Luckmann** gibt rückblickend eine Darstellung dieser Kampagne und des wachsenden Frauenwiderstandes aus der Sicht autonomer Frauenkreise in Berlin. Sie beleuchtet die Entwicklung der Diskussion in diesem Spektrum, den Auszug der Frauen aus dem gemischten Männer/Frauen-Plenum und wertet die Erfolge der IWF-Kampagne und der Frauenaktionen aus.

Claudia von Braunmühl widmet sich in ihrem Artikel einer neueren entwicklungspolitischen Strategie, der sog. „Armutsbekämpfung durch Selbsthilfe". Sie schildert den Zynismus dieser 'Entdeckung der Armen' durch die offizielle Entwicklungspolitik, die den Überlebenskampf, der der marginalisierten Bevölkerung durch Strukturanpassungsprogramme aufgezwungen wird, stilisiert, während die Verelendung produzierenden 'Rahmenbedingungen' unangetastet bleiben. Gleichzeitig zeigt sich in dieser Strategie die Vereinnahmung fortschrittlicher Begriffe, ihre Enteignung und Verkehrung. Frauenförderung spielt in den 'Armutbekämpfungsprogrammen' eine zentrale Rolle – ihre Janusköpfigkeit angesichts der Instrumentalisierungsversuche, die mit diesen Strategien einhergehen, wird deutlich. Am Schluß ihres Artikels nennt Claudia von Braunmühl einige Postulate für fortschrittliche entwicklungspolitische Strategien und solidarische Politik.

Ausgehend von den Diskussionen in der Gruppe Feministischer Internationalismus entwickeln **Elke Sirowy** und **Ingrid Schneider** Forderungen für die Veränderung der internationalen Wirtschaftsordnung und den Umbau unserer Gesellschaft hin zu einer ökologischen, sozialen und frauengerechten Wirtschaft. Der Artikel versteht sich nicht als umfassendes und in sich abgeschlossenes Programm, sondern als Diskussionspapier, in dem steinbruchartig viele bereits existente Aktions- und Diskussionsansätze zusammengefaßt werden. Wir halten es für wichtig, bei der Kritik der herrschenden Verhältnisse (die wir uns natürlich nicht nehmen lassen) nicht stehenzubleiben, sondern die Diskussion um Alternativen und Veränderungsschritte weiterzutreiben, insbesondere aus explizit feministischer Sicht.

Im **„Serviceteil"** unseres Readers haben wir die Adressen von nationalen und internationalen Frauennetzwerken und Koordinationsstellen (u.a. zum Bereich Ökonomie) aufgeführt und mit dem, was uns über Selbstdarstellungen über deren Arbeit und Organisationsform bekannt war, kurz kommentiert. Wir hoffen, daß diese Kontakte zu einem stärkeren Informations- und Erfahrungsaustausch von Frauen weltweit beitragen.

Am Schluß steht eine **Auswahlbibliografie** von Literatur zu Frauen, Ökonomie und Verschuldung, für alle, die weiterlesen, diskutieren und Politik machen wollen.

Herzlichen Dank an die Autorinnen und alle anderen Frauen (insbesondere Gisela Wuttke für die Übersetzungen), die durch ihre unbezahlte Arbeit dieses Buch möglich gemacht haben.

Anmerkungen

1 Claudia von Werlhof: Frauenarbeit – Der blinde Fleck in der Kritik der politischen Ökonomie, in: Beiträge zur feministischen Theorie und Praxis 1, München 1978.
2 Maria Mies: Subsistenzproduktion, Hausfrauisierung, Kolonisierung, in: Beiträge zur feministischen Theorie und Praxis Nr. 9/10, S. 115ff, Köln 1983.

Frauen, Geld, Weltwirtschaft
– übergreifende Ansätze –

Anja Ruf

Der Zugang von Frauen zur Weltwirtschaft

In den Anfängen der neuen Frauenbewegung in der BRD machten die Frauen sich an die Selbsterfahrung und überließen den Männern das Feld der 'großen' Zusammenhänge, die Kapital- und Klassenanalysen. Sie ließen die Männer mit ihren Imperialismusdebatten und ihrem Marx sitzen, erteilten dem Klassenkampf eine Absage und betrachteten die Welt hauptsächlich aus dem Blickwinkel des Geschlechterkampfes. Heute stellen wir fest, daß wir von „feministischer Wirtschaftsanalyse und -theorie“ und von „globalen Alternativen zum herrschenden Wirtschaftssystem“ noch weit entfernt sind. Der Traum von der selbstbestimmten Stärke qua Geschlecht scheint auch in gewisser Weise ausgeträumt oder an Grenzen gestoßen – jedenfalls entdecken wir heute eher wieder so abstrakte Größen wie das internationale Finanz- und Wirtschaftssystem. Doch welchen Zugang können wir uns schaffen zu den 'großen' Problemen dieser Welt? Wie können wir uns in ein Verhältnis dazu setzen, ohne hinter den Anspruch der Frauenbewegung – von der persönlichen, subjektiven Betroffenheit auszugehen – zurückzuweichen? Welchen Stellenwert geben wir heute dem „Klassen“-Begriff? Hierzu möchte ich ein paar Fragen aufwerfen, Denkanstöße liefern oder auch Einwände provozieren.

Haß zwischen Frauen

Statt mit dem globalen Wirtschaftssystem anzufangen, möchte ich erstmal von einem scheinbar kleinen und alltäglichen Problem reden – auch als Kontrast zur (gelebten oder erträumten) feministischen Utopie von der solidarischen und erotischen Frauenfreundschaft: ein Stück brutaler Realität zwischen Frauen, dargestellt in einem Gedicht von Audré Lorde.[1]

> Eine Frau in der Telefonzelle an der Ecke
> umglast von Widerspiegelungen der Straße zwischen uns
> ihr weißes Gesicht schwankt
> ein Gobelin aus erlebtem Unheil

sichtbar durch die Verkleidung der Ordnung
ihr Mund gezogen wie eine strapazierte Straßenkarte
bis zu den Augen ohne Blick   ein verkorkstes Herz
unfehlbares Zeugnis alten Schmerzes.

Die Verkleidung bricht auf
Haß schießt durch das Glas in meinen Nachmittag
unsre Augen berühren sich wie elektrische Drähte
und die Straße kippt um in einen Alptraum
eine Frau umklammert mit weißen Augen
eine Flasche Fleischmanns Gin
fummelt am Gürtel
zieht ein Messer aus abgetragener Hose
ihre Hand holt aus „Schwarze Schlampe“
die schwere Klinge schleudert mir entgegen
in Zeitlupe
Jahre der Wut erheben sich wie eine Mauer.

Audre Lorde beschreibt hier den Haß zwischen zwei Frauen, die eine weiß, die andere schwarz, aber auch die weiße geprägt durch ihre Lebensumstände, durch Armut und Elend – ein Haß, dem auch wir uns stellen müssen, weil er auch bei uns bittere Realität ist und zunehmen wird, je mehr sich die allgemeine ökonomische, soziale und politische Lage verschärft.

Die Ökonomie wirkt in alle Beziehungen hinein

Spaltung, Konkurrenz, Rassismus, Haß zwischen Frauen – in unserer Vision von der „Schwesterlichkeit“ kam das nicht vor. Leider aber begegnet es uns heute an jedem Arbeitsplatz, an jeder Straßenecke. Uns als Geschlecht gegen das Patriarchat zu vereinigen, scheint bisher genauso wenig zu gelingen (trotz aller Ansätze zur Vernetzung von Frauen), wie die Unterdrückten und Ausgebeuteten als Klasse gegen Kapitalismus und Imperialismus zu vereinigen. Die Gegensätze verschärfen sich weltweit – zwischen Ausbeutern und Ausgebeuteten, zwischen Unterdrükkern und Unterdrückten, zwischen Weißen und Schwarzen, zwischen Männern und Frauen – auf der Makroebene wie auf der Mikroebene, und das heißt nicht nur bis hinein in die persönlichen Beziehungen zwischen den Geschlechtern, sondern bis hinein in die Beziehungen zwischen denjenigen, die scheinbar „gleich“, weil „am Boden des Fasses“, sind – *also den Frauen untereinander*... (Der Kampf um die

Verteilung der Güter dieser Welt tobt ja da erst recht, wo die Güter und das Glück so knapp sind, daß das Leben nur noch mit einer Flasche Gin zu ertragen ist...)

Die Hoffnungen auf schwesterliche Gemeinsamkeit und die Selbstverwirklichungsideale konnten der Wirklichkeit nicht oder nur wenig standhalten. Ihnen entgegen stand und steht eine knallharte ökonomische und politische Realität – nicht nur in Südkorea, wo streikende Arbeiterinnen mit dem Militär konfrontiert sind... Wir hier sind eingeschnürt in eine repressive ökonomische Struktur, die uns zunehmend die Luft nimmt und das Träumen abgewöhnt. Hatten Frauen sich einst von den Klassentheorien abgewandt und sich mit dem „Geschlechtlichen" befaßt, so erinnert uns nun das „Ökonomische", erinnert uns die Klassenwirklichkeit gewalttätig und nachdrücklich an ihre Existenz. – Frauen hatten sich geweigert, für Haushalt und Bett da zu sein, während die Männer Politik machten – und waren von da aus zur Thematisierung der Mann-Frau-Beziehung gekommen. Das ökonomische Moment dieser Beziehung, das wir in unseren Selbsterfahrungsgruppen eher am Rand streiften, als persönliches Erleben in unseren ganz persönlichen Verhältnissen, wurde später ausgeweitet – auf die im Rahmen der Frauenbewegung erstellten Begriffe der „Hausarbeit" und „Reproduktionsarbeit" als spezifische Kategorien gesellschaftlicher, produktiver, ausgebeuteter Arbeit, und auf den Begriff der geschlechtlichen Arbeitsteilung. Wir stellten also fest, daß „Arbeit" in unserem Leben ein wichtiger, ja zentraler Begriff ist.

Doch auch uns dies in Erinnerung rufend, können wir die Frage, wie denn unser Zugang zu den globalen wirtschaftlichen Analysen sei, noch lange nicht beantworten. Wir haben es gelernt, die Ungleichheit in den Mann-Frau-Beziehungen wahrzunehmen, wir haben eine Sensibilität für die Unterdrückungs- und Machtmechanismen von Männern gegen Frauen entwickelt. Wir haben uns gewehrt. Aber wie die Geschlechterverhältnisse und ökonomischen Verhältnisse zusammenhängen und wie es um das *ökonomische Moment in Beziehungen überhaupt* bestellt ist, das ist in unseren Köpfen noch ziemlich nebulös. Entsprechend wenig sensibilisiert ist hier auch unsere Wahrnehmung. Oder will irgendeine abstreiten, wievielen Frauen wir täglich begegnen, die wir *nicht* sehen: sei es die Betrunkene in der Telefonzelle neben unserer, sei es die Ausländerin mit oder ohne Kopftuch – sei es aber auch die Managerin, die gerade in ihre Limousine steigt... Frauen sind alle einer geschlechtsspezifischen Unterdrückung unterworfen – das gilt für die Arbeiterin ebenso wie für die Mittelschichtsfrau –, doch von ihrer sozialen und ökonomischen Lage her sind sie deswegen nicht unbedingt gleich.

Frauen in der Ausbeuterordnung

Weibliche Objektleiterinnen kommandieren den Einsatz von Reinigungskolonnen, die größtenteils aus Frauen bestehen; weibliche Personalsachbearbeiterinnen helfen, diese Frauen um Ansprüche aus dem Arbeitsverhältnis zu betrügen; in den Telekommunikationszentralen der Banken sitzen Frauen an diversen Computern und ermöglichen es den patriarchalen Geldströmen, ihr Unheil in aller Welt anzurichten. Leihfirmenchefinnen machen Profite, indem sie Frauen als Arbeitskräfte verleihen. In der Redaktion von „Bild der Frau" beträgt das Verhältnis von Frauen zu Männern etwa 2:3. Die Zahl der weiblichen leitenden Angestellten in der Bundesrepublik ist gesamtwirtschaftlich gering – ich habe eine Untersuchung von 1985 vorliegen, nach der beispielsweise bei Mannsmann von 1550 leitenden Angestellten 14 Frauen waren, bei BASF von 2025 leitenden Angestellten 14 Frauen, bei Siemens von 3585 leitenden Angestellten 19 Frauen, bei der Deutschen Bank von 2750 leitenden Angestellten 50 Frauen usw. usf.[2] Doch Frauen wollen „nach oben" und beteiligen sich jetzt bereits am Überlebenstraining für Manager in der Wildnis, um sich für das harte Business zu ertüchtigen. Und Mädchen von heute ziehen – Simone de Beauvoir unterm Arm – aus, sich Führungspositionen in der Wirtschaft zu erobern.[3]

Ausbeutung von Frauen durch Frauen oder mit Hilfe von Frauen, Abwälzung der Lasten der Ausbeutung auf ökonomisch noch schwächere Frauen – Herausfallen von Frauen aus der ökonomischen Ordnung überhaupt, als „Nicht-Seßhafte" beispielsweise: All das ist Realität, gerade in unseren Gesellschaften.

Dort die Wirtschaftsbosse, Manager, männlichen „Eliten" aller Art. Irgendwo dahinter die kleine Schar weiblicher Führungskräfte. Dann die große Zahl der Berufstätigen – die berufstätigen Frauen im ständigen Kampf gegen die männliche Vormachtstellung am Arbeitsplatz und zugleich oft selber auf unterster Stufe einbezogen in die Beherrschung und Verwaltung der Welt. Für sie ist es gang und gebe, daß sie Haushaltshilfen und Kinderbetreuerinnen zu oft ganz niedrigen Entlohnungen beschäftigen – andernfalls könnten sie ihren Beruf gar nicht ausüben. – Dann die Masse der Frauen in „Frauenberufen", in den Dienstleistungssektoren, am Fließband. Dann die Hausfrauen, deren Arbeit gesellschaftlich so entwertet ist, daß sie häufig nicht einmal als Arbeit angesehen wird. Schließlich die Obdachlosen, die die Mülltonnen nach Eßbarem durchwühlen. Und in New York gibt es Tausende von elternlosen Kindern, die in Straßengangs oder von Straßenprostitution leben und bei denen seelische Traumata festgestellt wurden, vergleichbar denjenigen der amerikanischen Soldaten, die aus dem Vietnamkrieg heimkehrten. Entwicklungen, die auch hier bei uns zu beobachten sind... Das ist die Realität der Städte, der Metropolen, die Klassenwirklichkeit inmitten unseres Reichtums.

Eine Wirklichkeit, die geprägt ist von Hierarchien. Hierarchien aber implizieren (ökonomische) Herrschaft, bedeuten einen tagtäglichen sozialen Krieg. Ungeachtet ihrer jeweiligen realen Stellung in der ökonomischen Stufenleiter gilt die Frau aber dennoch als weniger wert als der Mann – die Werbung eines Elektronikgiganten für Computersoftware hat mir das verdeutlicht[4]: Sie zeigt einen Strick, an dem von der „Tippse" bis zum Unternehmer alle ziehen (alle an einem Strang). Die Reihenfolge derer, die da ziehen, ist folgendermaßen: erst das Büromädchen im flotten Minirock, dann die Angestellten in der dress-for-success-Uniform; *dahinter* ein Arbeiter im Blaumann; ein aufstrebender junger Angestellter, betont leger gekleidet; und schließlich der Manager oder Unternehmer im korrekten Maßanzug. Die Karrierefrau steht also noch unter dem Arbeiter oder gar Lehrling männlichen Geschlechts. Die allgemeine ökonomische und gesellschaftliche Position der Frau ist so niedrig, daß an der Bewertung des weiblichen Geschlechts auch diejenigen Frauen nichts grundlegend ändern, die innerhalb der Hierarchie aufsteigen.

Geschlechterfrage, ökonomische Frage

An dieser Stelle würde ich – wäre es möglich – gerne zurückgehen zu den Ursprüngen, wo geschlechtliche Arbeitsteilung, Produktionsmittel, Patriarchat und Privateigentum entstanden. Könnten wir das über diesen Zeiten liegende geschichtliche Dunkel lichten, würden wir auch Licht bringen in die verwirrenden Verstrickungen von Geschlechterbeziehungen und Ökonomie. Heute ist eine Stufe von Individualisierung und zugleich Vergesellschaftung erreicht, die die Probleme anonymisiert. Die Weltmarktkonzerne verknüpfen die Menschen vermittels Produktionsstätten und Absatzmärkten über Tausende von Kilometern hinweg. Die sichtbaren, unmittelbar erfahrbaren Zusammenhänge sind zerrissen – was zweifellos einen Teil unserer Schwierigkeiten ausmacht, überhaupt Zugang zu diesen Zusammenhängen zu finden. Als die Menschen noch in kleinen Einheiten, beispielsweise in Stammesverbänden, lebten, Jahrtausende, bevor es etwas so Riesengroßes und Anonymes wie den Weltmarkt gab, war es sicherlich sehr viel einfacher, Macht und Einfluß des Patriarchats und des Privateigentums zu identifizieren. Wir würden – so meine These – feststellen, daß das Geschlechtliche und das Ökonomische von Anbeginn an verflochten waren; daß die Entstehung des

Privateigentums sich weltgeschichtlich auf die Unterwerfung des weiblichen Geschlechts gründet; daß ohne die Ausbeutung der produktiven Arbeit von Frauen und die Aneignung der von ihnen geschaffenen Werte durch Männer das Privateigentum nicht hätte entstehen können; und daß umgekehrt die Männer dadurch herrschen konnten, daß sie die Frauen in eine ökonomisch unterlegene, abhängige Situation zwangen.[5] Hinweise darauf habe ich jedenfalls in Märchen und Mythen unterschiedlicher kultureller Herkunft gefunden.[6] Deren Darstellung und genauere Untersuchung würde den hier zur Verfügung stehenden Raum sprengen; doch habe ich darin einiges gefunden, das meine These unterstützt: Beides – Klassenherrschaft und Männerherrschaft – hat sich miteinander und durch einander entwickelt.

Der Mangel an weiblicher Macht

Dieser kurze Ausflug in die Vergangenheit mag bewirken, daß wir unsere heutigen Emanzipationskämpfe in einem neuen Licht sehen: Wir erkennen den Mangel an ökonomischer – und damit zusammenhängend politischer, gesellschaftlicher, sexueller – Macht, der unserer Schwäche zugrundeliegt. Wir sehen die Männerherrschaft verbunden mit einer grundlegenden ökonomischen Struktur. Diese Struktur hebt sich nicht dadurch auf, daß einzelne Frauen ein möglichst großes Stück vom Kuchen – der auf Ausbeutung beruhenden Macht – für sich wollen: Der Kuchen ist vergiftet. Die ursprüngliche Spaltung von Frauen durch die patriarchale Ökonomie hat sich seitdem milliardenfach wiederholt. „Ein Mühlrad aus uralter Angst wirbelt rasend in vertrautem Schauder und Schweigen“, beschreibt Audre Lorde ihre Gefühle, als das Messer der weißen Frau auf das Pflaster zu ihren Füßen klirrt. Diese uralte Angst hat ihre Wurzeln in einer Ordnung von Produktion und Reproduktion, die Frauen nicht nur Männern untertan, sondern sie auch gegenseitig zu Konkurrentinnen macht. – Doch die unterdrückerische Struktur hebt sich auch nicht dadurch auf, daß Frauen, die aufgrund ihrer allgemeinen ökonomischen und gesellschaftlichen Lage sowieso schon unten sind, auf alles verzichten.

Unser Zugang zur Beschäftigung mit globalen Problemen, mit Weltmarkt und Weltwirtschaft müßte also einer sein, der den Traum der Befreiung als Geschlecht nicht aufgibt, sondern im Gegenteil vertieft – vertieft bis hinein in die Wurzeln unserer Spaltung und unserer Machtlosigkeit.

Die Arbeiterklasse ist heute vorwiegend weiblich

Und da bräuchten wir heute eigentlich den Begriff „Arbeiterklasse" nicht mehr den Männern zu überlassen. Denn in welchem Umfang weltweit die arbeitende und ausgebeutete Klasse aus Frauen besteht, mögen folgende Angaben kurz verdeutlichen:

Ende der 70er Jahre lag in der BRD der Frauenanteil der sozialversicherungspflichtig beschäftigten Arbeitnehmer bei 38 Prozent.[7] Kommen hinzu die Beschäftigungsverhältnisse ohne Sozialversicherung oder Steuerkarte. Kommt hinzu die Prostitution, kommt hinzu die Hausarbeit mit ihrem enormen Umfang an Arbeitsstunden. Und die Welt besteht ja nicht nur aus der Bundesrepublik und den übrigen Metropolenländern (in denen die Arbeitnehmerschaft in den letzten Jahrzehnten generell weibliche Züge angenommen hat).[8] Kommt also hinzu die Industrialisierung der „Dritten Welt", etwa die „free zones" Asiens, wo Frauen 80 Prozent der Arbeitskräfte stellen.[9] Kommt hinzu die Haus- und Feldarbeit von Frauen in der „Dritten Welt", die häufig den größeren Teil des Familieneinkommens schaffte ...[10]

So – lastend auf dem Rücken von Frauen – ging das Weltwirtschaftssystem in die Krise hinein. Und auf deren Rücken trägt es heute die Krise aus, wie wir inzwischen alle in der einen oder anderen Form festgestellt haben dürften.

Betrachten wir also,

- in welchem Ausmaß diejenigen, die die produktive gesellschaftliche Arbeit leisten, heute weiblichen Geschlechts sind;
- daß Unsicherheit und schlechte Bezahlung schon immer Frauenarbeit charakterisierten (Leichtlohngruppen am Fließband usw.);
- daß es in den Metropolen eine Tendenz zur „Hausfrauisierung" der Arbeit gibt (Teilzeit, entgarantierte Jobs aller Art etc.),

so brauchen wir die Auseinandersetzung mit dem Klassen-Begriff nicht zu scheuen. Im Gegenteil, wir könnten den Männern heute dieses ihnen angestammte Terrain streitig machen. Wir könnten sogar mit Marx argumentieren, der über die disponible Arbeitskraft der Frühphase des Kapitalismus sagte: *„Wir haben unter der Rubrik der Hausarbeit ihre Hauptgestalt bereits kennengelernt."*[11]

Bei der „Hausarbeit" handelte es sich damals um Übergangsformen von der Familienproduktion zu Manufaktur und großer Industrie.

Heute geht die Entwicklung in den kapitalistischen Zentren in die umgekehrte Richtung, weg von der massenhaften Beschäftigung in der Industrie. Für die heutigen „neuen" Formen der Ausbeutung ist eher die Hausarbeit charakteristisch als die industrielle Lohnarbeit – „Hausarbeit" hier verstanden als Produktionsverhältnis, das sowohl häuslich als auch kapitalistisch ist, das also sowohl Elemente von Hausfrauenarbeit als auch von Lohnarbeit enthält. Beispiele dafür kennen wir zahlreiche: die Hausfrau, die „nebenbei" putzen geht, auf den Abruf des Supermarktes wartet oder am Heimcomputer Schreibarbeiten macht; alle illegalen oder legalen „geringfügigen" Beschäftigungsverhältnisse, von denen ganze Wirtschaftszweige (etwa die Reinigungsfirmen) leben; die Einführung von Teilzeitarbeit, insbesondere an Frauenarbeitsplätzen... Doch entgarantierte Arbeitsverhältnisse setzen sich mehr und mehr auch für Männer durch.

Hat irgend jemand heute das Recht, von der unterdrückten und ausgebeuteten Klasse zu sprechen, dann zu allererst wir, die Frauen: *Es bildet sich eine internationale ausgebeutete Klasse heraus, die weibliche Züge trägt* – und zwar nicht nur im Weltmaßstab, auf dem Weltmarkt für Arbeitskraft, sondern auch hier, inmitten unseres Reichtums.

Die Männer mit ihren eigenen Klassentheorien schlagen?

Haben wir jetzt also die Frage unseres Zugangs zu den globalen Analysen geklärt? Brauchen wir uns nun von den Kapitalanalysen nicht mehr schaudernd ab- und unseren persönlichen Gefühlen zuzuwenden? Beginnen wir jetzt damit, die Männer mit ihren eigenen Klassentheorien zu schlagen? Ich würde sagen, wir behalten es uns vor. Doch da wir uns ja geschworen hatten, nichts von uns selber Abgehobenes zu machen, sondern unserem Ansatz, der weiblichen Subjektivität, treu zu bleiben, müssen wir trotzdem noch tiefer graben.

Marx ging bei seinen Untersuchungen vom kapitalistischen Produktionsprozeß aus, nicht vom gesamtgesellschaftlichen, zu dem genauso die sogenannten naturwüchsigen Ökonomien der „Dritten Welt" und die Hausfrauenarbeit (weibliche Reproduktionsarbeit) gehören. Aus der Weigerung von damals, sich „privat" von Männern ausbeuten zu lassen, und sei es im Namen linker Politik, können wir heute eine Analyse machen, die die linken Theorien von unten her kritisiert. Eine Analye, die sich auf die Natur, die Frauen, die „Dritte Welt" ebenso bezieht wie auf den Kapitalismus – die also den Problemen der Welt näherkommt als die bisherigen männlichen Theorien – *wenn wir die Dynamik des Kapitalismus dabei nicht außer acht lassen.*

Denn der kapitalistische Weltmarkt spielt heute eine umfassende Rolle – in der Zerstörung der Natur, der Ausplünderung von Ressourcen und Arbeitskraft in der „Dritten Welt", der weltweiten Aneignung weiblichen Arbeitsvermögens, der Zerstörung von Frauen.

Die Produktion ist internationalisiert, der Weltmarkt wird von den multinationalen Konzernen beherrscht und kontrolliert. Das bedeutet unter anderem, daß Menschen produziert und vernichtet werden wie Waren.

Für uns bedeutet das, daß wir es lernen müssen, *auch* in ökonomischen Kategorien zu denken.

Wir stehen als unterdrücktes Geschlecht nicht über den Klassen

Wir sind mit dem internationalen Kapitalismus genauso konfrontiert wie mit dem internationalen Patriarchat. Feministinnen haben sehr oft angeführt, daß Frauen in nationalen Revolutionen mitgekämpft haben, nach dem Sieg der Revolution aber wieder zurückgedrängt wurden in traditionell weibliche Rollen, daß sie verschleiert herumlaufen und untergeordnete Arbeiten machen mußten. „Der Große Weiße Mann zeigte dem kleinen braunen und schwarzen Mann: Wer Herr über das Land ist, ist Herr über die Frauen des Landes. Er errichtete seine kapitalistisch-patriarchalische Ordnung auf der Vergewaltigung des Landes und der Frauen. Damit 'entmannte' er die Männer des Landes. Das ist auch der psychologische Punkt, aus dem heraus viele revolutionäre Männer der Dritten Welt ihre tiefste Motivation und Militanz beziehen (...) Befreiung vom imperialistischen Joch bedeutet darum für die meisten Männer in diesen Bewegungen Rückgewinnung – oder auch Gewinnung – patriarchalischer Kontrolle über die 'eigenen' Frauen."[12] Doch andererseits: Wie wollen die Frauen dort die Kontrolle über ihr Leben gewinnen und sich von der neopatriarchalischen Kontrolle durch die Männer befreien, wenn die ökonomischen Probleme *nicht* gelöst werden?

Und die Lösung ökonomischer Probleme ist heute nur gegen die internationale Zerstörung von Lebensgrundlagen möglich, gegen den Weltmarkt, gegen die bestehende Weltwirtschaftsordnung. Die Klassenfrage ist weltweit genauso ungelöst wie die Geschlechterfrage – oder anders: Die Geschlechterfrage beinhaltet die Rassen- und Klassenfrage.

Was nicht bedeutet, daß der Klassenkampf automatisch die Befreiung der Frau mit sich bringen würde. Was aber heißt, daß wir die Befreiung als Geschlecht nicht werden erkämpfen können, wenn wir die Rassen- und Klassenfrage ausblenden.

* * *

Die Antwort, die ich auf die Frage nach unserem Zugang zur Weltwirtschaft geben kann, ist vorläufig und bruchstückhaft.

Hier in den Metropolenländern existieren wir in dem Widerspruch, einerseits Nutznießerinnen der Ausbeutung der „Dritten Welt" (insbesondere der Frauen dort) zu sein, andererseits selber schon mit einem Fuß in der Weltmarktfabrik zu stehen bzw. mit erniedrigenden Jobs unser Dasein zu fristen. Wir sind in die patriarchale und kapitalistische Ordnung einbezogen, als funktionierendes Rädchen oder Rad darin – und diese unsere Einbindung ist sehr differenziert und vielfältig. Doch zugleich verschärfen sich unsere Lebensbedingungen, sind wir zunehmend Teil der Masse von Menschen auf der Welt, die immer ärmer werden. Es tut weh zu begreifen, wie weit wir von Frauen in anderen Teilen der Erde durch unsere Lebenssituation entfernt sind – und es erfüllt uns möglicherweise mit Angst zu erkennen, wie nah wir ihnen durch unsere Lebensumstände bereits sind. Die Weltwirtschaft ist also nicht nur als etwas zu betrachten, das Frauen woanders, in anderen Kontinenten in Armut und Elend hält, sondern die bestehende Weltwirtschaftsordnung richtet sich auch gegen uns. Eine nicht-kapitalistische, nicht-patriarchalische Weltwirtschaftsordnung wäre auch für unsere Befreiung Voraussetzung. Und das nicht nur in ökonomischer, sondern in jeder Hinsicht: Die Entwicklung der Produktivkräfte würde es heute gestatten, daß wir alle (weltweit) von den produzierten Gütern leben könnten – und auch, daß wir uns aus den Fesseln der geschlechtlichen Arbeitsteilung befreien. Was wiederum Voraussetzung dafür wäre, uns vom Patriarchat zu befreien, seine materiellen wie ideologischen Grundlagen zu zerstören. Der Weltmarkt spaltet uns in zahllose Konkurrentinnen, er bringt uns Frauen aber objektiv auch zusammen, indem er die Grenzen der Länder und Kulturen aufbricht. So ermöglicht er es uns – wenn wir uns darum bemühen –, die verschiedenen Aspekte im Leben von Frauen aus dem Blickwinkel unterschiedlicher weiblicher Erfahrung zu sehen, so Kapitalismus und Patriarchat in unser aller Leben gemeinsam zu identifizieren und in unseren jeweiligen Ländern und Kulturen Kräfte dagegen zu entwickeln. Unser wichtigster Zugang zu den „großen" Problemen der Welt könnte also das sein, was wir selber uns gegen Patriarchat und Kapitalismus erkämpfen. Auch als Grundlage dafür, mit Frauen in anderen Ländern und Kontinenten zusammenzukommen, gemeinsam stark zu werden.

Anmerkungen

1 Lorde, Audre: Gedicht für Frauen in Wut, in: Lichtflut. Neue Texte, Berlin 1988.
2 aus: „Die Zeit", Nr. 37/1985, S. 15.
3 Aus einem Bericht über einen Auswahlwettbewerb der wissenschaftlichen

Hochschule für Unternehmensführung Koblenz, einer privaten Hochschule der Wirtschaft für die Wirtschaft: „Im Laufe des Prüfungstages bestätigt sich der erste optische Eindruck, daß es sich bei den Bewerberinnen um ganz normale junge Mädchen handelt, die sich von Gleichaltrigen nur dadurch unterscheiden, daß sie bereits überdurchschnittlich viel über ihre Lebensplanung nachgedacht und sich klare Ziele gesetzt haben. Sie treiben Sport, machen Musik, lesen Thomas Mann und Simone de Beauvoir..." Aus: „Junge Frauen auf dem Sprung", in: Die Frau in unserer Zeit, 4/88, S. 15.

4 in: „Die Zeit", Nr. 31/1988, S. 19.

5 Als begleitende Lektüre zu empfehlen:
Engels, Friedrich: Der Ursprung der Familie, des Privateigentums und des Staates
Mies, Maria: Gesellschaftliche Ursprünge der geschlechtlichen Arbeitsteilung, in: Beiträge zur feministischen Theorie und Praxis, Nr. 3/1980.

6 Einige Beispiele hierzu:
„Ishanihura", in: Frederik Hetmann, Indianermärchen aus Nordamerika, Frankfurt 1970,
„Von Mánik, dem großen Fänger, und seiner Reise nach Norden", in: Eskimo-Märchen, hg. v. Heinz Barüske, Eugen Diederichs Verlag, Düsseldorf/Köln 1974,
„Die Kinder der Wolke", ebenda,
„Fillkun-Mamill: In Pflanzen verzauberte Reptilien", in: Indianermärchen aus den Kordilleren, Märchen der Araukaner, gesammelt und übertragen von Bertha Kössler-Ilg, Eugen Diederichs Verlag, Düsseldorf/Köln 1956.

7 aus: Frauenförderungsplan der IG Metall, Oktober 1979.

8 Obwohl der Gesamtanteil der OECD-Arbeitskräfte (mit Ausnahme der Türkei) ziemlich unverändert bei etwa 69 Prozent der Bevölkerung im Alter zwischen 15 und 65 Jahren stehengeblieben ist, ist in den meisten Ländern der Anteil der Frauen gestiegen, und zwar von rund 45 Prozent im Jahre 1960 auf über 52 Prozent (aller Frauen) im Jahre 1980, während sich der Anteil der Männer von 93,7 Prozent im Jahe 1960 auf 85,5 Prozent im Jahre 1980 verringerte.
Vgl. „Wo die Arbeitnehmerschaft weibliche Züge annimmt und warum. Bericht des IAA zeigt Trends in der industrialisierten Welt auf", in: Pressemappe des Internationalen Arbeitsamts, Zweigamt Bonn, Januar 1984.

9 Vgl. Alain Lipietz: Towards Global Fordism?, S. 42, in: New Left Review 132, 3-4/1982.

10 Vgl. ILO, World Labour Report 1, S. 2, Geneva 1984.

11 Marx, Engels: Werke, Bd. 23, S. 672, Dietz Verlag Berlin 1975.
Marx führt als Beispiel etwa eine irische Hemdenfabrik an, die 1000 Fabrikarbeiter und 9000 auf dem Land zerstreute Hausarbeiter beschäftigte; er führt an, daß von den 150000 Personen, die in der englischen Spitzenproduktion beschäftigt waren, etwa 140000 Weiber, junge Personen und Kinder beiderlei Geschlechts waren; das Spitzenklöppeln wurde als Hausarbeit betrieben, entweder in sog. „Mistresses Houses" oder von Frauen, einzeln oder mit ihren Kindern, in ihren Privatwohnungen. Er nennt Metallmanufakturen, Seilereien, chemische Manufakturen, den Lumpenhandel, die Ziegel- und Backsteinmacherei und zahlreiche weitere Beispiele, wo für sehr schwere Arbeit Kinder und Frauen eingesetzt wurden. (Marx, Engels: Werke, Bd. 23, S. 486).

12 Mies, Maria: „Frauenbefreiung und nationaler Befreiungskampf – geht das zusammen?" in: Beiträge zur feministischen Theorie und Praxis, Nr. 8, 1983, S. 91.

Als weitere Literatur zu empfehlen:

Beer, Ursula: Klasse Geschlecht. Bielefeld 1985.

Beiträge zur feministischen Theorie und Praxis. Neue Verhältnisse in Technopatria. Zukunft der Frauenarbeit. Nr. 9/10, 1983.

Benz-Overhage/Brumlop/v. Freyberg/Papadimitriou: Computergestützte Produktion. In: Schriftenreihe „Humanisierung des Arbeitslebens", Band 43, Frankfurt/M. 1983.

Frauenforschung. Informationsdienst des Forschungsinstituts Frau und Gesellschaft, Nr. 1 und 2, 1986.

Fröbel/Heinrichs/Kreye: Umbruch in der Weltwirtschaft. Reinbek bei Hamburg 1986.

Gärtner/Krebsbach-Gnath: Berufliche Qualifizierung von Frauen zur Verbesserung ihrer Berufschancen bei der Einführung neuer Technologien. Schriftenreihe des Bundesministers für Jugend, Familie, Frauen und Gesundheit, Band 215. Stuttgart 1987.

Hirsch/Roth: Das neue Gesicht des Kapitalismus. Vom Fordismus zum Postfordismus. Hamburg 1986.

Huber/Bussfeld: Blick nach vorn im Zorn. Die Zukunft der Frauenarbeit. Weinheim und Basel 1985.

Jacobi/Niess: Hausfrauen, Bauern, Marginalisierte. Überlebensproduktion in „Dritter" und „Erster" Welt. Saarbrücken 1980.

Landenberger, Margarete: Marginale Beschäftigungsformen und soziale Sicherung. In: Verhandlungen des 23. Deutschen Soziologentages in Hamburg. Frankfurt/M. 1987.

Mahaim/Holt/Heinen: Frauen und Arbeiterbewegung. Frankfurt/M. 1984.

Ostner, Ilona: Beruf und Hausarbeit. Die Arbeit der Frau in unserer Gesellschaft. Frankfurt/M. 1978.

Potts, Lydia: Weltmarkt für Arbeitskraft. Von der Kolonisation Amerikas bis zu den Migrationen der Gegenwart. Hamburg 1988.

Rudolph/Manthey/Mayer/Ostendorf/Rabe-Klebeberg/Stahr: Ungeschützte Arbeitsverhältnisse. Frauen zwischen Risiko und neuer Lebensqualität. Hamburg 1987.

Sushila Gidwani

Auswirkungen der internationalen Währungs- und Finanzpolitik auf Frauen

Die Auswirkungen der Währungspolitik auf Frauen weisen zwei Aspekte auf: einerseits Geld und Währungssystem und andererseits die Finanzpolitik. Die Auswirkung von ersterem hängt mit dem Wesen von Währungssystemen zusammen, während die Auswirkung von letzterem auf deren richtungsweisende Wirkungen zurückzuführen ist.

Frauen und das Währungssystem

Die Aufspaltung der Produktion innerhalb und außerhalb des Hauses und die Einführung von Geld und Währungssystemen haben die Produktivrollen von Männern und Frauen in Agrargesellschaften beendet. Mit der Entwicklung nationaler und internationaler Wirtschaftssysteme wurden die Männer von ihrer Arbeit auf dem Feld und im Haus abgezogen und in Bergwerken, Fabriken und Büros als Arbeiter, Kapitalisten, Unternehmer usw. eingesetzt. Dadurch wurden sie von der elenden landbezogenen Abhängigkeit der Familie befreit, was ihnen ein wenig Autorität über ihre Familien als Oberhaupt eines erweiterten Familienhaushalts verlieh. Sie erlangten Mobilität, finanzielle Macht und wirtschaftliche Unabhängigkeit; sie gingen von zu Hause fort, um ihren Lebensunterhalt zu verdienen durch Produktion von Gütern und Dienstleistungen in größerer Menge als die, die Männer und Frauen in der Vergangenheit größtenteils zu Hause erbracht hatten; dieser Prozeß hält noch immer an. Je mehr sie herstellen und verkaufen, desto mehr fühlen sie sich in ihrem wirtschaftlichen Überleben sichergestellt. Die marktorientierte Produktivkraft stellt die entscheidende Quelle von wirtschaftlicher Macht, sozialer Anerkennung und politischem Einfluß dar. Somit macht im Gegensatz zur Agrargesellschaft in den modernen Wirtschaftssystemen bezahlte Arbeit und nicht Freizeit den Lebenssinn aus. Männer hielten konkurrierende Industriesysteme für eine Herausforderung. Großangelegte Produktion machte Organisation und Aufsicht, Führungs- und Durchsetzungsvermögen erforderlich; das Unternehmertum verlangte Risikobereitschaft, Wachsamkeit und Entschlußkraft; das Überleben der Stärksten auf dem Markt erforderte Aggressivität; das Betreiben der schweren Maschinen setzte besondere Fertigkeiten, Kraft und Anpassungsfähigkeit voraus, und das Vorwärtskommen machte Zielstrebigkeit und Engagement für die Arbeit unabdingbar.

Die Monetarisierung der Gesellschaft hat sowohl positive als auch negative Auswirkungen auf Frauen. Der Nutzen des wissenschaftlichen und technologischen Fortschritts, angekurbelt besonders in den letzten 50 Jahren durch die Währungssysteme, ist hauptsächlich in den technologisch fortschrittlichen Ländern deutlich geworden. Die materiellen Güter einer Durchschnittsfamilie, die höhere Lebenserwartung, die wirtschaftliche Unabhängigkeit von Familie oder Kindern, soziale und persönliche Mobilität, persönliche Freizeitgestaltung, internationale Mobilität, der leichte Zugang zu angesammeltem menschlichen Wissen, sofortige Zugriffsmöglichkeit auf globale Informationen usw. – all dies sind Symbole „hoher Lebensqualität", die Männern und Frauen gleichermaßen zugute kommen. Diese Fortschritte haben eine dramatische Auswirkung auf Frauen als Individuen, Hausfrauen, Mütter und bezahlte Arbeiterinnen.

Persönliche Auswirkungen

Hand in Hand mit den auf Geld basierenden Wirtschaftssystemen wurde Spezialisierung gefördert, und das ermöglichte es den Frauen der Mittelschicht, eine breite Vielfalt von Gütern und Dienstleistungen aus allen Teilen der Welt in Anspruch zu nehmen, die in der Vergangenheit das Privileg einiger weniger waren. Außerdem haben die Frauen auch von neuen institutionellen Strukturen profitiert, die für das Funktionieren dieser Wirtschaftssysteme wesentlich waren, wie organisierte Erziehung, industrielle soziale Strukturen, moderne Kommunikationswege. Frauen in Industriegesellschaften haben im allgemeinen offenbar ein höheres Maß an Selbstvertrauen, Selbstbewußtsein und an Kenntnissen in der Zeiteinteilung und Haushaltsführung, in sozialen und in persönlichen Beziehungen erlangt. Das höhere Ausbildungsniveau derjenigen, die daraus einen Nutzen ziehen können, hat die Frauen darauf vorbereitet, sich den zahlreichen Herausforderungen außerhalb ihres Hauses zu stellen. Gleichzeitig wurden die Frauen zum Bestreiten ihres Lebensunterhalts von Geld und Märkten abhängig. Da die traditionelle 'Produktion' der Frauen – Hausarbeit und Kindergebären – keinen Marktwert besitzt, müssen sie sich ihre Kaufkraft indirekt durch Männer und direkt durch Märkte verschaffen und eine doppelte Arbeitslast auf sich nehmen. Die moderne Marktwirtschaft konzentriert sich vor allem auf Frauen: Sie werden konstant – bewußt oder unbewußt – durch die Märkte beeinflußt, um zu Konsumentinnen par excellence zu werden. Je höher der Lebensstandard, desto höher ist ihr finanzieller Bedarf und desto größer ist ihre Abhängigkeit von Männern und Märkten. In den freizeitorientierten, an Gütern armen und arbeitsintensiven landwirtschaftlichen Wirtschaftssystemen bevorzugten Frauen Häuslichkeit und wirtschaftliche Abhängigkeit, in modernen Wirtschaftssystemen hingegen führt die wirtschaftliche Abhängigkeit dazu, daß diese Frauen ihre Bedeutung und ihren Selbstwert verlieren. Gefangen in den engen Maßstäben der Vergangenheit und der wirtschaftlichen Realität der Gegenwart, kämpft ein kleiner Bruchteil von Frauen in elitären Gesellschaftssystemen darum, sich vom Druck der ungleichgewichtigen Verteilung der ökonomischen Kraft des Haushalts zu befreien, während eine große Mehrheit von ihnen keine andere Wahl hat, als sich der Tyrannei wirtschaftlicher Abhängigkeit und in einigen Fällen sogar körperlicher Gewalt zu beugen.

Auswirkungen auf den Haushalt

Die Geldökonomien haben strukturelle Veränderungen in der Produktion der Frauen im eigenen Haushalt mit sich gebracht. Es hat sich nicht nur die Zusammensetzung der Arbeit verändert, sondern auch der Produktionsablauf. In modernen Wirtschaftssystemen ist es nicht mehr so, daß Frauen weben, Stoffe herstellen, nähen, töpfern, Gemüse anbauen, das Getreide reinigen und mahlen oder viele weitere, zum Lebensunterhalt notwendige Aufgaben erfüllen. Statt dessen sind moderne Frauen in den Großstädten für Vermarktung, Personenbeförderung und Einkauf zuständig, leisten soziale, emotionale, geistige und intellektuelle Unterstützung, schaffen eine freundliche und frohe Atmosphäre zu Hause und vermitteln ihren Kindern ethische und moralische Wertvorstellungen. Außerdem hat sich die Mischung der Produkte verlagert: Ästhetik und Vielfalt beispielsweise spielen bei der Produktion bzw. Zubereitung und dem Angebot von Nahrung eine größere Rolle als die Quantität. Die Verarbeitungsverfahren im Haushalt sind nicht mehr einfach und arbeitsintensiv, sondern kapitalintensiv und zeitaufwendig. Die Modernisierung der Produktion im Haushalt hängt in hohem Maße von dem Grad der Modernisierung der Volkswirtschaft und bis zu einem gewissen Grad von der Beschaffbarkeit des Geräts und der Fähigkeit ab, die moderne Ausrüstung für die Produktion im Haushalt bezahlen zu können.

In den modernen technologischen Gesellschaftssystemen haben moderne Apparate, abgepackte Lebensmittel, Mikrowellenherde, moderne Kinderbetreuungseinrichtungen usw. die Hausarbeit erleichtert und den Frauen zu mehr Flexibilität in ihrer Zeiteinteilung verholfen. Die modernen, hochorganisierten, institutionalisierten Schulsysteme, die dazu bestimmt sind, künftige Arbeiter in großer Zahl mit einer Vielfalt von Fähigkeiten und Kenntnissen auszustatten, damit sie dem Bedarf des Marktes besser gerecht werden, haben Frauen von den Ausbildungspflichten an ihrem Arbeitsplatz befreit. Durch die erzielten Fortschritte in der Familienplanung haben Frauen eine viel größere Kontrolle und Flexibilität hinsichtlich der Mutterschaft erreicht. Somit haben die modernen Währungssysteme den Frauen zu einem angenehmeren und flexibler gestaltbaren Leben verholfen.

In den technologisch weniger fortgeschrittenen Ländern variieren die den Frauen zugute kommenden Vorteile der Modernisierung in hohem Maße, je nach dem Stand der Entwicklung. Wohlhabende Frauen in modernen Wirtschaftsbereichen der Entwicklungsländer erfreuen sich des Luxus moderner Geräte neben der durch ihre Bediensteten gewonnenen Freizeit; die Frauen der Mittelschicht erfüllen ihre traditionellen Pflichten mit Hilfe der Geräte und Produkte, die sie sich leisten können, oder setzen für die Arbeit im Haushalt bezahlte Kräfte ein und drängen auf den Arbeitsmarkt; Frauen der unteren Schichten kämpfen mit der doppelten Belastung der Arbeit außer Haus und den Pflichten im Haushalt.

Trotz des enorm hohen Überschusses, der durch die Modernisierung der Produktionsmittel erwirtschaftet worden ist, bleibt der moderne Lebensstil ohne mühselige Plackerei für eine große Mehrheit von Frauen in der Welt unerreichbar. Gerade die Kräfte des Fortschritts haben Frauen in ihrer traditionellen Rolle auch nachteilig beeinflußt. Während sich der Verantwortungsbereich der Frauen im Haushalt immens vervielfacht hat, werden sie in den Industrieländern als Hausfrauen zu einem weniger wertvollen Wirtschaftsfaktor und mehr zu einer Belastung für die Ernährer, da die Haushalte immer kapitalintensiver werden und die Abhängigkeit von den Märkten zunimmt. Der Wert der Mutterschaft nimmt auch in dem Maße ab, wie der Vermögenswert (Altersversorgung) von Kindern mit dem Aufkommen institutionalisierter Rentenpläne und wie die finanziellen und emotionalen Aufwendungen für die Erziehung von Kindern zunehmen und Frauen attraktivere Alternativen (Karriere, Reisen, Luxusgüter) finden als die, eine Familie zu haben.

Arbeiterinnen

Die Industriesysteme, d.h. besonders die wettbewerbsorientierten, haben eine begrenzte Verwendung für die Eigenschaften und Einstellungen der Frauen, die nicht den gewünschten Qualitätsvorstellungen eines auf Wettbewerb basierenden Systems entsprechen. Auch die ideologische Verfestigung männlicher Überlegenheit und der vorindustriellen Arbeitsteilung, die die organisierte Erziehung geprägt haben, hat die Rollen von Männern und Frauen selbst in den organisierten Arbeitsmärkten weiter zementiert. Als Ergebnis wird der Frauenarbeit im Vergleich zur Männerarbeit auf den Arbeitsmärkten ein geringerer Wert beigemessen. In den USA beträgt das Durchschnittseinkommen der Frauen 59 Prozent des Einkommens der Männer.

Die Märkte setzen auch einen Wert für das physische Dasein der Frauen, neben dem für ihre Arbeitskraft, fest. Die absoluten Erfordernisse des technologischen Zeitalters – Mobilität, Anonymität, Einsamkeit, soziale und emotionale Unsicherheit, wirtschaftliche Unsicherheit der Märkte usw. – haben einen steigenden Bedarf an Prostitution geschaffen, die sich zu einem schnell wachsenden Erwerbszweig entwickelt hat. Viele Frauen in Großstädten halten Prostitution für eine lukrative und rezessionsunabhängige Erwerbsquelle. Dadurch haben die Geldökonomien die Frauen diskriminiert und sie zur Handelsware gemacht.

Frauen und die Währungspolitik

Die Auswirkungen der Geld- und Währungspolitik auf Frauen hängt insbesondere davon ab, wie stark die Bindungen der Frauen an die Märkte sind. Mit der Entstehung der Währungspolitik haben sich auch die Bindungen der Frauen an die Märkte entwickelt. Jede Politik hat verschiedene Auswirkungen auf die Frauen.

Frauen und der Goldstandard[1]

Industrieländer

Die Hauptziele der Währungspolitik vor 1933 waren die Gewährleistung der Liquidität, die Handel und Gewerbe ankurbelte, was wiederum die Umwandlung der landwirtschaftlichen Lebensstrukturen in städtische Strukturen bewirkte. In den frühen Phasen der Industrialisierung von 1815 bis 1875 stellten Handel und Gewerbe einen Randbereich aller Volkswirtschaftssysteme dar. Eine große Mehrheit von Frauen auf der ganzen Welt lebte in Haushalten mit landwirtschaftlicher Selbstversorgung und geringen Kontakten zu den Märkten. In Stadtgebieten arbeiteten sie (vor der Heirat) vorübergehend und/oder betrieben zusammen mit ihren Männern im Haus oder in der Umgebung des Hauses eine familieneigene Produktion sowie Handelsaktivitäten geringen Umfangs. Freizeit und Müßiggang waren immer noch erstrebenswerte Ziele. Männer strebten sie durch beruflichen Aufstieg an, Frauen durch Heirat. Die Führung des Haushalts blieb die Hauptbeschäftigung aller Frauen.

Die bedeutsamste Auswirkung der Währungspolitik auf Frauen der Industrieländer war es, eine Mehrheit aus ihren landwirtschaftlichen Haushalten abzuziehen und sie in den expandierenden städtischen Industriegebieten anzusiedeln, in denen Frauen der privilegierten Klassen Erziehung und Ausbildung erhielten, die dann Frauen aus der Arbeiterklasse beschäftigten, sich der Freizeit erfreuten und ihren Haushalt beaufsichtigten; in denen Frauen der Mittelschicht ihre Familien und Haushalte betreuten und die Oberschicht imitierten; und in denen die Frauen der Arbeiterklasse aus wirtschaftlichen Zwängen heraus nicht nur ihre Häuser und Familien betreuten, sondern auch außerhalb ihrer Häuser in schlechtbezahlten, mühseligen Tätigkeiten ohne besondere Ausbildung arbeiteten, in denen ihre Fähigkeiten in wohlhabenden Häusern und in Fabriken und Büros benötigt wurden – ein Schicksal, dem sich Frauen der Mittel- oder Oberschicht nicht ausgesetzt sehen wollten. Die Frauen der Oberschicht bezogen im Gegensatz zu den Männern ihren Lebenssinn über ihre Ehemänner und Familien und erfreuten sich ihres wirtschaftlich abhängigen Lebens als Privileg und bezahlten sogar den „Brautpreis", indem sie die finanzielle Verantwortung zumindest der Ausgaben für die Hochzeit übernahmen. In einigen Ländern bezahlten sie die Mitgift für das Privileg, in die Mittel- oder Oberschicht einzuheiraten. Mit der Verbreitung der guten Schulbildung fanden die Frauen der Mittelschicht neue Aufstiegs- und Beschäftigungsmöglichkeiten; für Frauen der Arbeiterklasse gehörten jedoch lange Arbeitszeiten, verbreiteter wirtschaftlicher Mißbrauch von Kindern, gefährliche Arbeitsbedingungen, Unsicherheit, schmutzige und primitive Wohnverhältnisse zu den realen Lebensbedingungen. Die fortschreitende Industrialisierung und Verstädterung unterwarf immer mehr Menschen den Gefahren der Erwerbslosigkeit, und die Entwicklung der Märkte und ungehinderter Zugang zu den Rohstoffquellen wurden für die Industriearbeit zu einer Überlebensfrage.

Nichtindustrialisierte Länder

Die Ausweitung des internationalen Handels in den Jahren vor 1870 und die imperialistische Expansion von 1880 bis 1930, die den gefräßigen Appetit der Industrieländer auf die landwirtschaftlichen Roherzeugnisse und die Rohstoffe aus dem Bergbau befriedigen sollte, hatte für die Frauen in Asien, Lateinamerika und Afrika spürbare Folgen. In Lateinamerika und Asien führte der Ersatz der Subsistenzlandwirtschaft durch Exportkulturen wie Jute, Baumwolle, Kaffee, Tee, Palmöl, Kopra, Kautschuk usw. zur Umwandlung von autark lebenden Familien in bezahlte Arbeiter auf Plantagen oder in Kleinbauern, die auf Gedeih und Verderb von den internationalen Märkten abhängig waren. Hauptinteresse der Kolonisatoren war die Produktion von Exportkulturen, die Ausbeutung der Minen (Gold und andere Metalle) sowie der Exporthandel. Sie, die aus männerorientierten Kulturen kamen, ermutigten Männer, nicht Frauen, zum Anbau von Exportkulturen. Männer wurden die Nutznießer des neuen landwirtschaftlichen know-how, des Umgangs mit Handel und Geld und von unternehmerischen Fähigkeiten. In Lateinamerika arbeiteten Männer auf den Plantagen; in Asien arbeiteten ganze Familien auf den Plantagen; und in Afrika, wo Männer und Frauen gleichermaßen von Subsistenzanbau lebten, wurden Männer von der Landwirtschaft abgezogen und im Bergbau eingesetzt. Sowohl in Asien als auch in Afrika stieg der Anteil der Frauenarbeit: In Afrika hatten die Frauen neben der Arbeit im Haushalt die gesamte Verantwortung für den landwirtschaftlichen Anbau zu tragen; in Asien arbeiteten Frauen auf den Plantagen und im eigenen Haushalt. Da auf den Plantagen und im Bergbau vorrangig Männer beschäftigt wurden, erlangten sie als Verdiener Kaufkraft, ein wichtiger Aspekt in der Marktwirtschaft. Da die Kolonisatoren in Finanz- und Geschäftsangelegenheiten auch lieber mit Männern als mit Frauen verhandelten, spielten Männer in Geldangelegenheiten die führende Rolle, wodurch Frauen in finanzielle Abhängigkeit gerieten und weniger Effizienz erlangten. Afrikanische Frauen, die für den landwirtschaftlichen Subsistenzanbau der Familie verantwortlich waren, gerieten dadurch hinsichtlich gesellschaftlicher Kompetenz, technischer Erfahrung und Produktivität ins Hintertreffen; mit diesem Problem müssen sie sich immer noch auseinandersetzen.

Der steigende Bedarf der nichtindustrialisierten Länder an Verteidigung, erweitertem Transport und Verwaltungsfachleuten bestärkte die Verstädterungstendenzen in diesen Ländern und führte dazu, daß mehr Frauen aus der Mittel- und Oberschicht dem Einfluß der Märkte ausgesetzt wurden.

Inflation, Zinssätze und Wechselkurse

In dem Maße, in dem Frauen in zunehmender Zahl in den direkten oder indirekten Einflußbereich der Marktaktivitäten gerieten, waren sie auch dem Druck der Arbeitslosigkeit oder Inflation ausgesetzt. Da die Stabilität der Wechselkurse vom Goldstandard abhing, hatte jedes wirtschaftliche Ungleichgewicht Auswirkungen auf Inflation und Arbeitslosigkeit. Da die Lebensweise haushaltsbezogen und einfach strukturiert war sowie Käufe nur gegen Barzahlung getätigt werden konnten, war die Furcht vor Arbeitslosigkeit größer als die vor Inflation. Aus den gleichen Gründen hatten Änderungen der Zinssätze keinerlei Auswirkung auf die meisten Frauen, bis dadurch die Arbeitslosigkeit nachteilig beeinflußt wurde. Sparsamkeit war eine Tugend, die durch eigenunternehmerische Aktivitäten große Verdienste und in der Folge Aufstieg verhieß. Sie wirkte sich ungünstig auf den Konsum aus.

Steigende Erwartungen als Antriebskraft

Verstädterung und Geldwirtschaftssysteme beeinflußten auch die Erwartungen der Frauen in die Wirtschaftssysteme der Industrieländer. In der unmittelbaren städtischen Umgebung traten die starken Unterschiede im Lebensstil der Einkommensklassen zutage, so daß Männer und Frauen nach dem Lebensstil der Reichen strebten. Steigende Ansprüche und Aufstieg wurden zur treibenden Kraft für die arbeitende Durchschnittsfamilie der Industrieländer. Soziale Anerkennung wurde zum Maßstab für die Qualität der Haushaltsführung und verlieh den haushaltführenden Personen Bedeutung. *„Der Familie von nebenan in nichts nachstehen“*, war für die Frauen eine wichtige Motivation bei der Erfüllung der Haushaltspflichten. Dieser Lebensstil des Stadtlebens und die Einstellungen haben sich selbst bis zum heutigen Tag nur geringfügig geändert.

Frauen und das IWF-System[2]

Die ernsten Folgen der Inflation und Arbeitslosigkeit zwischen den beiden Weltkriegen zwangen die Industrieländer dazu, die Aufmerksamkeit stärker auf die Stabilität der eigenen Volkswirtschaft zu richten als auf die Stabilität der Wechselkurse, deren Aufrechterhaltung sich als schwierig erwies, da bei der Verteilung der Goldhandelsbilanz eher die Vereinigten Staaten begünstigt wurden. Die Regierungsprogramme, die darauf abzielten, die einschneidenden wirtschaftlichen Auswirkungen infolge von Arbeitslosigkeit oder vorzeitigem Verlust des Hauptverdieners bzw. aus Altersgründen aufzufangen, hatten zur Folge, daß eine große Zahl von Frauen mit geringem oder überhaupt keinem Einkommen von der

Regierung finanziell unterstützt werden mußte. Im Laufe der Zeit ist der Umfang von Staatshaushalten erheblich gewachsen, sie haben sich zu einem einkommensstabilisierenden Werkzeug entwickelt, das wiederum durch nationale sowie internationale Währungspolitik beeinflußt wird.

Die Auswirkungen der IWF-Währungspolitik und der Währungs- und Steuerpolitik der Industrie- und Entwicklungsländer auf Frauen in den letzten drei Jahrzehnten sind ebenso komplex wie unterschiedlich. Jede Verallgemeinerung verdeckt die Komplexität und Unterschiedlichkeit, die der Richtung der politischen Maßnahmen und Strategien, den finanziellen Notwendigkeiten, dem Grad der wirtschaftlichen Abhängigkeiten, den Strukturen und Phasen der Entwicklung, den kulturellen Unterschieden und letztlich der Vielfalt und dem Ausmaß der wirtschaftlichen Beteiligung der Frau zugrundeliegen. Trotz der unterschiedlichen Auswirkungen haben die politischen Systeme allgemeine Trends für alle Frauen geschaffen, die tiefgreifende Veränderungen in ihren traditionellen Arbeitsformen mit sich bringen. Wenn die Währungspolitik vor dem Zweiten Weltkrieg eine Mehrheit von Frauen in den Industrieländern dazu brachte, vom Land in die Städte zu ziehen, so hat die Währungspolitik der Zeit nach dem Zweiten Weltkrieg zur Folge, daß immer mehr moderne Frauen nicht mehr zu Hause bleiben, sondern auf den Arbeitsmarkt drängen.

In den technologisch fortgeschrittenen Ländern drohen die Veränderungen den Kern der Familienstruktur zu erschüttern, und zwar in demselben Maße, wie die industrielle Revolution die Großfamilienverbände zerstörte. Die Struktur der Haushalte entwickelt sich weg von obligatorischen Verhältnissen zwischen Männern und Frauen zu freiwilligen Verbindungen mit oder ohne Trauschein zwischen Individuen, die die finanziellen und nichtfinanziellen Verpflichtungen gemeinsam tragen. Das Heim ist nicht mehr die 'Burg des Mannes', die den Männern emotionale Zuflucht vor der bedrohlichen Umwelt außerhalb des Hauses und Unterstützung und Trost von seiten ihrer sehnsüchtig wartenden Familien bietet; sie werden nun zu schön gestalteten Schlafplätzen, wo Männer und Frauen, erschöpft von dem starken Konkurrenzdruck des Alltags, Schlaf finden und über das Wochenende Aufstiegsstrategien planen. Familienziele, der hohe Lebensstandard und berufliche Zielvorstellungen und Verpflichtungen konkurrieren miteinander um emotionale Zufriedenheit; die Zahl der kinderlosen Ehen bzw. Lebensgemeinschaften ist stark angestiegen. Diese Entwicklungstendenzen, die in den Vereinigten Staaten am deutlichsten hervortreten, sind nun auch in anderen Industrieländern und in den industrialisierten Elitesektoren der Entwicklungsländer zu beobachten.

Welcher Art dieser finanzielle Druck ist, wie die Veränderungen ablaufen und wie Frauen auf diese Veränderungen reagiert haben, sind die Fragen, die uns hier beschäftigen. Da der Einfluß der Währungspolitik und die Reaktionen der Frauen in den Industrieländern und den Entwicklungsländern ausgeprägte Unterschiede aufweisen, muß sich unsere Analyse den im folgenden beschriebenen Problemkreisen zuwenden.

Industrieländer

Seit der US-Dollar international die wichtigste Währung ist, die Nachfrage der USA ein entscheidender Faktor im Wirtschaftswachstum der flexibel strukturierten Weltwirtschaftsordnung ist und die USA weltweit die größte Investoren- und Gläubigernation sind, hat ihre Währungspolitik globale Auswirkungen, auch auf Frauen. Darüber hinaus haben Lebensstil, Selbstverständnis und Verhaltensmuster in den USA einen erheblichen Einfluß auf die Menschen anderer Länder, in denen die Devise, „sich nicht schlechter zu stehen als die Familie von nebenan", unbestreitbar ist. Somit lassen sich die USA als ausgezeichnete Fallstudie zur Analyse der Auswirkungen der Währungspolitik auf die Frauen in den Industrieländern auf ihrem Weg zu technologischem Fortschritt heranziehen.

Da die Vereinigten Staaten sich in einer einzigartigen internationalen Position (als Bereitsteller der internationalen Liquidität, als reiches Land und als Nettogläubigerland) befinden, hat die IWF-Politik nur minimale Auswirkung auf deren eigene Politik. Das Hauptziel der amerikanischen Währungspolitik seit dem Zweiten Weltkrieg war die Förderung des Wirtschaftswachstums bei gleichzeitiger angemessener Begrenzung der Inflation und der Arbeitslosigkeit. Die amerikanische Währungs- und Finanzpolitik der 50er und des größten Teils der 60er Jahre war im wesentlichen mit der Aufrechterhaltung der notwendigen Liquidität für bedeutende Wirtschaftsaktivitäten in diesem Zeitraum befaßt. Der Wohlstand der 50er Jahre verwirklichte den Traum eines 'guten Lebens' und erfüllte die normalen Erwartungen des Durchschnittsmenschen. Bessere Arbeit, bessere gastronomische Genüsse, bessere Kleidung, das ultramoderne, mit allen elektrischen Geräten ausgestattete Heim am Stadtrand, bessere Autos, besserer Urlaub und eine bessere Zukunft für die Kinder machten den amerikanischen Haushalt in hohem Maße vom Markt abhängig und kapitalintensiv. Die attraktive Devise „Kaufen Sie jetzt, zahlen Sie später", mit der Warenhäuser und Banken warben, verleitete Amerikaner mit durchschnittlichem Einkommen, die auf Altersversorgung bedachte finanzielle Disziplin sowie den Grundsatz, den Lebensunterhalt im Rahmen der eigenen Möglichkeiten zu bestreiten, aufzugeben und die augenblicklichen Bedürfnisse durch leicht zugängliche Verbraucherkreditfinanzierung zu befriedigen. Das steigende Vertrauen in Finanzierung durch Schulden wurde zu einer beliebten Haushaltsfinanzierungsstrategie. Die Folge war, daß sich nicht nur amerikanische Frauen in hohem Maße am Konsum orientierten, sondern das Haushaltsbudget stark angehoben wurde: Die festen Ausgaben des Durchschnittbudgets stiegen dramatisch an, und die Schuldenfinanzierung machte einen immer höheren Teil des Budgets aus. Ein durchschnittlicher Haushalt wurde damit weniger flexibel und verletzlicher gegenüber dem Druck der Finanzpolitik. Zinssätze wie Preise wurden zu einem bestimmenden Faktor in der Verbraucherrechnung. Die Politik des leicht verfügbaren Geldes förderte Kreditaufnahmen der Verbraucher und rief einen nachfragebedingten Inflationsdruck hervor, und die straffe Geldpolitik ließ die Lebenshaltungskosten einerseits und die Angst vor Arbeitslosigkeit andererseits ansteigen. Der allgemeine Wohlstand der 60er Jahre, die Haushalts-, Finanz- und Währungspolitik dieses Zeitraums und der Anstieg der internationalen Nachfrage nach dem Dollar ermöglichten es den amerikanischen Frauen, importierte Luxusgüter zu genießen und die Welt zu erkunden, ohne den Gürtel enger schnallen zu müssen. Die übrigen Länder mit Liquiditätsproblemen waren darauf bedacht, die Dollarbilanz positiv zu erhalten, um dem eigenen Bedarf gerecht zu werden. Der Luftverkehr nahm zu; eine neue hochgradig wettbewerbsfähige Industrie, der Tourismus, entstand; der Rest der Welt konkurrierte um Teilhabe an den expandierenden amerikanischen Märkten; und die USA erlitten anhaltende Zahlungsbilanzdefizite. Für die erwerbstätigen amerikanischen Frauen verstärkte sich der Grad der finanziellen Abhängigkeit von ihren Ehemännern, und die fehlenden Zugriffsmöglichkeiten der Frauen auf die Finanzmärkte in den 60er und 70er Jahren wurden für sie zu einer bitteren und erschreckenden Realität.

Die steigende Nachfrage nach Haushaltsfinanzierung einerseits und andererseits die zunehmenden Arbeitsmöglichkeiten in den schnell wachsenden Dienstleistungs- und Berufszweigen, die besonders auf die angeblich veranlagungsbedingten Fähigkeiten, Eigenschaften und Einstellungen der Frauen ausgerichtet waren, machten den Arbeitsmarkt für die Frauen attraktiv. Sie hofften, dadurch zusätzliches Einkommen für die zusätzlich anfallenden, aber nicht unbedingt notwendigen Ausgaben ihrer Familie erzielen zu können. Als die zusätzlichen Ausgaben jedoch für den technologisch orientierten hohen Lebensstandard zur Notwendigkeit geworden waren, der Inflationsdruck in den Jahren 1968–73 zunahm und den Lebensstil der Familien bedrohte, wurden die Einnahmen der Frauen zu einem unverzichtbaren Bestandteil des Familienbudgets. Heute machen Frauen einen bedeutenden und dauerhaften

Bestandteil der US-amerikanischen Arbeitskräfte aus. Sie haben nun direkte Verbindung zu den Arbeitsmärkten und unterliegen denselben Marktkräften wie die Männer.

Im Gegensatz zu den erwerbstätigen Frauen der Ober- und Mittelschicht in den Entwicklungsländern, die ein großes Reservoir an billigen Arbeitskräften zur Verfügung haben, ist die arbeitende Durchschnittsfrau der Mittelschicht in den USA nicht in der Lage, ihre Haushaltspflichten so ohne weiteres auf untere Einkommensklassen (Hausangestellte) zu verlagern. Daher tragen im reichsten Land der Welt die meisten Frauen – wie auch die Frauen der Unterschicht in anderen Teilen der Welt – die doppelte Arbeitslast und suchen in den technologischen Errungenschaften Zuflucht.

Während Mittelschichtsfrauen zunehmend auf Arbeitsmärkte vertrauten, um finanzielles Einkommen zu erlangen, machte die Ausweitung der Regierungsprogramme zur Einkommenssicherung und zur Gesundheitsfürsorge in den 60er und 70er Jahren eine zunehmende Zahl von Frauen ohne eigene Finanzmittel von öffentlichen Geldern abhängig. Diese Maßnahmen waren ihrem Wesen nach eher politisch motiviert und nach oben flexibel, nach unten jedoch starr. Diese Tendenzen erzeugen im allgemeinen einen defizitären Druck auf die Haushaltsbudgets und überlassen das wirtschaftliche Schicksal armer Frauen der Gnade unvorhersagbarer politischer Haltungen und fiskalischer Zwänge.

Die wachstumsfördernde staatliche Haushalts- und Geldpolitik der 60er und 70er Jahre hatte zusätzliche Auswirkungen auf das Leben der US-amerikanischen Frauen:

1. Durch die neue und steigende Tendenz von Firmen, Renten- und Krankenversicherungspläne anzubieten, sowie die weitverbreitete Inanspruchnahme von Lebensversicherungen und institutionalisierten Methoden des privaten Sparens – beispielsweise Schul-, Ferien-, Weihnachtsfonds usw. –, sind große Geldmengen und Ersparnisse in regelmäßigen und absehbaren Intervallen in die Hände einer kleinen Zahl öffentlicher und privater Finanzinstitute gelangt. Diese konzentrierte Geldmenge institutionalisierter Ersparnisse wird bei ihrer Suche nach höheren Erträgen von einem Monat zum anderen von einem Konto auf das nächste, von einem Land zum anderen transferiert, wobei aus den weltweit unterschiedlichen Zinssätzen Vorteile gezogen werden. Durch die steigende globale Nachfrage nach Fonds, die hauptsächlich von den Industrieländern bereitgestellt werden, wird das allgemeine Zinsniveau in jedem Land angehoben. Frauen, die in ihren Zugriffsmöglichkeiten auf organisierte Finanzmärkte bereits eingeschränkt sind, konkurrieren nun mit den Regierungen, internationalen Konzernen und anderen bevor-

zugten Kreditnehmern um finanzielle Ressourcen zur Finanzierung ihrer Haushaltserfordernisse oder ihrer unternehmerischen Aktivitäten auf den internationalen Finanzmärkten. Da ihr Bedarf, was Risiko und Sicherheit angeht, nur unbedeutend ist, sind Frauen im allgemeinen auf der Verliererseite.

2. Die Internationalisierung des Konsums (eine Folge des Lebensstils der Wohlstandsgesellschaft) und die steigende Importintensität der inländischen Produktionsabläufe haben die US-amerikanischen Haushaltsbudgets dem Diktat der globalen Marktkräfte unterworfen, die den Fluß der Güter und Dienstleistungen steuern. Der Wohlstand führte dazu, daß der nachfragebedingte Inflationsdruck der 60er Jahre Importe von Verbrauchsgütern und Dienstleistungen verstärkte und das Wirtschaftswachstum in anderen Ländern ohne entscheidende Auswirkung auf die Beschäftigungsrate der USA anregte. Das rapide Ansteigen der Kosten im Gesamtangebot aufgrund der beiden Ölkrisen der 70er Jahre hatte gleichzeitig Inflation, Arbeitslosigkeit und den Ersatz teurer inländischer Produkte durch billigere Importe zur Folge. Die kombinierte Auswirkung von Arbeitslosigkeit und Inflation durch den Druck auf die Haushaltsbudgets drängte einerseits noch mehr Frauen auf den Arbeitsmarkt und zwang sie andererseits dazu, den Lebensstandard zu senken. Die sinkende Gesamtnachfrage in den USA und die steigenden Ölpreise führten Mitte der 70er und Anfang der 80er Jahre zu einer weltweiten Rezession, von der auch Frauen in anderen Teilen der Welt betroffen waren.

3. Die Internationalisierung der Produktion und die verstärkte internationale Konkurrenz haben US-amerikanische Frauen den weltweiten Einkommensniveauverschiebungen auf den Arbeitsmärkten unterworfen. Die hohen Kosten der US-amerikanischen Arbeiter (teilweise als Ergebnis des hohen Lebensstandards und teilweise aufgrund der allgemein sinkenden Produktivität) haben strukturelle Verschiebungen in der Nachfrage auf dem Arbeitsmarkt zur Folge gehabt. US-amerikanische Männer und Frauen haben ihren Arbeitsplatz durch Automation und den Wettbewerb mit anderen Ländern verloren, da sie ihre Wettbewerbsvorteile in traditionellen Industriezweigen wie Automobil-, Stahl-, Bekleidungsindustrie usw. eingebüßt haben. Die Verlagerung von den traditionellen Produktionssektoren auf jene Sektoren, die von den enorm konkurrenzfähigen und auf Technologie basierenden High-Tech-, Elektronik- und Datenverarbeitungs-Produkten abhängig sind, hat zu einer hohen Zahl von schlechtbezahlten, mechanisierten, gewerkschaftlich nicht organisierten Arbeitsplätzen mit Bedingungen der Vereinze-

lung geführt. Frauen werden für diese neuen ungeschützten Jobs bevorzugt. Diese Jobs beziehen jedoch ihre Existenz aus komparativen Kostenvorteilen, die sich durch kurzlebige Technologien ergeben, und sind dem Diktat der internationalen Konkurrenz schutzlos ausgeliefert. Da die moderne Arbeitslosigkeit zunehmend strukturell bedingt ist, wird Wiederbeschäftigung zu einem wachstumsunabhängigen Faktor. Frauen wie auch Männer sind nun demselben steigenden Druck der konkurrierenden nationalen und internationalen Marktkräfte ausgesetzt und müssen daher ihre Kenntnisse ständig weiterentwickeln, sich in neuen Fertigkeiten ausbilden und lernen, berechnend, aggressiv, durchsetzungsfähig und hochmotiviert zu werden, damit sie ihr finanzielles Überleben sicherstellen können.

4. Internationale Unterschiede hinsichtlich der Produktpreise, Rohstoffkosten, Ertragsraten, Produktivität und Zinssätze zeigen sich auch in der Wechselkursrelation: Bei ansonsten gleichbleibenden Bedingungen wird durch die relativ hohen Inflationsraten und die hohen Produktionskostenfaktoren der Wert der Landeswährung geschwächt; dagegen stärken relativ hohe Zinssätze, hohe Produktivitätsraten und hohe Mindestkapitalerträge den Wechselkurswert. Je höher der Grad an Monetarisierung und Internationalisierung der Wirtschaft, desto größer der Einfluß der Wechselkursschwankungen auf Frauen. Die Auswirkung der starken Währung ist besonders deutlich in der US-Wirtschaft der 80er Jahre.

Durch die US-amerikanische anti-inflationäre Geldpolitik der Jahre 1979–80 wurden die Inflationsraten gesenkt, die Zinssätze erhöht und eine anfangs höhere strukturbedingte und allgemeine Arbeitslosigkeit in den USA und im Ausland ausgelöst. Die „angebotsseitige“ Lösung der Jahre 1981–82 unter der Reagan-Regierung, die eine neoliberale, monetaristische Wirtschaftspolitik durchsetzte, d.h. Steuerkürzungen, Investitionssteuernachlässe, Anreize zum Sparen für Zeiten der Nichtbeschäftigung und Anreize zur Verbesserung der Wettbewerbsfähigkeit der USA und die gleichzeitige enorme Steigerung der US-Verteidigungsausgaben haben Aufwärtsverschiebungen in der Gesamtnachfrage hervorgerufen, die, wie erwartet, eine Verringerung der Arbeitslosigkeit in den USA und im Ausland sowie eine gestiegene Nachfrage nach US-Importen zur Folge hatte. Die kombinierte Wirkung verringerter Inflationsraten und hoher Zinssätze hatte international hohe 'reale' US-Zinssätze zur Folge, die einen hohen Zufluß ausländischen Kapitals begünstigten und äußerst günstige Wechselkurse für die USA zur Folge hatten. Dadurch wurden die US-Importe weiterhin gefördert und die US-Exporte nachteilig beeinflußt; die unvorhersehbaren US-Haushaltsdefizite und die starke

Gesamtnachfrage der USA drohen die Erneuerung hohen inflationären Drucks an und haben die Finanzbehörden dazu gezwungen, die hohen Zinssätze aufrechtzuerhalten. Dies hat sich wiederum günstig auf den Zufluß ausländischen Kapitals ausgewirkt, schaffte noch günstigere Wechselkurse, ließ weiterhin Importe ansteigen und Exporte sinken und hatte ein noch größeres Handelsbilanzdefizit zur Folge. Diese einzigartigen wirtschaftlichen Bedingungen haben der US-amerikanischen Volkswirtschaft die Senkung der Realinflation und der Zinssätze ermöglicht, was anderenfalls zu mangelndem Kapitalzufluß und gestiegenen Importen geführt hätte. Als Konsequenz erfreuen sich die US-amerikanischen Frauen größerer Kaufkraft, besserer Kreditmöglichkeiten, größerer Mengen an importierten Gütern und Dienstleistungen und extensiven Außenhandels, was wiederum über die Multiplikatorwirkung das Wirtschaftswachstum und die Exportaktivität in anderen Ländern angekurbelt hat. In einem gewissen Umfang haben diese Bedingungen in den USA Kapitalverknappung und dementsprechend höhere Inflationsraten in den Gläubigerländern bewirkt und Verknappungen auf den inländischen Märkten der Exportländer hervorgerufen. Frauen dieser Länder müssen im Gegensatz zu den US-amerikanischen Frauen entweder geringere Kaufkraft, bedingt durch die Kombination von höheren Inflationsraten, höherer Arbeitslosigkeit, höheren Zinssätzen und fiskalischem Konservatismus oder größere internationale Abhängigkeit von billigeren Importen hinnehmen.

Auf den US-amerikanischen Arbeitsmärkten haben die günstigen US-Wechselkurse Arbeitslosigkeit in den Export- und den Importsubstitutionssektoren verursacht. Zwischen 1981 und 1984 fielen die US-amerikanischen Exporte an Kapitalgütern und High-Tech-Produkten von 72 Mrd. US $ auf 22 Mrd. US $, und die Importe von Kfz-Teilen und Verbrauchsgütern erhöhten sich von 35 Mrd. US $ auf 72 Mrd. US $. 1984 wird ein Anstieg des US-Handelsbilanzdefizits auf 125 Mrd. US $ erwartet, womit sich das Defizit von 1983 mehr als verdoppelt. Etwa 2,5 Millionen ArbeiterInnen haben ihre Arbeit verloren, und die großen US-amerikanischen Hersteller reagieren auf den ausländischen Wettbewerb, indem sie im Ausland kaufen, die Preise herabsetzen, die Anlagen modernisieren und Schutzzölle fordern. Die neueren Maschinen brauchen weniger ArbeiterInnen, deren Produktivität wird um das Dreifache gesteigert. Da Frauen den größten Bestandteil dieser Arbeitskräfte ausmachen, sind sie zahlreicher als je zuvor davon betroffen. Viele dieser Jobs können leicht regional und international verlagert werden und gehen bei Umstellung auf Automation für immer verloren.

Die Verringerung des Exports von Agrarprodukten hat das Einkommen der Bauern und Landarbeiter reduziert. Die Folgen dieser Entwicklung sind für Kleinbauern verheerend. Da sie die festen hohen Zinszahlungen für Darlehen nicht erwirtschaften können, sind viele Farmerfamilien der Gnade ihrer Banken ausgeliefert und verlieren im allgemeinen ihre Betriebe an die Agrarindustrie.

Die US-amerikanische Volkswirtschaft, die mit hohen staatlichen Haushaltsdefiziten konfrontiert ist, reagiert hochempfindlich auf die unterschiedliche Gesamtnachfrage, wird in zunehmendem Maße durch kurzfristige ausländische Kapitalzuflüsse finanziert und schwankt zwischen Inflation und Arbeitslosigkeit. Jede wirtschaftliche Rezession und die damit einhergehende Senkung der US-Zinssätze kann einen gegenteiligen Trend bei den ausländischen Fonds zur Folge haben. Falls solch ein Umkehreffekt eintreten sollte, werden US-amerikanische Frauen mit fallenden Wechselkursen, hohen Inflationsraten, noch höheren Zinssätzen, steigenden Arbeitslosenraten und Einschränkungen staatlicher Unterstützung konfrontiert sein.

Je mehr US-amerikanische Frauen mit den Männern konkurrieren, und je mehr sie versuchen, einen festen Halt auf dem Arbeitsmarkt zu finden, desto mehr reagieren die Märkte darauf, indem sie die häuslichen produktiven Aktivitäten der Frauen für sich so gewinnbringend wie möglich gestalten und die Frauen selbst im häuslichen Bereich noch unbedeutender werden lassen. Die verpackten und vorgegarten Mahlzeiten von verbesserter Qualität in großer Vielfalt haben das Kochen auf das bloße Wärmen von Speisen reduziert; gut organisierte, professionelle Reinigungsdienste haben ihnen die Reinigungsarbeiten abgenommen, und durch Betreuungseinrichtungen und Kindertagesstätten werden die Kindererziehungsfunktionen geschlechtsneutral. Die Leihmutterschaft scheint ehrgeizigen, beruflich motivierten und erfolgsorientierten Frauen, die sich der zunehmenden Konkurrenz auf dem Markt nicht entziehen können, in Aussicht zu stellen, daß sie sich ihrer Aufgabe als Gebärende entledigen und diese Verantwortung jenen Frauen überlassen können, die bereit sind, sich gegen entsprechende Vergütung als Leihmutter zu verdingen. Somit zwingt der Markt die Frauen in ein geschlechtsloses Wirtschaftssystem, in dem der Haushalt von zwei wirtschaftlich unabhängigen Ehepartnern geteilt wird, deren Verhältnis anscheinend immer mehr einer geschäftlichen Partnerschaft ähnelt, als daß es durch gegenseitige Kooperation und persönlichen Einsatz gekennzeichnet wäre.

Die Richtung der Geld- und Steuerpolitik verlief in anderen reichen Industrieländern ähnlich wie in den USA. Die Folgen der US-amerikanischen Politik für deren Volkswirtschaften sind jedoch von größerer Bedeutung. In dem Maße, in dem sie versucht haben, ihre Volkswirtschaft vor internationalen Einflüssen durch regionale und internationale Abkommen zwischen den Regierungen zu schützen, werden durch private Aktivitäten neue Wege zu einer Rentabilitätssteigerung eingeschlagen, die in internationale Kosten-Preis-Wechselkurs-Unterschiede eingebettet ist. Während der letzten 30 Jahre haben diese Länder denselben Wohlstandspfad eingeschlagen wie die USA. Die Folgen ihrer Politik für die Frauen sind zwar im Wesen, jedoch nicht in der Intensität denen in den USA ähnlich. In dem Maße, wie die Industrienationen ihre wachstumsfördernde Politik durch weiteres Anheben des Lebensstandards intensivieren, steigt die Wahrscheinlichkeit, daß die Haushaltsfinanzierung schuldenabhängig wird und die Frauen weltweit denselben Trends unterliegen wie die US-amerikanischen Frauen.

Entwicklungsländer

Die Frauen der Entwicklungsländer sind im Gegensatz zu den Frauen der Industrieländer den Einflüssen vier verschiedener währungs- und finanzpolitischer Faktoren unterworfen:

1. Das Ziel der IWF-Politik war es seit Bestehen des Internationalen Währungsfonds, den internationalen Handel zu fördern und Wirtschaftssysteme nichtindustrialisierter Länder in den Wirkungskreis internationaler und städtischer Märkte zu bringen. Das Ziel der Weltbankanleihen ist die Ausstattung der Entwicklungsländer mit einem Grundstock an infrastrukturellen Einrichtungen, wie Transportwesen, öffentlichen Einrichtungen, Fernmeldeverbindungen usw. und die Schaffung eines wirtschaftlichen Klimas, das dem Zufluß von ausländischem Kapital für die Errichtung neuer Industrien und der wirtschaftlichen Diversifizierung zuträglich ist.
2. Die wirtschaftswachstumsfördernde Politik der Industrieländer zielte auf Verringerung der Inflationsraten, der Arbeitslosigkeit und auf eine ausgeglichene Zahlungsbilanz ab.
3. Die nationale Währungspolitik der Entwicklungsländer fördert Ergebnisse schneller wirtschaftlicher Entwicklung und minimiert die Kosten für menschliche Arbeitskraft beim Übergang von landwirtschaftlich orientierten zu technisch orientierten Wirtschaftssystemen. Rasch zunehmende Verstädterung, Industrialisierung, die Monetarisierung und Kommerzialisierung der Landwirtschaft einerseits und Volksbildung, Förderung von Berufs- und anderen Kenntnissen sowie die Bereitstellung der für das bloße Überleben und für die Gesundheit der wachsenden Bevölkerung minimalen Dienste andererseits sind ausnahmslos die politischen Ziele gewesen. Exportförderung, Vertrauen auf importierte moderne Technologien und Kapitalgüter, Abhängigkeit von dauerhafter Versorgung mit fossilen Brennstoffen in großen Mengen, Verknap-

pung der Devisenreserven, multinationale Konzerne, Auslandsverschuldung, zunehmende externe Ausrichtung der Produktion und der Produktionsprozesse und letztlich die sich ausbreitenden Slums und die zunehmend ungleiche Verteilung von Einkommen und Wohlstand sind durchweg unvermeidbare parallele Entwicklungen der konventionellen „trickle down"-Modernisierungsstrategien gewesen.

4. Die Finanzpolitik weltweit operierender Unternehmen zielte auf Maximierung der Profitraten des eigenen Kapitals ab, und zwar unabhängig von den Folgen für die Gastländer.

Es geht über den Rahmen dieser Studie hinaus, die Wechselwirkungen dieser vier verschiedenen politischen Faktoren zu analysieren. Ebenso wenig kann der Versuch unternommen werden, aufzuzeigen, warum diese gemeinsamen Elemente notwendige Konsequenzen der konventionellen Entwicklungsstrategien sind. Die Gemeinsamkeit der Entwicklungselemente ist in der Tatsache begründet, daß die meisten Entwicklungsländer einseitige internationale Abhängigkeiten statt Interdependenzen, knappe Grundgüter und -dienstleistungen, steigende externe und urbane Ausrichtung der Produktion und Produktionsabläufe erfahren haben. Zunahme von Konsum, unvorhersehbare Exporteinnahmen und stetiger Importbedarf, knappes Entwicklungskapital, steigende städtische und allgemeine Bevölkerungszahlen, duale Volkswirtschaften (die eine klein, städtisch und modern; die andere groß, informell, ländlich oder städtisch arm) und zunehmende Einkommens- und Wohlstandsunterschiede gehen damit einher. Trotz unterschiedlicher Größenordnung in den einzelnen Ländern gehörten noch vor dem Entstehen der Schuldenkrise die gestiegenen Ansprüche, die hohen Inflationsraten, schwache Wechselkurse, hohe Inlandszinsen, hohe Arbeitslosigkeitsraten, Kapitalflucht und in einigen Fällen politische Unruhen zu den ständigen Problemen der Entwicklungsländer.

Unser Hauptaugenmerk gilt der Analyse der allgemeinen Auswirkungen von Inflation, Zinssätzen und Wechselkursen für Frauen in den Entwicklungsländern generell, in ihren unterschiedlichen Produktivrollen.

Internationale Währungspolitik und Währungspolitik der Entwicklungsländer

1. Allgemeine Auswirkungen

Die internationale und nationale Währungspolitik der 50er und 60er Jahre, die auf die Förderung der marktorientierten Entwicklung abzielte und durch den gestiegenen Wohlstand der Industrieländer unterstützt wurde, ermöglichte vielen lateinamerikanischen und asiatischen Ländern, ihre meist landwirtschaftlich geprägten Volkswirtschaften zu modernisieren. Diese Politik begünstigte auch den Zufluß von ausländischem Privatkapital, das für den Ausbau der Industrie, des Bergbaus und der Exportmärkte verwendet wurde und den Investitionsdruck sowie die Arbeitslosigkeit verringerte. Ausländisches Privatkapital verursacht aber auch negative Folgen für die Volkswirtschaften; in vielen Fällen konkurrieren beispielsweise die großen multinationalen Konzerne kraft ihrer internationalen Kreditwürdigkeit erfolgreich um die knappen inländischen finanziellen Ressourcen und tun somit ihren Teil daran, die kleineren Unternehmen vom Markt zu drängen oder sie um die profitabelsten Investitionsmöglichkeiten zu bringen. Andere schaffen ein ausbeuterisches Arbeitsumfeld, das einen hohen Preis von den Armen, insbesondere den Frauen, fordert.

Wie erwartet, haben Monetarisierung, Verstädterung und Industrialisierung der Volkswirtschaften vor allem den in der Stadt lebenden Frauen zu einer guten Ausbildung und zu Vorteilen verholfen, die Spezialisierung und die Verstädterung mit sich brachten. Frauen sind auch positiv betroffen von den Zielen der nationalen Geldpolitik, das Einkommensniveau aufrechtzuerhalten, die Grundnahrungsmittel zu subventionieren, Gesundheitsfürsorge, Wasserversorgung, die notwendigsten Informationen über Gesundheitsvorsorge, öffentliche Ausbildung, öffentliche Transportmittel usw. zu bieten, was mitgeholfen hat, die durch den wirtschaftlichen Übergang bedingten Belastungen teilweise aufzufangen. Das Ausmaß der Verteilung dieser Maßnahmen unter der breiten Bevölkerung variiert in den einzelnen Ländern je nach Volkseinkommen, Bevölkerungsdichte und politischer Ausrichtung. Je weiter das Land entwickelt ist, desto höher ist das durchschnittliche Ernährungs-, Gesundheits- und Ausbildungsniveau. Diese Programme haben Frauen zu Mobilität und Marktfähigkeit verholfen. Sie haben das Bewußtsein für die bestehenden Einkommens- und Wohlstandsunterschiede wachgerufen; sie haben die traditionelle Arbeitsteilung von Mann und Frau und die Bewußtwerdung der Abhängigkeit der Frauen in den Mittelpunkt gerückt; und sie haben ein Gefühl von Individualismus und Unabhängigkeit bei den Frauen in den Städten geweckt. Mit fortschreitender Entwicklung wurde die traditionelle Trennung zwischen unproduktiver Oberschicht und den arbeitenden Klassen ersetzt durch arbeitende Schichten, die sich aufteilen in einerseits elitäre, hochbezahlt arbeitende Klassen, welche die Entwicklung der Volkswirtschaft steuern, und andererseits in die Massen, die angesichts der Verknappung (die von systeminhärenter ungerechter Verteilung herrührt) um ihr Überleben kämpfen und die nach Lebensmodellen streben, die von den Reichen und Begünstigten der Marktwirtschaften so auffällig vorgelebt werden.

2. Frauen: Städtische Eliteklassen

Frauen fallen natürlich in dasselbe Schema sozialer Schichtung. Die Frauen der Eliteklassen ernten wie in den Industrieländern die Früchte des Fortschritts. Die Frauen der Elite und der oberen Schichten in den Entwicklungsländern erhalten die weltweit besten Ausbildungsmöglichkeiten, erfreuen sich des höchsten Lebensstandards, werden in zunehmendem Maße Teil der aufkommenden weltweiten Eliteklassen und haben Zugang zu den Vorzimmern der Macht. Zumindest eine kleine Minderheit von ihnen, die sich der wirtschaftlichen Abhängigkeiten und der auf dem Geschlecht basierenden wirtschaftlichen Ungleichheit der Frauen bewußt ist, kämpft um den Zugang zu den Zentren der Macht; somit sind sie die Nutznießerinnen der weltweiten Frauenemanzipationsbewegung. Diese Frauen der Reichen und der oberen Mittelklassen sind aufgrund ihrer Kaufkraft direkt oder indirekt Ziel der Bemühungen des Marktes, moderne Luxusgüter, langlebige Gebrauchsgüter, umfangreiche Garderobe und Kosmetika abzusetzen. Die jungen hochqualifizierten Frauen konkurrieren um intellektuell befriedigende und emotional herausfordernde Berufe, die ein hohes Maß an Kenntnissen erfordern, und sie beziehen ihren Lebenssinn aus ihrer Arbeit. Diese Frauen haben die Mehrzahl der Stellen in der Verwaltung und in den Berufen inne, die Frauen offenstehen, und gehören damit teilweise zu den politischen Entscheidungsträgern. Eine steigende Zahl von Frauen engagiert sich auch in spezialisierten unternehmerischen Bereichen. Da diese Frauen wohlhabend sind, sind sie nicht nur stark von den Märkten abhängig, sondern sie sind auch die Nettosparerinnen. Somit spielen Inflation, steigende Zinssätze und Wechselkurse direkt oder indirekt eine entscheidende Rolle in ihrer Praxis der Einkommensverwertung und Vermögensverwaltung.

3. Frauen: Mittlere Einkommensklassen in den Städten

Unter den Frauen sind die aus der Mittelklasse die größten Nutznießerinnen der öffentlichen Ausgaben für Ausbildung, Aufrechterhaltung der Kaufkraft der Mittelschichten, öffentlicher Transportmittel und anderer öffentlicher Maßnahmen. Es sind auch meist die Mittelklassefrauen, die von den beschäftigungsfördernden Auswirkungen der expandierenden öffentlichen Bürokratien und des Privatunternehmertums profitieren. Und gerade auf diese Frauen macht der üppige Konsum der Elite den größten Eindruck. Durch die steigenden Ansprüche und die rasch zunehmenden Bedürfnisse der Mittelschichten begeben sich viele junge Frauen vorübergehend oder ständig auf die offiziellen Arbeitsmärkte auf der Suche nach finanzieller Sicherheit und wirtschaftlicher Unabhängigkeit. In vielen Fällen, wie in den Mittelklassen der Industrieländer, zwingen die allmählich ausgehöhlte Kaufkraft ihrer Familieneinkommen und der steigende finanzielle Bedarf qualifizierte verheiratete Frauen dazu, sich um einen dauerhaften Arbeitsplatz zu bemühen. Sie konkurrieren um Arbeitsplätze und füllen eine steigende Zahl von schlechtbezahlten Stellen als Bürokräfte im Verkauf oder im Dienstleistungssektor. Die nicht erwerbstätigen Frauen der Mittelklasse leben mit der konstanten Bedrohung, ihren Lebensstandard nicht mehr halten zu können. Die Frauen der Mittelschicht, die mit zunehmenden Haushaltspflichten belastet und ständig von Haushaltsgeldschwierigkeiten in den im großen und ganzen auf Barzahlung basierenden Wirtschaftssystemen bedroht sind, sind dem steigenden Druck ausgesetzt, am Rande des finanziellen Zusammenbruchs zu leben, und viele Frauen der untersten Einkommensklassen leiden physisch und psychisch unter dem heftigen Kampf, das bloße Minimum des städtischen Mittelschichtsstandards zu erreichen: ungeplante Ausgaben im Zusammenhang mit Hochzeiten oder Todesfällen oder unerwartete Aufwendungen für Notfälle strapazieren ihre finanziellen Mittel über Gebühr und ziehen wirtschaftliches und psychisches Elend nach sich. In dem Maße, wie der inflationäre Druck über ein erträgliches Maß hinaus zunimmt, werden immer mehr Frauen auf den Arbeitsmarkt gedrängt. Im Gegensatz zu den Frauen der Industrieländer oder den Eliteklassen ihrer Länder kann sich die Mehrheit der Frauen der Mittelklassen nicht den Luxus vorgefertigter Nahrungsmittel, von Kinderbetreuungseinrichtungen oder modernen Haushaltsgeräten leisten, die, entweder nicht verfügbar oder extrem teuer, ihnen die schweren Haushaltslasten bei relativ großen Familien erleichtern könnten. Die durchschnittlichen arbeitenden Mütter sind somit in ihrer Zeiteinteilung weniger flexibel und kämpfen unter größeren Haushaltslasten einerseits und der steigenden Verantwortung bei der Bewältigung der Arbeit außerhalb des Hauses andererseits. Einige dieser Frauen sind zur Erleichterung ihrer Last in der Lage, die unangenehmen oder arbeitsaufwendigen Haushaltsarbeiten auf die unteren Einkommensschichten, vor allem auf Frauen (Hausangestellte), zu verlagern.

4. Frauen: Untere Einkommensklassen in den Städten

Frauen mit niedrigem Einkommen und geringer Ausbildung, die den Großteil der weiblichen Bevölkerung in den Städten ausmachen, profitieren am wenigsten von der internationalen und nationalen Entwicklungspolitik. Das enge Leben in den Städten, Slums, Gesundheitsrisiken, große Familien, Analphabetismus oder mangelnde Schreib- und Lesekenntnisse und sehr niedriges Einkommen, das nicht ausreicht, um allein die notwendigen Dinge des Stadtlebens zu bestreiten, sind Teil ihrer wirtschaftlichen Lage. Es geht um das nackte Überleben, und nicht darum, den „Sinn“ ihres Lebens zu verfolgen oder ökonomisch unabhängig zu sein. Das zwingt sie dazu, ihren Bedürfnissen und ihrer „Eignung“ entsprechende Verdienstmöglichkeiten zu suchen. Sie füllen die Fließbänder von Industrie und Handel, dienen in untersten Stellungen, beispielsweise als Kellnerinnen, Küchenhilfen, Dienstmädchen, Straßenfegerinnen, im Dienstleistungsgewerbe, oder sie arbeiten für die wachsende Tourismus- und Sexindustrie. Sie sind auch in starker Zahl in den informellen Sektoren der Volkswirtschaften zu finden. Wegen fehlender Zugangsmöglichkeiten zu Märkten, mangelnden Geschäftsbeziehungen sowie Transport- und Kreditmöglichkeiten und fehlender Flexibilität und Mobilität konzentrieren sie sich auf die meist kleineren unternehmerischen Aktivitäten mit sehr niedrigem Kapitalbedarf, wie Verkauf von Lebensmitteln oder landwirtschaftlichen Produkten oder Zimmervermietung. Sie dienen den Interessen armer Bauern und Verbraucher und werden im allgemeinen von den großen Verteilungssystemen ignoriert. Sie dienen auch als Haushaltshilfen und bieten somit Dienste an, die von den Frauen der mittleren und oberen Gesellschaftsschichten stark gefragt sind. Gezwungen durch ihre wirtschaftlichen Umstände, werden viele der jungen Frauen dieser Schicht zu einem Hauptbestandteil des wachsenden Sexgewerbes. Sie finden keinen Ausweg aus ihrer doppelten Arbeitsbelastung: Haushaltsführung und bezahlte Arbeit. Angesichts des konstanten Kampfes mit der Inflation sind sie in immer höherem Maße dazu gezwungen, ihre Freizeit zugunsten bezahlter Arbeit zu opfern. Die Befriedigung ihrer Grundbedürfnisse und ein geringes Maß an Freizeit scheinen ihr Lebensziel zu sein, doch wegen des demonstrativen Charakters des Stadtlebens kann man in den Slumwohnungen durchaus Kühlschränke, Fernsehgeräte, Radios, Uhren und andere elektrische Geräte neben Unterernährung, Analphabetismus und Krankheit vorfinden. Diese Frauen profitieren am wenigsten von der auf die Städte gerichteten internationalen und nationalen Währungspolitik, welche die „trickle down“-Entwicklung fördert. In den Ländern versiegt das 'Tröpfeln', lange bevor es die Massen armer Menschen erreicht.

Wohlhabende Frauen: – Frauen im landwirtschaftlichen Bereich sind ebenfalls nach Einkommensklassen geschichtet und haben einen Anteil am landwirtschaftlichen Wohlstand, der das Ergebnis der Wirtschaftskraft ihrer Familien sowie der Wirtschaftspolitik ist. In den wohlhabenden ländlichen Klassen verfügen Frauen über ein höheres Ausbildungsniveau, mehr Verbindung zur Welt außerhalb der landwirtschaftlichen Regionen, und sie sind in der Lage, die modernen Annehmlichkeiten, importierte Luxusgüter und Geräte der Unterhaltungselektronik zu nutzen. Im Gegensatz zu den arbeitenden Frauen in der Stadt sind sie im allgemeinen nicht erwerbstätig und beziehen ihren Lebenssinn aus den Leistungen ihrer Ehemänner und ihrer Kinder. Da sie vom Einkommen, das größtenteils aus dem Agrobusiness herrührt, zur Finanzierung des Haushalts abhängig sind, wird ihr Lebensstil indirekt durch Inflation, Zinssätze, Verfügbarkeit von Krediten oder die Wechselkurse beeinflußt.

Frauen der mittleren Einkommensklassen: – Auch ländliche Mittelschichtsfrauen haben aus dem verbesserten Ausbildungsangebot, aus landwirtschaftlichen Unternehmen, etwa Reismühlen und Ölpressen, und verbesserten Verbindungen zur Stadt Nutzen gezogen, wobei ihre Bedürfnisse nicht so von verführerischen Konsumvorstellungen geprägt sind wie bei den Frauen, die in der Stadt leben. Viele junge und alleinstehende Frauen dieser Klassen ziehen auf der Suche nach Arbeit in die Stadt, um dadurch ihre Familie finanziell zu unterstützen und dort zu einem Teil der wachsenden städtischen formellen oder informellen Wirtschaftszweige mit niedrigem Einkommen zu werden. Mangelnde Flexibilität und Mobilität und die traditionelle Einstellung gegenüber Frauenarbeit und der Rolle der Männer als Ernährer hindern die meisten verheirateten Frauen der Mittelschicht in vielen Entwicklungsländern daran, bezahlte Arbeit anzunehmen. Ihr Lebensstandard ist im wesentlichen an der Befriedigung der Grundbedürfnisse orientiert, sie verbrauchen Produkte mit nur geringen Importanteilen, sind aber stärker von den Auswirkungen der Inflation, Zinssätze und Wechselkurse betroffen.

Frauen mit niedrigem Einkommen: – Arme Frauen auf dem Land tragen wie die armen Frauen in der Stadt die größte Last des wirtschaftlichen Übergangs. Die Betonung der „Grünen Revolution" (Land), der „Weißen Revolution" (Milch) und der Entwicklung von Handel und Industrie auf dem Lande und der Abkehr der Weltbank und nationalen Regierungen von der Subsistenzwirtschaft haben natürlich die Abhängigkeit der Frauen von den Märkten erhöht, ihre wirtschaftliche Unabhängigkeit verringert und Beschäftigungsmöglichkeiten für weibliche Arbeitskräfte reduziert. Ähnliche Trends sind auch im Fischereisektor beobachtet worden. Die Kommerzialisierung der Landwirtschaft und die Subventionierung der Lebensmittelpreise haben einen Teil des Inflationsdrucks von den Frauen in den Städten auf die auf dem Land lebenden Frauen verlagert. Der steigende Druck durch die Verstädterung und die Ansiedlung an den Stadtrandbezirken, die kommerzielle Massenvermarktung von Obst und Gemüse und die Entwaldung haben sich zusammengenommen nachteilig auf die armen Frauen auf dem Land ausgewirkt. Die Produktion von Nahrungsmitteln zur lokalen Selbstversorgung hat abgenommen und verursacht Mangel; verfügbare freie Lebensmittelvorräte aus örtlichen Überschüssen sind stark zurückgegangen; kleine Mengen an Milch, Eiern und Geflügel aus hauseigener Produktion werden eher an nahegelegenen Märkten verkauft als zur Selbstversorgung verwendet; und Frauen müssen viel mehr Zeit und körperliche Anstrengung aufwenden, um ihren Bedarf an Brennholz u.ä. aus dem frei verfügbaren Waldbestand zu decken.

Da Frauen im allgemeinen und Frauen auf dem Land im besonderen wenig Zugang zu Geldwirtschaft und Unternehmertum haben, kommen die Vorteile der ländlichen Entwicklung oder von Finanzhilfen für die Landwirtschaft oder durch Einkünfte aus von Frauen hergestellten vermarktbaren Dingen vorwiegend den Männern zugute. Gerade die Art und die Richtung der augenblicklichen Währungspolitik übergeht im allgemeinen Frauen, ignoriert ihren Unternehmungsgeist bzw. hemmt ihn sogar.

In ähnlicher Weise profitieren die armen Frauen auf dem Land, wenn überhaupt, an letzter Stelle von der öffentlichen Erziehungs- und Ausbildungspolitik und der Verbreitung von Grundwissen über Ernährung, Gesundheitsfürsorge, Hygiene, sichere Wasserversorgung und Familienplanung. Das verbreitete Unwissen über die Grundlagen der Gesundheit und der Ernährung unter den Frauen auf dem Land haben dort zu Verarmung, Unterernährung und unhygienischen Lebensbedingungen beigetragen. Daneben hat der weitverbreitete Analphabetismus unter den armen Frauen auf dem Land ihren Zugang zu den neuen Beschäftigungsmöglichkeiten begrenzt, in denen zumindest ein Minimum an Ausbildung, Fähigkeiten und Kenntnissen vorausgesetzt wird. Ihre mangelnde Mobilität trägt zu dem niedrigen Einkommen in ihren traditionellen Arbeitsbereichen bei.

In einigen Ländern absorbieren neue Industriezweige, beispielsweise die Blumenzucht in Kolumbien, Erdbeer- und Tomatenfarmen in Mexiko und Plantagen in Sri Lanka, einen Teil der Arbeitskraft von Frauen auf dem Land, jedoch werden die meisten dieser Jobs schlecht bezahlt; sie entbehren jeglicher Einkommenssicherheit, weisen miserable Arbeitsbedingungen auf und stehen meist nur jungen Frauen offen. Die Beschäftigung von Frauen ist im allgemeinen in dem Maße rückläufig, wie die landwirtschaftliche Produktion stärker modernisiert, technisiert und intensiviert wird.

Gezwungen durch die Umstände des vermehrten Geldumlaufs, der Inflation und der Modernisierung der Landwirtschaft, nehmen die Frauen auf dem Land zusätzliche einkommensschaffende Tätigkeiten auf, die je nach kulturellen und sozialen Normen und den verfügbaren wirtschaftlichen Möglichkeiten unterschiedlich sind. Afrikanische Frauen engagieren sich in kleinen selbständigen Handelsbetrieben; in den Schwellenländern Lateinamerikas zwingt der Mangel an Arbeitsmöglichkeiten für Frauen in den landwirtschaftlichen Gebieten die Frauen auf der Suche nach neuen Arbeitsmöglichkeiten in der Stadt zur Migration; in Indien und möglicherweise auch in anderen Ländern, in denen die kulturellen Traditionen die Beschäftigung außerhalb des eigenen Haushalts verbieten, produzieren Frauen zur Verbesserung der Einkommenslage im eigenen Haushalt für städtische und lokale Märkte. Arbeit ist für diese Frauen keine Wahl, sondern eine Voraussetzung zum Überleben. In allen Fällen tragen die armen Frauen auf dem Land wie in der Stadt eine unvermeidbare doppelte Arbeitslast.

Nationale Währungspolitik: Industrieländer

1. Allgemeine Auswirkungen

Während in den 50er und 60er Jahren die internationale Währungspolitik und die nationale Währungspolitik der Entwicklungsländer und Industrieländer aufeinander abgestimmte wirtschaftliche Ziele verfolgten, haben die Währungspolitik der Industrieländer in den 70er Jahren und der Handelsprotektionismus, fiskalischer Konservatismus und die Förderung der freien Marktwirtschaft, insbesondere in den Vereinigten Staaten (niedrigere Inflationsraten, hohe Zinssätze und hohe Haushaltsdefizite), in den 80er Jahren, neben den oben beschriebenen fundamentalen Veränderungen in der Lebensweise der Frauen, ein schwieriges Umfeld für die Entwicklungsländer geschaffen, das gerade das grundlegende Ziel ihrer Entwicklungspolitik bedroht: die Beseitigung der Armut. Das US-amerikanische Wirtschaftswachstum, das durch das große Haushaltsbudget und den starken Dollar forciert wird, hat die Exporte von Produkten und Rohstoffen von den Entwicklungsländern in die Industrieländer verstärkt und dadurch die Wirtschaft angekurbelt. Der starke Dollar hat die Kosten der Importe erhöht und damit die inländische Produktion und somit den inflationären Druck verstärkt. Er hat die Ertragsrate bei Auslandsinvestitionen verringert, das heißt, den ausländischen Zufluß von Investitionsmitteln gebremst; er hat die Wechselkurse geschwächt und damit die Exporterträge verringert und die Realkosten zum Abbau der von den starken Fremdwährungen beherrschten Festobligationen erhöht. Die hohen und variablen US-Zinssätze, ein Ergebnis der hohen US-Haushaltsdefizite und der Deregulierungspolitik der US-Banken und die Inflation forderten kurzfristige Finanzstrategien der Schuldnerländer, haben den stark verschuldeten Ländern eine unerträgliche Belastung durch den in Dollars zu leistenden Schuldendienst aufgebürdet; sie müssen sich nun an der gemäß IWF-„Konditionen" geforderten wirtschaftlichen Disziplin ausrichten. Die hohen und variablen Zinssätze haben die Kosten internationaler Kredite für Entwicklungsländer steigen lassen und unkalkulierbar gemacht. Die Hochzinspolitik hatte auch eine Kapitalflucht aus den reichen Wirtschaftszweigen dieser Länder zur Folge, was zu einer weiteren inländischen Kapitalverknappung führte und die Realkosten für Inlandsanleihen ansteigen ließ. Die gegenwärtige Währungspolitik der Industrieländer hat für die Entwicklungsländer einen Zufluß von inländischem und ausländischem Kapital in den Export und in die mit dem Export zusammenhängenden Industrien auf Kosten der heimischen Industrien zur Folge; dadurch stiegen Inflationsraten und Zinssätze noch weiter an, und die Devisenkurse wurden geschwächt. Den stark verschuldeten Ländern wurde durch die IWF-Konditionen eine Verringerung der öffentlichen Ausgaben auferlegt, Einschränkungen der Importe wurden erzwungen, und die Förderung privater Unternehmen und „Vertrauen in die Kräfte des Marktes" wurde gefordert.

Da es sich hierbei um neuere Entwicklungen handelt, weist die Analyse ihrer Auswirkungen auf Frauen einige spekulative Elemente auf; aufgrund der starken kapitalistischen Ausrichtung dieser Währungs- und Finanzpolitik sind wir zumindest zu einer theoretischen Analyse einiger der Auswirkungen dieser Politik auf die Frauen in den Entwicklungsländern in der Lage.

2. Internationaler Transfer von wirtschaftlichen Gewinnen

In dem Umfang, in dem ein neuer Abfluß von finanziellen Mitteln der Entwicklungsländer in die Industrieländer als Reaktion auf die höheren internationalen Zinssätze, besonders der vom Dollar beherrschten Verbindlichkeiten, zu verzeichnen ist, erleben die Industrieländer niedrigere Zinssätze und höhere Wachstumsraten, und in den verlierenden Entwicklungsländern geschieht genau das Entgegengesetzte. Aufgrund dieses Transfers des wirtschaftlichen Wohlstands von den Entwicklungsländern in die Industrieländer profitieren Frauen in den reichen Industrieländern auf Kosten der Frauen in den Entwicklungsländern.

In ähnlicher Weise verlagert sich der Inflationsdruck von den Industrieländern auf die Entwicklungsländer, wenn dieser nicht durch eine Zunahme billigerer Importe kompensiert wird, und zwar in dem Maße, in dem die wirtschaftlichen Ressourcen der Entwicklungsländer vom Inlandsverbrauch auf den Export und auf exportbezogene Wirtschaftszweige gelenkt werden, in der Hoffnung, größere Anteile an den internationalen Märkten in den Industrieländern zu erlangen. Folglich leiden diese Länder unter höheren Inflationsraten oder geraten zur Befriedigung ihrer Grundbedürfnisse in eine stärkere externe Abhängigkeit. Zudem werden durch den Inlandsinflationsdruck die Kosten für Exporte eher erhöht, was angesichts der harten internationalen Konkurrenz um Marktanteile zu weiteren Verzerrungen bei der Verteilung der knappen wirtschaftlichen Ressourcen zugunsten der Exportmärkte führt. Daher profitieren die Frauen der Industrieländer durch die größere Kaufkraft und die künstlich subventionierten Importe auf Kosten der Frauen in den Entwicklungsländern.

In dem Umfang, in dem der starke Dollar zu einer Kostenverringerung für Importe, insbesondere für die US-amerikanischen Produzenten, führt, und sofern diese Verringerung tatsächlich an die US-amerikanischen VerbraucherInnen weitergegeben werden und die Rohstofflieferländer aus dem gleichen Grund ein niedrigeres Pro-Kopf-Einkommen hinnehmen müssen, profitieren die Frauen der Industrieländer, besonders die US-amerikanischen Frauen, auf Kosten der Frauen in den Entwicklungsländern.

Deshalb hat die Währungspolitik der Industrieländer eine transferierende Wirkung, welche die internationalen Einkommensunterschiede eher noch größer werden läßt.

Nationale Auswirkungen: Entwicklungsländer

1. Städtische Sektoren

Nachfrageseitig werden durch die ständig steigende inflationäre Entwicklung in den Entwicklungsländern die wohlhabenden Frauen zu höheren Konsumausgaben veranlaßt, weil zukünftiger Verbrauch oder

Sparen weniger lohnend werden als sofortiger Konsum Diese Verlagerung im Umgang mit dem Einkommen bewirkt eher einen höheren inflationären Druck auf die Grundgüter und trägt zur Inlandskreditknappheit bei. In dem Umfang, in dem die wohlhabenden Frauen ihre Ersparnisse von inländischen auf internationale Finanzmärkte verlagern, wird die Kreditknappheit noch weiter verstärkt.

Bedingt durch die steigende Nachfrage an den Exportmärkten und in den wohlhabenden Kreisen einerseits und angesichts des Inflationsdrucks und der steigenden Kreditkosten andererseits, verlagern angebotsseitig die privaten Märkte die wirtschaftlichen Ressourcen von weniger profitablen Grundbedürfnissen auf profitablere Luxusgüter; auf modernste, Arbeitskräfte sparende und kapitalintensive Fertigungsprozesse, die denjenigen der technologisch fortgeschrittenen Länder ähneln, zwecks Kostenreduzierung, zur Nachahmung der Qualität von Waren, die früher importiert wurden, oder um auf dem Weltmarkt konkurrenzfähig zu sein. Durch den gestiegenen Bedarf an importierter Technologie und Kapitalgütern wird die Inlandswährung weiter geschwächt und durch die Automatisierung das Problem der Arbeitslosigkeit noch verschärft (was wiederum einen Teufelskreis aus Arbeitslosigkeit, Wachstum, 'hohem' Konsum, Inflation, Automatisierung, Arbeitslosigkeit nach sich zieht). Viele Kleinlieferanten, darunter auch Frauen, die sich in diesen engen Märkten nicht halten können, werden aus dem Geschäft verdrängt.

Somit nehmen Frauen der wohlhabenden Kreise aufgrund ihrer größeren Zahlungsfähigkeit die ohnehin knappen wirtschaftlichen Ressourcen vorrangig in Anspruch, wodurch eine Grundgüterverknappung entsteht und sich der inflationäre Druck auf die Mittel- und Unterschicht weiter verstärkt.

Ein Teil der Menschen (höchstwahrscheinlich die obersten und untersten Einkommensklassen), die über entsprechende Erziehung und Fertigkeiten verfügen, emigrieren vorübergehend oder auf Dauer auf der Suche nach (noch) höherem Lebensstandard in die reichen Länder. Zwar können ihre Überweisungen in harter Währung helfen, die Devisenschwierigkeiten etwas zu mildern, doch fördern der größere Austausch zwischen den weltweiten wohlhabenden Kreisen und das größere Maß des Eintauchens in den hohen Lebensstandard der stärker industrialisierten oder reichen Länder weltweites Elitedenken, vermitteln aufwendige Konsumgewohnheiten und leiten noch mehr Ressourcen weg von den Grundgütern und hin zum wahllosen Konsumverhalten der Reichen.

Der steigende inflationäre Druck, der von der Währungspolitik der Industrieländer herrührt, zerstört die Kaufkraft der Frauen der Mittelschichten weiter, die nun gezwungen sind, ihren Lebensstandard oder die Mittelschicht-Erwartungen ihrer Familien zu senken: Ausbildungsziele, Heiratswünsche, angestrebte Karriere, Konsummuster usw. Wahrscheinlich verlagern sie den Kauf von Grundgütern und -dienstleistungen von formellen zu informellen Märkten und drängen auf den bereits überfüllten Arbeitsmarkt, um ihren Lebensstandard und ihre Ziele zu erhalten. In den hochverschuldeten Ländern werden den Frauen mit mittlerem Einkommen durch das Befolgen der IWF-Konditionen enorme Schwierigkeiten in ihrem Haushaltsbudget aufgebürdet. Die Senkung der öffentlichen Ausgaben für Bildung, Gesundheitsfürsorge, Transportwesen, Sicherung des Realeinkommens von Beschäftigten im öffentlichen Dienst und gewerkschaftlich organisierten ArbeiterInnen, die Kürzung von Nahrungsmittelsubventionen und anderen Sozialleistungen bedrohen nicht nur den Lebensstandard der Frauen der Mittel- und Unterschicht, sondern führen zu einer enorm hohen Arbeitslosigkeit im öffentlichen Bereich und davon abhängigen privaten Wirtschaftszweigen. Diese Zweige sind traditionell sichere Beschäftigungsquellen für die Mittelklasse gewesen. Diese staatliche Haushaltspolitik trägt dazu bei, daß die jüngst gewonnene wirtschaftliche Unabhängigkeit der Frauen der Mittelschicht beeinträchtigt wird. Der finanzielle Bedarf der Mittelschicht steigt einerseits erheblich an, während sich andererseits ihre Beschäftigungsmöglichkeiten in den traditionellen formellen Wirtschaftszweigen erheblich verringern. Daher konkurrieren die von der Arbeitslosigkeit betroffenen Frauen der Mittelschicht mit Männern im Dienstleistungsgewerbe oder mit Frauen unterer Einkommensgruppen um schlechtbezahlte und unqualifizierte Jobs in Industrie- und Exportzweigen. In den wachsenden Exportsektoren oder der verarbeitenden Industrie haben viele Mittelschichtsfrauen nur in sehr begrenztem Maße Beschäftigungschancen. Gleichzeitig hindern die fehlenden Zugangsvoraussetzungen für Frauen zu den ohnehin harten Kreditmärkten viele Frauen der Mittelschicht daran, ihr unternehmerisches Geschick auszuprobieren. In ähnlicher Weise konkurrieren die arbeitslosen Männer der Mittelschicht mit Frauen in den informellen Sektoren um eine Beschäftigung oder um unternehmerische Tätigkeiten.

Die oben beschriebenen Tendenzen in den Entwicklungsländern machen Frauen der unteren Einkommensklassen noch größere Probleme. In den informellen Produktionsmärkten wird durch die gestiegene Nachfrage der Mittelschichten der inflationäre Druck auf sie verstärkt, so daß sie gezwungen sind, noch härter zu arbeiten und/oder ihre Kinder zur Arbeit zu schicken. So sind qualifizierte Frauen einem steigenden Wettbewerb mit Frauen der Mittelschicht in den expandierenden, jedoch ausbeuterischen Exportzweigen bzw. dem Export zugeordneten Industriezweigen ausgesetzt. Wie bereits erwähnt, finden weibliche Selbständige harte Konkurrenz durch die steigende Partizipation der Männer der unteren Mittelschichten in den informellen Sektoren und können durch sie herausgedrängt werden. Aufgrund der Aushöhlung der Kaufkraft in der Mittelschicht und des reduzierten Arbeitsplatzangebots gibt es für weibliche Hausangestellte nicht genügend zeitlich flexible Beschäftigungsmöglichkeiten, so daß sie auf zeitlich unflexible Ganztagsbeschäftigungen im Haushalt oder in der sich entwickelnden Tourismusindustrie ausweichen müssen, wo sie unter der doppelten Arbeitsbelastung leiden; oder aber sie müssen nach anderen, sozial nicht anerkannten, jedoch zeitlich flexiblen Beschäftigungsmöglichkeiten suchen. Frauen am untersten Ende der Skala der informellen Sektoren, z.B. Bauarbeiterinnen, die von kulturellen Veränderungen, lokalen Praktiken oder Nachfragefaktoren abhängig sind, können bei der Suche nach Arbeitsmöglichkeiten auf Schwierigkeiten stoßen.

2. Landwirtschaftssektor

In dem Ausmaß, in dem Inflation, Kreditknappheit und Einkommensverlagerung, die von der Währungspolitik der entwickelten Länder herrühren, die landwirtschaftlichen Märkte beherrschen, erleben die Frauen auf dem Land Einkommensverluste und finanzielle Schwierigkeiten. Die Frauen der Mittelschicht auf dem Land, die erwerbstätig werden wollen, müssen sich auf den örtlichen Arbeitsmärkten nach Beschäftigungsmöglichkeiten umsehen und mit den Frauen konkurrieren, die bereits eine Arbeit gefunden haben, oder um Arbeitsplätze auf dem überfüllten Markt in der Stadt oder in der Umgebung in Konkurrenz treten. Diese Auswirkung ist besonders in den Ländern gravierend, in denen der Anteil der Frauen in den landwirtschaftlichen Sektoren ohnehin gering ist. Die Beschäftigungsmöglichkeiten für Frauen in der Landwirtschaft können sich aber vergrößern. Die Förderung von Exportkulturen, von Gartenbau- und Forstprodukten oder sogar dörflichen Handwerkserzeugnissen für Exportmärkte haben einen positiven Einfluß auf die Beschäftigungsmöglichkeiten von Frauen, die entweder als Ersatz für Männer schlechtbezahlte Arbeitsplätze und/oder aufgrund der Expansion Beschäftigung finden.

Finanzpolitik: Privatsektor

Die Entwicklungsländer, die mit einer Verknappung des Inlandskapitals, zunehmenden Devisenproblemen und steigender Inlandsarbeitslosigkeit konfrontiert sind, versuchen, Auslandskapital durch attraktive Bedingungen für Gewinntransfers und sonstige Subventionen anzuziehen; im allgemeinen stehen diese Zuwendungen inländischen Unternehmern nicht zur Verfügung. Ausländische Investoren erhalten sie als Ausgleich für das Kursrisiko sowie das finanzielle und politische Risiko. Die künstlich geschaffenen Unterschiede zwischen den Ertragsraten aus inländischem und ausländischem Kapital schaffen einen Teufelskreis des Abflusses von inländischem Privatkapital, was wiederum zu höherer Arbeitslosigkeit und größeren Devisenschwierigkeiten führt; dadurch werden noch höhere Subventionen für Auslandskapital benötigt, was zu noch größeren Unterschieden der Ertragsraten aus inländischen und ausländischen Investitionen führt. Der Zyklus verlagert tendenziell den Einsatz wirtschaftlicher Ressourcen von Inlandssektoren auf exportorientierte Sektoren. Diese Verlagerung bewirkt, wie bereits ausgeführt, Verknappung von Gütern und Dienstleistungen im Inland und begünstigt eher unqualifizierte Frauenarbeit unter schlechten Arbeitsbedingungen und bei unsicherem Beschäftigungsverhältnis als qualifizierte Männer- oder Frauenjobs.

Zusammenfassend läßt sich folgendes feststellen: In den 50er und 60er Jahren war die Währungspolitik so angelegt, daß sich die Mittelschichten weltweit verbreitern und ihre Hoffnungen auf sozialen Aufstieg und/oder in ein 'angenehmes Leben' durch Ausbildung und Arbeit setzen konnten; dadurch konnten die Frauen der Mittelschichten ihre wirtschaftliche Unabhängigkeit und eine höhere soziale Stellung anstreben. Die politischen Realitäten der 70er und 80er Jahre haben eher negative Folgen für die Mittelschichten; die Inflation höhlt konstant ihre Kaufkraft aus; die Märkte steigern konstant ihre Ansprüche und heben die Standards für ein 'angenehmes Leben' an; durch die zunehmende Internationalisierung der Produktion und der Finanzmärkte wird ihre Verhandlungsposition konstant untergraben, und sie werden dem Risiko der Arbeitslosigkeit ausgesetzt; der zunehmende technologische Wettbewerb und die sich schnell verändernde Technik, eine wesentliche Voraussetzung zum Überleben in den modernen, auf Wettbewerb basierenden Wirtschaftssystemen, haben ein neues Phänomen ans Tageslicht gebracht, das 'Veralten des Menschen': Erlernte Fähigkeiten und Ausbildung veralten, noch ehe die 'Eigner' ihre 'finanziellen Investitionen' zurückerlangen. Die Wirtschaftsgesellschaften scheinen sich zu Zweiklassen-Wirtschaftsgesellschaften zu entwickeln: eine, die über ein hohes Ausbildungsniveau verfügt, deren Kenntnisse auf dem neuesten Stand sind, hochbezahlt, eine professionelle Führungsschicht, die für das Management der Wirtschaftsressourcen weltweit verantwortlich ist und den überwiegenden Anteil an der wirtschaftlichen Macht besitzt; und eine unzureichend ausgebildete, schlechtbezahlte Arbeitsklasse im Büro-und Verwaltungsbereich, die die Steuerhebel oder Druckknöpfe der automatisierten Produktionsprozesse bedient; hier werden überwiegend Frauen beschäftigt sein.

Anmerkungen

1 Ein ausgebildetes internationales Wirtschafts- und Finanzsystem ist erst im Gefolge der industriellen Revolution entstanden. Bis zum Ersten Weltkrieg war London der Mittelpunkt des Welthandels- und Kapitalverkehrs. In der Struktur des Weltwirtschaftssystems und der Expansion des Welthandels dominierten klassisch liberale Wirtschaftsgrundsätze (Freihandel). Das Währungssystem des internationalen **Goldstandards** (mit der Bank von England als informellem Zentrum) existierte in der Periode vor 1914 und von 1925–31; jede nationale Währung war bei festen Austauschraten jederzeit mit Gold konvertierbar. Dabei entstanden Finanzinstitutionen, und bis 1914 hatten viele Handelsnationen eine Art von Zentralbanksystem entwickelt. Der Goldstandard verlangte die Unterordnung der nationalen ökonomischen Interessen unter internationale ökonomische Ziele. Hauptauswirkung der Geldpolitik unter dem Goldstandard war die schnelle Transformation von ländlichen Agrargesellschaften zu städtischen Industriegesellschaften. Der Erste Weltkrieg weichte die Effizienz des Goldstandards auf und führte zu einer Liquiditätskrise unter den kriegführenden Nationen. 1933 wurde der Goldstandard aufgegeben.

2 Als Konsequenz aus den Erfahrungen der Weltwirtschafts- und -finanzkrise in den 20er Jahren wurde 1944 auf der Konferenz von Bretton Woods das Abkommen über ein neues Internationales Währungssystem geschlossen und als zentrale Institutionen der Internationale Währungsfond (IWF) und die Weltbank (International Bank for Reconstruction and Development) gegründet. Die Aufgabe des IWF sollte es sein, kurzfristige Zahlungsbilanzungleichgewichte einzelner Länder aufzufangen, während die Weltbank langfristige Kredite für Entwicklungsmaßnahmen (Infrastruktur etc.) vergeben sollte. Angestrebt wurde mit dem **Bretton-Woods-System** eine Ausweitung des Welthandels, wofür feste Wechselkurse zwischen konvertiblen Währungen festgelegt wurden. Der US-Dollar wurde auf der Basis fester Wechselkurse als internationale Leitwährung etabliert, verbunden mit der Verpflichtung der USA, die US-Dollars jederzeit in Gold einzulösen. Anfang der 70er Jahre brach das Bretton-Wood-System zusammen, 1971 wurde die Goldbindung des US-Dollars aufgehoben und das Gefüge fester Wechselkurse seit März 1973 durch floatende Wechselkurse für Währungen ersetzt. Durch die Herausbildung supranationaler Finanzmärkte (sog. freie Bankzonen oder Eurodollarmarkt) und Kapitalmärkte (multinationale Konzerne) koppeln sich die monetäre Sphäre und die realökonomische Sphäre immer weiter voneinander ab und eine internationale wirtschafts- und finanzpolitische Steuerung ist immer weniger möglich.
Die Wirtschaftskrise äußerte sich in den 70er Jahren in den USA durch ein wachsendes Zahlungsbilanzdefizit, hohe Inflationsraten, hohe Erwerbslosigkeit und niedrige Produktivitätsraten. Die Reagan-Regierung versuchte seit

Anfang der 80er Jahre, dem Verlust ihrer wirtschaftlichen und politischen Hegemoniestellung durch eine neoliberale, angebotsorientierte Wirtschaftspolitik, dem Anziehen von Fremdkapital durch die Hochzinspolitik und durch Aufrüstung zu begegnen. Strukturell haben sich damit aber die internationalen Krisentendenzen verschärft. Eine neue internationale Finanzkrise ist durch das US-Zwillingsdefizit (Zahlungsbilanzdefizit und hohe Defizite im Staatshaushalt) möglich. Die USA sind seit einigen Jahren die am höchsten im Ausland verschuldete Nation. Eine offene Frage bleibt, was mit dem US-Dollar (der de facto ja noch immer die „Weltwährung" darstellt) und der US-Ökonomie bzw. auch dem internationalen Wirtschafts- und Finanzsystem passiert, wenn aus den USA massiv Geld und Kapital abgezogen werden, und was den US-Dollar als internationale Währung ersetzen könnte.

Bei dem Artikel handelt es sich um eine von den Herausgeberinnen überarbeitete Übersetzung des dritten Kapitels von Sushila Gidwanis Text „Impact of Monetary and Financial Policies upon Women", der vom UN-Frauenbüro INSTRAW 1985 publiziert wurde.

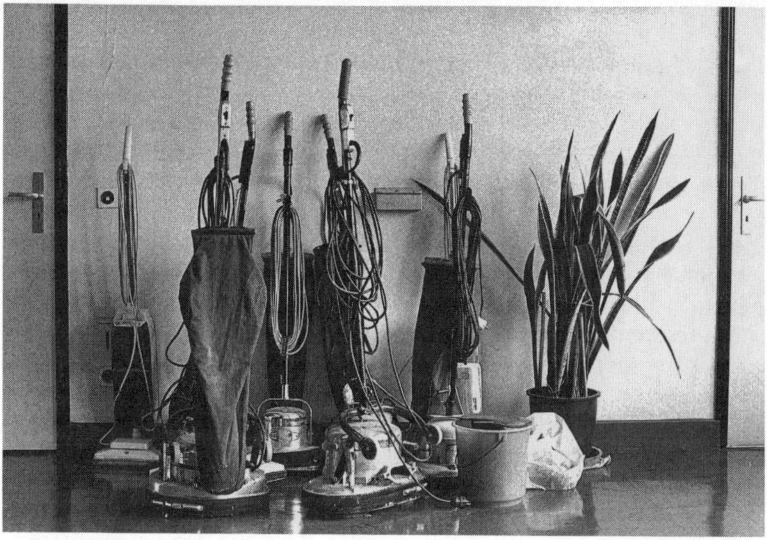

Foto: Hinrich Schultze

Foto: Dirk Wildt

Lydia Potts

Frauen auf dem Weltmarkt für Arbeitskraft

Zum Begriff und zur Geschichte[1]

Die Existenz eines Weltmarktes für Waren und Kapital ist allgemein bekannt, auch daß dessen Entwicklung eng mit der Geschichte des Kapitalismus verknüpft ist.

Die Existenz eines Weltmarktes für Arbeitskraft dagegen wurde in der entwicklungspolitischen und -theoretischen Diskussion in der Bundesrepublik erst in den siebziger Jahren entdeckt, und zwar durch eine Studie zur 'neuen internationalen Arbeitsteilung' (Fröbel, Heinrichs, Kreye 1977). Ihre Autoren stellten die These auf, daß neben dem wesentlich älteren, häufig behandelten Weltmarkt an Waren und Kapital seit den sechziger Jahren dieses Jahrhunderts auch ein Weltmarkt an Produktionsstandorten und Arbeitskräften entstanden sei. Die Fragmentierung der Produktionsprozesse, die Entwicklung der Transport- und Kommunikationstechnologie und das 'praktisch unerschöpfliche Potential disponibler Arbeitskräfte' in den Entwicklungsländern habe dies ermöglicht. Die Autoren betonen: *„Das Zustandekommen dieser drei Bedingungen (zu denen weitere, weniger zentrale, kommen) hat einen Weltmarkt für Arbeitskraft, eine wirklich weltweite industrielle Reservearmee und einen Weltmarkt für Produktionsstandorte entstehen lassen.“* (Fröbel, Heinrichs, Kreye 1977:30). Für 1975 ermitteln sie in Entwicklungsländern ca. 725 000 Arbeitskräfte in Exportproduktionszonen und in der sonstigen weltmarktorientierten Produktion, davon 420 000 in Asien, 40 000 in Afrika und 265 000 in Lateinamerika (ebd.:613). Zehn Jahre später hat sich diese Zahl mehr als verdoppelt: In einer Folgestudie beziffern die Autoren diese Grupe von Arbeitskräften auf mehr als 1,8 Millionen, davon weitaus mehr als die Hälfte Frauen. Zusätzlich ist noch etwa eine gleich große Zahl von Arbeitskräften in der weltmarktorientierten Produktion außerhalb von ausländischen Beteiligungsunternehmen oder Exportproduktionszonen tätig, so daß insgesamt 3,6 Millionen Menschen in der weltmarktorientierten industriellen Produktion in Entwicklungsländern beschäftigt werden (dies. 1986:448ff.).

Nicht nur die Tatsache, daß die in Weltmarktfabriken und Exportproduktionszonen hergestellten Waren ausschließlich auf dem Weltmarkt abgesetzt werden, auch der Umfang dieser Beschäftigung und ihre Verteilung über drei Kontinente – mit Schwerpunkten in Ostasien und der

Karibik – rechtfertigen es, in diesem Zusammenhang von einem Weltmarkt für Arbeitskraft zu sprechen.

Andererseits: Zwar hat es seit den siebziger Jahren wichtige Veränderungen in der internationalen Arbeitsteilung gegeben, die auch bedeutende Auswirkungen auf die Arbeitskräfte in Entwicklungs- und Industrieländern haben – aber Produktionsverlagerungen führen nicht zur *Entstehung* eines Weltmarktes für Arbeitskraft. Sie erweitern ihn nur, indem nun auch industrielle Produktion in großem Umfang profitabel in den Herkunftsländern der sogenannten 'billigen' Arbeitskraft stattfinden kann, Arbeitskraft, die nicht selten bis zu 90 % von Frauen gestellt wird.

Ein verdeckter 'Arbeitsimport' nach Europa oder in die USA beginnt jedoch schon lange vor den Produktionsverlagerungen. Rohstoffe, landwirtschaftliche, auch handwerkliche Produkte werden seit der kolonialen Durchdringung Asiens, Afrikas und Lateinamerikas von 'billiger' oder fast kostenloser Arbeitskraft zum Nutzen der jeweiligen Kolonialmächte produziert und auf dem Weltmarkt abgesetzt. Auch diese weltweite Produktion wird im Prinzip von Europa bzw. den USA aus organisiert. Wie bei den Produktionsverlagerungen wird dabei vergegenständlichte/tote Arbeit transferiert. Weltmarkt für Arbeitskraft über die verschiedenen Arten des Warenexports und -imports entsteht so in eher indirekter Weise, da die Menschen als Träger der Arbeitskraft, als lebendige Arbeit nicht (bzw. nicht unbedingt) transferiert werden. Die Arbeitsmigrationen als globales Phänomen verweisen darauf, daß Weltmarkt für Arbeitskraft auch in unmittelbarer, direkter Form existiert und zwar bereits geraume Zeit vor Beginn der Produktionsverlagerungen sowie in einem um ein Vielfaches größeren Umfang: Für das Jahr 1980 wird die Zahl der ArbeitsmigrantInnen auf mindestens zwanzig Millionen Menschen geschätzt, von denen mehr als die Hälfte aus Entwicklungsländern stammen.

Bei dieser Angabe ist einerseits zu berücksichtigen, daß sie den Rückgang der Ausländerbeschäftigung seit 1973 widerspiegelt: Fünfzehn Millionen ArbeitsmigrantInnen waren zu Beginn der Rezession allein in Westeuropa beschäftigt. Andererseits handelt es sich ausdrücklich um eine Minimalschätzung: Das Internationale Arbeitsamt nimmt an, daß es real fünfundzwanzig bis dreißig Millionen Menschen sind, die, um Lohnarbeit zu finden, ihr Heimatland verlassen haben und im Ausland leben. Zu den eigentlichen ArbeitsmigrantInnen ist dann noch eine etwa gleich große Zahl von Familienangehörigen hinzuzurechnen, die sich ebenfalls im Ausland aufhalten.

So wären also gegenwärtig zwischen fünfzig und sechzig Millionen Menschen direkt von der Arbeitsmigration betroffen. Allerdings ist zu vermuten, daß auch diese Zahl noch zu gering liegt: So geht in die Weltarbeitsbericht-Schätzung die Zahl von zweieinhalb bis vier Millionen illegaler Arbeitsmigranten in den USA ein, während andere Schätzungen den Umfang dieser Gruppe auf bis zu zwölf Millionen Personen veranschlagen.

Die Mehrheit sowohl der legalen wie der illegalen MigrantInnen stammt aus Ländern der 'Dritten Welt', und, auch darin stimmen die Schätzungen überein, es handelt sich mindestens zur Hälfte um Frauen.

Die weltweiten Arbeitsmigrationen der Gegenwart – Haupteinwanderungsgebiete sind die westeuropäischen Länder, die erdölexportierenden arabischen Staaten und die USA – sind daher als Ausdruck des Weltmarktes für Arbeitskraft in unmittelbarer, direkter Form zu betrachten.

Das heißt, der Weltmarkt für Arbeitskraft ist wesentlich älter als die Produktionsverlagerungen, denn Arbeitsmigrationen nach Westeuropa sind bereits im 19. Jahrhundert in allen sich industrialisierenden Ökonomien nachweisbar.

Wenn jedoch nicht die Gleichsetzung von Arbeitskraft mit Lohnarbeit als entscheidendes Kriterium eines kapitalistischen Weltmarkts für Arbeitskraft gilt, so stellt sich heraus, daß auch die frühen Arbeitsmigrationen nicht den Beginn seiner Geschichte markieren: Transfers lebendiger Arbeit im Interesse europäischer Ökonomien in erheblichem Umfang und über weite Entfernungen gibt es bereits seit dem Ende des 15. Jahrhunderts. Sie sind so alt wie die europäische Expansion, zentraler Bestandteil von Kolonialismus und Imperialismus in allen ihren Phasen. Die Strukturen des Weltmarkts für Arbeitskraft können darüberhinaus nicht primär als Folge oder späte Entwicklungsphase des Weltmarktes für Waren und Kapital betrachtet werden, sondern bilden dessen Voraussetzung und Grundlage.

Die erste, die koloniale, Hauptphase des Weltmarkts für Arbeitskraft (s. Graphik und Karte, S. 69) beginnt mit der spanischen Eroberung und Kolonialisierung Amerikas in den letzten Jahren des 15. Jahrhunderts. Millionen von 'Westindern', Männer, Frauen und Kinder, bildeten das erste, zwangsweise mobile nichteuropäische Arbeitskräftepotential, das unter der Aufsicht und für den Wohlstand von Europäern arbeiten und produzieren mußte. Frauen und Männer wurden in der Landwirtschaft, im Bergbau, im Handwerk und als 'Lasttiere' eingesetzt. Frauen mußten darüberhinaus den spanischen Eroberern als Haushälterinnen und Konkubinen zur Verfügung stehen.

Mit zahlreichen verschiedenen Systemen wurde praktisch die gesamte Bevölkerung eroberter Gebiete zu Diensten für die Spanier gezwungen. Einige der wichtigsten Formen: die Tribute, die Mita und die Encomienda. Für Frauen gab es weitere, spezielle Formen: Sie wurden als (Zwangs-)Geschenke verlangt oder sie mußten dort, wo die Bewohner

Der Weltmarkt für Arbeitskraft

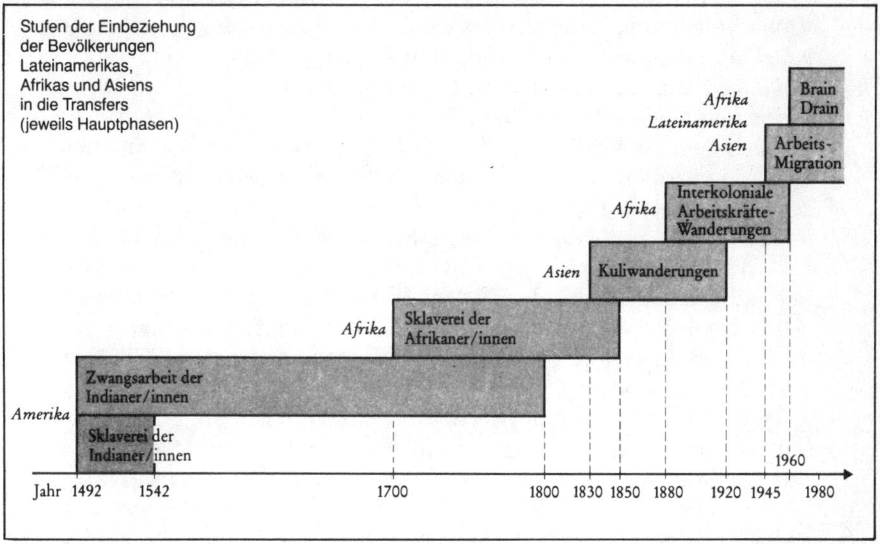

aus: Lydia Potts, Weltmarkt für Arbeitskraft, Hamburg 1988, S. 243 u. 244.

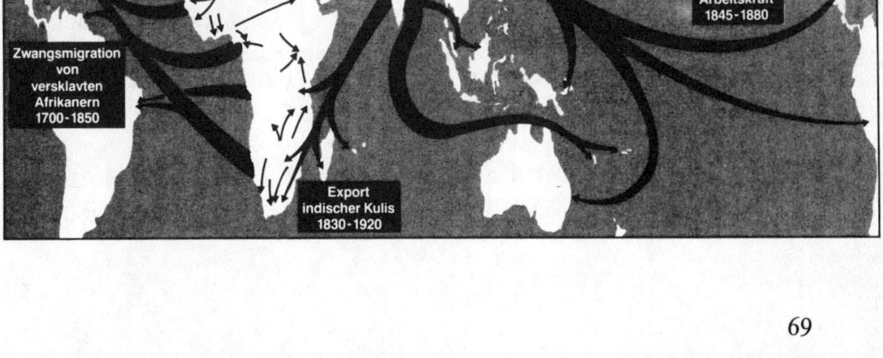

Amerikas matrilineare Erbfolge praktizierten – oft gegen ihren Willen – Eroberer heiraten, die sich so das Land und die an dieses gebundene Arbeitskraft aneigneten. In den meisten Fällen aber wurden indianische Frauen schlicht geraubt oder als Teil der Kriegsbeute betrachtet, wie es das spanische Gesetz vorsah.

Nach dem Genozid – der die ursprüngliche Bevölkerung Amerikas fast völlig vernichtete und der zumindest teilweise von den Bedingungen, unter denen die massenhafte Zwangsarbeit stattfand, verursacht wurde – brachten die Kolonialherren Sklaven und Sklavinnen von Afrika nach Amerika. Dieser Prozeß ist als die erste transkontinentale Massenmigration in der Geschichte des Kapitalismus zu betrachten. Mindestens 10 bis 20 Millionen versklavter AfrikanerInnen trafen in Amerika ein, noch viel mehr verloren bei den Sklavenjagden und während der Transporte ihr Leben.

Dem Dreieckshandel mit versklavter afrikanischer Arbeitskraft zwischen Europa, Afrika und Amerika folgte im 19. Jahrhundert die Migration von Millionen asiatischer Arbeitskräfte aus China, Indien, Java und den Südseeinseln. Diese Wanderungen, die sich fast über den gesamten Erdball erstreckten, sind ebenfalls unmittelbares Resultat des europäischen Kolonialismus. Sie werden durch direkte Gewalt oder ökonomischen Druck erzeugt und dienen den Plantagenökonomien sowie dem Aufbau moderner Infrastruktur in Nord- und Südamerika, Afrika, Australien und einigen Teilen Asiens. Mit den Kuliwanderungen wird nach Amerika und Afrika auch Asien zum Reservoir 'billiger' und mobiler Arbeitskraft für europäische Produkton in allen Teilen der Welt. Mindestens 12 Millionen, möglicherweise auch 37 Millionen oder mehr AsiatInnen migrierten innerhalb dieses Systems in einem Zeitraum von weniger als 100 Jahren. Die Ausbeutung der Frauen im Rahmen des Kulisystems muß als eines der extremsten und am wenigsten erforschten Kapitel des Weltmarktes für Arbeitskraft gelten. Alte und neue Formen insbesondere sexueller Gewalt wurden kombiniert, z.B. in Niederländisch-Indien, wo die Prostitution offensichtlich als ein Bestandteil des Lohnsystems für junge Arbeiterinnen galt.

Als die Form, die die koloniale Phase des Weltmarkts für Arbeitskraft abschließt, jedoch bis weit in das 20. Jahrhundert hinein von Bedeutung bleibt, kann die interkoloniale Arbeitskräftewanderung in Afrika gelten. Sie bildet wohl das letzte System, in dem Europa unfreie Arbeit massenhaft und auf Dauer einsetzt.

Die zweite große Hauptphase des Weltmarktes für Arbeitskraft hat schon zuvor, mit den Arbeitsmigrationen des 19. Jahrhunderts begonnen, die bereits eindeutig Formen von Lohnarbeit darstellen und sich im 20. Jahrhundert fortsetzen. Ab 1945/50 erwiesen sich die ehemaligen

Kolonien als die Hauptrekrutierungsgebiete: nordafrikanische Arbeiter für Frankreich, türkische für die Bundesrepublik, mexikanische für die USA usw.

Das Prinzip des Sexismus ist auf dem Weltmarkt für Arbeitskraft allgemein gültig. Frauen spielen in vielen Phasen auf den ersten Blick eine scheinbar eher unbedeutende Rolle. Direkte und indirekte Verpflichtungen zur Zwangsarbeit binden vor allem Männer der kolonialisierten Gesellschaften. Bei den Sklaventransporten aus Afrika sollten jeweils zwei Drittel der Ladung aus Männern, das letzte Drittel aus Frauen und Kindern bestehen, beim Kulisystem stellten die Frauen nur eine Minderheit unter den Arbeitskräften, die exportiert wurden. Arbeitsmigration wird stets als männlich dominierter Prozeß dargestellt.

Andererseits ist die koloniale Realität davon geprägt, daß Frauen massenhaft zur Zwangsarbeit herangezogen werden: als Trägerinnen, Bergarbeiterinnen, Sammlerinnen, Dienerinnen. In den sklavenhaltenden Gesellschften der Karibik und der USA wird zwischen männlichen und weiblichen Sklaven bei der Arbeitszuteilung kaum ein Unterschied gemacht. In den USA gibt es außerdem, anders als in der Karibik, wo Sklavinnen eine Minderheit bilden, gleich viel versklavte Männer und Frauen.

In der einschlägigen Literatur ist die Geschichte der Frauen auf dem Weltmarkt für Arbeitskraft allerdings schwer aufzufinden, denn die kolonisierten Frauen haben weniger noch als die Männer das Interesse europäischer Geschichtsschreiber gefunden, sie haben auch weniger noch als Männer die Möglichkeit, ihre Geschichte weiterzugeben oder wiederzuentdecken. Das gilt bis in die Gegenwart: Auch die Literatur zur Arbeitsmigration etwa vermittelt ein Bild dieser Prozesse, das vom männlichen oder geschlechtslosen Migranten dominiert ist, Frauen werden allenfalls als abhängige Familienangehörige einbezogen. Selbst in der Frauenforschung sind Arbeitsmigrantinnen insbesondere im Hinblick auf Theoriebildung kein Thema.

Dabei erfährt jede koloniale und kapitalistische Ausbeutung Frauen gegenüber noch eine Steigerung: Sie bleibt nicht beschränkt auf die Heranziehung für koloniale Produktion und Dienstleistungen, sondern erstreckt sich auch und gerade auf die sexuellen und reproduktiven Fähigkeiten. Das wird am Beispiel der Indianerinnen durch die Entstehung der Mischlingsbevölkerung, die in Amerika an die Stelle der Urbevölkerung tritt, besonders deutlich, gilt aber auch für afrikanische Sklavinnen und die Frauen, die in Afrika, Asien und Australien die Kolonisierung ihres Kontinents erlebten.

Darüber hinaus fallen die Männer durch Zwangs- und Wanderarbeit als Mitproduzenten der Subsistenzmittel aus, so daß diese Last von den

Frauen, vielleicht unterstützt durch Kinder und Alte, zu tragen ist. So erhöht jede Form von Zwangs- und Wanderarbeit, auch wenn sie ausschließlich Männer direkt betrifft, die Arbeitslast für die Frauen der kolonisierten Gesellschaften.

Wichtiger noch als durch ihre Einbeziehung in die kapitalistische Warenproduktion sind Frauen für den Weltmarkt für Arbeitskraft als Produzentinnen und Reproduzentinnen der Arbeitskraft. Das heißt nun keineswegs, daß auf sie besondere Rücksicht genommen wird, etwa durch Verzicht auf Heranziehung zu körperlich schweren Arbeiten, sondern bedeutet vor allem die Instrumentalisierung ihrer spezifisch weiblichen Fähigkeit im Sinne der Anwender der Arbeitskraft.

So alt wie diese Instrumentalisierung ist auch der Widerstand von Frauen dagegen. An der Wende vom 17. zum 18. Jahrhundert protokolliert Maria Sibylla Merian in der Kolonie Surinam:

„Die Flos Pavonis ist eine neun Fuß hohe Pflanze, sie trägt gelbe und rote Blüten. Ihr Samen wird gebraucht für Frauen, die Geburtswehen haben und die weiterarbeiten sollen. Die Indianer, die nicht gut behandelt werden, wenn sie bei den Holländern im Dienst stehen, treiben damit ihre Kinder ab, damit ihre Kinder keine Sklaven werden, wie sie es sind. Die schwarzen Sklavinnen aus Guinea und Angola müssen sehr zuvorkommend behandelt werden, denn sonst wollen sie keine Kinder haben in ihrer Lage als Sklaven. Sie bekommen auch keine, ja sie bringen sie zuweilen um wegen der üblichen harten Behandlungen, die man ihnen zuteil werden läßt, denn sie sind der Ansicht, daß sie in ihrem Land als Freie wiedergeboren werden, so wie sie mich aus eigenem Munde unterrichtet haben."

Reproduktion der Arbeitskraft und Migration

Die Problematik der Reproduktion der Arbeitskraft ist stets eng mit dem Bereich der demographischen Entwicklung und Bevölkerungspolitik verknüpft.

Das Ziel staatlicher Maßnahmen ist in jeder der beiden Hauptphasen des Weltmarktes für Arbeitskraft gleich: Über die Kontrolle der Gebärfähigkeit der Frauen soll ein Reproduktionsniveau der Bevölkerung erreicht werden, das einerseits so hoch ausfällt, daß die Versorgung des kapitalistischen Sektors national und international mit einer ausreichenden Zahl geeigneter Arbeitskräfte gewährleistet ist, andererseits aber auch so niedrig und sozial gezielt, daß gesellschaftliche und politische Entwicklungen kontrollierbar bleiben.

Fast während der gesamten Dauer der kolonialen Phase des Weltmarkts für Arbeitskraft stellt es eines der primären Probleme der Kolonialisten dar, den Bestand ihres Arbeitskräftepotentials zu sichern, Bevölkerungsrückgänge zu vermeiden. Noch 1906 wurde ein Preis von 6 000 Mark ausgesetzt für die beste Studie, deren Vorschläge dazu führen würden, die Geburtenrate in der deutschen Kolonie Kamerun anzuheben (Mamozai 1982:53). Anfang des 20. Jahrhunderts (und geraume Zeit zuvor) gibt es in den Metropolen ein erhebliches Bevölkerungswachstum, während die kolonisierten Gebiete hohe Sterblichkeit und niedrige Geburtenraten aufwiesen – also eine Struktur, die die genaue Umkehrung der gegenwärtigen Bevölkerungsentwicklung darstellt.

Die Maßnahmen, die heute darauf zielen, in den Metropolen die Geburtenrate der einheimischen, 'weißen' Frauen zu erhöhen, bilden die folgerichtige Ergänzung zu den Versuchen, das Bevölkerungswachstum in den unterentwickelt gehaltenen Ländern zu bekämpfen.

Um dem Bevölkerungsrückgang in Westeuropa entgegen zu wirken, wird bereits seit Jahrzehnten die Arbeitsmigration benutzt: Frankreich hat das schon unmittelbar nach dem Ende des Zweiten Weltkriegs versucht (Lannes 1953: XIV), auch für die Schweiz kommt Haug (1978:238) zu dem Ergebnis: *„Das dynamische Element der schweizerischen Bevölkerungsgeschichte bilden ... die Arbeitskräftewanderungen."*

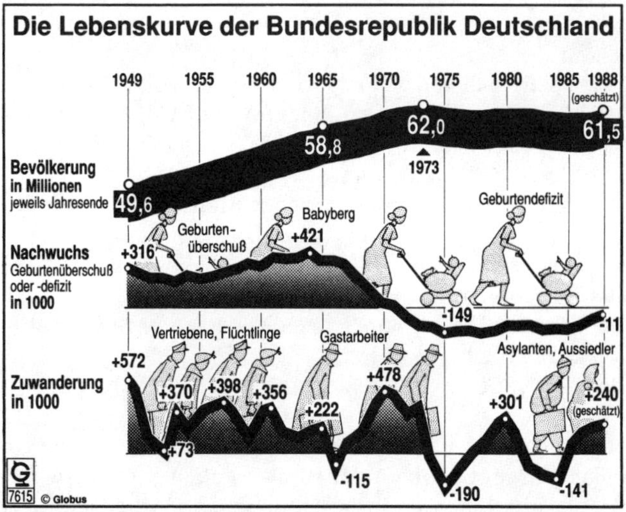

Diese Grafik (veröffentlicht in der 'Welt am Sonntag' v. 26. März 1989) verdeutlicht, daß das Bevölkerungswachstum – wichtige Voraussetzung der ökonomischen Entwicklung – in der gesamten Geschichte der Bundesrepublik Deutschland im wesentlichen durch Zuflüsse von außen verursacht wurde. Insbesondere die 'Gastarbeiter' stammen zu einem erheblichen Teil aus Ländern der 'Dritten Welt'.

Das gilt auch für die Bundesrepublik: Sie hat in der Zeit von 1950 bis 1987 einen Zufluß von etwa 4,7 Millionen Aussiedlern und Zuwanderern aus der DDR zu verzeichnen, zusätzlich eine etwa gleich große Zahl von Personen, die über die Arbeitsmigration in den sechziger und siebziger Jahren in das Land geholt wurden.

Das Prinzip der Familienzusammenführung, das seit 1973 neben dem Anwerbestop die Migrationspolitik bestimmt, dient dazu, mittelfristig die Effekte der gesunkenen Geburtenrate auf dem Arbeitsmarkt abzufedern: Nur ein Viertel der ausländischen Frauen reiste mit einer eigenen Arbeitserlaubnis ein, die meisten kamen im Rahmen der Familienzusammenführung, d.h. mit einem Aufenthaltsstatus, der von dem des Ehemannes abhängig war. In den Migrantenfamilien wurden dann zunächst mehr Kinder geboren: 1974 hatten 17,3 Prozent aller in der BRD geborenen Kinder eine ausländische Staatsangehörigkeit[2], schon bald zeigt sich aber eindeutig die Tendenz, daß sich das generative Verhalten an das der deutschen Paare angleicht (Münscher 1979:6ff.). Ihre bevölkerungspolitische Funktion hat die Familienzusammenführung damit erfüllt: Eine Berechnung des Bundesministeriums für Bildung und Wissenschaft aus dem Jahre 1980 kommt zu dem Ergebnis: *„1989 verlassen schätzungsweise 85 000 Ausländer (absoluter Höhepunkt) die allgemeinbildenden Schulen, also nach den starken deutschen Schulentlassungsjahrgängen."*

Ab 1988 spielt sich dann ein spezifischer Prozeß ab, der in anderen kapitalistischen Ländern so nicht anzutreffen ist: die erneute Einreise von Aus- und Übersiedlern, die für 1988 und 1989 auf zusammen ca. 650 000 Personen zu schätzen ist.[3]

Beide Gruppen stellen erneut einen Zufluß von Arbeitskräften dar, deren Produktionskosten nicht von der BRD getragen wurden.

Es deutet alles darauf hin, daß durch diese Zuwanderungen zwar sozialpolitische Probleme entstehen, jedoch die arbeitsmarkt- und bevölkerungspolitischen Effekte von Seiten der Regierung und der Wirtschaft als erwünscht betrachtet werden.

Bei den Zuwanderern handelt es sich – so kann begründet vermutet werden –

a) in der Regel um vollständige Familien mit – gemessen an den im Weltvergleich extrem niedrigen der BRD – hohen Kinderzahlen,
b) häufig um überdurchschnittlich qualifizierte Arbeitskräfte (zumindest im Vergleich mit dem durchschnittlichen Qualifikationsniveau der Herkunftsländer),
c) um Personen, die hoch motiviert sind, sich in die kapitalistisch-industrielle Gesellschaft und die entsprechenden Arbeitsprozesse zu integrieren und die ein eher konservatives Politikpotential bilden.

Es steht zu erwarten, daß ein hoher Anteil der Aussiedler wie auch der Zuwanderer aus der DDR sich binnen relativ kurzer Zeit assimilieren wird.

Das unterscheidet diese Gruppen von den ArbeitsmigrantInnen und AsylbewerberInnen aus Ländern der '3. Welt', deren Bewußtsein und Identität häufig primär an der Herkunftsgesellschaft oder der Subkultur der Migration orientiert bleibt, die dem Assimilationsdruck aktiv oder passiv Widerstand entgegen setzen.

Perspektiven der Entwicklung des Weltmarkts für Arbeitskraft

Welche Entwicklungstendenzen zeichnen sich nun auf dem Weltmarkt für Arbeitskraft ab?

Es drängt sich der Gedanke auf, daß in der 'postindustriellen' Ökonomie unqualifizierte oder relativ unqualifizierte Lohnarbeit an Bedeutung verliert, daß 'postmaterielle' Gesellschaften einen Weltmarkt für Arbeitskraft nicht mehr benötigen.

Unverkennbar ist jedoch, daß neue Formen von Weltmarkt entstanden sind, jenseits von Rohstoffen, landwirtschaftlichen Produkten oder Kapital und auch Arbeitskraft im gängigen Sinne: So gibt es einen offensichtlich weltweiten Handel mit Blut und menschlichen Organen, der Menschen aus unterentwickelt gehaltenen Ländern zu medizinischen Rohstoffen, zu Schlachtbanken degradiert. Oder eine andere Variante: Prostitution und sexuelle Dienstleistungen aller Art werden – auch eine 'neue internationale Arbeitsteilung' – vornehmlich den Frauen und Kindern[4] bestimmter Länder abverlangt: thailändischen, koreanischen, kenianischen ... Nicht zu vergessen der interkontinentale Babyhandel und der Kauf von Adoptivkindern.

Das alles sind Weltmärkte, auf denen gekauft und verkauft wird, (Menschen-)Ware gegen Geld.

Was die Arbeitsmigrationen angeht, scheinen Wissenschaft und öffentliche Meinung übereinzustimmen: Die Auffassung, daß diese Phase der Vergangenheit angehört, wird oft vertreten. Es hat den Anschein, als würde die alte gewerkschaftliche Forderung 'Kapital zu den Arbeitskräften statt Arbeitskräfte zum Kapital' seit dem Ende der Anwerbungen in den siebziger Jahren nun umgesetzt. In einer neueren Studie – die hier exemplarisch zitiert sei – heißt es zu diesem Thema:

„In der frühen Phase des Systems der Arbeitsmigration bildete der Staat in den westeuropäischen Formationen das System der Kontraktarbeit heraus. Er konkretisierte das Prinzip der Nationalität zu Zwecken der Legitimierung

sowie dazu, sich des ökonomischen Nutzens zu versichern, der aus dem Einsatz von Lohnarbeit resultiert, deren Produktionskosten – zumindest teilweise – von anderen Nationalstaaten an der Peripherie des Weltsystems getragen worden waren. Mit der Verlagerung von der Rotation zur Einwanderung entfallen viele dieser ökonomischen Vorteile, und es ist abzusehen, daß der Kapitalexport die Arbeitsmigration ersetzen wird." (Miles 1987:185)

Für diese These sprechen einige Argumente: Die Migrationspolitiken, die seit mehr als einem Jahrzehnt betrieben werden, haben in den verschiedenen europäischen Ländern das gemeinsame Ziel, die vorhandene eingewanderte ausländische Bevölkerung zu selektieren und sie – was ihren Umfang angeht – auf einem relativ niedrigen Niveau zu stabilisieren. Und es gibt eine Reihe von Belegen für die Attraktivität des Kapitalexports. Dazu gehören wohl an erster Stelle die extrem niedrigen Löhne in unterentwickelt gehaltenen Ländern: Insbesondere Arbeiterinnen werden in den Exportproduktionszonen und in der sonstigen weltmarktorientierten Produktion (wenn auch nicht nur dort) weit unter ihren Reproduktionskosten entlohnt – mit Beträgen, wie sie in Westeuropa zumindest für größere Gruppen von Arbeitskräften nicht mehr durchsetzbar sind, da sie bei den hier vorhandenen sozialen Strukturen nicht ausreichen würden, das bloße physische Überleben zu sichern.

Stundenlöhne zwischen einem halben und einem US-Dollar bzw. Monatslöhne zwischen 50 und maximal 200 Dollar sind jedoch in Exportproduktionszonen gängig. *„Bei Stundenlöhnen von 2 Rupien (11 US-cents), wie sie den meisten Frauen, aber auch der Mehrheit der männlichen Arbeitskräfte in der Exportproduktionszone Katunayake (Sri Lanka) gezahlt werden, ist es nicht einmal mehr angemessen, überhaupt von Entlohnung zu sprechen."* (Fröbel, Heinrichs, Kreye 1986:468) Dabei ist dann noch zu berücksichtigen, daß auch eine Studie des 'Instituts der deutschen Wirtschaft' feststellt, daß in Südostasien wie in anderen unterentwickelt gehaltenen Ländern ausländische Zweigbetriebe einen Produktivitätsgrad erreichen, *„der dem in vergleichbaren deutschen Betrieben durchaus ebenbürtig ist, wenn er nicht sogar 10 bis 20 Prozent darüber liegt"*. (Zit. nach ebd.: 465)

Damit ist die Liste der ökonomischen Vorteile, die diese Form der Produktion den europäischen, nordamerikanischen und japanischen Investoren bietet und die vor allem auf Kosten der Frauen kolonisierter Kontinente gehen, keineswegs erschöpft. Es ist insgesamt wohl unabweisbar, daß über Produktionsverlagerungen Ausbeutungs- und Profitraten realisiert werden, die innerhalb kapitalistischer Gesellschaften kaum zu erzielen sind – auch dann nicht, wenn die Produktion auf dem Einsatz von ArbeitsmigrantInnen basiert.

Dennoch: Diese Argumentation greift nicht, wenn aus ihr geschlossen wird, das Ende der Arbeitsmigration bzw. des direkten Imports von Arbeitskraft oder lebendiger Arbeit in die kapitalistischen Metropolen sei erreicht bzw. absehbar.

Mittelfristige Planungen in der Bundesrepublik gehen – und das nicht erst seit Ende der achtziger Jahre – davon aus, daß die künftige Arbeitsmarkt- und Bevölkerungsentwicklung von *„einem empfindlichen Mangel an Nachwuchs – und später an Arbeitskräften in allen Bereichen von Wirtschaft und Gesellschaft"* geprägt sein wird (Schäuble 1988: 33). Von einem Facharbeitermangel und allgemeiner Arbeitskräfteknappheit in bestimmten Bereichen (Gastgewerbe, Saisonarbeit in der Landwirtschaft) ist auch 1989 – bei anhaltender Massenarbeitslosigkeit – die Rede. Als wesentliches Mittel, dem auf Dauer[5] zu begegnen, gilt: *„Langfristig werden wir nicht umhinkönnen, die Schrumpfung der deutschen Bevölkerung zumindest teilweise durch einen verstärkten Zuzug von Ausländern auszugleichen."* (ebd.: 39) Diese Position eines Mitglieds der Regierung, die eine zunehmend repressive Ausländer- und Asylpolitik betreibt und keinerlei Maßnahmen ergreift, um wirksam der wachsenden 'Ausländerfeindlichkeit' (die besser Rassismus zu nennen wäre) gegenzusteuern, mag zunächst erstaunen. Hinter ihr steht das rationale Kalkül, das vor allem von bevölkerungspolitischen Überlegungen ausgeht: Einvernehmen besteht bei den Bevölkerungswissenschaftlern darüber, daß zur 'kapitalintensiven Industriewirtschaft' eine Bevölkerungsentwicklung 'unter Reproduktionsniveau' gehört, daß daran 'mit sozialtechnischen Mitteln' nichts zu ändern ist und daß es 'kein verbürgtes Verfügungswissen und keine bequem handhabbaren Techniken' gibt, das Fruchtbarkeitsniveau in berechenbarer Weise zu verändern (vgl. Mackensen, Meyer, Schulze 1984: 110).

Anders ausgedrückt: Das Problem der Reproduktion von Arbeitskraft ist in den kapitalistischen Gesellschaften nach wie vor ungelöst, Reproduktion von Arbeitskraft funktioniert nicht nach kapitalistischen Prinzipien. Bis auf weiteres wird daher die seit Jahrhunderten erprobte und im Sinne der kapitalistischen Metropolen bewährte Methode des direkten Imports von Arbeitskraft fortgesetzt, wobei insbesondere weiblichen Arbeitskräften eine zentrale Funktion zukommt.

Weltmarkt für Arbeitskraft und die damit verbundene spezifische Ausbeutung von Frauen ist also heute keineswegs von geringerer Bedeutung, die Formen der Ausbeutung gerade der weiblichen Arbeitskraft haben sich jedoch teilweise gewandelt, Strukturen sind zum Teil subtiler und differenzierter geworden. Um das nochmals am Beispiel der Bundesrepublik zu illustrieren: Türkische und andere Arbeitsmigrantinnen erfüllen eine arbeitsmarktpolitische und generative Doppelfunktion in den siebziger und achtziger Jahren, am Ende der achtziger Jahre kommt (ähnlich der Frühphase der Bundesrepublik) Aussiedlerinnen und DDR-Übersiedlerinnen die selbe Rolle zu, während thailändische und kenianische Frauen darauf angewiesen sind, als globale Sexualobjekte auch für deutsche Männer zu funktionieren, und Philippininnen in wachsendem Maß als Ehefrauen ins Land geholt werden.[6] Das heißt letztlich: Dem Prozeß der Qualifizierung und gewachsenen Berufsorientierung, der gesunkenen Bereitschaft zur Eheschließung und der geringen Geburtenrate deutscher Frauen wird innerhalb des herrschenden patriarchal-kapitalistischen Systems begegnet mit einer Instrumentalisierung und teilweisen geographischen Umverteilung von Frauen weltweit, insbesondere von Frauen aus unterentwickelt gehaltenen Ländern.

Die Formen traditionell als weiblich definierter Arbeiten und Tätigkeiten, die Frauen in hochindustrialisierten Gesellschaften teilweise verweigern, jedenfalls aber nicht mehr in ausreichendem Maße übernehmen, werden weder abgeschafft noch zwischen Männern und Frauen geteilt. Sie werden den Frauen anderer Kontinente und Kulturen zugewiesen. Das gilt für die Fließband- und Putzarbeit ebenso wie für die Prostitution und das Gebären und Aufziehen von Kindern, die Reproduktion der Arbeitskraft.

Diese Spaltung ist Realität, die Mittel wirksamer Gegenwehr sind, zumindest innerhalb der Metropolen, noch unterentwickelt.

Anmerkungen

1 Diese Diskussion hat in der Bundesrepublik noch kaum begonnen. Im englischen Sprachraum gibt es dagegen einige neuere Monographien, in denen ähnliche Überlegungen das Zentrum der Argumentation bilden. Vgl.: Robin Cohen, The new Helots: Migrants in the International Division of Labour, Hants 1988; Peter Fryer, Black People in the British Empire: An Introduction, London 1988; Robert Miles, Capitalism and Unfree Labour. Anomaly or Necessity?, London 1987; sowie Saskia Sassen, The Mobility of Labour and Capital, New York 1988.
Alle diese Studien gehen jedoch nicht darauf ein, was diese Strukturen (Sassen: global labor supply system) für Frauen bedeuten, welc e spezifische Rolle dem weiblichen Geschlecht darin zugewiesen wird.

2 Der Anteil der AusländerInnen an der Wohnbevölkerung betrug 1974 6,7%.

3 Das Problem von Aus- und ÜbersiedlerInnen wird im folgenden nicht unter innen- und außenpolitischen, sondern unter bevölkerungs- und arbeitsmarktpolitischen Aspekten untersucht.

4 1984 wurde von einer internationalen Kinderschutzorganisation die Zahl der Kinder, die gegen ihren Willen oder unwissentlich in Prostitution, Kinderhandel und Pornographie verwickelt waren, auf 170 Millionen geschätzt – mit zunehmender Tendenz. (vgl. FAZ v. 30. Nov. 1984).

5 Als kurzfristig wirksame und dazu noch Sozialausgaben sparende Maßnahme

wird im Sommer 1989 eine befristete Lockerung des Arbeitsverbotes für AsylbewerberInnen erwogen, um z.B. ErntehelferInnen in der Landwirtschaft statt bisher illegal nun auch legal in dieser Gruppe rekrutieren zu können. Der Vorsitzende der innenpolitischen Arbeitsgruppe der CDU/CSU: *„Wir brauchen hier ein Modell, das Arbeit ermöglicht und dennoch keine neuen Anreize für Wirtschaftsflüchtlinge schafft."* (FAZ v. 16.8.89)

6 In den Jahren 1986 und 1987 verzeichnet das Statistische Bundesamt 1148 bzw. 1303 Eheschließungen deutscher Männer mit philippinischen Frauen. D.h. Philippininnen bilden die größte Gruppe ausländischer Frauen, die von deutschen Männern geheiratet werden – noch vor Österreicherinnen und allen anderen europäischen Nationalitäten.
Quelle: Stat. Bundesamt, zit. n. Elke Frey, Wenn Frauen flüchten, Oldenburg 1989 (Diplomarbeit).
Heiratshandel/Heiratsmarkt (die Grenzen zur Prostitution sind oft kaum zu ziehen) funktionieren inzwischen weltweit, wobei es – wie bei der Arbeitsmigration – auch hier Tendenzen gibt, die Rekrutierungsgebiete aufzuteilen: also katholische Philippininnen als Ehefrauen deutscher Männer, (moslemische?) Inderinnen für Araber in den Golfstaaten (vgl. Taz v. 19.8.89).

Zitierte Literatur

Fröbel, Folker; Heinrichs, Jürgen; Kreye, Otto: Die neue internationale Arbeitsteilung, Reinbek 1977.

Fröbel, Folker; Heinrichs, Jürgen; Kreye, Otto: Umbruch in der Weltwirtschaft, Reinbek 1986.

Haug, Werner: Einwanderung, Frauenarbeit, Mutterschaft. Probleme der schweizerischen Bevölkerungsentwicklung und Bevölkerungspolitik 1945-1976, Bern 1978.

Lannes, Xavier: L'immigration en France depuis 1945, La Haye 1953.

Mackensen, Rainer; Meyer, Sibylle; Schulze, Eva: Zur Analyse des generativen Verhaltens am Beispiel junger Frauen 1978, Materialien zur Bevölkerungswissenschaft, Heft 37, Wiesbaden 1984.

Mamozai, Martha: Herrenmenschen. Frauen im deutschen Kolonialismus, Reinbek 1982.

Merian, Maria Sibylla: Metamorphosis Insectorum Surinamensium. Faksimiledruck und Kommentarband, Leipzig 1966 (Erstausgabe 1705).

Miles, Robert: Capitalism and Unfree Labour. Anomaly or necessity?, London, New York 1987.

Schäuble, Wolfgang: Älter und weniger. Auswirkungen der Bevölkerungsentwicklung in unserem Land, in: Die politische Meinung, 32. Jg., Jan./Febr. 1988, S. 37–44.

Der erste Teil dieses Beitrags beruht im wesentlichen auf Thesen, die in meiner Untersuchung 'Der Weltmarkt für Arbeitskraft. Von der Kolonisation Amerikas bis zu den Migrationen der Gegenwart', Hamburg: Junius 1988, entwickelt sind. Ausführlichere Literaturangaben siehe dort.

Auswirkungen von Verschuldungskrise und Strukturanpassung auf Frauen
– Regionalstudien –

Vicky Corpus (GABRIELA/Philippinen)

Frauen, Verschuldung und Entwicklung

Der folgende Beitrag zum Thema Verschuldung und Entwicklung stammt aus dem Blickwinkel einer philippinischen Frau. Diese Betrachtungsweise geht auf die Gruppe GABRIELA zurück. Die Gruppe ist ein nationaler Zusammenschluß unterschiedlicher Frauenorganisationen mit diversen Programmen und mit Mitgliedern quer durch alle Gruppen und Klassen. Im November 1987 (24. bis 27.11.) veranstaltete GABRIELA eine nationale Konferenz zum Thema Auswirkungen der Staatsverschuldung auf die philippinischen Frauen.

Geschichte und Wesen der Schuldenkrise

Die Philippinen waren seit dem sechzehnten Jahrhundert 300 Jahre lang eine spanische Kolonie, bis die Vereinigten Staaten sie 1898 übernahmen. Ihr Ziel war, hier ihre überschüssigen Produkte abzusetzen und dafür Rohstoffe und landwirtschaftliche Produkte zu kaufen. Durch verschiedene Gesetze sicherten sie sich ihre wirtschaftliche Vormachtstellung, obgleich sie den Philippinen im Juli 1946 ihre nominelle Unabhängigkeit garantierten. Die philippinischen Regierungsvertreter wurden von der US-Regierung zur Unterzeichnung des „US-RP Treaty of General Relations“ (Vertrag über bilaterale Beziehungen) gedrängt, der die Festschreibung der amerikanischen Eigentumsrechte und der amerikanischen Militärstützpunkte sowie die Abstimmung der philippinischen Außenpolitik mit der der Vereinigten Staaten vorsah. Die Gewährung einer Kriegsentschädigung wurde abhängig gemacht von der Unterzeichnung des Vertrages sowie des „Bell Trade Act“ und des „Parity Amendment“, die eine Erweiterung des Freihandels, die Koppelung des Peso an den Dollar und für amerikanische Firmen und Privatpersonen die gleichen Investitionsrechte wie für die Filippinos vorsahen.

Eine Reihe ungleicher Verträge und Vereinbarungen wurden der philippinischen Regierung aufgezwungen; sie alle stellten die Beherrschung des wirtschaftlichen, politischen und kulturellen Lebens der Philippinen durch die Vereinigten Staaten sicher. Die Folge war die Zementierung des Status der Philippinen als Markt für Überschußprodukte und Kapital aus den Vereinigten Staaten und als Lieferant von Rohstoffen und Agrarprodukten. Seitdem bestanden ungleiche Handelsbeziehungen, bei denen die Philippinen stets zu kurz kamen, da die Preise ihrer Exportprodukte von den Launen des Weltmarktes abhingen, während ihre Importpreise von ausländischen Firmen manipuliert und kontrolliert werden konnten.

Infolge dieser ungleichen Wirtschaftsbeziehungen gaben die Philippinen stets mehr aus als sie einnahmen, mit dem Ergebnis, daß sie Kredite zum Ausgleich ihrer Zahlungs- und Handelsbilanzdefizite aufnehmen mußten. Die Weigerung privater internationaler Banken und multilateraler Geldinstitute, wie Internationalem Währungsfonds und Weltbank, zusätzliche Mittel bereitzustellen, führte gewöhnlich zu einer Zahlungsbilanzkrise. Bei den Philippinen war dies 1949, 1962, 1970 und 1983 der Fall. Dieses Problem konnte nur durch weitere Kredite gelöst werden, die Kreditbedingungen wurden jedoch immer ungünstiger und belastender.

Standardauflagen waren: Abwertung des Peso, Aufhebung der Devisenkontrollen, Investitionsanreize, Beschränkung der Staatsausgaben, effizientere Steuereinziehungs-Verfahren, Liberalisierung der Importe, Lohnstops etc. Alle diese Bedingungen sind Teil der Entwicklungsstrategie, die der Internationale Währungsfonds und die Weltbank konzipiert haben, um den Schutz und die Wahrung der Interessen ausländischen Monopolkapitals sicherzustellen.

Bis 1983 waren unsere Auslandsschulden von nur 2 Milliarden 1970 auf 24,6 Milliarden Dollar gestiegen. 1978 war eine weltweite Rezession, und nach der Ermordung Aquinos beschlossen die Banken einfach die Aufhebung unseres Kreditrahmens. Es folgte die Krise von 1983, und ein Zahlungsaufschub wurde uns unter Mithilfe des Internationalen Währungsfonds und der Weltbank gewährt, die uns jedoch in größerem Maße als je zuvor Vorschriften über das kurzfristige Management des Landes machten. Das IWF-Programm sorgte dafür, daß unsere Exporteinnahmen in erster Linie für den Schuldendienst verwendet wurden. Die Zinssätze wurden erhöht, was zur Schließung kleiner Firmen und zu drastischer Arbeitslosigkeit – 45% der Arbeitskräfte – führte. Das ausländische Kapital nahm die philippinische Wirtschaft noch mehr in die Zange.

Im Februar 1986 wurde die Regierung Marcos, die für die Interessen des ausländischen Kapitals zu einem Risiko geworden war, im Zuge eines Volksaufstands gestürzt, dessen Führung von Liberalen, Compradores und Marcos-feindlichen Grundbesitzern sowie von proamerikanischen Offizieren unterstützt wurde. Nach der Machtübernahme durch die Regierung Aquino war die Bevölkerung voller Hoffnung, daß ihre grundlegenden Probleme – Beherrschung und Kontrolle durch ausländisches Monopolkapital, Behinderung der wirtschaftlichen Entwicklung durch grundbesitzende und Handel treibende philippinische Eliten sowie Fortsetzung der institutionalisierten Patronagepolitik – schließlich von der Regierung in Angriff genommen würden, der sie zur Macht verholfen hatte.

Zu ihrem großen Kummer verfolgte die Regierung Aquino genau die gleiche Wirtschaftsstrategie wie das vorherige Regime – die auf Schulden basierende Wachstumsstrategie. Dies ist die gleiche Strategie, die abstellt auf immer größere Kreditaufnahme im Ausland und Steigerung ausländischer Investitionen, die von „Strukturreformen", wie z.B. dem Abbau des Schutzes der Industrie, der Aufhebung von Beschränkungen auf ausländische Investitionen und dem Ausbau der Landwirtschaft, begleitet wurde.

Die gegenwärtige Schuldensituation

Ende 1987 beliefen sich die Schulden der Philippinen auf 29,26 Milliarden Dollar, auf der Liste der 120 Schuldnerländer steht dieses Land an 11. Stelle. Den Philippinen gelang es, eine Vereinbarung über die Umschuldung von 13 Milliarden Dollar zu schließen. Die Philippinen werden über einen Zeitraum von sechs Jahren (1987–1992) durchschnittlich 2,55 Milliarden Dollar pro Jahr zahlen – insgesamt 15,3 Milliarden. Aufgrund wachsender Zinssätze und anderer Faktoren wird das Land jedoch – nach Schätzungen der Regierung – für sechs Jahre 21 Milliarden Dollar bezahlen. Allein 1987 bezahlte es 2,8 Milliarden (2 Milliarden Zinsen und 0,9 Milliarden Tilgung).

Um diesen Verpflichtungen teilweise nachkommen zu können, beantragte die philippinische Regierung neue Kredite in Höhe von 7 Milliarden Dollar und die übrigen 14 Milliarden werden aus dem Haushalt dieses Landes und dem Export von Waren und Dienstleistungen finanziert. Allein der Schuldendienst wird 1988 aufzehren:

60,0% der Exporteinnahmen der Philippinen
10,0% der philippinischen Produktionsleistung (Bruttosozialprodukt)
40,8% des Staatshaushalts.

Folgende Auflagen sind mit der auf Schulden basierenden Entwicklungsstrategie der Regierung Aquino verknüpft:

1. Dept-equity-Swaps – Weitergabe eines Teils der Auslandsschulden des Landes durch die Regierung an interessierte Käufer, die ihrerseits die erforderlichen Mittel durch den Erwerb von Aktien bestimmter staatlicher Unternehmen aufbringen.
2. Aktualisierung des zivilen Bürokratie-/Privatisierungsprogrammes – völlige Umorganisation des zivilen Verwaltungsapparates und Ver-

kauf von Staatsbetrieben im Rahmen der Kostendämpfungsmaßnahmen, die der Internationale Währungsfonds und die Weltbank zur Verbesserung der Zahlungsfähigkeit der Philippinen zur Auflage machen.

3. Flexibler Wechselkurs und Abwertung des Peso – der Peso wird den „Marktkräften" entsprechend fallen und steigen und stufenweise um 20% abgewertet.
4. Importliberalisierung – Aufhebung von Beschränkungen, wie z.B. die Aufhebung oder Abschaffung von Kontingentierungen und/oder die Reduzierung oder Abschaffung von Importzöllen, die zu einer Überschwemmung des lokalen Marktes mit ausländischen Waren führen. Insgesamt 1232 Artikel, die drei Viertel aller Waren ausmachen, sind betroffen.
5. Steuerreformen – eine umfassende Steuerreform, bestehend aus 29 Maßnahmen, wurde verabschiedet; sie umfaßt: die Erhöhung der Steuerfreibeträge, die Vereinfachung der Umsatzsteuer, die Einführung einer Mehrwertsteuer, die Abschaffung von Exportsteuern etc., die Abschaffung von Subventionen, die Bereitstellung einer größeren Zahl öffentlicher Dienstleistungen etc.

Gegenwärtig werden fast alle diese Maßnahmen durchgeführt. Die Auflagen wirken sich unmittelbar auf die Frauen aus, wie wir im nächsten Absatz feststellen werden.

Auswirkungen der Schuldenkrise auf die philippinischen Frauen

Zunehmende Arbeitslosigkeit und Unterbeschäftigung

Die Philippinen haben eine Erwerbsbevölkerung von 20,9 Millionen, davon acht Millionen Frauen (1985). 1987 reduzierte sich diese Zahl auf 19,8 Millionen, davon 6,5 Millionen Frauen. Von den 6,5 Millionen gilt eine Million Frauen als unbezahlte mitarbeitende Familienangehörige. Als offizielle Erwerbstätige von der Statistik nicht erfaßt sind fast sechs Millionen Frauen, da sie „Hausfrauen" sind. Nachforschungen würden jedoch zeigen, daß in Wirklichkeit nahezu 85% dieser Hausfrauen einer einkommenschaffenden Tätigkeit nachgehen.

Übersicht über die Tätigkeiten der philippinischen Frauen

Landwirtschaft	32,5 %	Angehörige freier Berufe	10,21%
Handel	24,87%	Angestellte	6,4 %
Dienstleistungssektor	13,5 %	Leitende Angestellte	0,6 %
Industrie	11,75%		

Die meisten berufstätigen Frauen arbeiten in der Landwirtschaft – zumeist auf Plantagen, auf denen Exportprodukte wie Ananas, Bananen, Zucker, Kokosnüsse etc. geerntet werden. Diese Produkte sind alle vom Weltmarkt abhängig – geht die Nachfrage zurück oder sinken die Preise, hat das drastischen Personalabbau zur Foge. Dies war 1984 der Fall, als der Weltmarktpreis für Zucker 2,9 Cent pro Pfund betrug, während sich die Produktionskosten auf 14 Cent pro Pfund beliefen. Infolgedessen wurden 400 000 ArbeiterInnen in den Zuckerrohrplantagen in Negros entlassen. Die Zuckerindustrie erholte sich wegen des zunehmenden Protektionismus seitens der Industriestaaten nicht mehr. So kennzeichnen Hungersnot und erhebliche Unruhen die gegenwärtige Situation in Negros.

Im industriellen Bereich sind die meisten Frauen in der Elektronik- und Textilindustrie tätig. Dort werden jedoch zunehmend Arbeitskräfte entlassen. (1980: insgesamt 1 Million ArbeitnehmerInnen; 1986: 500 000 ArbeitnehmerInnen; 1988: 200 000 ArbeitnehmerInnen).

Die weltweite Rezession und der zunehmende Protektionismus zwischen den Industriestaaten führten zur Schließung zahlreicher kleiner Textilfirmen. Am 23. Februar 1988 gab Präsidentin Aquino bekannt, daß sie ein Veto gegen einen Gesetzentwurf über die Erhöhung der auf importierte Textilien erhobenen Zölle eingelegt habe und daß die Regierung die Einfuhr von Textilien plane. Darauf reagierte die einheimische Textilindustrie mit Entrüstung – dies würde zu unlauterem Wettbewerb und zur Entlassung von 200 000 Arbeitskräften führen.

In Einklang mit den Bedingungen des Internationalen Währungsfonds und der Weltbank, staatliche Betriebe zu privatisieren und die Verwaltung zu entbürokratisieren, entließ die Regierung – die die meisten Frauen beschäftigt – seit 1987 fast eine Million Arbeitskräfte. Zum Januar 1988 entließ „Queson City Hall“ 300 000 ArbeitnehmerInnen. Dabei wird es jedoch nicht bleiben, da aus Gründen der Kostenreduzierung die Entlassung von etwa zwei Millionen Beschäftigten empfohlen wird. Die Entlassenen sind zumeist Frauen.

Verstärkung der ausbeuterischen und unterdrückerischen Arbeitsbedingungen

Die Einfuhr von Reis und Getreide wird gegenwärtig liberalisiert, so daß selbst die Reis- und Getreidefarmer in ihrer Existenz bedroht sind. Um mehr Überschußprodukte zu erhalten, wird der Grundbesitzer auf andere Methoden zurückgreifen: die Erhöhung seines Ernteanteils oder die verstärkte Unterdrückung der Frauen und Kinder, die als unbezahlt mitarbeitende Familienmitglieder betrachtet werden. Die Preise der Agrarprodukte können mit den preisgünstigen, importierten Agrarprodukten nicht konkurrieren, da die Produktionskosten auf den Philippinen mit Sicherheit höher sind als in den hoch-mechanisierten entwickelten Ländern.

Auf den Plantagen wird zunehmend die sogenannte „sistemang prendes" geübt: Landarbeiter arbeiten in der Zeit ohne Lohn, in der gepflanzt und Unkraut gejätet wirt, um dann für die Ernte eingestellt zu werden.

In den Fabriken wird die Zahl der Arbeitstage reduziert, wenn für das jeweilige Produkt keine Nachfrage mehr besteht. Dies war zum Beispiel bei Texas Instruments, der größten Elektronikfirma in der Baguio Export Processing Zone, der Fall. Im vergangenen Monat sagte man der Belegschaft, die zu 90% aus Frauen besteht, die Arbeitstage würden auf fünf reduziert, da die Aufträge für Mikrochips wegen der „Friedensgespräche zwischen Reagan und Gorbatschow" zurückgegangen seien. Texas Instruments stellt elektronische Teile für Kampfflugzeuge, Bomber und Raketen her.

Andererseits bedeutet eine Steigerung der Nachfrage einen Sechzehnstundentag, damit die Arbeitskräfte ihr Pensum schaffen. Hausfrauen, die in der Regel mit Nebenbeschäftigungsverträgen arbeiten, erhalten lediglich einen Akkordlohnsatz und haben keinen Anspruch auf Vergünstigungen.

Weibliche Arbeitskräfte berichten von immer häufigeren sexuellen Belästigungen oder einer Politik des „lay down or lay off", wie sie dies nennen. Sind sie zu sexuellen Kontakten mit ihren männlichen Vorgesetzten oder Managern nicht bereit, stehen ihre Arbeitsplätze auf dem Spiel. Aus Angst vor dem Verlust ihres Arbeitsplatzes fügen sie sich.

Wir können eindeutig beobachten, wie leicht die Rechte weiblicher Arbeitskräfte auf Arbeitsplatz-Sicherheit und humane Arbeitsbedingungen aufgrund der wachsenden Zahl arbeitsloser Frauen verletzt werden, auf die die Kapitalisten im Falle eines Streiks ohne weiteres zurückgreifen können.

Wachsende Armut und Zunahme der Doppelbelastung der Frauen.

Die täglichen Lebenshaltungskosten einer sechsköpfigen Familie stiegen von 107,95 Peso 1985 auf 118,78 Peso (5,89 Dollar) 1987. Die Inflationsrate stieg von 0,77% 1986 auf 5,8% 1987. Der Peso wurde vor allem nach den beiden soeben durchgeführten Wahlen und der Erklärung der Zentralbank hinsichtlich der Freigabe des Peso sogar um 20% abgewertet. Der Peso von 1978 hat heute nur noch einen Wert von 0,28. Angesichts dieses Wertverlustes und des gesetzlich festgelegten Mindestlohnes von 63 Pesos pro Tag ist es kein Wunder, daß die Zahl der unter der Armutsgrenze lebenden Menschen zugenommen hat: von 40% in den siebziger Jahren auf beinahe 60% 1987.

Die vom Internationalen Währungsfonds und von der Weltbank vorgeschriebenen Steuerreformen, die gegenwärtig von der Regierung durchgeführt werden, sind sehr belastend und regressiv. Mehr als 80% der gesamten Steuereinnahmen stammen aus indirekten Steuern, z.B. der Umsatzsteuer und Steuern auf Dienstleistungen. Einige Arten von Subventionen für Wasser und Strom sowie Stützungspreise für Reis wurden abgeschafft. Eingeführt wurde die Mehrwertsteuer: Die auf wesentliche Nahrungsmittel erhobene Steuer wurde von 10 auf 20% erhöht, während die Luxussteuer gesenkt wurde.

NEPA (National Economic Protectionism Association) zufolge wird von jedem ausgegebenen Peso ein Betrag von 0,38 Peso zur Bedienung der Schulden aufgewandt.

Weitverbreitete Armut und ein Leben unterhalb der Armutsgrenze sind die Folgen für einen Großteil der philippinischen Bevölkerung. Die Härten werden jedoch für die Frauen erheblich größer sein, da sie Strategien oder Mechanismen entwickeln müssen, die ihren Familien ein Überleben ermöglichen. Sie sind gezwungen, sich nach einkommenschaffenden Aktivitäten umzusehen. Dies erklärt die wachsende Zahl von Arbeitskräften im informellen Sektor. Aus kürzlich veröffentlichten Daten geht hervor, daß fast 60% der gesamten Bevölkerung einer Tätigkeit im informellen Sektor nachgehen, was von den armen Frauen aus den Städten bestätigt wurde, die an der GABRIELA-Schuldenkonferenz teilnahmen. Ihren Angaben zufolge verkaufen in ihren Gemeinden beinahe alle Frauen verschiedenste Arten von Lebensmitteln, die es vorher nie gegeben hatte, z.B. Hähnchenschenkel, Innereien, kleine Küken etc. Sie durchstöbern die Mülleimer, waschen und bügeln Kleidung, arbeiten in fremden Haushalten und betteln sogar auf der Straße.

Die Kinderarbeit hat ebenfalls zugenommen, weil die Frauen infolge ihrer vielfältigen einkommenschaffenden Aktivitäten helfende Hände benötigen: Kinder im schulpflichtigen Alter bleiben zu Hause, um Hausarbeit zu verrichten oder auf die jüngeren Geschwister aufzupassen. Das Tragische dabei ist, daß sie trotz dieser einkommenschaffenden Tätigkeiten nie genügend verdienen, um die Familie ernähren zu können. Wie gering ihre Einnahmen auch sein mögen, die korrupte Polizei kassiert das sogenannte „Schutzgeld" von ihnen. Nach den Bestimmungen über die Erhebung der Mehrwertsteuer sind auch die im informellen Sektor erzielten Einnahmen steuerpflichtig.

Lebensmittel sind für die Familien der in der Landwirtschaft tätigen Frauen und die in den Armenvierteln der Städte lebenden Familien knapp geworden. Sie nehmen nur zwei – lediglich aus Reis bestehende – Mahlzeiten pro Tag ein.

Unzureichender Schutz der Rechte der Frauen auf Gesundheit und Fortpflanzung.

Als unmittelbare Folge der hohen Aufwendungen für den Schuldendienst und den Verteidigungshaushalt wurden die Mittel für Gesundheitsfürsorge und soziale Dienste reduziert. In den fünfziger Jahren entfielen 7% der Haushaltsmittel auf die Gesundheitsfürsorge, in den letzten beiden Jahrzehnten jedoch nur noch 4%.

Der 169,5 Milliarden Peso umfassende Etat der Philippinen für 1988 setzt sich u.a. wie folgt zusammen:

Schuldendienst	69,2	Milliarden	40,80%
Gesundheitsfürsorge	5,2	Milliarden	3,06%
Erziehung	15,9	Milliarden	9,38%
Wohnungsbau	0,92	Milliarden	0,54%
nationale Verteidigung	13,99	Milliarden	8,25%

Der Gesundheitszustand der Frauen ist im allgemeinen schlecht. 1985 starben 80 von 1000 Müttern bei der Geburt ihrer Kinder. Die Hauptursachen waren Blutungen, Infektionen und Hypertonie – alles Folgen unzureichender Schwangerenpflege und von Entbindungen ohne medizinische Hilfe.

50% der schwangeren und stillenden Mütter sind unterernährt und leiden an Protein- und Eisenmangel. Von 500 000 Lehrern leiden 30 000 an Tuberkulose.

Es fehlt allgemein noch immer an sicheren und wirksamen Familienplanungsprogrammen, was zu ungewollten Schwangerschaften führt, die in der Regel mit gefährlichen Methoden abgebrochen werden.

Die Mutterschaft wird weiterhin glorifiziert, selbst in dem neuen, von Präsidentin Aquino unterzeichneten Familien-Gesetzbuch. Maßnahmen zur Milderung der physischen und psychischen Belastungen, denen sich die Frauen als für den Fortbestand der Menschheit Verantwortliche gegenübersehen, sind nicht vorgesehen, da den Interessen des ausländischen Kapitals oberste Priorität eingeräumt wird.

Die Wohnungskrise hat sich verschlimmert – ein Ende ist nicht in Sicht.

Die Schwere der Wohnungskrise wurde besonders deutlich, als sich nach den Ereignissen im Februar 1986 obdach- und landlose Familien zu Tausenden auf staatlichen Grundstücken in Manila und anderen großen Städten niederließen in der Hoffnung, daß die Präsidentin ihnen dies gestatten würde. Statt dessen erklärte sie, sie würde die unberechtigte Besetzung regierungseigener Grundstücke nicht dulden. Sie hält sich immer noch an die von Marcos erlassenen Gesetze, die den Zuzug armer Landbewohner in die Städte verbieten. Offiziellen Schätzungen zufolge gibt es 3,5 Millionen obdachlose Familien oder 21 Millionen obdachlose Personen – mehr als ein Drittel der Gesamtbevölkerung. Der Anteil des Staatshaushaltes für den Wohnungsbau beläuft sich jedoch nur auf 98 Millionen Peso oder 0,54%.

Infolge der schlechten Wirtschaftslage nimmt die Zahl der illegalen Grundstücksbesetzer zu. In den vergangenen Jahren haben sich neue Formen der Grundstücksbesetzung entwickelt. Diese neuen Arten von Grundstücksbesetzern werden „städtische Zigeuner und Buschmänner" genannt. Die schäbigen Holzwagen, mit denen sie sich tagsüber auf Nahrungssuche begeben, dienen ihnen nachts als Schlafstätten. Andere schlafen in Straßenecken, auf Bürgersteigen oder hinter Sträuchern in den Parks.

Auf dem Schuttabladeplatz „Smokey mountain" in Manila leben 2500 Familien, denen der Müll als Erwerbsquelle dient. Jedes Familienmitglied durchstöbert den Müll und verdient 20 bis 25 Pesos am Tag.

In dieser Situation sind es wieder die Frauen, die am meisten leiden, da sie zu Hause bleiben. Sie leben in der ständigen Furcht, vertrieben zu werden, und sorgen sich, wenn die Kinder infolge der unmenschlichen Lebensbedingungen erkranken.

Blühender Sex-Tourismus
führt zu zunehmender Erniedrigung und sexueller Gewalt gegen Frauen.

Ende der siebziger Jahre hatten die Philippinen einen großen Bedarf an zusätzlichen Dollar-Einnahmen, um den zunehmenden Schuldendienst zu finanzieren. Eine der von Marcos eingeleiteten Maßnahmen waren Tourismus und Beschäftigung im Ausland. Prostitution war eine der großen Attraktionen für die Touristen. Die Philippinen wurden deshalb als „Sex-Zentrum der Welt" bezeichnet. Der Sex-Tourismus erreichte mit neuen Angeboten wie „Versandhausbräuten" und Kinderprostitution seinen Höhepunkt.

Selbst eine Beschäftigung im Ausland wurde überwiegend von Frauen angenommen, die sich entweder als Hausangestellte oder „Entertainerinnen" (Euphemismus für Prostituierte) verdingten.

Die Kommerzialisierung von Frauen nimmt aufgrund der wachsenden Nachfrage nach Sex-Shows, pornographischen Filmen und Zeitschriften zu. Der Handel mit weißen Frauen entwickelte sich für Syndikate zu einem lukrativen Geschäft.

Nichts gilt als heilig, nicht einmal die philippinische Frau, wenn Dollars zur Bezahlung von Auslandsschulden benötigt werden. Die Entwürdigung der philippinischen Frauen verstärkte sich erheblich während der „Frauen für Dollars"-Kampagne des Marcos-Regimes. Die Regierung Aquino hält an dieser Praxis fest.

Menschenrechtsverletzungen und sexuelle Gewalt nehmen infolge der verstärkten Militarisierung zu.

Die Verschlimmerung der Wirtschaftskrise hat die Frauen zum Ausbau ihrer Organisationen veranlaßt – nur das steht in ihrer Macht. Da sich die Regierung Aquino jedoch zur Durchführung eines auf zwei Jahre angelegten Programmes zur „Aufstandsbekämpfung", das verstärkte CIA-Aktivitäten auf den Philippinen beinhaltet, bereit erklärt hat, sind legitime Volksorganisationen erneut Zielscheibe faschistischer Angriffe.

Anläßlich der letzten Zusammenkunft der Organisation GABRIELA auf nationaler Ebene berichteten alle Regionalvertreterinnen über verstärkte militärische Operationen in ihren Regionen, und die Frauenorganisationen blieben vor Schikanen und Gewalttaten von seiten der rechtsgerichteten Bürgerwehr und des Militärs nicht verschont. In Leyte wurden drei Bauersfrauen – alle Mitglieder des nationalen Verbandes der Bauersfrauen „AMIHAN" – im Mai 1987 brutal erschlagen. Cecilia Udtuhan, im siebenten Monat schwanger, wurde erstochen gefunden – das Baby in ihrem mit Stichwunden übersäten Bauch war tot. Ihre Begleiterin Marilyn Negro wurde enthauptet. Zeugen identifizierten die Entführer als Mitglieder der fanatischen rechtsgerichteten Bürgermiliz und Soldaten, deren Namen nicht bekannt sind.

Fortgesetzte militärische Operationen, angeblich zur Bekämpfung Aufständischer durchgeführt, haben zu Massenevakuierungen oder zur Zersplitterung von Gemeinden im ganzen Land geführt. Die Frauen sind nicht nur Opfer von Vergewaltigungen, Gewalttaten und Folterungen, sondern von den Evakuierungen auch am meisten betroffen, da sie ihre Familien versorgen müssen. Die Männer verschwinden in großer Zahl, weil sie entweder festgenommen oder getötet worden sind oder sich der revolutionären Armee angeschlossen haben. Unter diesen Umständen ist es sehr schwierig, Kinder aufzuziehen. Hunger, Krankheit und Angst erwartet sie in den Evakuierungszentren.

Ferner wird zunehmend über Gewalttätigkeit gegenüber Frauen in Streikpostenketten berichtet. Den Frauen in den Armenvierteln der Städte drohen ebenfalls ständig Zwangsevakuierungen, Schikanen und der Abbruch ihrer Unterkünfte. Der fortgesetzte, bösartige, antikommunistische Propagandafeldzug ist Teil der gesamten totalen Kriegs-Politik, und GABRIELA und ihre Mitgliedsorganisationen hatten unter den damit verbundenen Schikanen zu leiden. Die Etikettierung rechtmäßiger

Volksorganisationen als kommunistische Organisationen stellt eine erhöhte Gefahr für das Leben der GABRIELA-Mitglieder dar. Mit der wachsenden Gewalt gegenüber Frauen und ihren Organisationen geht eine zunehmende Gefährdung des Grundrechts der Frauen auf eigene politische Organisationen und Institutionen einher. Glücklicherweise haben sich die philippinischen Frauen davon nicht einschüchtern lassen – ganz im Gegenteil: Sie werden den Kampf um nationale Souveränität, Volksdemokratie und die Befreiung der Frau umso entschlossener fortsetzen.

Vorschläge zur Lösung des Schuldenproblems

Die gegenwärtige Schuldenkrise hat zum einen zu größerer Armut und Kapitalknappheit auf den Philippinen und zum anderen zur verstärkten Forderung der Bevölkerung nach einer wirklichen Agrarreform geführt.

Für GABRIELA ist die Unterdrückung der Frau Ergebnis der unterschiedlichen Behandlung von Männern und Frauen aufgrund des Geschlechts sowie der Armut und Ungerechtigkeiten der auf Rassen und Klassen basierenden politischen und sozio-ökonomischen Strukturen. Das strategische Ziel der Frauenbewegung besteht in der Umwandlung der Strukturen, die die Ungleichheit zwischen Männern und Frauen begünstigen. Die Frauenbewegung sollte deshalb in den Kampf um nationale Souveränität und Volksdemokratie einbezogen werden. Der Kampf der Frauen gegen das Patriarchat wird gleichzeitig mit dem Kampf für die nationale Befreiung geführt.

Die Lösungsvorschläge von GABRIELA:

1. Die Schuldentilgung sollte auf höchstens 20% der jährlichen Exporteinnahmen der Philippinen begrenzt sein. Gegenwärtig werden 60% der jährlichen Exporteinnahmen zur Schuldentilgung verwendet.
2. Die Zahlungsverpflichtungen des Landes, die Nutznießer der Kredite etc. sollten öffentlich bekanntgegeben werden – wie Präsidentin Aquino während ihres Wahlkampfes selbst versprach.
3. Ein Gremium aus Vertretern aller Sektoren sollte eingesetzt werden, um über die Tilgung oder Zurückweisung der Kredite zu entscheiden. Für fast 30% der Kredite übernahm zwar der Staat die Bürgschaft, doch kamen sie privaten Organisationen zugute. Einige Kreditgeschäfte kamen unter dubiosen Umständen zustande, was auch zahlreichen ausländischen Banken bekannt war.
4. Die Operationen der Citybank und anderer ausländischer Geldgeber

während der Amtszeit der Regierung Marcos sind zu untersuchen.

5. Die Regierung sollte von ihrer Politik der Schuldenabhängigkeit als Wirtschaftswachstums-Strategie abrücken. GABRIELA und andere Volksorganisationen treten für eine Wirtschaft ein, die der nationalen Souveränität Geltung verschafft und den Reichtum zugunsten der breiten Masse umverteilt – eine nationalistische und gleichzeitig demokratische Wirtschaft.

aus: Conference „Vrouwen en de Schuldencrisis“; Noord-Zuid Campagne 1988

Gabriele Zdunnek

„Unintended hardship“

Zur sozio-ökonomischen Situation von Frauen in nigerianischen Städten

Nigeria, das bevölkerungsreichste und eines der am weitest entwickelten Länder Schwarzafrikas, befindet sich seit Anfang der 80er Jahre in einer sich verschärfenden Wirtschaftskrise. Durch die einseitige Abhängigkeit von Erdölexporten sanken die staatlichen Einnahmen drastisch, als auf dem Weltmarkt die Ölpreise fielen. Das Handelsdefizit wurde chronisch, und die Verschuldung nahm rasch zu. 1986 betrug der Anteil der Schuldendienste an den Exporterlösen mehr als die Hälfte (vgl. Voss, 1987).

Bis Anfang der 70er Jahre war kleinbäuerliche landwirtschaftliche Produktion die Basis der nigerianischen Ökonomie. Noch Mitte der 70er Jahre gehörte Nigeria auf dem Weltmarkt zu den Hauptexporteuren von tropischen Agrarprodukten, die Erdölausfuhr gewann jedoch zunehmend an Bedeutung. Seit 1980 bilden Einnahmen aus der Erdölförderung 70% - 80% der Regierungseinnahmen und ca. 90% der Exporterlöse. Ein großer Teil der durch Erdölexporte eingenommenen Devisen floß in ehrgeizige Industrialisierungsvorhaben sowie Großprojekte von zweifelhaftem Nutzen (z.B. den Bau einer neuen Hauptstadt in der Mitte des Landes). Es entstand eine importsubstituierende Industrie, die sich weitgehend auf die Endfertigung importierter Rohstoffe und Halbfertigprodukte beschränkte und kaum mit anderen Sektoren verbunden ist.

Der sog. Ölboom führte zu wirtschaftlichem Wachstum ohne Umverteilung. Die Reallöhne der unteren Einkommensgruppen in den Städten lagen 1984 unter dem Niveau der 60er Jahre, auch auf dem Land wuchs die Anzahl der Haushalte, die unterhalb der Armutsgrenze leben, kontinuierlich an.

Um die Voraussetzungen für Umschuldungen und die Gewährung neuer Kredite zu erfüllen, führt die nigerianische Regierung seit 1986 ein „hausgemachtes“ Strukturanpassungsprogramm durch, das weitgehend den Empfehlungen des IWF entspricht: Abwertung der Währung, Begrenzung öffentlicher Haushaltsdefizite, Begrenzung der öffentlichen Beschäftigung, Begrenzung von Lohn- und Gehaltserhöhungen, Privatisierung von staatlichen Unternehmen, Förderung privater Investitionen, Streichung von Subventionen, Aufhebung von Preiskontrollen, Liberalisierung des Handels- und Zahlungsverkehrs mit dem Ausland. Mehr als zwei Jahre nach Beginn des Programms wird kaum noch bestritten, daß die Strukturanpassung den sozialen Abstieg breiter Bevölkerungsschichten beschleunigt; bei der Vorstellung des Haushalts für 1989 – der weitere Sparmaßnahmen vorsieht – würdigte Präsident Babangida die Geduld, mit der die nigerianische Bevölkerung bislang diese „unintended hardship" ertragen hat (vgl. West Africa, 16.-22.1.1989). Vor allem die städtische Unter- und Mittelschicht ist von verminderten Einkommensmöglichkeiten und steigenden Lebenshaltungskosten bei einem gleichzeitigen Abbau staatlicher Leistungen hart betroffen. Frauen – die auch bisher hauptsächlich die Schattenseiten des Fortschritts erlebten – tragen einen überproportionalen Anteil der sogenannten sozialen Kosten der Strukturanpassungsmaßnahmen.

Die Integration von Frauen in städtische Erwerbsstrukturen

Trotz hoher Wachstumsraten in der Industrie und der Ausdehnung des öffentlichen Sektors vor allem in den 70er Jahren waren 1986 lediglich 6% – 8% der städtischen und ländlichen Erwerbsbevölkerung im formellen Sektor beschäftigt, zwei Drittel davon im öffentlichen Dienst und in parastaatlichen Einrichtungen; auch in den Städten stellt der informelle Sektor – Kleingewerbe und Handel – ca. 70% der Arbeitsplätze.

Nach der letzten Erwerbsstatistik (1984), die den Anspruch hat, alle einkommenschaffenden Tätigkeiten im formellen und informellen Sektor zu umfassen, waren in den Städten im Landesdurchschnitt 71% der männlichen und 31% der weiblichen Bevölkerung im Alter zwischen 15 und 59 Jahren erwerbstätig. Bezüglich der Erwerbsbeteiligung von Frauen zeigen sich zwischen verschiedenen Regionen Nigerias extreme Unterschiede, die kulturelle Muster der geschlechtsspezifischen Arbeitsteilung widerspiegeln.

Niedrigste Erwerbsquoten gibt es in den nördlichen Bundesstaaten mit überwiegend Hausa- und Fulani- Bevölkerung, höchste Erwerbsquoten in Bundesstaaten mit überwiegend Yoruba-Bevölkerung. In einigen der Regionen des Südens ist die Erwerbsquote bei den Frauen höher als bei den Männern. Die Arbeitssituation von Frauen im Norden wird viel stärker von islamischen Regeln bestimmt, die auch Verpflichtungen von Männern und Frauen im Haushalt definieren. Danach ist der Ehemann für die Bereitstellung der Wohnung und der Lebensmittel der Ehefrau(-en) und Kinder verantwortlich. Mit der Heirat erhalten Frauen zwar eine Lebensgrundlage, gleichzeitig aber auch stärkere Beschränkungen in den Erwerbsmöglichkeiten. Die meisten Frauen – vor allem in der Stadt – können nur Arbeiten nachgehen, die sie im Haus ausüben können, und für die Hill (1969) den Begriff „hidden trade" prägte. Die tatsächliche Erwerbsquote für Frauen im Norden ist trotzdem weitaus höher, als es in der Statistik ausgewiesen ist, fast alle Frauen erwirtschaften ein zusätzliches Einkommen, wenn es im Durchschnitt auch gering ist. In den meisten Gesellschaften des Südens gehört es zur Identität einer Frau, einer einkommenschaffenden Tätigkeit nachzugehen. Die Frauen sind verpflichtet, einen wesentlichen Teil der Haushaltskosten zu tragen (vgl. Zdunnek, 1988).

Für Frauen haben sich nur begrenzte Arbeitsmöglichkeiten im formellen Sektor ergeben. Auf allen Ebenen des öffentlichen Dienstes und in parastaatlichen Einrichtungen liegt der Anteil der weiblichen Beschäftigten unter 20%. Sie arbeiten am häufigsten in den – weltweit – typischen Frauenbereichen, in der Verwaltung, im medizinischen Bereich und im Erziehungsbereich. Der Frauenanteil bei der Industriearbeiterschaft beträgt etwa 10%, die meisten Frauen arbeiten in kleineren Unternehmen, in der Konsumgüterproduktion oder Nahrungsmittel- und Tabakverarbeitung. Mehr als 90% der im öffenlichen Dienst und in der Industrie beschäftigten Frauen sind unqualifizierte Arbeiterinnen oder untere und mittlere Angestellte, die nur wenig mehr als den gesetzlich festgelegten Mindestlohn verdienen. Frauen arbeiten überproportional häufig mit Zeitverträgen, ohne Anspruch auf soziale Leistungen. Mutterschutzregelungen und das Verbot von Nachtarbeit für Frauen dienen oft als Begründung dafür, daß Frauen nicht eingestellt werden – weil sie dadurch „teurere" und weniger flexible Arbeitskräfte seien. Staatliche Institutionen verhalten sich bei der Einstellung weniger diskriminierend als private Firmen. Auch Industriearbeiterinnen sind eher in regierungseigenen Unternehmen angestellt, die in Nigeria bislang einen großen Anteil der Betriebe ausmachten.

Vor allem in den 70er Jahren wurde Migration vom Land in die Stadt zu einem bestimmenden Moment der Entwicklung. Es wird geschätzt, daß in Nigeria mittlerweile nahezu 50% der Bevölkerung in Städten lebt. Mit zunehmender Urbanisierung hat sich der informelle Sektor erweitert, und die Beschäftigungsmöglichkeiten sind hier weitaus schneller angewachsen als im modernen Bereich. Der informelle Sektor ist nicht nur wegen seines hohen Beschäftigungsanteils von Bedeutung, sondern er ist zusammen mit der kleinbäuerlichen Landwirtschaft grundlegend für die alltägliche Versorgung mit Nahrungsmitteln und Konsumgütern.

Die Dynamik des informellen Sektors ist von makroökonomischen Veränderungen bestimmt, aber einzelne Bereiche sind von Entwicklungen des formellen Sektors unterschiedlich abhängig. Die meisten Handwerksberufe sind auf importierte oder in Nigeria industriell gefertigte Arbeitsgeräte angewiesen. Die Entwicklung der Industrie führte zu Verschiebungen innerhalb des informellen Sektors zugunsten neuer Tätigkeitsfelder, die stark an den formellen Sektor geknüpft sind (z.B. Autoreparatur), traditionelle Handwerke verloren an Bedeutung. Bislang verdrängte die industrielle Produktion jedoch nur einzelne Erzeugnisse des informellen Sektors vollständig vom Markt, z.B. wurden handgewebte und - gefärbte Stoffe durch industriell hergestellte Textilien ersetzt, traditionelle Töpfer- und Ledererzeugnisse wichen Plastikprodukten, Bier und „Softdrinks" (Limonaden) verdrängten Getränke wie Palmwein. Industriell erzeugte Produkte werden über traditionelle Distributionsnetze des informellen Sektors vertrieben, wegen der zentralen Industriestandorte wird der Verlust von Arbeitsplätzen im Kleingewerbe z.T. durch eine Ausdehnung des Handels aufgefangen. Auch der informelle Sektor ist geschlechsspezifisch segregiert. Männer sind überwiegend in den Bereichen Holz-, Metall- und Lederverarbeitung sowie Auto- und Elektrogerätereparaturen tätig, die wichtigsten Erwerbszweige für Frauen sind der Handel mit Nahrungsmitteln und deren Weiterverarbeitung. Schneiderei- und Friseurbetriebe werden zu gleichen Teilen von Männern und Frauen geführt.

Schätzungsweise 60% der im informellen Sektor erwerbstätigen Frauen sind im Handel beschäftigt. Der überwiegende Teil des Handels mit Gütern des alltäglichen Bedarfs geht über eine Vielzahl von ländlichen und städtischen Märkten. Es gibt ein komplexes Handelsnetz, das Millionen von Frauen eine selbständige Beschäftigung bietet. Landfrauen, die agrarische Produkte aufkaufen und z.T. weiterverarbeiten, bilden das unterste Glied der Handelskette, innerhalb derer die Produkte durch die Hände mehrerer Händlerinnen relativ schnell zu den städtischen Konsumenten gelangen. Über die gleichen oder ähnlich strukturierte Handelsketten kommen industriegefertigte und importierte Güter selbst in die abgelegensten Dörfer. Ein anderer wichtiger Arbeitsbereich für Frauen ist die Verarbeitung von agrarischen Rohstoffen, z.B. wird aus getrocknetem Maniok und Yam mit kleinen dieselgetriebenen Mühlen Mehl hergestellt. Daneben gibt es eine Vielzahl von Frauen, die diverse Gerichte kochen, die sie an Straßenecken, vor Schulen oder in kleinen Restaurants anbieten. In kleinen Bars werden auch Bier und Softdrinks an den „Mann" gebracht.

Der informelle Sektor ist heterogen, sowohl in den typischen Männer- als auch in den Frauenbranchen ist ein breites Spektrum unterschiedlicher Betriebsgrößen festzustellen. Es gibt einen gar nicht so geringen Anteil von Frauen, die mehrere Angestellte beschäftigen und mit ihrem Kleinunternehmen Einkommen vergleichbar mit denen höherer Angestellter im öffentlichen Dienst erzielen. Daneben gibt es viele bettelarme Frauen, deren gesamtes Investitionskapital in einem Sortiment von Bon-

bons, Zigaretten und Streichhölzern steckt, das sie auf einem Tablett herumtragen und im Straßenverkauf anbieten. Die Mehrzahl der Frauen bewegt sich zwischen diesen Extremen, zu einem großen Teil gelang es ihnen bislang, ein Einkommen zu erwirtschaften, das dem Mindestlohn entspricht oder nur wenig darunter liegt.

Auswirkungen der Strukturanpassungsmaßnahmen auf die Erwerbssituation von Frauen

Die Begrenzung der öffentlichen Beschäftigung, d.h. Einstellungsstopps und Entlassungen, bewirken eine entscheidende Verminderung des ohnehin geringen Anteils weiblicher Beschäftigter im formellen Sektor. Bei den Massenentlassungen im öffentlichen Sektor 1986 und 1987 gehörten Frauen zu den Hauptbetroffenen, da sie überproportional in den mittleren und unteren Beschäftigungsebenen – vor allem im Sozial- und Erziehungsbereich – arbeiten, wo es aufgrund einschneidender Streichungen und Kürzungen (1987 ca. 30%) die meisten Entlassungen gab. Bei der zunehmenden Konkurrenz um Arbeitsplätze haben Frauen aufgrund diskriminierender Einstellungspraktiken noch schlechtere Chancen; bereits vor der Strukturanpassung waren mehr qualifizierte Frauen als Männern erwerbslos.

Die Privatisierung von parastaatlichen Einrichtungen hat voraussichtlich eine weitere Verringerung des Frauenanteils unter der Industriearbeiterschaft zur Folge, da sich staatliche Betriebe – nach der bisherigen Praxis – bei der Einstellung von Frauen weniger diskriminierend zeigten. In einzelnen Fällen führte die Privatisierung auch zu einer Verschlechterung der Arbeitsbedingungen, z.B. wurde an einigen Universitäten der Kantinenbetrieb an private UnternehmerInnen vergeben, das Personal (hauptsächlich Frauen) wurde z.T. übernommen, erhält jetzt aber weitaus geringere soziale Leistungen.

Aufgrund seiner Importabhängigkeit befindet sich der Industriesektor seit der Abwertung des Naira – und der damit verbundenen Verteuerung der Einfuhren – in einer zunehmenden Krise.[3] 1987 und 1988 arbeitete die Industrie mit weniger als 30% der Kapazität. Eine Anzahl von Betrieben mußte schließen, andere gingen zu Kurzarbeit über und entließen Teile der Belegschaft. Unter den Entlassenen waren überproportional viel Frauen, da sie meistens unqualifizierte Tätigkeiten ausüben und somit leicht zu ersetzen sind.

Die im Rahmen der Strukturanpassungsmaßnahmen durchgeführte Steuerreform verstärkt steuerliche Nachteile für Frauen, die eine Reduzierung des Nettolohns bis zu 10% zur Folge haben können. Das neue Besteuerungssystem verschafft Unternehmern und Spitzenverdienern Erleichterungen, kleine Einkommen sind benachteiligt, da der jährliche Steuerfreibetrag herabgesetzt wurde.

Bei Männern macht sich das kaum bemerkbar, weil die Freibeträge für Ehepartner und Kinder gestiegen sind. Frauen haben – selbst wenn sie Alleinernährerinnen der Familie sind – keinen Anspruch auf diese Vergünstigungen.

Im informellen Sektor sind die Auswirkungen der Strukturanpassung für Frauen in verschiedenen Branchen unterschiedlich stark spürbar. Einige Erwerbsbereiche, die für Männer relevant sind, profitieren zumindestens kurzfristig von der Krise, z.B. Reparaturbetriebe für Autos und Elektrogeräte. Da importierte oder in Nigeria industriell gefertigte Produkte auch für die Mittelklasse zunehmend unerschwinglich werden, fallen für die alten Geräte mehr Reparaturen an. Durch starke Preisanstiege bei industriegefertigten Produkten ergeben sich in einigen traditionellen Frauenhandwerken vermehrte Einkommensmöglichkeiten, z.B. sind auf den Märkten wieder zunehmend handgefärbte Stoffe zu entdecken, auch die traditionelle Seifenproduktion wurde wiederbelebt.

Vor allem für einige Berufssparten im handwerklichen Bereich wirkt sich die Währungsabwertung negativ aus. Importierte oder industriell gefertigte Maschinen und Materialien sind im Preis um das Fünf- bis Zehnfache gestiegen. Bei den typischen Frauenberufen sind Schneiderinnen, Friseusen und Mühlen-Betreiberinnen besonders betroffen. Vor allem Branchen im handwerklichen Bereich und der Restaurant- und Barbetrieb leiden unter der nachlassenden Kaufkraft der Unter- und Mittelschicht. Nach der Liberalisierung der Importbestimmungen verursacht für Schneiderinnen die zunehmende Einfuhr von Fertigkleidung – vor allem billiger „Second Hand“-Ware – eine zusätzliche Beeinträchtigung ihrer Verdienstmöglichkeiten.

Händlerinnen, die einheimische Agrarprodukte vermarkten, haben bislang die geringsten Probleme, weil die Nachfrage für ihre Produkte noch relativ konstant bleibt. Ein Hauptproblem für sie besteht in der – beginnenden – Verschlechterung des Transportsystems; durch den Preisanstieg bei Autos und Autoersatzteilen ist die Anzahl der Fahrzeuge gesunken, und es werden nicht mehr alle Strecken befahren. Darüberhinaus werden die Autos schlechter gewartet, was das Risiko von Verkehrsunfällen erhöht. Außerdem sind vor allem nach der Reduzierung der Subventionen für Erdölprodukte die Transportkosten stark angestiegen. Aufgrund der allgemein schlechter werdenden sozialen Situation steigt auf Langstreckentransporten auch das Risiko durch bewaffnete Raubüberfälle.

Die Auswirkungen der Strukturanpassung auf einzelne Branchen erscheinen zunächst nicht ausschließlich negativ – in einigen Sparten gibt es sogar vermehrte Verdienstmöglichkeiten, im Handel, dem Hauptbeschäftigungsbereich für Frauen, sind zunächst kaum Einkommenseinbußen zu verzeichnen. Bei der Berücksichtigung der Gesamtsituation zeigt sich jedoch, daß vor allem kleine Betriebe im unteren Drittel der einzelnen Berufszweige – sowohl bei Männern als auch bei Frauen – vom Markt verdrängt werden. Während größere Betriebseinheiten finanzielle Belastungen durch den Anstieg von Produktionskosten und die Erhöhung der persönlichen Lebenshaltungskosten noch verkraften können, ist das bei kleineren Betriebsgrößen nicht mehr möglich. Im Handwerk ist vor allem die Existenz von Gewerbetreibenden am unteren Rand bedroht, wenn Neuanschaffungen und Reparaturen für Maschinen anstehen.

Diskriminierung von Frauen durch staatliche Arbeits- und Sozialpolitik

Seitens der nigerianischen Regierung wird verbal anerkannt, daß Frauen eine besonders benachteiligte Gruppe sind, im Budget von 1987 wurde ein kleiner Sonderfond eingerichtet, aus dem Frauen – neben Nomaden und Hochbegabten – besonders gefördert werden sollen. Abgesehen von diesen Pflichtübungen trägt jedoch staatliche Politik häufig dazu bei, das Einkommens- und Statusgefälle zwischen Männern und Frauen zu verschärfen. Ein Beispiel dafür sind die seit Anfang 1987 vom neugegründeten „National Directorate of Employment“ konzipierten Maßnahmen zur Bekämpfung der Arbeitslosigkeit. Schwerpunkte des Programms liegen in der beruflichen Bildung und Anstellung von Sekundarschul- und Universitätsabgängern und der Förderung von Kleinbetrieben durch Kredite und Beratung (vgl. The Nigerian Economist, 31.1.-13.2.1989).

Maßnahmen zur beruflichen Bildung richten sich hauptsächlich an Sekundarschulabgänger; private oder öffentliche Unternehmen erhalten für jeden Lehrling, den sie ausbilden, einen monatlichen Zuschuß (N 150,–), die Auszubildenden bekommen ein kleines Stipendium (N 50,–). Je nach Branche dauert die Ausbildungszeit ein bis drei Jahre.[4]

Bereits Anfang 1987 wurde eine neue „culture of maintenance and repairs“ ausgerufen. Im Rahmen dieses Programmes soll jeder Bundesstaat Schul- und Universitätsabgänger einstellen, um öffenliche Gebäude, Straßen, Industrieanlagen etc. instandzuhalten, die Entlohnung beträgt N 200,– für Universitäts- und N 150,– für Schulabgänger.[5]

Ein nigerianischer Entwicklungsdienst (Technical Aid Corps Scheme) soll Universitäts- und Polytechnikumsabgängern Berufserfahrungen im Ausland ermöglichen. Angesprochen werden z.B. Ingenieure, Landvermesser, Juristen, Veterinärmediziner. Auf Anfrage anderer afrikanischer Regierungen sollen sie mit nigerianischer Finanzierung (N 500,–) dort arbeiten.

Mit einem „Graduate Job Creation Scheme" soll Universitätsabgängern geholfen werden, ein eigenes Unternehmen zu gründen. Nach einer kurzen Ausbildung (Entrepreneurship Development Programme) und der Präsentation eines „Feasibility Report" können Graduierte einen Kredit zwischen N 25 000,– und N 35 000,– erhalten. Auch Sekundarschulabsolventen können Ausbildungs- und Kreditmöglichkeiten in Anspruch nehmen, sie bekommen jedoch nur einen Kredit bis maximal N 10 000,–. Ebenso werden Schul- und Universitätsabgänger unterstützt, die sich in der Landwirtschaft selbständig machen wollen: Graduierte bekommen einen Kredit von N 11 000,– bis N 13 500,– und eine Landzuteilung von fünf Hektar, Schulabgänger bekommen maximal N 5 000,– Kredit und einen Hektar Land.[6] Das „Small Scale Industries Loan Scheme" vergibt auch Kredite bis zu N 150 000,–; Voraussetzung dafür ist, daß Sicherheiten in Höhe von 50% der Kreditsumme erbracht werden und daß pro N 25 000,– Kredit zwei Universitätsabgänger eingestellt werden.

Die einzelnen Maßnahmen wurden so ausführlich referiert, weil deutlich wird, daß die Adressaten junge – gut ausgebildete – Männer sind, die bislang vom formellen Arbeitsmarkt absorbiert wurden und für die nun kompensatorische Programme entworfen werden. Da der Anteil von Mädchen in weiterführenden Bildungseinrichtungen gering ist, fehlen ihnen weitgehend die Grundvoraussetzungen für die Integration in Förderprogramme. Bei Arbeitsbeschaffungsmaßnahmen werden technische oder handwerkliche Berufe angesprochen, die kaum von Frauen ausgeübt werden, oder es werden Fertigkeiten verlangt (Bau, Reparatur etc.), die bislang die Domäne von Männern waren.

In den Ausführungen Babangidas zum 1987er Haushalt wird empfohlen, daß sich alle Berufsgruppen des informellen Sektors – bestehend aus Mechanikern, Schweißern, Handwerkern und kleinen Industrieunternehmern – in Kooperativen zusammenschließen sollen, um Zugang zu Infrastruktur, Kredit und Beratung zu bekommen (Babangida, 1987:267). Als förderungswürdig werden wiederum Branchen genannt, in denen fast ausschließlich Männer tätig sind. Für einen der größten Beschäftigungsbereiche des informellen Sektors – für den weitgehend von Frauen kontrollierten Handel – sind keine Förderungen vorgesehen. Für den Handel geplante Maßnahmen laufen darauf hinaus, parallele Strukturen aufzubauen und den Händlerinnen Konkurrenz zu machen, zusätzlich besteht die Tendenz, die Händlerinnen zu verteufeln, sie werden als „Saboteure" zu Sündenböcken für die Verteuerung von Waren gestempelt (vgl. The Nigerian Economist 31.1.–13.2.89:38):

„Social mobilisation and patriotism ... must also extend to consumer protection and the establishment of effective market counterailing force through a network of co-operative marketing.“ (Babangida, 1987:252)

Arbeitern wird empfohlen, Konsumenten-Kooperativen zu gründen und Waren direkt vom Hersteller zu beziehen. Produzenten sollen an strategischen Punkten direkt an Konsumenten verkaufen und durch Produzenten-Kooperativen die Produkte selber vermarkten (Babangida, 1987:280). Diese Empfehlungen ignorieren die differenzierten Systeme der Nahrungsmittelvermarktung. In Relation zu den schwierigen Transportbedingungen und schlechten Lagerungsmöglichkeiten ist die Vermarktung in Nigeria effektiv und kostengünstig. Bisherige Versuche, parallele Vermarktungsorganisationen aufzubauen, waren erfolglos, die staatliche jetzt aufgelöste „National Supply Company“, die hauptsächlich importierte Nahrungsmittel vertrieb, geriet jahrelang durch Ineffizienz und Korruptionsfälle in die Schlagzeilen (vgl. z.B. Newswatch, Jan. 1986).

Die nigerianische Regierung zeigt in der gegenwärtigen Wirtschaftskrise ein großes Interesse am Entwicklungspotential des informellen Sektors, der Lösungen anzubieten scheint für die Schaffung von Arbeitsplätzen, die Entwicklung lokaler Technologien und die Verwendung lokaler Rohstoffe. Bisherige Maßnahmen zur Förderung des Kleingewerbes setzen jedoch nicht an bestehenden Strukturen an und ignorieren auch die im informellen Sektor bestehenden Ausbildungssysteme, sondern es wird hauptsächlich jungen, gut ausgebildeten Männern ermöglicht, sich im Kleingewerbe zu etablieren. Eine wachsende Zahl von „Handbüchern“, die Tips für eine selbständige Beschäftigung im Handel oder Handwerk geben, weisen darauf hin, daß Schul- und Universitätsabgänger – auch ohne staatliche Hilfe – vermehrt versuchen, ein Kleingewerbe aufzubauen. Auch viele Angestellte des formellen Sektors üben informelle Nebenbeschäftigungen aus, die zum Überleben immer notwendiger werden. Wachsende Konkurrenz und eine zunehmende Formalisierung und Mechanisierung in einzelnen Bereichen – z.B. bei der Nahrungsmittelverarbeitung – kann dazu führen, daß verstärkt Männer in Erwerbszweige eindringen, in denen bislang Frauen arbeiten.

Zur sozialen Situation von Frauen

Geringere Einkommen bei gleichzeitigem Anwachsen der Lebenshaltungskosten führen bei der städtischen Unter- und Mittelschicht zu einem rapiden Absinken des Lebensstandards. Um einen niedrigen Lebensstandard zu halten, braucht eine Familie 2,5 bis 3 Mindestlöhne (offizieller Minimallohn: N 125,–). Bereits vor der Strukturanpassung waren die meisten Haushalte auf das Einkommen beider Ehepartner angewiesen. Zwischen Ehepartnern – evtl. auch anderen Mitgliedern der Familie – besteht eine Aufteilung von Zuständigkeiten für bestimmte Haushaltskosten und den Unterhalt der Kinder.[7] Mehr als ein Drittel der Bevölkerung verfügt nicht über das minimale Einkommen, um einen niedrigen, aber menschenwürdigen Lebensstandard aufrechtzuerhalten. Während Einkommenseinbußen für die Ober- und Mittelschicht den Verzicht auf Luxus- und Prestigegüter bedeuten, bewirken sie für die Unterschicht oft eine entscheidende Verschlechterung der Ernährung (vgl. Zdunnek, 1988).

Auch Männer leiden unter Verarmungs- und Verelendungsprozessen, durch ihre sozial schwächere Position sind Frauen jedoch tendenziell härter betroffen. Frauen haben im Durchschnitt ein geringeres Einkommen als Männer und verwenden einen größeren Teil ihres Einkommens für den Haushalt und den Unterhalt der Kinder. Mit den steigenden Lebenshaltungskosten vermindert sich für sie der ohnehin geringere finanzielle Spielraum für persönliche Ausgaben und Investitionen in einkommensschaffende Tätigkeiten. Bei familiären Krisen – wie Krankheiten der Kinder oder anderer Familienangehöriger – kommen Frauen schnell dazu, ihr Investitionskapital angreifen zu müssen, wenn z.B. eine medizinische Behandlung notwendig wird und Medikamente gekauft werden müssen. Zusätzlich steigt häufig die Arbeitsbelastung für Frauen, weil sie verschiedene Dienstleistungen nicht mehr in Anspruch nehmen können (sie waschen die Wäsche selbst, statt sie an einen „Washerman" zu vergeben, laufen z.T. kilometerlange Strecken von und zur Arbeit, um das Geld für Bus oder Taxi zu sparen – zusätzlich zu einem zehnstündigen Arbeitstag etc.). Gerade Frauen können soziale Verpflichtungen, die mit Kosten verbunden sind (Feste, Veranstaltungen etc.) nur in geringerem Maße wahrnehmen; damit fallen sie auch aus sozialen Netzwerken heraus, die in Krisenfällen evtl. beansprucht werden können (Social Development Dept. 1988:32).

Gerade für Unterschichtsfrauen wirken sich die Kürzungen im Sozial- und Gesundheitsbereich besonders schwerwiegend aus. Durch häufige Schwangerschaften und Geburten haben Frauen einen größeren Bedarf an medizinischer Versorgung, Mangel- und Fehlernährungen wirken sich vor allem bei Kindern und schwangeren und stillenden Frauen gravierend aus und machen anfällig für Infektionskrankheiten. Die in Nigeria vergleichsweise hohe Mütter- und Säuglingssterblichkeit dürfte noch anwachsen, die Lebenserwartung von Frauen ist bereits heute niedriger als die der Männer.

Reaktionen auf die Wirtschaftskrise

Während der Verhandlungen der nigerianischen Regierung mit dem IWF gab es eine nationale Debatte, in der eine breite Opposition gegen ein Strukturanpassungsprogramm und eine Neuverschuldung deutlich wurde. Auch Frauenorganisationen, z.B. WIN (Women in Nigeria), sprachen sich dagegen aus, weil das Land dadurch noch abhängiger werden würde (The Punch, 12.10.85:1). Nach Einführung des Programms gab es sporadische Proteste gegen einzelne Maßnahmen, die zum Teil auch von Frauen getragen wurden:

- Gewerkschaftlich organisierte Frauen und Frauenorganisationen, z.B. der NCWS (National Council of Women's Societies), eine halbstaatliche Frauenorganisation, protestierten gegen das neue Besteuerungssystem (Guardian, 19.3.86).
- 1986 und 1987 demonstrierten Frauen in verschiedenen Städten Südnigerias gegen die Wiedereinführung von Schulgeld.
- Im April 1988 gab es Demonstrationen gegen die Aufhebung der Subventionen für Erdölprodukte, die von Studenten, Marktfrauen und Taxifahrern getragen wurden. In einigen Städten wurden die Demonstrationen gewalttätig niedergeschlagen, es gab Tote und Verletzte.

Soziale Spannungen äußern sich nicht unbedingt als gezielte Proteste, sondern als spontane Rebellion, z.B. entwickelten sich Ende 1987 in Lagos aus einem Konflikt zwischen einem Polizisten und einem Autofahrer mehrtägige Straßenschlachten, bei denen alle Autos mit Regierungsnummern angegriffen wurden. Bei der Niederschlagung des Aufstands durch das Militär gab es Tote und Verletzte, mehrere Stadtviertel wurden von Hubschraubern aus mit Tränengas beschossen. Vor allem im Norden drücken sich soziale Spannungen in Religionskämpfen zwischen christlicher und islamischer Bevölkerung aus. Verarmung und Hoffnungslosigkeit bewirken, daß in beiden Religionen fundamentalistische Strömungen an Boden gewinnen, die eine frauenverachtende Ideologie vertreten.

Darüberhinaus ist eine typische Reaktion auf die sich ständig verschlechternden Lebensbedingungen bei den meisten – Frauen und Männern – eher der Versuch, individuell noch „über die Runden zu kommen", entweder durch Einsparungen und Einschränkungen und durch den Verkauf von Wertsachen oder dadurch, daß Nebenbeschäftigungen aufgenommen werden. Trotzdem gelingt es einem wachsenden Anteil der städtischen Bevölkerung nicht mehr, ihr Überleben zu sichern, als Folge gibt es einen Trend zur Migration in ländliche Gebiete. Voraussetzung dafür ist, daß – meistens über die Familie – Zugang zu Land gegeben ist, evtl. auch, daß die Verwandten bereit sind, die Re-Migranten in einer Übergangsphase zu unterstützen. Diese Möglichkeit, dem Elend in der Stadt zu entfliehen, kann nur von einem kleinen Teil der Unterschicht wahrgenommen werden. Die Rückkehr von Städtern – vor allem die Integration junger Leute, die in der Stadt aufgewachsen sind – stellt dörfliche Gemeinschaften bereits jetzt vor erhebliche Probleme, auch Konflikte um Land nehmen zu.[9]

Frauen haben weitaus mehr Schwierigkeiten als Männer, im Dorf ein Einkommen zu erwirtschaften, in fast allen Gebieten Nigerias sind sie bezüglich Landbesitz und -nutzungsrechten benachteiligt. Im Dorf besteht nur ein begrenzter Kundenkreis für Beschäftigungen, die sie in der Stadt ausgeübt haben (z.B. Nahrungsmittelzubereitung, Schneiderei, Kleinhandel). Sie ziehen es deshalb teilweise vor – trotz der problematischen Situation –, in der Stadt zu bleiben, müssen dann aber oft mit wenig oder gar keiner Unterstützung des Ehemannes zurechtkommen. Deshalb versuchen z.B. Frauen, die vorher im städtischen Einzelhandel tätig waren, zum Teil eine Handelsnische im Austausch zwischen Stadt und Land zu finden und mit diversen Waren zwischen Stadt und Land zu „pendeln" (Zdunnek/Ay 1989).

Von der nigerianischen Regierung werden Re-Migrationstendenzen als ein Erfolg ihrer Agrarpolitik – dörfliche Elektrifizierung und Wasserversorgung etc. – gefeiert, sie sind aber eher ein Symptom für die zunehmend elendere Situation in den Städten, und auch in den Dörfern ist eine zunehmende soziale Differenzierung merkbar, bei der Frauen weiter an den unteren Rand der sozialen Leiter gedrückt werden.

Anmerkungen

1 vgl. The Nigerian Economic Society, 1975; Green/Singer, 1984

2 Als Urheber des Begriffs informeller Sektor gilt Hart (1973), damit erfaßte er ökonomische Aktivitäten außerhalb der modernen industriellen und administrativen Ökonomie, die nicht in die Berechnung des Bruttosozialprodukts eingingen. Die ILO brachte den Begriff in die internationale Diskussion und erstellte eine Liste mit Merkmalen für die Definition des informellen Sektors: leichter Zugang, Verwendung lokaler Ressourcen, kleine Betriebsgrößen, arbeitsintensive Produktion, Familienunternehmen als wichtigste Betriebsform, unregulierte Märkte, Verwendung von Fähigkeiten und Kenntnissen, die außerhalb des formellen Bildungssystems erworben wurden, geringe Ausdifferenzierung von Arbeits- und Lebenswelt, keine Besteuerung. Mittlerweile gibt es eine breite Diskussion über die Anwendbarkeit dieser Kriterien und die wirtschaftliche Bedeutung des informellen Sektors (vgl. Braig/Zdunnek, 1988).

3 1986 betrug der Naira (N) ca. DM 3,50, bis Anfang 1989 wurde er graduell auf ein Zehntel seines damaligen Wechselkurses abgewertet.

4 Bis 1988 wurden 94.914 Lehrlinge in das Ausbildungsprogramm integriert.

5 Bisher wurden im Rahmen dieses Programms 20.000 Arbeitskräfte kurz- oder längerfristig beschäftigt.
6 Bislang haben etwa 4.000 Universitätsabgänger einen Agrarkredit erhalten.
7 Z.B. ist es im Südwesten Nigerias (überwiegend Yoruba-Bevölkerung) ein typisches Muster, daß Männer für die Behausung aufkommen und die Kosten für Nahrungsmittel von beiden Ehepartnern zu relativ gleichen Teilen getragen werden; beide Eltern kaufen Kinderkleidung; das Schulgeld wird überwiegend von Männern getragen, für weitere alltägliche Kosten (Transport zur Schule, Essensgeld etc.) sind Frauen zuständig; sind die Kinder krank, werden Behandlung und Medikamente häufiger von Müttern gezahlt. Alle „persönlichen“ Kosten, z.B. für Kleidung und den Transport zur Arbeit, werden von den Ehepartnern jeweils für sich selbst getragen.
8 Emanzipationsfeindliche Positionen werden durchaus auch von Frauenorganisationen getragen. Ein Beispiel dafür ist die 1986 gegründete „Federation of Muslim Women's Association of Nigeria“ (FOMWAN), die alle muslimischen Frauenorganisationen Nigerias unter ihrem Dach vereinigen will. FOMWAN spricht sich gegen die Modernisierung der Gesellschaft und für das Sharia-Recht aus, die Organisation agitiert gegen Frauenorganisationen, die eine Gleichberechtigung von Frauen durchsetzen wollen, z.B. den NCWS, der eine Scheidungsreform propagiert, die eine größere materielle Absicherung für geschiedene Frauen vorsieht.
9 Auch in den Dörfern gibt es eine zunehmende Angst vor Diebstählen; zum Schutz gegen Raubüberfälle wurde z.B. in einem Dorf in der Nähe von Ibadan (Südostnigeria) ab zehn Uhr abends eine Ausgangssperre verhängt und die Gemeinde hat Jäger angestellt, die nachts durch den Ort patroullieren.

Literatur

Babangida, Ibrahim: Rede am 26.6.1986 und 1.1.1987, in: Phillips, A./Ndekwu, E.C. (Hrsg.): Structural Adjustment Programme in a Developing Economy / the Case of Nigeria, Ibadan 1987

Braig, M./Zdunnek, G.: Städtische Erwerbsarbeit und Erwerbsperspektiven von Frauen in Ländern der Dritten Welt, Forschungsbericht Lateinamerika-Institut, Freie Universität Berlin 1988

Green, R.H./Singer, H.: Sub-Saharan Africa in Depression: the Impact of the Welfare of Children, in: Cornia, A./Jolly, R. (Hrsg.): The Impact of World Recession on children, UNICEF, Oxford 1984

Hill, P.: Hidden Trade in Hausaland, in: Man, Vol. 4, No. 3, 1969:392–409

Social development Department (NISER), Ibadan: Social Impact of the Structural Adjustment Programme, NISER Monograph Series No. 1, 1988

The Nigerian Economic Society: Poverty in Nigeria, Proceedings of the 1975 Annual Conference of the Nigerian Economic Society, Ibadan 1975

Voss. H.: Nigeria, in: Hofmeier, R. (Hrsg.): Afrika Jahrbuch 1987, Opladen 1988:148–158

Zdunnek, G.: Marktfrauen in Nigeria /Ökonomie und Politik im Leben von Yoruba Frauen, Hamburg 1987

– Frauenarbeit im informellen Sektor von Ibadan (Nigeria), Bremen 1988

– und Ay, P.: Stadtflucht, erscheint demnächst in: Afrika Spektrum (Hamburg)

Doris Jäger, Gerborg Meister

Wer knackt die (PARA)-Nuß?

Die Partizipation der Frauen an der ökonomischen Entwicklung Brasiliens

Ein Blick hinter das brasilianische Wirtschaftswunder

Die Militärs, die 1964 in Brasilien die Macht an sich gerissen hatten, versuchten auf der Grundlage eines Wirtschaftsmodells, das sich stark auf die Aktivitäten der internationalen Konzerne und der großen Staatsunternehmen stützte, Brasilien innerhalb kurzer Zeit in einen Industriestaat zu verwandeln. Voraussetzung für diese Entwicklung war die volle Etablierung des Militärregimes. Unterstützt von den USA mußte zunächst ein immenser Polizei- und Militärapparat aufgebaut werden, um die oppositionellen demokratischen Kräfte auszuschalten. In den siebziger Jahren entwickelte sich die Wirtschaft Brasiliens rasant. Diese Zeit wird auch als die Zeit des brasilianischen Wirtschaftswunders bezeichnet, dessen Erfolge vor allem an den jährlichen fünf- bis zehnprozentigen Wachstumssteigerungen des Bruttosozialproduktes gemessen wurden. Wunder hat es in der Ökonomie bisher noch nie gegeben. Die Wachstumssteigerungen sind neben dem produktiven industriellen Wachstum vor allem auf Großprojekte zurückzuführen, mit denen die Militärs ihre ungeheuerliche Stärke demonstrieren wollten. So wurden beispielsweise Atomkraftwerke, Riesenstaudämme und Straßen wie die Transamazonica gebaut. Die Ersparnisse der Bevölkerung reichten nicht aus, diesen Wahnsinn zu finanzieren. So griffen die Militärs dankbar auf die Gelder der privaten, vor allem US-amerikanischen Banken zurück, die dringend Anlageobjekte suchten, da sie aufgrund der Petrodollars und der Rezession in den Industriestaaten überliquide waren. Die Banken gewährten damals Kredite zu niedrigen Zinsen (etwa 7%). Die Militärs waren für die Banken und die internationalen Konzerne Garanten für die Sicherheit der Kredite. So konnten in den siebziger Jahren tatsächlich die enormen Wachstumssteigerungen erzielt werden. Für die breite Masse der brasilianischen Bevölkerung brachte dieses Wirtschaftswunder aber kaum einen Erfolg. Während 1960 noch die 10% Reichsten Brasiliens 39,7% aller Einkommen auf sich vereinten, waren es 1980 bereits 47,7%. Dagegen entfiel 1960 auf die 20% ärmsten Brasilianer nur 3,5% des Einkom mens; bis 1980 verschlechterte sich der Anteil der Ärmsten auf 3,2%. Diese Einkommenskonzentration förderte primär die Ober- und die Mittelschicht Brasiliens.

Die Militärs übernahmen 1964 eine Außenverschuldung von 3 bis 4 Mrd. US $. Dieser Betrag verzehnfachte sich bis 1973 auf 43,5 Mrd. US $. Allein der Itaipu-Staudamm – einer der größten der Welt – verschlang etwa 20 Mrd. US $. 1979/80 setzte der US-amerikanische Präsident Reagan zur Finanzierung seiner Rüstungspläne die Leitzinsen bis zu 15% hoch. Weltweit floß Kapital in die USA. Das hatte einen steigenden Dollarkurs zur Folge. Diese Hochzinspolitik und der steigende Dollar bewirkten, daß sich die brasilianischen Außenschulden bis 1982/83 auf 70 Mrd. US $ erhöhten. Die hohen Summen für die fälligen Zinsen konnte Brasilien nicht mehr aufbringen. Das internationale Finanzsystem drohte zu zerbrechen. So wurde der Internationale Währungsfonds (IWF) eingeschaltet, der die Banken veranlaßte, neue Kredite für die fälligen Zinsen zu gewähren. Zur Sicherheit für die privaten Banken forderte der IWF drastische Kürzungen im brasilianischen Staatshaushalt und eine Abwertung des Cruzeiro. Durch die Abwertung sollten die Exporte Brasiliens gefördert werden. Die Kürzungen im Staatshaushalt wurden vor allem in sozialen Bereichen – wie z.B. die Kürzung der Weizenpreissubventionierung, die vor allem den Armen zugute gekommen war – durchgesetzt. Unter diesen Bedingungen erklärten sich die Banken bereit, neue Kredite zu gewähren und Umschuldungen durchzuführen. Dies führte nicht zu einer Lösung des Problems, sondern ließ die Außenschulden bis 1988 auf etwa 130 Mrd. US $ ansteigen. Die Bevölkerung reagierte auf diese Finanzpolitik mit Demonstrationen und Plünderungen einiger Geschäfte, da die Preise für lebensnotwendige Güter drastisch stiegen. 1984 traten die Militärs von der politischen Verantwortung zurück. Die negativen Konsequenzen, die das angebliche Wirtschaftswunder hinterließ, waren sie offensichtlich nicht mehr bereit zu tragen. Das Volk setzte eine ungeheure Hoffnung in den neuen Präsidenten Tancredo Neves, der allerdings sein Amt nicht antreten konnte, da er kurz nach den Wahlen starb. Sein Stellvertreter Sarney, ein reicher Großgrundbesitzer, trat stattdessen die Regierung an. Die Startbedingungen für sein Amt waren schlecht. Die notwendige und angekündigte Agrarreform wurde von Sarney nur zögernd aufgenommen, bis sie schließlich durch den Druck der Großgrundbesitzer in der Verfassung von 1988 zu einem Relikt verstümmelt wurde.

Seit dem Amtsantritt Sarneys konnten im wirtschaftlichen Bereich wieder Wachstumsraten verzeichnet werden; vor allem wuchsen die Exporte, da die Devisen dringend für die Zahlung der Außenschuldzinsen benötigt wurden. Binnenwirtschaftlich verfiel Brasilien aber immer mehr in eine Rezession. Eines der größten Probleme war die ständig steigende Inflationsrate, die Anfang 1986 etwa 250% betrug. Im Februar 1986 versuchte Sarney daher, durch den „Plano Cruzado“ die brasilianische Wirtschaft zu sanieren. Er führte eine neue Währung ein. 1000 Cruzeiros entsprachen einem Cruzado. Daneben erließ er einen Preis- und Lohnstop, um die Inflation zu bremsen. Ziel seines damaligen Finanzministers Funaro war es, unabhängig vom IWF „neues“ Geld von den privaten Banken zu bekommen. Bei der Bevölkerung löste der „Plano Cruzado“ zunächst Begeisterung aus, da anfangs Reallohnzuwächse zu verzeichnen waren. Das von ständiger Inflation geplagte Volk konnte bei Käufen endlich besser kalkulieren. Vor allem Mitglieder der Mittelschicht erfüllten sich ihre Wünsche nach neuen Gebrauchsgütern. Die Euphorie hielt jedoch nicht lange, da sich bald herausstellte, daß die Preise letztlich nicht zu kontrollieren waren und die Inflation sich wieder schleichend breit machte. So wurden auf vielen Märkten beispielsweise keine ganzen Hähnchen, für die es einen festgesetzten Preis gab, verkauft, sondern nur noch Hähnchenteile, deren Preise nicht auf den Preislisten standen. Außerdem bewirkte der anfängliche Nachfrageboom, gekoppelt mit dem bewußt verringerten Angebot der Produzenten, daß u.a. auch lebensnotwendige Güter, wie z.B. Fleisch, knapp wurden. Im November 1986, einen Tag nach den Wahlen, hob Sarney den Lohn- und Preisstop wieder auf. Trotz der Unruhe im Volk wurde der angekündigte Generalstreik der Gewerkschaften kein Erfolg.

Seit dem Scheitern des „Plano Cruzado“ verschärft sich die ökonomische Situation Brasiliens fast täglich. Die Inflationsrate stieg Ende 1988 auf nahezu 1000%. Das reale Lohnniveau sank auf den Stand von 1945. Die Nichtbewältigung der ökonomischen Probleme drückt sich auch im zweimaligen Wechsel der Finanzminister aus. Nelson Nobrega, der seit Anfang 1988 im Amt ist, ist wieder bereit, dem IWF gegenüber Konzessionen zu machen, um neue Kredite zu bekommen.

Im Januar 1989 führte Sarney wiederum eine neue Wirtschaftsreform ein: den „Plano Verão“. Danach entsprechen 1000 alte Cruzados einem neuen Cruzado. Eine gleichzeitige 17%ige Abwertung stellt eine Wertgleichheit zwischen dem neuen Cruzado und einem US-Dollar her. Diese Währungsreform ist wieder verbunden mit einem unbefristeten Lohn- und Preisstopp für 150 Produkte. Um den Staatshaushalt zu sanieren, wird die Zahl der Ministerien reduziert, 60 000 Beamte sollen dabei entlassen werden. Wichtig an der Wirtschaftsreform wird die angekündigte Aufhebung der Indexierung sein. Bisher waren fast alle wichtigen ökonomischen Größen wie Lohn, Miete, Wertpapiere etc. automatisch in jeweils festgelegten Abständen an die Inflationsrate angepaßt worden – ein Mechanismus, der selbst wiederum Inflationsprozesse anheizt. Die

Bevölkerung läßt sich diesmal nicht von dem neuen Plan begeistern. Die Gewerkschaften kündigten einen Generalstreik an für den Fall, daß sich die Lage der breiten Masse der Bevölkerung weiter verschlechtern sollte. Selbst Banker trauen der Stabilität des neuen Cruzado nicht, denn sonst müßten, so fügten sie witzelnd hinzu, die privaten US-amerikanischen Banken und die internationalen Finanzinstitutionen die Zahlung der fälligen Zinsen in neuen Cruzados akzeptieren. 1988 mußten die Brasilianer etwa 12 Mrd. US $ allein für die Zahlung der Zinsen an die ausländischen Banken aufbringen. Gewerkschaftsvertreter haben berechnet, was durch die Zinszahlungen dem brasilianischen Volk verloren geht. 12 Mrd. US $ entsprächen einer halbjährigen Versorgung aller BrasilianerInnen mit einem Liter Milch täglich. Fünf Monate und sechs Tage könnte jede/r BrasilianerIn täglich 1 kg Bohnen essen. Für drei Monate und sechs Tage könnte jede/r BrasilianerIn mit täglich einem halben Kilo Fleisch ernährt werden. Es könnten aber auch von den Zinsaufwendungen 3 Millionen einfache Häuser gebaut werden. Die 12 Mrd. US $ entsprechen 192 900 000 Mindestlöhnen. Die brasilianische Abkürzung für den IWF (FMI) wird vom Volk daher zurecht mit *F*ome (Hunger), *M*iseria (Elend) und *I*nflação (Inflation) übersetzt. Zurückgezahlt werden können die Auslandsschulden nie – für die Tilgung der bisherigen Schulden müßte jede/r BrasilianerIn, die/der einen Mindestlohn verdient, etwa 10 Jahre umsonst arbeiten.

Die Auswirkungen der ökonomischen Krise auf die Arbeitssituation der Frauen

Es ist schwierig, anhand des vorhandenen statistischen Materials die Auswirkungen der ökonomischen Krise auf die Lebenssituation von Frauen in Brasilien zu verdeutlichen. Obwohl die Beschäftigung mit der Arbeitssituation andere für Frauen wichtige Bereiche des Alltags ausklammert, werden in diesem Kapitel schwerpunktmäßig Daten zum Arbeitsmarkt analysiert. In den offiziellen Arbeitsmarkt in Brasilien integriert sind nur 50% der erwerbsfähigen Bevölkerung Brasiliens; die andere Hälfte muß im informellen Sektor Überlebensstrategien entwickeln. Jährlich müßten in Brasilien 1,7 Millionen Arbeitplätze geschaffen werden, damit diejenigen, die aufgrund der Altersstruktur neu auf den Arbeitsmarkt drängen, beschäftigt werden könnten. In der Zeit von 1980 bis 1983 sind aber nur 750 000 Arbeitsplätze geschaffen worden.

Der Anteil der Frauen, die in den formellen Arbeitsmarkt integriert wurden, hat sich seit 1970 ständig erhöht. Zum damaligen Zeitpunkt betrug der Anteil der Frauenerwerbsarbeit noch 18,5%, stieg dann bis 1980 auf 27% und erhöhte sich in den Krisenjahren von 1980 bis 1985 sogar auf 33,4%. Allein aus diesen Daten könnte der trügerische Schluß gezogen werden, daß sich die Situation der Frauen auf dem Arbeitsmarkt in den letzten Jahren ständig verbessert hat. Aber die branchenspezifische Analyse der Frauenarbeit zeigt, daß Frauen weiterhin in den „typischen" Frauenberufen arbeiten. So ist heute noch ein Drittel aller berufstätigen Frauen im Dienstleistungssektor beschäftigt. Dieser Anteil verringerte sich von 1980 bis 1985 nur um 2%. Noch 1970 waren 27% aller erwerbstätigen Frauen als Dienstmädchen in den Haushalten beschäftigt. Obwohl die absolute Zahl der als Dienstmädchen arbeitenden Frauen bis 1980 gestiegen ist, fiel ihr prozentualer Anteil auf 20% zurück. Dies mag zum einen daran liegen, daß vor allem die Mittelschichtsfamilien sich nicht mehr so viele Angestellte leisten konnten. Zum anderen ziehen es die jungen Frauen heute vor, in den Fabriken zu arbeiten, obwohl sie dort manchmal sogar weniger verdienen als eine Hausangestellte. Im Gegensatz zu der permanenten Verfügbarkeit 24 Stunden täglich im Haushalt können sie in den Fabriken eine geregelte Arbeitszeit erwarten. Außerdem sind sie dort nicht mehr von der totalen Willkür ihrer Hausherrschaft abhängig. Dienstmädchen werden oft von den männlichen Mitgliedern der Haushalte, bei denen sie angestellt sind, sexuell mißbraucht. Werden sie daraufhin schwanger, werden sie häufig kurzfristig und ohne finanzielle Entschädigung entlassen.

Zum Dienstleistungsbereich zählen weiterhin alle Frauen, die in der öffentlichen Verwaltung arbeiten. Ihr Anteil an der Gesamtheit aller weiblichen Beschäftigten veränderte sich von 1980 bis 1985 kaum, obwohl die Regierung im Rahmen eines Wahlgeschenkes 700 000 neue Arbeitsplätze zur Verfügung stellte, die zu 98% von Frauen besetzt wurden. Die Regierung wollte damit ihren Kampf gegen die Massenarbeitslosigkeit dokumentieren. Im Januar 1989 kündigte Präsident Sarney aber wiederum die Entlassung von 60 000 BeamtInnen an. Wie stark Frauen von dieser Maßnahme betroffen sind, läßt sich noch nicht einschätzen. Zu den typischen Aufgaben der Frauen zählt der soziale Bereich. Rein statistisch ist der Anteil der Frauen, die in diesen Berufen arbeiten, in der Zeit von 1980 bis 1985 gleich geblieben. Auffallend dagegen sind in diesem Zeitraum die Veränderungen in der Landwirtschaft und in der Industrie. In der Landwirtschaft stieg der Frauenanteil um 5% auf 18,4%, während der Anteil der Frauen, die in der Industrie arbeiten, von 15,5% auf 12,4% fiel. Dieser prozentuale Rückgang in der Industrie ist sicherlich darauf zurückzuführen, daß in den Krisenjahren Entlassungen vorgenommen bzw. keine neuen Arbeitsplätze geschaffen wurden.

Die quantitativ stärkere Integration der brasilianischen Frauen in den formellen Arbeitsmarkt Brasiliens könnte den trügerischen Schluß nahelegen, daß sich die wirtschaftliche Entwicklung Brasiliens seit der Machtübernahme der Militärs nur positiv für die Frauen ausgewirkt habe. Einige Soziologen stellen sogar die gewagte These auf, daß der wachsende Anteil der berufstätigen Frauen ein Zeichen für die Emanzipation der brasilianischen Frau sei. Nicht berücksichtigt wird aber bei solchen Thesen, welchen täglichen Diskriminierungen Frauen am Arbeitsplatz ausgesetzt sind. So verdienen die Männer im Durchschnitt dreieinhalb mal mehr als die Frauen. Der Anteil der Frauen, die nur bis zu einem Mindestlohn verdienen, lag 1980 bei 52%, während der Anteil der Männer in dieser Lohngruppe 32% betrug. Im Krisenjahr 1982 stieg der Anteil bei den Frauen auf fast 60%, in den darauffolgenden Jahren (bis 1985) ging dieser Anteil wieder auf 54% zurück. Im Jahre 1982 erhöhte sich zwar auch der Anteil der Männer, die nur bis zu einem Mindestlohn verdienten, auf fast 35%, bis 1985 reduzierte sich dieser Prozentsatz wieder auf fast 28%; damit verdienen gesamtwirtschaftlich betrachtet doppelt so viele Frauen wie Männer nur bis zu einem Mindestlohn.

Mit einem Mindestlohn soll nach offizieller Definition die Versorgung einer vierköpfigen Familie möglich sein. Faktisch kann aber von einem Mindestlohn nicht einmal die Ernährung der Familie sichergestellt werden. So mußte beispielsweise ein Mindestlohnempfänger in São Paulo im März 1983 169 Stunden und 18 Minuten arbeiten, um das Essen für die Familie kaufen zu können. Im Februar 1985 mußte für die gleiche Menge an Lebensmitteln schon 193 Stunden und 14 Minuten gearbeitet werden. Die Integration der Frauen in den Arbeitsmarkt ist daher nicht „emanzipatorisch" in dem Sinn, daß die Frauen aus freier Entscheidung einer Erwerbstätigkeit nachgehen, sondern sie ist zur Existenzsicherung in den Familien dringend notwendig. Die Unterschiede zwischen der Entlohnung von Männern und Frauen werden häufig damit gerechtfertigt, daß Frauen nur „Zusatzverdienerinnen" seien – was z.B. die hohe Zahl der alleinerziehenden Mütter völlig außer acht läßt. Die Lohndiskriminierung der Frauen wird noch deutlicher, wenn die Löhne, die in der Industrie bezahlt werden, miteinander verglichen werden. So bekamen beispielsweise in der Metallindustrie in São Paulo etwa 70% aller Frauen weniger als zwei Mindestlöhne, bei den Männern waren es 30%. Die Diskrepanzen werden auch mit den unterschiedlichen Schwierigkeitsgraden der Arbeit gerechtfertigt. Oftmals ist aber die Arbeit der Frauen denen der Männer sehr ähnlich.

Daß die Integration der Frauen in den Arbeitsmarkt nicht primär auf die Emanzipation der Frauen zurückzuführen ist, wird auch daran deutlich, daß im städtischen Bereich nur ca. ein Drittel aller arbeitenden Frauen verheiratet ist, im ländlichen Bereich sind es dagegen 51%. Das liegt vor allem daran, daß das Lohnniveau in der Landwirtschaft niedriger ist als in der Industrie und daß Frauen in der Landwirtschaft vor allem manuell monotone Pflück- und Erntearbeiten (oft nur saisonal) machen. Die Unternehmen sind daran interessiert, jüngere Frauen oder Frauen über 40 anzustellen. So waren noch 1980 37% aller arbeitenden Frauen jünger als 24 Jahre, bis 1983 stieg der Anteil der jüngeren Arbeitnehmerinnen auf 49% an. Die Diskriminierungen gegenüber den jüngeren Frauen nehmen zu. So werden von den jungen Frauen in verstärktem Maße bei ihren Einstellungen Nachweise verlangt, die belegen, daß sie nicht schwanger sind. Die Unternehmer wollen damit den gesetzlich garantierten Mutterschaftsurlaub umgehen. Diese Praxis könnte verstärkt werden, da in der neuen Verfassung von 1988 der gesetzliche Mutterschaftsurlaub von 90 auf 120 Tage erhöht wurde. Neuerdings stehen auch dem Vater bei der Geburt fünf freie Tage zu. Der Druck auf die jungen Frauen, bei Schwangerschaft den Arbeitsplatz zu verlieren, ist häufig so stark, daß sie sich einer in Brasilien illegalen und daher oft unsachgerecht durchgeführten Abtreibung unterziehen. Wird berücksichtigt, daß der Staat gerade im Gesundheitssektor Einsparungen vornimmt, um den Staatshaushalt zu sanieren, so wird augenscheinlich, daß die Frauen mit einer mangelnden ärztlichen Betreuung zu rechnen haben. Die wachsende Diskriminierung gegenüber den Frauen drückt sich auch im Besitz oder Nicht-Besitz eines Arbeitsbuches aus, da in diesem Buch einige soziale Rechte verbrieft sind (wie z.B. ein geringer Sozialversicherungsanspruch). Im Vergleich von 1976 zu 1983 stieg die Anzahl der Frauen, die kein Arbeitsbuch besitzen, von 47,4% auf 50%. Ein Vergleich zwischen Stadt und Land zeigt, daß besonders die Frauen auf dem Land sich ohne jegliche soziale Absicherung abrackern. 1983 arbeiteten nur 6,3% von ihnen mit einem Arbeitsbuch, 1976 sind es noch 12,5% gewesen. Dies macht deutlich, daß bei zunehmender ökonomischer Krise die Arbeiterschutzgesetze verstärkt umgangen und gerade die Frauen zu noch billigeren Arbeitskräften abgestuft werden.

Insgesamt zeigt sich, daß in den letzten 15 Jahren eine verstärkte Integration der Frauen in den Arbeitsmarkt stattgefunden hat. Die Arbeitsbedingungen dieser Frauen haben sich aber nicht verbessert, im Gegenteil: Durch das Umgehen neuer Gesetze und wegen des Arbeitsplatzmangels kann mit den verschlechterten Arbeitsplatzbedingungen der Druck auf die Frauen erhöht werden.

Die Lebenssituation der Frauen wird neben den Arbeitsmarktbedingungen in der Krise in starkem Maße auch durch die hohen Inflationsraten und durch die Knappheit wichtiger Güter beeinflußt. Die zeitliche Beanspruchung der Frauen zur Organisierung ihres Lebensalltags wächst. Für eine Straßenverkäuferin bedeuten beispielsweise die durch die Inflation bedingten enormen Steigerungen der Transportkosten, daß sie ihre Ware zum Teil zu Fuß zu den Verkaufsplätzen bringen muß. Die gestiegenen Transportkosten schlagen sich aber auch für die Arbeiterinnen massiv nieder, da die Arbeitsstellen häufig weit entfernt von den Wohnmöglichkeiten liegen. Für den Kauf von knappen Gütern (zur Zeit des „Plano Cruzado“ war z.B. Fleisch knapp) müssen die Frauen schon morgens früh auf den Märkten anstehen – vorausgesetzt, sie können sich solche Produkte überhaupt noch leisten. Daß sich die soziale Lage vieler Frauen verschlechtert hat, wird sicherlich auch an der steigenden Zahl der Frauen deutlich, die sich ihren Lebensunterhalt durch Prostitution verdienen müssen. Auffallend dabei ist, daß das Alter der Frauen und Mädchen, die sich prostituieren, niedriger wird. So werden teilweise schon zehnjährige Mädchen von ihren Müttern auf die Straße geschickt, um etwas zum Lebensunterhalt der Familien hinzuzuverdienen.

Seit den achtziger Jahren ist zu beobachten, daß sich immer mehr Frauen ihrer sozialen Situation bewußt werden. Sie organisieren sich zunehmend in verschiedenen Gruppierungen. So wären beispielsweise die kirchlichen Basisgemeinden ohne die tragende Arbeit der Frauen nicht denkbar. Aber auch außerhalb der Kirchen klagen die Frauen selbstbewußt ihre Rechte ein. So hat 1987 der erste nationale Kongreß der Prostituierten stattgefunden, auf dem sie forderten, auch ihren Beruf offiziell anzuerkennen, um soziale Rechte zu erwerben. Überregionale Frauenorganisationen – wie „Rede Mulher“ oder der „Conselho National dos Direitos da Mulher“ – entstanden. Auch in den Gewerkschaften regt sich der Widerstand der Frauen.

Die Organisierung der Frauen in Gewerkschaften

Die Gewerkschaftsbewegung in Brasilien

Die Geschichte der Gewerkschaftsbewegung geht in Brasilien bis in die Mitte des 19. Jahrhunderts zurück. Es entstanden unterschiedliche Einzelgewerkschaften. 1908 fand der erste Kongreß zur Gründung eines gewerkschaftlichen Dachverbandes statt, in dessen Folge sich verschiedene Flügel in der Gewerkschaftsbewegung herauskristallisierten, die aber schon in den dreißiger Jahren abrupt in ihrer Entwicklung unterbrochen wurden. Denn der damalige Staatspräsident Getúlio Vargas gliederte die gewerkschaftlichen Kräfte in einen Zwangsverband ein, der nach dem Vorbild des im damaligen faschistischen Italien entwickelten Modells aufgebaut wurde. Die Grundstrukturen dieses Gewerkschaftsaufbaus existieren offiziell noch heute in Brasilien. Danach sind die Gewerkschaften aufgeteilt in drei Bereiche: die der Lohnabhängigen, der Unternehmer und der Freiberuflichen. Neben dieser horizontalen Gliederung gibt es heute auch eine vertikale Gliederung in die örtlichen Einzelgewerkschaften, die Föderationen in den Bundesstaaten und Konföderationen auf der nationalen Ebene. Durch dieses System gelang die direkte Anbindung der Gewerkschaften an den Staat: An der Spitze der Pyramide steht der Arbeitsminister.

Dieses Organisationsprinzip der Gewerkschaften nutzte die Militärregierung ab 1964 für ihre Zwecke. Auf oppositionelle Gewerkschafter reagierte sie mit massiven Repressionen. Gewerkschaftsführer wurden eliminiert und durch staatlich eingesetzte Führungskräfte ersetzt. Gleichzeitig führte aber die ungeheure Kapitalkonzentration in dieser Zeit aufgrund der massiven Lohnknebelungen zur Verelendung von Millionen von Arbeitern und Arbeiterinnen. Ein wachsender Bewußtseinsprozeß in der Arbeiterklasse war die Folge. 1978 begann in Brasilien die Abertura, die vorsichtige politische Öffnung. Sie ermöglichte neue Parteigründungen, innerhalb derer auch die unabhängige Partei der Arbeiter – Partido dos Trabalhadores (PT) – entstanden ist.

Im gewerkschaftlichen Bereich entstand im August 1983 ein neuer Dachverband, die CUT (Central Unica dos Trabalhadores). Bei der Gründung waren 5 222 Delegierte von 937 Einzelgewerkschaften, Föderationen und Basisgemeinschaften vertreten, die in dem gemeinsamen Verband für die Unabhängigkeit der Arbeiterklasse kämpfen. Die CUT steht der 1978 entstandenen Partei der Arbeiter (PT) sehr nahe. Die CUT konnte aber ihr Ziel, eine Einheitsgewerkschaft zu bilden, nicht erreichen; denn die Vertreter von konservativen, sozialdemokratischen und kommunistischen Gewerkschaften gründeten im Herbst 1983 als Antwort auf die neue Organisation der CUT die heutige CGT. Seitdem ist die Gewerkschaftsbewegung in Brasilien gespalten, obwohl in einigen Bereichen auch zusammengearbeitet wird. Beide Dachorganisationen sind bis heute noch illegal. Mitglieder der CUT sind einige offiziell anerkannte Einzelgewerkschaften, aber auch neue, bisher noch nicht anerkannte Gewerkschaften.

Seit Beginn der 'Neuen Republik' (1985) wehrten sich die Gewerkschaften mit Streiks gegen die sich dramatisch zuspitzenden ökonomischen Verhältnisse in Brasilien. Der von der CUT und der CGT gemeinsam geplante nationale Generalstreik (1987) gegen die wegen der hohen Verschuldung Brasiliens immer schlechter werdenden Lebensbedingungen mißlang, da der Streik zu wenig an der Basis verankert war. Gegenwärtig konzentriert sich die Arbeit der Gewerkschaften neben dem Kampf gegen die massiven Reallohnverluste auf einen Kampf für die neue Arbeitsgesetzgebung, die die Gewerkschaften von der staatlichen Kontrolle und Bevormundung befreien soll.

Die Forderungen der Frauen in der CUT

Während des zweiten nationalen Treffens der CUT erkannten die Frauen, daß in die allgemeinen Arbeitskämpfe der CUT der Kampf gegen die spezielle Diskriminierung der Frauen im Arbeitsbereich und in der Gesellschaft integriert werden muß. Deshalb gründeten die Frauen der CUT die „Kommission für Fragen der Arbeiterin". Mit der 1986 aufgestellten Forderung 'Kinderkrippen für alle' versuchten die Frauen, die Arbeiter für die Diskriminierung von Frauen in der Arbeitswelt zu sensibilisieren. Die Frauen wollten damit gleichzeitig erreichen, daß ihren männlichen Kollegen bewußt wird, welche Schwierigkeiten Frauen auch in der gewerkschaftlichen Bewegung haben, sich zu organisieren und aktiv zu werden. Auch hier müssen die Frauen gegen den stark ausgeprägten Machismus ankämpfen.

In den zwei Jahren, die zwischen dem zweiten und dem dritten (1988) nationalen Treffen der CUT lagen, konnte sich die 1986 neu eingerichtete „Kommission für Fragen der Arbeiterin" konstituieren. Dabei hatten die Frauen allerdings mit einigen Schwierigkeiten zu kämpfen:

Es mußte eine Struktur für die Organisation gefunden werden. Bis 1987 wurden zentrale nationale Institutionen und Koordinationen in 5 Bundesländern geschaffen. Weiterhin fehlte es an finanziellen Mitteln, um die notwendigen nationalen und bundesstaatlichen Koordinationstreffen zu bezahlen. Verzögert wurde die Konsolidierung der neuen Frauenorganisation auch durch leitende Funktionäre der CUT und einige männliche CUT-Mitglieder, die die Frauenfrage für unwichtig hielten.

Trotz dieser Schwierigkeiten führten die Frauen Anfang Juli 1988 das erste nationale Treffen der Arbeiterinnen in São Paulo durch. Es nahmen 66 Delegierte aus 14 Bundesstaaten, einige Beobachterinnen und eingeladene Persönlichkeiten teil, insgesamt waren bei diesem Treffen Repräsentantinnen von 25 Berufssparten vertreten. Dieses erste Treffen diente dazu, die Situation der brasilianischen Arbeiterinnen auf dem städtischen und ländlichen Arbeitsmarkt zu analysieren. Außerdem sollten Perspektiven für die zukünftige Arbeit entwickelt werden. Die von den Frauen aufgestellten Forderungen sollten auf dem 3. nationalen Treffen der CUT diskutiert und als Resolutionen in der CUT verankert werden.

Die von den CUT-Frauen aufgestellten Forderungen, die implizit auch den Blickwinkel ihrer Analyse und ihr Verständnis von Frauenbefreiung spiegeln, werden im folgenden referiert:

Die nationale Kampagne für Kinderkrippen, die schon auf dem zweiten Treffen der CUT unterstützt wurde, soll weiter durchgeführt werden. So rufen die Frauen der CUT in Zusammenarbeit mit Gruppen aus der

Frauenbewegung und der Volksbewegung dazu auf, den 12. Oktober jeden Jahres zum Tag des nationalen Kampfes für Kinderkrippen zu deklarieren.

Darüberhinaus soll die CUT gegen jegliche Diskriminierung von Frauen in der Arbeitswelt und in der Gesellschaft kämpfen. So soll sich die CUT für die gleiche Entlohnung von Frauen und Männern in gleichen Funktionen einsetzen. Die Rechte der Arbeiterinnen sollen von der CUT insofern unterstützt werden, als die CUT bekanntgewordene Diskriminierungen der Unternehmer gegenüber Frauen öffentlich anklagt. Dazu gehört beispielsweise, daß die Unternehmer bei der Einstellung von Frauen die Durchführung eines Schwangerschaftstests oder die Vorlage eines Sterilisationsnachweises fordern. Die CUT soll sich auch gegen die Gewalt, die an Frauen ausgeübt wird, einsetzen, und die Diskriminierung der schwarzen Frauen soll aufgehoben werden. Auch gegen die Doppelbelastung der berufstätigen Frauen soll sich die CUT einsetzen.

Außerdem fordern die Frauen einen leichteren Zugang auch zu öffentlichen Ämtern und Berufen, die bisher Männern vorbehalten waren. Im Arbeitsbereich soll sich die CUT dafür einsetzen, daß für ländliche und städtische Arbeiterinnen die gleichen, schon erkämpften Rechte durchgesetzt werden. Außerdem müssen alle vorhandenen Arbeitsrechte auf die große Gruppe der Hausangestellten, die bisher in sehr ungeschützten Arbeitsverhältnissen arbeiten, ausgedehnt werden.

Einen wichtigen Stellenwert im Kampf der CUT soll das Problem der Abtreibung und der Familienplanung einnehmen. Nach der Auffassung der „Kommission für Fragen der Arbeiterin" ist die Abtreibung in Brasilien ein soziales Problem, von dem vor allem die Frauen der Arbeiterklasse betroffen sind. Nach Schätzungen der Weltbank werden in Brasilien jährlich 4 Millionen Abtreibungen durchgeführt; an den Folgen dieser Abtreibungen sterben etwa 400 000 Frauen. Der Zugang zu Verhütungsmitteln in Brasilien ist letztlich eine Klassenfrage, denn die Mehrheit der brasilianischen Frauen hat nicht die Möglichkeit, sich über die Sicherheit und die Risiken von Verhütungsmethoden zu informieren. Außerdem fehlt eine systematische medizinische Begleitung und Aufklärung von Frauen bei der Anwendung von Verhütungsmitteln. Folglich erleben es gerade die Frauen der Arbeiterklasse, daß sie unerwünscht schwanger werden. Gleichzeitig erschweren ihnen die ökonomischen und sozialen Bedingungen, Kinder aufzuziehen. Da aber ein legaler Schwangerschaftsabbruch in Brasilien nicht möglich ist, sind gerade die armen Frauen gezwungen, sich einer heimlichen Abtreibung zu unterziehen. Diese werden unter schlechten hygienischen Bedingungen und von wenig qualifizierten Personen durchgeführt. Dadurch erhöht sich die Lebensgefahr für die Frauen. Tausende sterben an den Folgen. Diejenigen, die die Eingriffe überleben, tragen oft dauerhaften Schaden wie Unfruchtbarkeit, chronische Entzündungen und psychologische und emotionale Störungen davon.

Die CUT diskutiert das Problem der Abtreibungen im Zusammenhang mit der Gesundheitspolitik. Sie betrachtet daher die Abtreibung nicht als eine Möglichkeit der Familienplanung, sondern nur als letzten Ausweg für Frauen, die unerwünscht schwanger werden.

Familienplanung wurde von der brasilianischen Regierung bisher nach Meinung der CUT behandelt wie eine nationale Sicherheitsfrage. Sie wurde in die offizielle Politik integriert, um den Auflagen des Internationalen Währungsfonds gerecht zu werden. Öffentliche Ausgaben sollen demnach primär bei der Sozialpolitik, durch die Knebelung der Löhne und durch die Reduzierung der für die arme und verelendete Bevölkerung verwendeten Mittel eingespart werden. So existiert in Brasilien keine öffentliche Familienpolitik, die für alle zugänglich Informationen über die Sicherheit der Verhütungsmethoden liefert und eine allgemeine medizinische Begleitung derjenigen, die diese Mittel benutzen, anbietet. Nach Mcinung der CUT gibt es in Brasilien nur eine hinterlistig gesteuerte Familienpolitik. Diese wird durchgeführt von Organisationen, die mit ausländischem Kapital finanziert werden. (Dazu gehört die BEMFAM. Sie wurde 1965 gegründet. Sie steht sowohl finanziell als auch in ihrem Programm in Abhängigkeit zur US-amerikanischen Organisation des International Planned Parenthood Federation/IPPF). Diese Organisationen arbeiten im Land ohne Kontrolle und staatliche Aufsicht. Sie respektieren häufig nicht die Entscheidungen der Frauen. Nach Meinung der CUT treffen sie auch nicht immer hinreichende Maßnahmen zum Schutz der Gesundheit der Frauen. Sie führen grundsätzlich die Sterilisation durch oder geben unkontrolliert Antibabypillen heraus. Angesichts dieser Tatsachen spricht sich die CUT gegen jegliche Auflagen des Staates und des IWFs hinsichtlich von Familienplanungsprogrammen aus. Die CUT fordert vielmehr, daß die Bevölkerung Zugang zu Informationen über Verhütungsmittel bekommt. Außerdem soll eine dauerhafte medizinische Begleitung von mindestens der Qualität der Gesundheitsposten der CUT geschaffen werden.

Innerhalb der Gewerkschaften soll die Organisierung der Frauen verbessert werden. Die engagierten Frauen in der CUT rufen die Gewerkschaften dazu auf, spezifische Studien zur Arbeitssituation von Frauen in den verschiedenen Produktionszweigen zu erstellen, um daraus frauenspezifische Forderungen bei den Tarifauseinandersetzungen ableiten zu können. In die Arbeit der CUT kann der Kampf um die Rechte der Frauen nur dann sinnvoll integriert werden, wenn die Männer der CUT sich ebenfalls aktiv dafür einsetzen. Ein besonderes Anliegen der Frauen ist daher die Bewußtseinsbildung ihrer eigenen Gewerkschaftskollegen hinsichtlich der Diskriminierung der Frauen.

Ein Bericht über die Arbeiterinnen in den Paranuß-Fabriken Beléms

Viele tausend Frauen bearbeiten in Belém, der Hauptstadt des brasilianischen Bundesstaates Pará, in Fabriken die Nüsse, die nach diesem Staat benannt sind. Ihr Beruf: Paranuß-Knackerinnen, auf Portugiesisch Castanheiras.[1]

Gegenüber den vielen Frauen, die keine Arbeit finden, haben sie es noch gut: sie haben wenigstens die Chance, einen Mindestlohn nach Hause zu bringen. Doch die Bedingungen, diesen Hungerlohn zu erwerben, muten an wie im letzten Jahrhundert – auf der einen Seite stehen die „Patrões", die Fabrikbesitzer, die fast alle zur Familie Mutran zählen. Sie gehören zu den Reichsten Parás, und ihr Reichtum gründet auf den Paranuß-Pflückrechten in großen Amazonas-Gebieten einerseits und der Ausbeutung der Arbeiterinnen und Arbeiter andererseits.

Die in den Fabriken Arbeitenden sind in der großen Mehrzahl Frauen. Männer schleppen die schweren Säcke und stehen an den riesigen Kochtöpfen, in denen die Paranüsse erhitzt werden, um die Schale knackfähig zu machen. Als Castanheiras arbeiten ausschließlich Frauen. So sind in der Fabrik „Jorge Mutran" von 1700 Beschäftigten 1100 Frauen.[2]

Arbeitsbedingungen

Die Castanheiras werden für jede Erntezeit der Paranüsse neu eingestellt. Neun Monate, von März bis November, dauert die „Safra", die Zeit, in der Paranüsse geerntet und verarbeitet werden. Bei der Auswahl der Arbeiterinnen ziehen die Unternehmer Frauen vor, die zwischen 30 und 40 Jahre alt sind. Bei ihnen ist einerseits die Gefahr geringer als bei den jüngeren, daß sie schwanger werden, und andererseits sind sie leistungsfähiger als ältere Frauen. Haben sie sich während der letzten „Safra" gut geführt, haben sie also viel produziert und sind nicht durch Beschwerden oder Forderungen aufgefallen, so haben sie eine gute Chance, bei der nächsten „Safra" wieder eingestellt zu werden. Für die drei Monate zwischen den Produktionsphasen gibt es keinerlei finanzielle oder soziale Unterstützung. Die Frauen müssen in dieser Zeit andere Verdienstmöglichkeiten suchen, sei es, daß sie für andere kochen, putzen, waschen, sei es, daß sie sich als Händlerinnen von Lebensmitteln, Kurzwaren oder anderen kleinen Produkten betätigen. Manche können in dieser Zeit auch vom Verdienst ihres Mannes oder Partners mitleben. Selbst wenn sie sich als erfahrene „Knackerinnen" eine gute Chance auf Wiedereinstellung errechnen können, haben sie doch keine Sicherheit und vor allem kein Recht darauf.

Frauen, die zum ersten Mal eingestellt werden, haben eine zweiwöchige Probezeit zu absolvieren, in der sie unter Beweis stellen müssen, daß sie die von allen geforderte Menge von Paranüssen knacken können. Erst danach unterschreibt der Unternehmer den Arbeitsvertrag.

Seit einigen Jahren gibt es vor der Einstellung Schwangerschaftstests. Sie sind zwar gesetzlich untersagt, dennoch werden alle Frauen, die einen Arbeitsvertrag haben, dazu gezwungen, sich einer gynäkologischen Untersuchung zu unterziehen, ohne Rücksicht darauf, ob sie bereits in den Wechseljahren sind oder schwanger oder ob sie gerade ihre Menstruation haben. Obwohl für einen Schwangerschaftstest eine Urinuntersuchung reichen würde, wird unter unzumutbaren Bedingungen von der betriebseigenen Krankenschwester eine vollständige Untersuchung durchgeführt. Schwangere Frauen werden nicht eingestellt, denn die Unternehmer haben kein Interesse daran, den gesetzlich vorgeschriebenen Mutterschaftsurlaub zu zahlen.

Die wichtigste Regelung, die die Arbeit der Castanheiras grundlegend bestimmt, ist folgende: Jede Arbeiterin muß pro Tag 15 Kilo geknackte, heile und gute Paranüsse abliefern als Voraussetzung für die Lohnzahlung. Arbeitszeit, -lohn und -disziplin regeln sich durch diese Auflage. Um am Abend 15 Kilogramm heile Nüsse auf die Waage stellen zu können, kommen die Arbeiterinnen sehr früh. Ab sechs Uhr ist die Fabrik geöffnet. Sie setzen sich auf ihre Bank und machen ohne Unterbrechung möglichst schnell immer dieselben Bewegungen: Nuß nehmen, mit der kleinen per Hand zu bedienenden Maschine knacken, Schale auf die eine, Nuß auf die andere Seite. Ranzige Nüsse auf einen besonderen Haufen und Nußteile und -splitter ebenfalls. Während für den Lohn der Arbeiterin nur die ganze, gute Nuß zählt, vermarktet der Unternehmer alles: Die Paranußstücke gehen in die Eis- und Konfektproduktion, die Schale wird als Brennmaterial verkauft, und sogar der Staub der Schale bringt Geld als Zusatz zu Düngemitteln. Wenn es größere Aufträge für Paranußsplitter gibt, werden diese nicht etwa als Arbeitsprodukt mitgerechnet, sondern zählen genau so wenig wie sonst. Dann werden die Nüsse vor dem Knacken so gekocht, daß die Kerne leichter zerspringen.

Automatisch wird so die geforderte Menge produziert. Für die Arbeiterinnen bedeutet das eine geringere Chance, ihr Tagessoll zu erfüllen. Sie stehen unter noch größerem Druck als sonst, die 15 Kilo heile Nüsse zu knacken. Ihre Produktion wird auch, besonders am Ende der „Safra", gefährdet durch die faulen Nüsse. Es kann vorkommen, daß bei einer Lieferung die Mehrzahl der Nüsse schlecht ist.

Das war zum Beispiel am Montag, den 9.8.88, so: Ich war mit Frauen der Lebensmittelgewerkschaft zur Mittagspause zur Fabrik „Jorge Mutran" gegangen. Sie wollten dort für die Gewerkschaftsarbeit werben. Aufgebracht kamen die Frauen aus dem Fabriktor. Sie holten sich Eisstücke (gefrorenes Wasser) zum Lutschen und Açai, den proteinhaltigen Saft einer Palmfrucht, zum Mittagessen. Und erzählten uns, daß sie aufbegehrt hätten. Schon in der letzten Woche hatten sie viele schlechte Paranüsse bekommen, heute nun waren so viele faule dabei, daß keine einzige Frau auch nur sechs Kilo bis zur Pause hatte knacken können. Sie waren empört und wütend und hatten gleichzeitig die Arbeit niedergelegt und spontan angefangen, mit den Händen und mit ihren Maschinen Krach zu schlagen, so daß die Aufseher kamen und sogar der Chef gerufen wurde. Seine Ankunft in der Mittagspause konnten wir beobachten. In einem neuen Mercedes wurde er vorgefahren, war auf dem Beifahrersitz einen Moment lang zu erkennen: ein wohlgenährter, weißer Mann in elegantem Anzug. Die Toreinfahrt öffnete sich automatisch, der Chauffeur gab Gas. Draußen blieben die kleinen, abgearbeiteten, in ihrer Mehrzahl dunkelhäutigen Frauen in ihrer einheitlichen Arbeitskleidung, schlichtgrünen Kitteln, die sie als Arbeiterinnen der Firma „Jorge" kenntlich machen. (Die Arbeiterinnen der Firma „Bené", d.h. „Benedito Mutran", tragen beispielsweise blau-weiß gestreifte Kittel). Sie wußten schon, was passieren würde, kannten die Reaktion der Fabrikleitung bereits: Der Chef würde ein paar beruhigende Worte sagen, bessere Lieferungen versprechen, und die Frauen würden, ohne weiter aufzumucken, die Arbeit wieder aufnehmen...

So geschah es auch. Das berichteten die organisierten Arbeiterinnen am nächsten Tag in der Gewerkschaftsversammlung des Stadtteils.

Offiziell arbeiten die Castanheiras 48 Stunden in der Woche, verteilt auf sechs Tage, von montags bis samstags. Ihre Karten werden beim Betreten und Verlassen der Fabrik markiert, allerdings mit der offiziellen Arbeitszeit: 7 bis 11 Uhr und 12 bis 16 Uhr. In Wahrheit kommen die Frauen schon ab sechs. Die Mittagspause reduzieren sie so weit wie möglich und bleiben, je nachdem, wie viel ihnen noch zum Tagessoll fehlt, bis 17 oder 18 Uhr in der Fabrik. Bis zu 12 Stunden knacken sie die Paranüsse, ohne zwischendurch miteinander zu reden,ohne sich eine Pause zu gönnen. Dabei sitzen sie die ganze Zeit auf ungehobelten Holzbänken. Die Luft in den Hallen ist fast unerträglich, nicht nur erhitzt – bei ca. 30° Außentemperatur – durch das Kochen der Nüsse, die dampfend auf die

Tische kommen, sondern auch verschmutzt durch den Staub der Schalen, der in den Augen beißt und sich auf der Haut festsetzt.

Vielfältige gesundheitliche Schäden tragen die Arbeiterinnen durch diese Bedingungen davon. An erster Stelle stehen kleine Unfälle, Verbrennungen und Verletzungen mit den Maschinen, Augenleiden, Lungenschäden und Rückenbeschwerden. In der Fabrik steht für Notfälle nur eine Krankenschwester zur Verfügung.

Die sanitären Anlagen sind unzureichend. Es gibt nur offene Toiletten ohne Türen, kein Toilettenpapier und manchmal auch kein Wasser. Die Anzahl der Toiletten und Duschen ist für die vielen Arbeiterinnen, die gleichzeitig Pause haben und sich nach der Arbeit duschen und umziehen müssen, viel zu gering. Das Wasser ist gelb und stinkt. In der Mittagspause wird es darüberhinaus auch noch häufig abgedreht, eine Sparmaßnahme, die bedeutet, daß die Frauen sich nicht einmal die Hände waschen können.

Schaffen die Castanheiras trotz aller Anstrengungen die Wochenproduktion von 90 Kilo nicht, dann wird ihnen der gesetzlich festgesetzte Mindestlohn gekürzt, der wöchentlich ausbezahlt wird. *„Hier im 'Jorge' machen sie es so: Ich habe zum Beispiel die täglichen 15 Kilo nicht geschafft, und zum Ende der Woche die 90 nicht. Also ergänzen sie es auf 90 Kilo. Und sie zahlen diese Woche, aber ich bleibe den Rest schuldig. Nun kann ich es so machen: Um diesen Rest nicht von einem Monat zum anderen zu schieben, denn der Lohn erhöht sich ja*[3]*, also arbeite ich drei Wochen und in der vierten Woche schlage ich mich mit dem durch, was sie für die unvollständige Produktion zahlen. Also bekommen wir insgesamt letztlich keinen normalen Mindestlohn, nicht wahr?“* (Ana Clélia, 51 Jahre, Castanheira seit 1974).

Lebensbedingungen

Ich fragte Frauen, die viele Jahre lang als Castanheiras arbeiten und nie mehr als einen Mindestlohn verdienten, ob sich nach ihrer Einschätzung ihre wirtschaftliche Lage seit dem Ende der Diktatur 1985 verbessert oder verschlechtert hätte. Alle antworteten, sie hätten sich zur Zeit der Diktatur nicht so viele Sorgen um die Nahrung machen müssen und auch manchmal etwas Besseres zum Essen leisten können. *„Während der Diktatur konnten wir mehr Sachen kaufen. Dieser Plano Cruzado kam, um uns das Leben unmöglich zu machen, obwohl es für uns sowieso nie eine gute Phase gab.“*[3] (Maria Ruth, 29 Jahre, bis 1986 neun Jahre lang Castanheira). *„Heute ist alles viel schwieriger. Als ich anfing zu arbeiten, verdienten wir weniger, der Mindestlohn war niedriger. Aber die Sachen, alles war billiger. Zum Beispiel: Das Geld, das ich in einer Woche verdiente, reichte, um Fami-*

lienessen zu machen, denn ich machte Essen für die ganze Woche. Damals lebte ich noch mit meinem Mann zusammen, und der kaufte ein, für eine ganze Woche, auf dem Markt und im Supermarkt. Damals reichte es für alle, heute reicht es nicht. Ich bin es leid, einzukaufen. Wenn ich zum Markt gehe, nehme ich mein ganzes bißchen Geld alles mit, aber es reicht nicht. Heute gibt es z.B. noch etwas, was ich in dieser Woche zu einem Preis kaufe, in der nächsten Woche kann ich es mir schon nicht mehr leisten." (Ana Clélia)

Viele der Castanheiras müssen mit ihrem Lohn sich und ihre Kinder durchbringen. Zum großen Teil stammen sie aus dem Landesinnern und sind auf der Suche nach Arbeit und besseren Lebensbedingungen in die Stadt gekommen. Ihre Hütten und Häuser haben sie häufig im Zuge einer gemeinschaftlichen Besetzung von unbebautem Sumpfgebiet selbst errichtet, das Material mit dem mitgebrachten Ersparten bezahlt. Gegen Polizeigewalt haben sie ihre Häuser verteidigt und sind inzwischen rechtmäßige Anwohnerinnen, so jedenfalls etliche Arbeiterinnen im Stadtteil Jurunas. Einige sind verheiratet, einige leben mit ihren Partnern zusammen, viele leben mit ihren Kindern allein. Auf die Frage, wovon sie sich und ihre Familie ernährt, antwortet Maria Ruth: *„Ich esse Fleisch[4], wenn's dazu nicht reicht, Fisch, wenn's dazu nicht reicht, Huhn, und danach Açai, und wenn's das alles nicht gibt, Brei[5]"*. Und Ana Clélia, gefragt, ob sie schon mal Hunger gelitten hätte: *„Hunger leiden, Hunger leiden, also für mich bedeutet Hunger zu leiden, daß ich den ganzen Tag über ganz und gar nichts zu essen habe, und das ist noch nie passiert. Aber kein Abendessen, kein Mittagessen, so, das ist schon oft vorgekommen. Sogar in dieser Zeit jetzt, denn das Leben jetzt ist nicht leicht. Aber wir essen dann was anderes, löffeln eine Suppe oder irgendwas, so kommen wir durch."*

Gewerkschaftsarbeit

Sehr wenige der vielen Castanheiras sind gewerkschaftlich organisiert. Ihre Gewerkschaft ist das „Sindicato dos Trabalhadores nas Indústrias de Alimentação do Estado do Paráe Território Federal de Amapá", also die Gewerkschaft der Arbeitenden in der Lebensmittelindustrie in Pará und Amapá.

„Ich bin in der Gewerkschaft", erzählt Marta, 49 Jahre, Castanheira seit 1978. *„Die Gewerkschaft ist da, um dem Arbeiter zu helfen, nicht? Aber wir hatten einen Gewerkschaftspräsidenten, der uns nicht half. Niemals. Erst als eine Kollegin von uns in der Fabrik starb, fingen wir an, nach unseren Rechten zu fragen. Aber der Gewerkschaftspräsident tat nichts, er half dem Fabrikbesitzer mehr als uns. Jetzt haben wir einen neuen Präsidenten, und es sieht aus, als ob er uns mehr hilft als der alte."*

Der Tod von Charlot 1986, die schwanger war, während der Arbeit das Bewußtsein verlor und starb, löste unter den Frauen Protest gegen ihre Arbeitsbedingungen aus. Doch wer sich öffentlich gewerkschaftlich betätigte, bekam bald die Konsequenzen von seiten der Unternehmensleitung zu spüren: *„Ich wurde entlassen, weil ich bei der Arbeitsniederlegung 1986 half, als unsere Kollegin Charlot starb. Nach ihrem Tod haben wir gestreikt. Wir haben drei Tage lang nicht gearbeitet, haben die Firmenleitung gerufen und die Polizei und Anzeige erstattet. Das hätte nicht passieren dürfen! Jede, die dort arbeitet, ist ein menschliches Wesen! Wenn keine Vorsichtsmaßnahmen getroffen werden, sterben noch mehr Leute dort! Wir setzten ein Treffen an, und ich ging, um die Kolleginnen drinnen einzuladen. Ich verteilte Zettel, und Mutran sah mich dort. Sofort suspendierte er mich für acht Tage. Danach kehrte ich zur Arbeit zurück, bis zum Ende der Safra. Bei der nächsten Safra wollten sie mich nicht mehr, und auch meine Schwestern nicht. Sie sagten, sie hätten keinen Arbeitsplatz, weil wir gestreikt hatten und sie diese Art von Leuten dort nicht wollten.“* Jetzt arbeitet Maria Ruth als Putzfrau im Büro der PT, der Arbeiterpartei. Aber zwischendurch ging es ihr und ihrer Familie sehr schlecht, denn acht von neun Schwestern waren arbeitslos und fanden in der gesamten Lebensmittelbranche keine Arbeit mehr.

Sicherlich trägt der Druck von Seiten der Firmenleitungen dazu bei, daß nicht mehr Frauen der Gewerkschaft beitreten. Ein weiterer Grund ist ihre Überbelastung. Wie sollen sie über die Doppelbelastung von Familie und Arbeit hinaus auch noch an Versammlungen teilnehmen? Sie sind allein durch die Fabrikarbeit abends schon völlig erschöpft. Auch haben sie bisher die Chance nicht genügend erkannt, daß sie, besser organisiert, auf ihre Arbeitsbedingungen Einfluß nehmen könnten. Zu sehr sind sie von ihrem eigenen Überlebenskampf in Anspruch genommen, zu offensichtlich sind die Nachteile, die ihnen aus ihrer gewerkschaftlichen Arbeit erwachsen können.

Frauen aus der Gewerkschaftsleitung haben es sich darum in Zusammenarbeit mit Frauen vom MMCC, Movimento das Mulheres do Campo e da Cidade (Bewegung der Frauen von Land und Stadt) zur Aufgabe gemacht, unter den Castanheiras für den Beitritt zur Gewerkschaft zu werben. Ich war dabei, als sie in den Mittagspausen vor den Fabriken mit den Frauen sprachen. Sie verteilten die neuesten Zahlen über die staatlich festgesetzten Mindestlöhne, jeweils der Inflation angeglichen. Das interessierte alle, denn so konnten sie vergleichen, ob ihnen die ihnen zustehende Summe ausbezahlt wurde. Auf der Rückseite der Flugblätter wurde über die Gewerkschaftsarbeit informiert und zu Versammlungen eingeladen.

Doch obwohl diese Werbung durchgeführt wurde, als alle Arbeiterinnen sich über die schlechten Paranüsse aufregten, kamen zur Stadtteilversammlung am Dienstag nur die bereits organisierten Frauen. Es wurde über die Lage in der Fabrik beraten, und Möglichkeiten zur Reaktion auf die Lieferung der schlechten Nüsse wurden erwogen. Außerdem wurde überlegt, wer von den Frauen als Delegierte zum Nationalkongreß der CUT, der die Lebensmittelgewerkschaft in Belém angehört, Anfang September fahren könnte. Die Frauen sahen Schwierigkeiten. Sie wollten ihre Kinder nicht alleine lassen und nicht so lange der Arbeit fernbleiben. Trotzdem fanden sich außer Maria Ruth, die ja bereits entlassen worden war, noch zwei weitere Frauen, die sich bereit erklärten, die Paranuß-Arbeiterinnen auf dem Kongreß zu vertreten. Allerdings durfte innerhalb der Fabrik nichts über diese Aktivitäten bekannt werden. Auch am Frauenkongreß der CUT im August in São Paulo hatten Frauen der Gewerkschaft teilgenommen.

Die organisierten Frauen haben durch die Versammlungen die Möglichkeit, ihre Erfahrungen untereinander auszutauschen und sich ihrer Lage bewußter zu werden. Bisher sehen aber die wenigsten ihre eigene Situation in größeren wirtschaftlichen Zusammenhängen. Hier müssen noch weite Wege der Concientisacao[6] zurückgelegt werden. Von zehn interviewten Frauen, die alle Gewerkschaftsmitglieder sind, äußerten sich zwar alle zum Gewinn der Unternehmer, aber nur drei brachten die eigene Ausbeutung mit der Wirtschaftslage Brasiliens in Zusammenhang.

Ana Clélia: *„Ich glaube, dies ist die schlimmste Krise des Landes, denn der ganze Gewinn geht ins Ausland. Allein die Mineralienausbeutung von Carajás, das müßte hier im Land selbst bleiben und nicht rausgehen, aber es geht alles ins Ausland. Der Gewinn wird rausgebracht. Und wenn Material von dort kommt, kommt es schon zu einem höheren Preis. So kann es ja nicht besser werden, im Gegenteil, es wird immer schlimmer...“* Marta: *„Ich verstehe nicht viel von Auslandsschulden. Ich denke aber, wir haben damit nichts zu tun. Wer damit zu tun hat, ist die Regierung, die diesen ganzen Mist macht. Sie holt die Ausländer nach Brasilien, die Brasilien ausbeuten, das heißt: sie ist schuld. Und sie wirft die brasilianische Produktion den ausländischen Firmen in den Schoß. Daran ist der Präsident schuld. Was wir kaufen, kommt aus dem Ausland, sehr teuer, während das, was hier produziert wird, nicht so teuer verkauft wird. Und, zumindest soweit ich weiß, schließlich arbeite ich in einer solchen Firma, schicken sie die besten Produkte, die es hier in Brasilien gibt, statt sie hierzubehalten, ins Ausland, und nur das Schlechteste bleibt hier.“*

Klare Worte hat auch Maria Ruth: *„Die Unternehmer beuten uns aus. Diese lächerliche Kleinigkeit, die wir bekommen und die nicht zum Leben reicht. Und wir zahlen dabei für Schulden, die wir nicht gemacht haben! Schließlich waren nicht wir es, die die Auslandsschulden gemacht haben!“*

Literatur zu „Ein Blick hinter das brasilianische Wirtschaftswunder“:

Anuário Estatistico do Brasil, verschiedene Jahrgänge, eigene Berechnungen.
Brasilien-Nachrichten: Frauen in Brasilien, Nr. 82, 1984.
Conselho Nacional dos Direitos da Mulher: Mulher e Trabalho Nr. 1 und Nr. 4, Brasilia.
Hirata, Helena: O trabalho da Mulher e a crise econômica, in: Caderno da CUT, não é blá, blá, blá mulher trabalhadora, setembro 1988.
Rescher, Hubertus: Gewerkschaftsbewegung und „Neue Republik“ in: Gawora, Dieter: Zucker, Brot und Peitsche – Die Landfrage in Brasilien, Mettingen 1988.
Spindel, Cheywa: Poverty and the debt crises: A struggle for employment, Vortrag des Verschuldungskongresses in den Niederlanden, Juni 1988.

Anmerkungen zu „Ein Bericht...“:

1 Dieser Bericht entstand aufgrund eines vierwöchigen Aufenthaltes in Belém im August 1988, bei dem Doris Jäger die Gelegenheit hatte, die Arbeit der Frauenbewegung (MMCC) und der Lebensmittelgewerkschaft kennenzulernen. Die Namen der Frauen, die noch als Castanheiras arbeiten, sind verändert, da sie mit ihrem gewerkschaftlichen Engagement ihre Arbeitsplätze gefährden. Die Zitate stammen aus Interviews, die die Autorin mit gewerkschaftlich organisierten Paranuß-Arbeiterinnen gemacht hat. Weitere Angaben sind einer Arbeit zum Abschluß des Studiums Sozialdienste entnommen, die zwei Frauen geschrieben haben, die gleichzeitig für die Paranuß-Arbeiterinnen in der Frauenbewegung aktiv sind. Die Arbeit heißt: „Operárias da Castanha: Um Estudo sobre a Realidade, Legislaçao e Lutas Trabalhistas“, vorgelegt an der Universidade Federal do Pará, Centro Sócio-Económico, Curso de Servico Social, von Lília Iéda Chaves und Maria do Socorro Gatinho Ribeiro, Belém Pará 1988.

2 Alle Zahlenangaben gründen auf Aussagen der Arbeiterinnen und der Mitarbeiterinnen der Frauenbewegung, da kein Zahlenmaterial veröffentlicht wird. Es gibt auch keine Möglichkeit, als Außenstehende in die Fabrik zu gelangen.

3 Diese Bemerkung bezieht sich auf die Angleichung des Lohns an die Inflationsrate.

4 Hier ist vor allem Rindfleisch gemeint.

5 Das bedeutet: Mehl mit Wasser

6 Der von Paulo Freire geprägte Begriff der aktiven Bewußtwerdung.

Marlies Fröse

Für die Zukunft zusammenarbeiten

Rezension

„Women and environment in the third world – Alliance for the future"
von Irene Dankelman und Joan Davidson;
Earthscan Publications Ltd. London 1988

„Es hängt alles von deiner Lebensphilosophie ab. Wenn du von einer gleichberechtigten und gerechten Gesellschaft träumst, kann diese nicht von Männern alleine geschaffen werden. Du kannst nicht 50% der Bevölkerung ignorieren." (Shekhar Pathah, Indien, 1986, S. 171)

Frauen haben etwas zu sagen. Die Arbeit der Frauen im Produktions- und Reproduktionsbereich sichert das alltägliche Überleben vieler Millionen Menschen auf der Erde. Der Erhalt des ökologischen Gleichgewichts, ein sinnvolles und angepaßtes Umgehen mit natürlichen Ressourcen wie Boden, Wasser, Wald und in der Energieversorgung ist oftmals von den Fähigkeiten und Fertigkeiten der Frauen abhängig. Durch ihre konkrete Arbeit in der alltäglichen Überlebenssicherung haben Frauen ein umfangreiches Wissen über Pflanzen, Tiere und ökologische Prozesse erworben.

Die beiden Autorinnen Irene Dankelman und Joan Davidson haben ein bemerkenswertes Buch zusammengestellt. Irene Dankelman ist Koordinatorin der IUCN (International Union for Conservation of Nature and Natural Ressources), Arbeitsgruppe „Women, Environment and Substainable Development" in den Niederlanden. Joan Davidson ist Wissenschaftlerin an der Universität in London, Schriftstellerin und Beraterin in Umweltfragen.

Die Finanzierung des Buches wurde durch das IUCN und das niederländische Außenministerium ermöglicht. Beide Autorinnen beschreiben in beeindruckender Weise die vielfältigen Überlebensstrategien von Frauen in den Ländern der sogenannten Dritten Welt. Sie verdeutlichen, wie sich die katastrophalen Naturzerstörungen auf 'unsere' (Hervorhebung M.F.) Lebensräume auswirken und wie hart die Frauen der sogenannten Dritten Welt davon betroffen sind.

Die Existenzsicherung der Menschen ist von Tag zu Tag gefährdeter. Mehr denn je ist eine 'healthy environment' – gesunde Umwelt – lebensnotwendig, so formulieren es die beiden Autorinnen. Seit längerem wird auch in der Bundesrepublik die Ökologie als ein wichtiger Bestandteil in der feministischen Diskussion angesehen. Die Wiederherstellung und Erhaltung unserer Umwelt verbunden mit einer weltweiten Neuorientierung hin zu einer 'gesunden' Entwicklung wird als weltweit umfassende Notwendigkeit dargestellt – von der Basisgruppe bis hin zu internationalen Organisationen – und als Grundlage dieses Buches definiert und nimmt somit eine kontrovers geführte Diskussion über den Ökofeminismus indirekt auf.

Im ersten Teil wird das Verhältnis von Frauen zu ihrer Umwelt und Umgebung untersucht, d.h. ihre Beteiligung an der Verwaltung der natürlichen Ressourcen, in der Landwirtschaft (Frauen im Zentrum der Nahrungsmittelkrise), in der Wasserversorgung (Frauen, die unsichtbaren Wassermanagerinnen), der Sammlung und Nutzung von Brennholz (Frauen und Wald: Brennmaterialien, Futter und Nahrungsmittel) und der Entwicklung von alternativen Energiequellen (Frauen und die Energiekrise). Weiterer Bestandteil des Kapitels ist die Frage, welchen Einfluß die Verstädterung, das Entstehen von Elendsvierteln und die sich verändernden Dorfstrukturen auf die Frauen haben.

Im zweiten Teil werden die Versuche der Frauen zur Erhaltung der Umwelt dargestellt. Es wird dokumentiert, wie sich Frauen der Umweltkrise stellen, der sie gegenüberstehen. Kollektivaktivitäten, wie z.B. die Schaffung von Ausbildungs- und Weiterbildungszentren, Familienplanungsbüros und die Mitarbeit in lokalen Organisationen werden beschrieben. Neben der Darstellung der internationalen Organisationen und deren Frauenprogrammen werden die internationalen Organisierungsprozesse von Frauen beschrieben. Die internationale Verantwortung für den Umweltschutz wird von beiden Autorinnen stark hervorgehoben. Am Schluß stellen die Autorinnen den gegenwärtigen Stand der Frauenstrategien 'Working together for the Future' vor.

Die Einflüsse der Umweltzerstörungen auf Frauen werden in allen Kapiteln des Buches anhand von Fallstudien der Aktivitäten von Frauen verdeutlicht. Berichte, wie z.B. über den Sojabohnenanbau in Togo, von Frauen erbaute Erosionsdämme in Burkina Faso, Wasser für die Gesundheit in Brasilien, Frauen in Bhopal, städtische Landwirtschaft in Sambia, Frauenbaukollektive in Jamaika, Green Belt Movement in Kenia vertiefen die Aussagen der Autorinnen, daß eine 'substainable development' (wiedererneuerbare Entwicklung) notwendig ist. Interviews, die die Autorinnen mit Frauen wie Vandana Shiva aus Indien, Maria José Guazzelli aus Brasilien und Shimwaayi Muntemba aus Sambia geführt haben, machen deutlich, daß Verarmung, Verelendung und Hunger in der sogenannten Dritten Welt nicht notwendig sind.

Im folgenden werde ich exemplarisch die ausführlich beschriebenen Bereiche der Autorinnen – Energiekrise, Human Settlement und die internationalen Organisationen – genauer besprechen.

Am Beispiel der Energiekrise beschreiben sie die Komplexität der Auswirkungen der Umweltzerstörungen auf Frauen. Die Frauen in den Bergen von Uttarrkhand (Indien) sagen:

„Als wir jung waren, gingen wir gewöhnlich am frühen Morgen in den Wald, ohne vorher gegessen zu haben. Dort aßen wir genug Beeren und wilde Früchte, (...) tranken kaltes Wasser von den Banj-Wurzeln (...) In kürzester Zeit hatten wir das notwendige Trockenfutter und Brennholz beisammen, legten unter einigen großen Bäumen eine Rast ein und gingen dann nach Hause. Nun, mit dem Verschwinden der Bäume ist auch alles andere fort. (Sunderlal Bahuguna, 1984:112)“ (S. 46)

Die weltweite Abholzung verletzt uns Frauen, behaupten die Chipkofrauen in Indien. Die Überlebensbedingungen werden immer mehr zerstört. Die Frauen sind in fast allen Ländern der Welt, besonders in Afrika, verantwortlich für die Sammlung und Nutzung von Brennholz. Frauen tragen Lasten von bis zu 35 Kilogramm über Distanzen von mehr als zehn Kilometern täglich.

„Die Jungen haben nichts zu tun. Für die Mädchen ist es anders. Wir haben nach der Familie zu schauen, sammeln das Feuerholz wie vorher und müssen von Tag zu Tag weiter laufen, um welches zu finden.“ (Sara, eine vierzehnjährige äthiopische Flüchtlingsfrau, die in einem Lager in Somalia lebt; S. 68)

Das Tragen der schweren Lasten, das stetige Sammeln, Schneiden, Schlagen und Transportieren verursacht irreparable gesundheitliche Schädigungen. Vor einer Generation mußten die Frauen im Himalaya nur ca. zwei Stunden täglich laufen. Heute benötigen sie mindestens einen vollen Tag und müssen zudem noch durch schwer erreichbare Bergregionen laufen. Und dort, wo es kein Brennholz mehr gibt, wie z.B. in Bangladesh, suchen die Frauen jetzt Kuhdung oder Abfälle jeglicher Art. Unter Umständen benötigen die Frauen weniger Zeit beim Einsammeln der Abfälle. Diese sind jedoch oft unhandlicher zu verarbeiten. Außerdem können bei der Verbrennung Gifte mit tödlicher Wirkung entstehen.

Sobald weniger Brennholz zur Verfügung steht, ändern sich die Nahrungsgewohnheiten. In vielen Ländern der Welt ist es üblich, daß mindestens zwei warme Mahlzeiten pro Tag zubereitet werden. Heute wird oft, wenn überhaupt, nur noch eine Mahlzeit pro Tag gekocht. Lebensbedrohlich wird es, wenn Kinder, die normalerweise bis zu drei Mahlzeiten täglich benötigen, nicht mehr ausreichend versorgt werden können. Mit den Änderungen der Nahrungsgewohnheiten werden vielfach ernährungsphysiologisch geringerwertige Nahrungsmittel eingeführt und verschärfen vor allem die Unterernährung und Mangelerscheinungen bei Kindern und Frauen. Traditionell hochwertige Nahrungsmittel benötigen eine längere Zubereitungszeit und demzufolge auch mehr Energie, d.h. Brennholz.

Früher wurde in Burkina Faso die Hirse als traditionelles Nahrungsmittel verwendet. Heute gibt es vielerorts nur noch das ernährungsphysiologisch leere Weißbrot aus Frankreich (Anm. M.F.).

Weiterhin wird der Holzverbrauch immer mehr kommerzialisiert. Die Bevölkerungsschichten, die unter dem Existenzminimum leben, haben somit keine Möglichkeit, Brennholz zu erwerben. Der Kreislauf ist tödlich, und durch die zunehmende Umweltzerstörung sterben mehr und mehr Menschen.

Alternative Energieressourcen wie Biogas, Sonne und Wind, so unterstützenswert sie auch sein mögen, sind für die ärmsten der Armen nicht erschwinglich. Frauen sind also auch von den alternativen Technologien weitgehend ausgeschlossen. Nur dort, wo Frauen sehr gut im Kollektiv zusammenarbeiten, wie z.B. beim Women's Revolutionary Socialist Movement in Guyana, sind die Projekte nach Aussagen der Autorinnen erfolgreich.

Die Ursachen der Energiekrise und der Umweltzerstörung werden von den beiden Autorinnen nur am Rande erwähnt, z.B. daß durch die stetige Zunahme des Verkehrs die Entwaldung unaufhörlich fortschreitet. Um Ouagadougou, der Hauptstadt von Burkina Faso, gibt es im Umkreis von 100 km keinen Baum mehr. Sicherlich, in einigen Ländern ist auch der gestiegene Brennholzverbrauch eine wichtige Ursache der Bodenerosion, wie es die Autorinnen formulieren. In Nepal z.B. werden 97 Prozent der Haushaltsenergie durch Brennholz abgedeckt. Dort ist es sinnvoll, Überlegungen anzustellen, ob Herdofenprojekte, die bis zu 50 Prozent weniger Brennholz bei richtiger Anwendung benötigen, eine Hilfe sein können oder nicht, um die Ernährungssicherung zu gewährleisten. Doch darf der gestiegene Brennholzverbrauch nicht von anderen, oftmals weitaus wichtigeren Faktoren isoliert werden, die die ökologische Zerstörung verursachen, wie z.B. die Weltwirtschaftspolitik der westlichen Industrienationen, der Banken und Großkonzerne, die die Abholzung von Millionen von Hektar Land ermöglichen; z.B. der direkte Zwang zur Devisenerwirtschaftung, verursacht durch die Verschuldungskrise. Die ökologische Zerstörung läßt sich meines Erachtens nicht oder nur kurzfristig durch Projekte aufhalten.

Das Buch kann diese Kritik und die notwendige weitergehende Analyse nur geringfügig leisten, dafür haben Frauen bisher viel zu wenig die Möglichkeit erhalten, zu forschen und zu publizieren.

Auch wenn die Autorinnen die Auswirkungen des Wohn- und Siedlungswesens auf die Lebenssituation von Frauen untersuchen, gehen sie meiner Meinung nach zu unkritisch vor. Sie stellen richtigerweise fest, daß die Verstädterung Frauen viele Vorteile bietet, um ihr Leben zu ändern, und Möglichkeiten aufzeigt, bedrückenden und gewalttätigen Traditionen zu entfliehen. Leben die Frauen in Städten, haben sie leichter Zugang zu Bildungsmöglichkeiten, die der Selbstentwicklung und Befreiung dienlich sein können. Frauen können Einkommen erwerben und neue Fertigkeiten erlernen. Informationen über Gesundheitsversorgung und Vorsorge, über Familienplanung und Frauenrechte sind weitaus eher erhältlich als auf dem Lande. Jedoch berücksichtigen die Autorinnen kaum, welche riesigen Probleme den Frauen durch die Migration erst entstehen: größere Abhängigkeit bedingt durch Arbeitslosigkeit, Prostitution, sexuelle Gewalt und Unterdrückung.

Zusätzlich beschreiben die Autorinnen mit einer positiven Haltung die Familienplanung. Sie berücksichtigen kaum, daß Männer über den Körper der Frauen hinweg Programme entwerfen; Entwicklung, Bildung und Emanzipation (auch Zielsetzung der IPPF) werden von Irene Dankelman und Joan Davidson als Schlüssel für die Familienplanung angesehen. In diesem Zusammenhang erscheint es mir interessant, das erste, 1983 unterschriebene Abkommen 'Population and Environment' auf seine Auswirkungen auf Frauen hin zu untersuchen.

In dem Teil, in dem sich die Autorinnen mit internationalen Organisationen beschäftigen, stellen sie fest, daß Frauen kaum repräsentiert sind. Sie haben eine Untersuchung bei 46 internationalen Umweltorganisationen durchgeführt. Dabei haben sie – wie zu erwarten war – festgestellt, daß Frauen innerhalb der festgefügten Hierarchiestrukturen nur auf unterster Ebene anzutreffen sind. Auch die Rolle von Frauen in lokalen Zusammenschlüssen und Organisationen ist bisher wenig beachtet worden.

Das Buch 'Women and Environment in the Third World' gibt einen guten Überblick über die derzeit vorhandenen internationalen Organisationen und deren Aktionspläne für Frauen, von denen ich einige hier erwähnen möchte:

– IUCN, International Union for Conservation of the Nature and Natural Ressources, Gründung 1948, seit 1984 Empfehlungen für Frauenprojekte;
– WCS, World Conservation Strategies
– ELS, Environment Liason Centre
– UNEP, United Nation Environment Program
– UNIFEM, United Nation Development Fund for Women mit ihrem

Slogan: 'Progress for Women is Progress for all' (Fortschritt für Frauen bedeutet Fortschritt für alle)

- DANIDA, ODA, USAID haben mittlerweile eigene Frauenbüros
- Bei den multilateralen Organisationen, wie WB (Weltbank), RDB (Rural Development Bank), ECC und FAO sind derzeit nur Richtlinien und Empfehlungen vorhanden.

Viele Regierungen und internationale Organisationen in der Dritten Welt und auch hier erkennen die Notwendigkeit der Integration von Frauen in die Entwicklungspolitik. Die UN-Dekade der Frauen (1975–1985) und auch das derzeit bekannteste Dokument internationaler Verantwortung – Forward Looking Strategies (Die vorausschauenden Strategien von Nairobi zur Förderung der Frau) –, akzeptiert von 157 Ländern der Welt, haben nach Aussagen der Autorinnen dazu beigetragen.

Dennoch ist die Integration der Frau in die Entwicklungspolitik sehr umstritten; viele Frauen fragen sich heute, in *welche* Entwicklung sie für wen integriert werden sollen. Diese Fragestellung wird von den Autorinnen nicht aufgenommen; sie argumentieren lediglich strukturell innerhalb der bestehenden Organisationsstrukturen.

Durch die Darstellung der Entstehungsgeschichte der Frauenprogramme in den internationalen Organisationen und der bestehenden Frauenorganisationen geben die Autorinnen einen sehr guten Überblick und Rückblick auf die Aktivitäten von Frauen weltweit. Hierbei wird deutlich, wie effektiv es sein kann, wenn *Frauen* zusammenarbeiten. Frauen haben das Wissen und die Fähigkeiten, das Land zu erhalten; Frauen organisieren sich selbst. Dieses Kapitel beinhaltet bei Dankelman und Davidson nur knapp 13 Seiten, obwohl die Initiativen und Aktivitäten ein ganzes Buch verlangen würden.

„Wir sind Frauen mit den verschiedensten Bedürfnissen, Interessen, Erfahrungen und Anliegen. Wir sind Frauen, die sich innerhalb unseres einzigartigen sozialen, ökonomischen und politischen Zusammenhanges organisieren. Wir sind ein Teil der weltweiten Frauenbewegung. Und in unserer Vielfalt liegt unsere Stärke.“ (IWTC – International Women's Tribune Center, 1984) (S. 141).

Folgende Frauenorganisationen werden vorgestellt:

- FORUM 1985 (wurde in Nairobi gegründet)
- IWTC, International Women's Tribune Center (Gründung 1975)
- DAWN, Development Alternatives with Women for a New Era (1984 in Bangalore, Indien, gegründet)
- WORLDWIDE, World Women Working for Women to the Environment (1982)
- Y'EYES (1985 etablierte sich Y'EYES in Singapore; die Basis ist das YWCA)

- Green Belt Movement in Kenia
- ADFG, Acao Democratia Feminiana Gaucha in Brasilien
- WICCE, Women's International Cross-Cultural Exchange Programme
- ISIS, Women's International Information and Communication Service (1974 von einem Frauenkollektiv in Rom gegründet).

Exemplarisch wird in der Beschreibung von ISIS der Begriff des Feminismus eingeführt:

„Feminismus beinhaltet Einstellungen und Verhaltensweisen, welche im Einklang mit dem Glauben stehen, daß Frauen und Männer gleichberechtigt sind in ihren Rechten und ihrer Verantwortung, daß sie miteinander im Einklang mit Mensch und Natur leben und arbeiten." (Louanne, ISIS, 1986)

„Feminismus ist eine Philosophie, die die Grenzen, die zwischen allen Lebewesen auf diesem Planeten bestehen, überwindet." (Monika, ISIS, 1986)

Feminismus bedeutet:
- *Gleichheit (nicht-patriarchalisch, nicht-hierarchisch und nicht-unterdrückend);*
- *Demokratie;*
- *die Ermöglichung individueller Kreativität und die volle Entfaltung aller Individuen;*
- *ein Bewußtsein für die Erhaltung der Umwelt.* (Valsa, ISIS, 1986) (S. 142)

Die Autorinnen Irene Dankelman und Joan Davidson haben ein notwendiges und wünschenwertes Buch zusammengestellt. Es ist, obwohl die Auswirkungen der Internationalen Verschuldungskrise auf Frauen kaum benannt und die Herrschaftsverhältnisse zwischen den Industrieländern und den Entwicklungsländern einerseits und zwischen Männern und Frauen andererseits kaum berücksichtigt werden, eine sehr gute und brauchbare Materialsammlung, die in mühevoller Kleinarbeit realisiert worden ist.

Dieses Buch 'Women and Environment in the Third World – Alliance for the Future' wird schon seit langem von Frauen, die im entwicklungspolitischen Bereich, in den internationalen Organisationen oder in der Solidaritätsbewegung tätig sind, dringend benötigt. Es ist an praktischer Entwicklungszusammenarbeit von Frauen im Umweltbereich orientiert und liefert viele interessante Informationen.

Ich hätte gern mehr über die feministische Arbeit der vielen Frauengruppen und Organisationen in den Ländern Asiens, Afrikas, Mittel- und Südamerikas erfahren. Welche weiteren Möglichkeiten des gemeinsamen Austausches und der Zusammenarbeit haben wir? Und wie erfahren Frauen die Herrschaftsverhältnisse in ihren Ländern?

Diese und viele andere offene Fragen zeigen uns, daß wir weitere Bücher von Frauen benötigen, denn Frauen haben nicht nur etwas zu sagen, sondern: Frauen haben noch viel mehr zu sagen!!!!!

Frauen und Weltwirtschaft in den Metropolen – das Beispiel BRD –

Jutta Franz

Deutsche Wirtschaft und Dritte Welt – Außenwirtschaftliche Verflechtungen der Bundesrepublik

Nach neuesten Schätzungen hat sich 1988 der Welthandel wieder um 8 bis 9% erhöht. Mit wachsenden internationalen Wirtschaftsverflechtungen steigen auch die Abhängigkeiten der einzelnen Länder von der wirtschaftlichen Situation ihrer Handelspartner und der Funktionsfähigkeit der internationalen Märkte. Wie sehr die meisten Länder der Dritten Welt in ihrem Entwicklungsprozeß von den Kapitalverwertungsbedingungen und -interessen der Industrieländer abhängig sind, hat sich während der letzten Jahre einmal mehr an den Problemen bei der Bewältigung der Verschuldungskrise gezeigt. „Strukturanpassung" in den überschuldeten Ländern ist verlangt, was bedeutet, daß die Wirtschaftsstrukturen auf die veränderten Rahmenbedingungen des Weltmarktes (Verfall der Rohstoffpreise, Turbulenzen auf den Devisen- und Kapitalmärkten, Zahlungsbilanzungleichgewichte, veränderte Nachfragestrukturen in den Industrieländern) ausgerichtet werden sollen, damit die Länder durch Exportüberschüsse und verbesserte Investitionsklimata wieder zahlungsfähig und international kreditwürdig werden. Daß die damit fast immer einhergehenden gesamtwirtschaftlichen Einkommensverluste in den Schuldnerländern üblicherweise zu Lasten der sozial seit jeher unterprivilegierten Bevölkerungsschichten verteilt werden, ist eine Folge höchst einseitig strukturierter Machtverhältnisse im Weltwirtschaftssystem und derzeit realistischerweise unumgänglich. Denn die Bedingungen der internationalen Märkte für Kapital, Güter und Dienstleistungen, in die die Dritte Welt eingebunden ist, werden von den Akteuren im industrialisierten Norden ausgehandelt, große, meist multinationale Unternehmen und Regierungen, die durch wirtschaftspolitische Eingriffe das Marktgeschehen regulieren und ihren je nationalen Interessen gerecht zu werden versuchen. Der Anteil der Dritten Welt am Welthandel, und damit ihre Marktmacht, ist nach wie vor nicht eben erheblich – 1986 lag ihr Anteil am Welthandel mit Industriegütern bei 11,4%[1] –, wenngleich er auf einzelnen Teilmärkten, z.B. bei Rohöl, natürlich bedeutender ist. Die eigentliche Dynamik der ständig wachsenden internationalen Wirtschaftsverflechtungen aber geht in erster Linie vom Wettbewerb der Industrieländer untereinander aus, vor allem der EG, USA und Japans.

Zur Bedeutung des Außenhandels für die Bundesrepublik

Die Wirtschaft der Bundesrepublik ist durch einen sehr hohen Grad an außenwirtschaftlicher Verflechtung gekennzeichnet, mit weiter steigender Tendenz. Mittlerweile ist sie noch vor den USA und Japan zum weltgrößten Exporteur avanciert; allein 16,5% aller Waren, die 1986 von allen Ländern der Welt importiert wurden, stammten aus bundesdeutschen Fabrikhallen. Jeder vierte Arbeitsplatz in der Bundesrepublik ist vom Export abhängig und 30% der gesamten Produktion sind direkt oder indirekt (in Form von Zulieferungen für die Exportproduktion) für den Verkauf ins Ausland bestimmt. Für eine erhebliche Anzahl von Wirtschaftszweigen liegt diese Exportabhängigkeit sogar weit höher; in der Metallerzeugung, der chemischen Industrie, dem Maschinen- und dem Schiffbau liegt sie sogar bei mehr als 60%[2]. Der Exportstärke steht natürlich ein hohes Importvolumen gegenüber, wenngleich die Einfuhren zur Zeit langsamer wachsen als die Ausfuhren. So wird der Überschuß in der Handelsbilanz für 1988 auf 130 Mrd. DM geschätzt, was im übrigen vielen im Ausland ein Dorn im Auge ist. Denn mehr Export als Import bedeutet, daß hier mehr produziert als konsumiert wird und damit ein Teil unserer Arbeitsplätze durch Exportoffensiven auf Kosten anderer Länder sichergestellt wird.

Wie der Güter-, so weist auch der Kapitalmarkt einen hohen Grad internationaler Verflechtung auf und reagiert, da mit der vollen Konvertibilität der DM unbeschränkte Kapitaltransfermöglichkeiten mit dem Ausland bestehen, äußerst sensibel auf Entwicklungen im Ausland, beispielsweise auf Zinsveränderungen. Wichtig ist dabei auch die spezifische Bedeutung der DM auf den internationalen Kapitalmärkten. Die DM ist nach dem US-Dollar die wichtigste internationale Anlagewährung, keine andere Währung der Welt konkurriert stärker mit dem Dollar, wenn es um die Frage geht, in welcher Währung Devisenreserven und Kapitalanlagen gehalten werden. Die DM reagiert damit erheblich stärker als andere wichtige Industrieländerwährungen auf die Kursentwicklung des Dollars, da an den Börsen tendenziell Wertpapiere derjenigen Währung gekauft werden, die aufwertet, und die unter Abwertungsdruck geratene Währung verkauft wird. Im Vergleich zu anderen Industrieländerwährungen wertet die DM gegenüber dem Dollar daher immer überproportional auf oder ab. Der Devisen-, der Kapital- und der Gütermarkt stehen nun in einem engen Zusammenhang. Z.B. beeinflußt der Wechselkurs den Preis und damit die Wettbewerbsstärke deutscher Produkte im In- und Ausland. Wechselkurs- und Zinsentwicklungen bzw. -differenzen entscheiden darüber, ob Realinvestitionen oder Finanzkapitalanlagen (Kauf von Wertpapieren) profitabler sind. Vor diesem Hintergrund wird es denn auch verständlich, daß deutsche Wirtschaftspolitiker stets äußerst sensibel die Wechselkursentwicklungen beobachten und die Deutsche Bundesbank fast täglich mit Devisenkäufen oder -verkäufen den Kurs der DM zu beeinflussen und zu stabilisieren sucht.

Das zweifellos hohe Maß an Weltmarktorientierung, das für die Bundesrepublik charakteristisch ist, heißt für sie aber, anders als für Länder der Peripherie, nicht, hilflos dem Weltmarkt ausgeliefert zu sein. Dank einer höchst differenzierten Produktionsstruktur nämlich ist es den bundesdeutschen Unternehmen bisher immer bestens gelungen, die verschiedensten weltwirtschaftlichen Turbulenzen, die sich seit den 70er Jahren ereignen, zu umschiffen und die Produktions- und Außenhandelsstrukturen flexibel neuen Gegebenheiten anzupassen. Dies gilt unverändert auch für die 80er Jahre – allen neoliberalen Unkenrufen zum Trotz, die Krisenszenarien entwerfen und zum Anlaß nehmen, den Abbau angeblich wachstumshemmender Arbeits-, Sozial- und Umweltschutzrechte zu fordern. Die Strukturberichterstattung der fünf großen deutschen Wirtschaftsforschungsinstitute von 1987 jedenfalls kommt im ganzen zu der Einschätzung, daß die Bundesrepublik nichts an ihrer internationalen Wettbewerbsstärke eingebüßt hat. Mehr noch: die Tatsache, daß während der letzten Jahre (der Jahre des „Aufschwungs") die Exporte schneller gestiegen sind als das Sozialprodukt insgesamt, der Exportsektor also wieder zum Motor wirtschaftlichen Wachstums wurde, indiziert deutlich wieder einmal die Gewinnerrolle im internationalen Wirtschaftssystem.

Zur Struktur des bundesdeutschen Außenhandels

Der bundesdeutsche Außenhandel ist stark auf Industrieländer konzentriert. Mehr als die Hälfte aller Importe und Exporte werden mit Ländern der Europäischen Gemeinschaft abgewickelt, und gut 70% der Ein- und Ausfuhren konzentrieren sich jeweils auf zehn Länder: Frankreich ist deutlich der wichtigste Handelspartner der Bundesrepublik. Außerhalb der EG sind natürlich die Vereinigten Staaten, aber auch die Schweiz, Österreich und Schweden von Bedeutung. Japan spielt in den 80er Jahren zunehmend bei den Importen (mit derzeit gut 6% der Gesamteinfuhren) ebenfalls eine wichtige Rolle, wohingegen der japanische Markt für deutsche Exporte im Verhältnis dazu noch relativ unbedeutend ist. Insgesamt gingen 1986 gut 85% des gesamten deutschen Exports in westliche Industrieländer, und 83% aller Importe stammten von dort.

Die Dritte Welt ist dagegen mit rd. 10% der Exporte und gut 12% der

Importe für den Außenhandel der BRD relativ unbedeutend, was nicht eben für alle Industrieländer zutrifft. So setzten beispielsweise im Zeitraum von 1978 bis 1984 die USA und Japan 40 bis 50% ihrer gesamten Ausfuhr in der Dritten Welt ab[3]. Dieser Außenhandelsschwerpunkt der BRD spiegelt sich auch in einem relativ geringen Marktanteil, den sie in den Ländern der Dritten Welt behauptet. Er liegt insgesamt nur ungefähr halb so hoch wie der Japans oder der USA, obwohl alle drei Länder etwa gleichgroße Gesamtexportwerte aufweisen. Besonders niedrig ist der bundesdeutsche Marktanteil in den ärmeren lateinamerikanischen Ländern und in den asiatischen Schwellenländern[4].

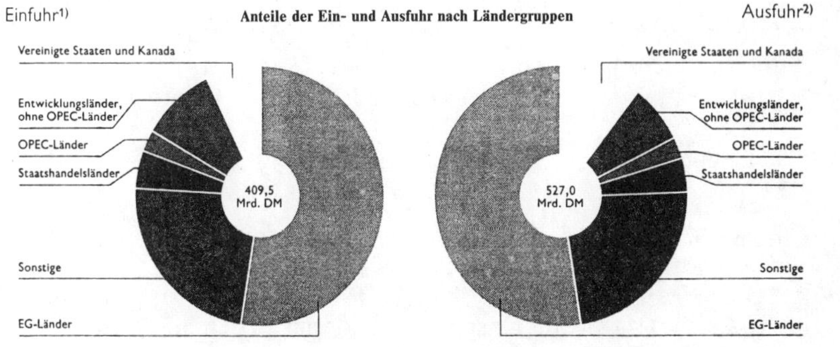

(Statistisches Jahrbuch 1988)

1) Herstellungsländer. – 2) Verbrauchsländer.

Die regionalen Schwerpunkte im Dritte-Welt-Handel der Bundesrepublik ergeben sich weniger aus traditionellen historischen Beziehungen (wie dies z.B. bei Großbritannien oder Frankreich der Fall ist; beide Länder pflegen noch ausgeprägte Handelsbeziehungen mit ihren ehemaligen Kolonien). Eher ist die Entfernung der Länder ausschlaggebend (je höher die Transportkosten liegen, desto geringer ist tendenziell der Außenhandelsanteil) und die Warenstruktur (in den Ländern, die Produkte kaufen, bei denen die Bundesrepublik relativ exportstark ist, hat sie auch eine bessere Marktposition). Da die bundesdeutsche Exportwirtschaft gerade im Investitionsgüterbereich ihre Stärken hat, dominieren daher als Absatzmärkte diejenigen Länder in der Dritten Welt, die bereits relativ weit industrialisiert sind. Der Anteil von Schwellenländern und Ölproduzenten an allen Entwicklungsländerexporten lag 1987 bei über 60%, weitere wichtige Absatzmärkte sind China und Indien sowie die asiatischen Entwicklungsländer. Unbedeutend bleibt der Anteil der ärmsten Länder, vor allem in Afrika.

Außenhandel der Bundesrepublik mit Entwicklungsländern 1987 (in %)

	Einfuhr	Ausfuhr
113 Entwicklungsländer	100,0	100,0
Schwellenländer insgesamt	37,5	28,2
Asien	26,8	19,8
Lateinamerika	10,7	8,4
Reiche Ölländer	6,8	10,0
Sonst. Ölländer	20,0	24,3
China und Indien	8,9	13,5
Öl-Importländer gesamt	26,8	24,0
mit mittlerem Einkommen	24,6	21,2
Asien	13,7	14,6
Afrika	6,0	3,8
Lateinamerika	4,9	2,8
LLDC	2,2	2,8

(Berechnet nach Deutsches Institut für Wirtschaftsforschung, Wochenbericht 49/1988, Tab. 2, S. 659)

Die Ausfuhrentwicklung nach Lateinamerika und in die OPEC-Staaten ist allerdings aufgrund der Verschuldungssituation dieser Länder und sinkender Einnahmen aus Rohstoffexporten seit einigen Jahren z.T. stark rückläufig, während die Exporteinnahmen aus China/Indien und Asien zunehmen.

Ähnlich verteilen sich die Importe aus der Dritten Welt auf die unterschiedlichen Ländergruppen. Allerdings ist hier der Anteil der Schwellenländer, insbesondere wieder der asiatischen, noch weitaus höher als bei den Exporten, ebenso der Anteil der afrikanischen und lateinamerikanischen Länder mit mittlerem Einkommen. Hingegen bleibt der Lieferanteil der OPEC-Länder 1987 in die Bundesrepublik deutlich niedriger als ihr Anteil am deutschen Export, was auf die seit 1986 drastisch sinkenden Rohölpreise zurückzuführen ist.

Zunächst also erscheint insgesamt der Anteil der Dritten Welt am bundesdeutschen Außenhandel eher gering. Bei der Versorgung mit einzelnen Produkten jedoch gibt es erhebliche Abhängigkeiten von Dritte-Welt-Importen. Dies gilt besonders für Rohstoffe und Nahrungsmittel. Angefangen bei tropischen Früchten und Genußmitteln wie Tee, Kaffee und Kakao, über Faserstoffe (Jute, Sisal) und Kautschuk bis hin zu wichtigen mineralischen Rohstoffen wie etwa Zinn und verschiedenste Erze werden eine ganze Reihe von Produkten ganz oder zu einem sehr großen Teil aus der Dritten Welt in die Bundesrepublik geliefert.

Dennoch hat sich das klassische Muster des Nord-Süd-Handels als Austausch von Rohstoffen gegen Fertigwaren mittlerweile modifiziert. So hat sich der Anteil der Industrieprodukte am gesamten Export der Dritten Welt zwischen 1980 und 1986 von 19% auf 40% erhöht[5]. Allerdings konzentriert sich diese Entwicklung auf eine Handvoll Schwellenländer und ist Ausdruck einer fortschreitenden Differenzierung der Industrialisierungsniveaus innerhalb der Dritten Welt. Dieser Trend zur Differenzierung zeigt sich auch auf dem bundesdeutschen Markt für Importe aus der Dritten Welt. So haben bei allen Schwellenländern (mit Ausnahme Argentiniens) in den 80er Jahren die Einfuhren von Maschinen und Fahrzeugen, also technisch hochwertigen Produkten, zugenommen, während die klassischen Leichtkonsumwaren, vor allem Textilien, anteilig zurückgegangen sind.

Die Mehrheit der Länder der Dritten Welt jedoch bleibt für die Bundesrepublik weiterhin Lieferant von Agrarprodukten, Brennstoffen (Öl), sonstigen Rohstoffen und klassischen Leichtkonsumwaren wie Textilien oder einfachem Spielzeug.

Für die Fortexistenz klassischer Strukturen internationaler Arbeitsteilung, die für die Entwicklungsländer eine hohe Abhängigkeit von der Entwicklung der Industrieländer indiziert, spricht die weiterhin wenig diversifizierte Exportstruktur der Mehrheit der Länder in der Dritten Welt. Beispielsweise besteht die Ausfuhr Kolumbiens, Costa Ricas und Ecuadors in die Bundesrepublik zu mehr als 95% aus Agrarprodukten (v.a. Kaffee). Für Algerien, Venezuela, Nigeria und Lybien entfallen mehr als 90% des gesamten Exports in die Bundesrepublik auf Rohöl. Liberia liefert 93% der Gesamtexporte in Form von Rohstoffen (v.a. Eisenerz, Kautschuk und Holz); 91% des Exportes Macaus in die BRD besteht aus Textilien[6].

Zusammenfassend läßt sich feststellen: Eine scheinbar geringe Bedeutung der Dritten Welt, die auf den allerersten Blick aus den bundesdeutschen Außenwirtschaftszahlen spricht, stellt sich ganz anders dar, sobald einzelne Industriezweige genauer betrachtet werden. Nicht nur könnten etliche Branchen ohne die Rohstofflieferungen aus der Dritten Welt ihre Produktion einstellen. Auch als Abnehmer bundesdeutscher Exporte spielt in einzelnen Wirtschaftsbereichen die Dritte Welt eine Hauptrolle. Beispielsweise auch in der Rüstungsindustrie. Zwar ist die Bundesrepublik weltweit nur der fünftgrößte Rüstungsexporteur („nur“ in Relation zur Spitzenreiterposition, die sie insgesamt einnimmt) und bei den Waffenexporten in die Dritte Welt steht sie sogar nur an sechster Stelle. Dennoch darf die Tatsache, daß andere Länder (v.a. die Sowjetunion, die USA und Frankreich) noch tiefer im internationalen Rüstungsgeschäft stecken, nicht darüber hinwegtäuschen, daß mehr als 60% der bundesdeutschen Waffenexporte in die Dritte Welt gehen, zwischen 1983 und 1987 im Wert von knapp 4,8 Mrd. Dollar[7]. Der Schiffbau beispielsweise, einer der extrem exportabhängigen Branchen, lebt ganz wesentlich vom Bau von Kriegsschiffen.

Ein anderer Aspekt der bundesdeutschen Handelsverflechtungen mit der Dritten Welt kann hier nicht im Vordergrund stehen, darf aber auch nicht gänzlich einer BRD-zentrierten Sichtweise zum Opfer fallen: Der geringe Anteil eines einzelnen Landes in der Dritten Welt am deutschen Handelsvolumen spiegelt natürlich im allgemeinen nicht im mindesten auch umgekehrt eine entsprechende Bedeutungslosigkeit der BRD in diesem Land. Der Anteil des bundesdeutschen Außenhandels mit einem Land wie Liberia mag möglicherweise am Rande statistischer Signifikanz liegen. Umgekehrt aber stellt aus der Sicht Liberias die Bundesrepublik den wichtigsten Handels-„Partner" dar (wobei von „Partnerschaft" wohl kaum die Rede sein kann, wirtschaftlich ebenso wie politisch).

Direktinvestitionen

Vorab: Es kann an dieser Stelle nicht die vielfach geführte Diskussion um Nutzen und Schaden deutscher Direktinvestitionen in der Dritten Welt wiederholt werden[8]. Wir können lediglich einige Zahlen und Trends der letzten Jahre benennen; die damit verbundenen Gefahren, Probleme, Abhängigkeitsstrukturen gerade im Verhältnis zur Dritten Welt sollen nicht unterschlagen werden. Man kann sie allerdings sinnvoller an Einzelfällen verdeutlichen und nachvollziehen[9].

Generell sind die bundesdeutschen Direktinvestitionen im Ausland erheblich größer als die entsprechenden ausländischen Investitionen in der Bundesrepublik. Die ca. 17 Mrd. DM, die derzeit jährlich von deutschen Unternehmen im Ausland investiert werden, konzentrieren sich zunächst wieder stark auf Industrieländer. Das weitaus wichtigste Anlageland sind dabei die Vereinigten Staaten, auf die 1986 46 Mrd. DM, 28% des gesamten deutschen Direktinvestitionsbestandes von 149,5 Mrd. DM, entfielen. 47,7% wurden in europäischen Ländern gehalten, in Asien 5,3% (davon Japan 1,6%) und in Afrika 2,8% (davon Südafrika 0,8). Ein relativ großer Anteil mit knapp 9% entfällt auf Lateinamerika, wobei Brasilien, der Spitzenreiter unter den beliebtesten Standorten deutscher Direktinvestitionen in der Dritten Welt, allein mit 5,6% beteiligt ist[10]. Wie schon beim Außenhandel fällt auch bei den bundesdeutschen Direktinvestitionen die im internationalen Vergleich besonders ausgeprägte

Industrieländerkonzentration auf. Von den britischen und US-amerikanischen Investitionen beispielsweise gehen ca. ein Viertel, von den japanischen Investitionen sogar die Hälfte in die Dritte Welt.

Das Engagement deutscher Multis ist dabei in einigen Regionen in den letzten Jahren erheblich zurückgegangen. So reduzierte sich der Direktinvestitions-Bestand in Afrika zwischen 1982 und 1986 um 17,6% (davon allein Südafrika um 26,7%) und in Lateinamerika um 3%[11], Folge der Wirtschafts- und Schuldenkrise in diesen Ländern. Das ausdrückliche Ziel IWF/Weltbank-gestützter Strukturanpassungspolitik, in den überschuldeten Ländern das Investitionsklima für ausländische Direktinvestitionen zu verbessern, scheint bislang verfehlt. Gerade in den hochverschuldeten Ländern zeigen wenigstens bundesdeutsche Unternehmen derzeit keine Neigung, den Trend sinkender Vermögensbestände umzukehren. Ein leichter Anstieg in Lateinamerika, der 1986 sichtbar wurde, war denn auch weniger der gesteigerten Attraktivität dieser Länder, denn der Zunahme von Debt/Equity-Swap-Geschäften geschuldet, jener neu entdeckten finanztechnischen Variante des Schuldenmanagements, bei dem „faule Kredite“ mit Abschlag in Beteiligungskapital im Schuldnerland umgewandelt werden.

Wie im Außenhandelsbereich nehmen die asiatischen Schwellenländer auch bei den Direktinvestitionen eine Sonderstellung ein. Hier scheint das Engagement deutscher Unternehmen ungebrochen und sogar zunehmend, was sicherlich zunächst eine Reaktion auf die Tatsache ist, daß bundesdeutsches Kapital hier bisher im Vergleich zu Japan und den USA deutlich unterrepräsentiert war. Des weiteren scheinen die asiatischen „Newcomer“ die Gewinner der 80er Jahre zu sein, wenn es (immer noch bzw. wieder) darum geht, Serienproduktionen in Billiglohnländer auszulagern.

Die sektorale Struktur der Investitionen in der Dritten Welt weicht deutlich von der Gesamtstruktur der bundesdeutschen Direktinvestitionen ab. Insgesamt entfiel 1986 fast die Hälfte des Bestandes auf Dienstleistungsbereiche; neben klassischen Bereichen wie Handel und Verkehr sind vor allem Versicherungen und Banken wichtiger geworden. Der Anteil der industriellen Investitionen, insbesondere im Rohstoffbereich, geht hingegen zurück. Wichtige Anlagebranchen sind weiterhin die chemische Industrie, Elektrotechnik und Straßenfahrzeugbau. Demgegenüber zeigt sich bei Investitionen in der Dritten Welt, daß diese Länder immer noch ihre größte Bedeutung als Rohstofflieferanten und Billiglohnproduzenten haben. Hier entfallen 11% aller Investitionen auf den Bergbau (im Vergleich dazu nur 2% der Industrieländer-Direktinvestitionen), und fast zwei Drittel auf verarbeitendes Gewerbe. Neben dem Produktionskostenmotiv wird hierfür noch ausschlaggebend sein, daß viele Länder der Dritten Welt eigene junge Industrien fördern wollen und sie gegen die zunächst leistungsfähigere Konkurrenz aus Industrieländern durch Importbeschränkungen schützen. Diese Beschränkungen werden durch multinationale Konzerne umgangen, indem sie direkt investieren.

Außenwirtschaftspolitische Interventionen: z.B. Protektionismus und Entwicklungshilfe

Trotz aller liberalistischer Glaubensbekenntnisse überläßt auch die Bundesregierung den Standort der bundesdeutschen Wirtschaft innerhalb der internationalen Arbeitsteilung nicht gänzlich dem Marktmechanismus, insbesondere dann nicht, wenn Konflikte mit binnenwirtschaftlichen (und wählerwirksamen) Zielen wie etwa dem Erhalt von Arbeitsplätzen zu erwarten sind. Wirtschaftspolitik ist immer ein staatlicher Eingriff ins freie Marktgeschehen, z.B. auch, wenn steuer- oder zinspolitisch Investitionsanreize geschaffen werden. Und daß diese Eingriffe immer der Stärkung bzw. dem Schutz einheimischer Wirtschaftszweige dienen, liegt in der Natur einer nationalstaatlich aufgeteilten Welt. So hat nicht nur eine angebotsorientierte Wirtschaftspolitik seit Beginn der 80er Jahre den Kuchen unseres Wohlstandes neu aufgeteilt und den Unternehmen ungeheure Gewinne beschert, die auch ihre internationale Marktposition gestärkt haben; unter dem Druck anhaltend hoher Arbeitslosenquoten auch in den Industrieländern haben ebenso seit einiger Zeit protektionistische Tendenzen erheblich zugenommen. Protektion, das heißt einheimische Unternehmen und Wirtschaftszweige werden gegen das konkurrenzfähigere Ausland durch Zölle, Importquoten, Selbstbeschränkungsabkommen, Subventionen einheimischer Wirtschaftszweige und andere sogenannte „nicht-tarifäre Handelshemmnisse“ (beliebtes Beispiel die DIN-Normen oder das Reinheitsgesetz für Bier) geschützt. Die Bundesrepublik, die sich auf internationalem Parkett gern ihrer liberalen ordnungspolitischen Orientierung rühmt, ist vor allem über die EG am Aufbau derartiger Schutzwälle gegenüber der Konkurrenz aus Drittländern beteiligt. Im Mittelpunkt der Kritik steht dabei die EG-Agrarpolitik, die mit ihrer subventionierten Agrarüberschußproduktion andere Anbieter, vor allem auch aus Ländern der Dritten Welt, vom Markt verdrängt, andererseits aber ihren eigenen Markt abschottet, Importe kontrolliert und kontingentiert. In die gleiche Richtung geht z.B. auch die politische Maxime, „offene Flanken“ zu schließen, d.h. bisherige Importe in die EG durch Steigerung der Binnenproduktion zu substituieren. Diese Politik wird vor allem im Futtermittelbereich verfolgt[12].

Als ganz andere Form außenwirtschaftspolitischer Einflußnahme gegenüber der Dritten Welt wird zunehmend wieder auch die Entwicklungshilfe instrumentalisiert. Zwar war bereits unter sozial-liberaler Ägide Entwicklungshilfe in erster Linie wirtschafts- und außen- (und sicherheits-)politisch motiviert. Dank eines globalistischen Ansatzes aber konnte sie sich hier noch eher altruistisch kleiden: mehr Wohlstand in der Dritten Welt würde dort schließlich mehr kaufkräftige Nachfrage und damit eine Ausweitung des internationalen Handels zur Folge haben, eine Entwicklung, die der exportstarken BRD auf jeden Fall nicht schaden würde. Seit der Wende 1982 wird aber wieder deutlicher und Tacheles geredet, nämlich: „Entwicklungshilfe muß beiden helfen". „Die Wahrung deutscher Interessen braucht keineswegs im Gegensatz zu den Interessen der Entwicklungsländer zu stehen", formulierte es der damalige (und neuerliche) Minister für Wirtschaftliche Zusammenarbeit Warnke 1986[13]. Die Wahrung deutscher Interessen: damit sind in erster Linie Absatzmärkte für deutsche Unternehmen gemeint.

Auf den ersten Blick kann zwar von Exportförderung durch Entwicklungshilfe angesichts der eher geringen Mittel für Entwicklungshilfe kaum die Rede sein. Gesamtwirtschaftlich sind denn auch nur schätzungsweise 0,4% aller Arbeitsplätze in der Bundesrepublik (Schätzung für 1984) von Aufträgen abhängig, die über deutsche Entwicklungshilfe finanziert wurden. Anders verhält sich dies jedoch in bestimmten Wirtschaftsbereichen. Für den Maschinenbau etwa lag die vergleichbare Schätzung 1984 bei 2%, im Schiffbau sogar bei 5%[14], d.h. immerhin jeder 20ste Arbeitsplatz in dieser Branche war aus Geldern des BMZ finanziert. Auch in der regionalen Struktur dient Entwicklungshilfe der Stärkung der bundesdeutschen Marktstellung, wo sie sich sonst eher schwach zeigte. So wurden 1984 beispielsweise von allen bundesdeutschen Exporten in die ärmsten der armen Länder, in die sogenannten LLDCs, 17% mit Entwicklungshilfe finanziert[15].

Schon vor 1982 lag die Rückflußquote der Entwicklungshilfe in Form von Aufträgen an die deutsche Wirtschaft bei mehr als 100%. Als international wettbewerbsstarker Anbieter konnte die BRD stets überproportional viele Aufträge einwerben, die mit multilateraler oder durch Drittländer vergebener Entwicklungshilfe finanziert wurden. Dennoch sah sich die Regierung Kohl nach der Wende genötigt, in restriktiverer Form bei der Vergabe von Entwicklungshilfe die Auftragsvergabe an deutsche Firmen zu sichern, etwa durch Lieferbindung. Die sogenannte Lieferbindung, d.h. die Auflage, daß Aufträge, die mit bundesdeutscher Entwicklungshilfe bezahlt werden, auch an deutsche Firmen gehen, hat seit 1982 erheblich zugenommen. Dies ist unter anderem auch der Tatsache geschuldet, daß Entwicklungskredite in stärkerem Ausmaß als jemals zuvor in Form von „Mischfinanzierung" vergeben werden, d.h. kommerzielle (zu normalen, banküblichen Bedingungen) und vergünstigte Entwicklungshilfekredite kombiniert werden. Derartige Kredite sind für die jeweiligen Länder nicht nur teurer, sie sind durch die spezielle finanztechnische Abwicklung vor allem auch immer liefergebunden. (Es ist denn auch bekannt, daß mischfinanzierte Entwicklungsprojekte auffallend häufig in den Chefetagen deutscher Großunternehmen direkt entworfen und geplant werden.) Der Ausbau der Mischfinanzierung ist dabei in den letzten Jahren vor allem den deutschen Wirtschaftsbereichen Elektrotechnik, Maschinen-, Stahl- und Fahrzeugbau zugute gekommen.

Auch regional gab es Boomzonen dank Mischfinanzierung. In Birma etwa konnte sich der deutsche Marktanteil von 1982 bis 1984 von 12,5% auf 25% steigern, wobei 45% der Gesamtexporte dorthin durch mischfinanzierte Entwicklungshilfe finanziert wurden. Im Fall von Tonga lag dieser Anteil 1984 sogar bei 63%[16].

Die bundesdeutsche Entwicklungshilfe und ihre Vergabepraxis, d.h. ihre außenwirtschaftspolitische und (was hier nicht diskutiert wurde) außenpolitische Funktionalisierung enthüllen eigentlich sehr deutlich die Scheinheiligkeit, mit der Politiker aus dem Norden über Verantwortung gegenüber der Dritten Welt sonntagsreden: die Bundesrepublik erreicht nicht einmal das auch von ihr anerkannte, bescheidene Ziel der Industrieländer, 0,7% ihres Bruttosozialprodukts als Entwicklungshilfe zur Verfügung zu stellen. Und selbst das wenige darf nur dann abfließen, wenn die vermeintlich „deutschen Interessen" optimal Berücksichtigung gefunden haben.

Nur auf den ersten Blick kann es so aussehen, als spielte die Dritte Welt im bundesdeutschen Außenwirtschaftszusammenhang eine untergeordnete Rolle. Schaut man genauer hin, ist festzustellen, daß sie für manche Wirtschaftszweige einen wichtigen Absatzmarkt darstellt und als Lieferant bestimmter Güter, vor allem einiger Rohstoffe, sogar eine Monopolstellung einnimmt. Und es bedürfte keiner protektionistischen Maßnahmen gegenüber Importen aus der Dritten Welt, wenn sie nicht auch als Konkurrenten auf den Industrieländermärkten ziemlich ernst genommen würden. Allerdings: Die Dritte Welt (das OPEC-Kartell konnte diesbezüglich auch nur zeitweilig als lichter Sonderfall gelten) hat sich den Marktkonditionen zu beugen, die in den Industrieländern und in Abhängigkeit der hier stattfindenden technisch-ökonomischen Entwicklung gesetzt werden. Die Bundesrepublik als weltgrößte Exportmacht, als „Mutterland" multinationaler Konzerne, als wichtige Finanzmacht, bestimmt diese Spielregeln entscheidend mit, und ihr Einfluß kann nur größer werden, wenn mit dem „Binnenmarkt 1992" die EG endgültig als zweite Hegemonialmacht der Weltwirtschaft inthronisiert werden soll. Denn innerhalb der EG hat die Bundesrepublik sowieso die wichtigsten Fäden in der Hand.

„Binnenmarkt 1992" im übrigen verdeutlicht noch einmal die entscheidende Bedeutungslosigkeit der Dritten Welt, wenn es darum geht, die (für alle) wichtigen Entwicklungen der Weltwirtschaft zu bestimmen. Kaum mehr ein Tag vergeht, an dem nicht in den Tageszeitungen von neuen innereuropäischen Unternehmensfusionen oder Direktinvestitionsoffensiven japanischer oder amerikanischer Multis in Europa zu lesen ist. Die hier entfachte Eigendynamik, deren Folgen bislang noch kaum abzusehen sind, und die wirtschaftspolitischen Entscheidungen, die auch in der BRD folgen werden, um sie möglichst gestärkt aus diesem Prozeß hervortreten zu lassen, werden auch die Wirtschaftsbeziehungen mit der Dritten Welt nachhaltig beeinflussen.

Anmerkungen

1 HWWA-Institut für Wirtschaftsforschung Hamburg, Analyse der strukturellen Entwicklung der deutschen Wirtschaft: Strukturbericht 1987, Hamburg 1988, Tabelle 24, S. 173.
2 Deutsches Institut für Wirtschaftsforschung, Wochenbericht, 47/1988, S. 641.
3 Schumacher, Dieter, Entwicklungshilfe, Ausfuhr und Beschäftigung. Eine empirische Untersuchung aus der Sicht der Bundesrepublik Deutschland, Berlin 1988, S. 14.
4 Deutsches Institut für Wirtschaftsforschung, Wochenbericht 5/1987
5 HWWA-Institut für Wirtschaftsforschung, a.a.O., S. 164.
6 Deutsches Institut für Wirtschaftsforschung, Wochenbericht 35/1988, Tab. 4, S. 464f.
7 SIPRI Yearbook 1988, S. 176f.
8 Vgl. kurz und bündig und lesenswert z.B. das entsprechende Kapitel in dem auch ansonsten sehr empfehlenswerten Buch von Franz Nuscheler: Lern- und Arbeitsbuch Entwicklungspolitik. Bonn: Verlag Neue Gesellschaft 1987 (zweite Auflage). Eine weitere generelle Literaturempfehlung: Rainer Falk: Die heimliche Kolonialmacht. Bundesrepublik und Dritte Welt. Köln: Pahl-Rugenstein 1985.
9 Dazu empfehlenswert: Volker Kasch, Ulrich Leffler, Peter Schmitz, Rainer Tetzlaff: Multis und Menschenrechte in der Dritten Welt. Bornheim-Merten: Lamuv Verlag 1985.
10 Wilkens, Herbert/Hackenbruch, Michael, Direktinvestitionen als Element der weltwirtschaftlichen Verflechtung der Wirtschaft der Bundesrepublik Deutschland, Außenwirtschaft, IV/1988, S. 507.
11 a.a.O.
12 Hartmann, Monika/Schmitz, Peter Michael, Abbau von Handelsverzerrungen oder neuer Agrarprotektionismus?, Wirtschaftsdienst, 1988/IX, S. 482f.
13 Grundlinien der Entwicklungspolitik der Bundesregierung, Bonn, April 1986, S. 7
14 Schumacher, Entwicklungshilfe a.a.O., S. 105.
15 a.a.O., S. 48.
16 Schumacher, Entwicklungshilfe a.a.O., S. 74.

Carola Möller

Flexibilisierung – Eine Talfahrt in die Armut

– Prekäre Arbeitsverhältnisse im Dienstleistungssektor –

Einleitung

Frauen forschten und schrieben bereits Anfang der achtziger Jahre über die Folgen neuer unternehmerischer Flexibilisierungsstrategien, über die Zunahme ungeschützter Arbeitsverhältnisse, die Erosion erkämpfter Tarifvereinbarungen und kollektiver Betriebsrechte und zeigten die sich heute immer deutlicher abzeichnenden Verarmungstendenzen auf[1]. Männer setzten zu der Zeit noch darauf, die Beschäftigungsprobleme per Modernisierung, Rationalisierung, Steigerung der Konkurrenzfähigkeit, des Wirtschaftswachstums lösen zu können, und diskutierten entlang der Gorz'schen Thesen über „weniger arbeiten – besser leben"[2]. Inzwischen rückt die „Zukunft der Arbeit" als zunehmende Gefährdung für die Masse der ArbeitnehmerInnen immer stärker ins Bewußtsein.

Mit dem weltweit wachsenden Kapitalvermögen wächst gleichzeitig, auch in den reichsten Industrieländern, die Armut. Diese Armut trifft in erster Linie die Frauen: Sie leisten weitaus mehr Arbeit als Männer, erhalten aber nur selten eine existenzsichernde Entlohnung und sind deshalb Abhängigkeiten und Gewalt ausgesetzt. Mit den modernen Bürotechniken werden die Frauen zur Zeit aus den einfachen Bürotätigkeiten wegrationalisiert. Im Rahmen der unternehmerischen Flexibilisierungsstrategien wird die Anzahl der existenzsichernd bezahlten Arbeitsplätze immer geringer. Diese bleiben weiterhin vornehmlich den Männern vorbehalten. Insbesondere für Frauen nimmt statt dessen die ungeschützte und unbezahlte Arbeit zu, denn nicht die Arbeit geht dieser Gesellschaft aus, sondern die existenzsichernd bezahlte Arbeit.

Im folgenden wird anhand empirischer Ergebnisse aus einer Studie[3] über Umfang und Ausprägung unternehmerischer Flexibilisierungsmaßnahmen im Dienstleistungssektor von Köln berichtet, über die Folgen für die Beschäftigten und die Ursachen der fast reibungslosen Durchsetzung.

Flexibilisierung – Oberbegriff für unternehmerische Strategien zur Minimierung von Personalkosten

Zwischen 1985 und 1986 befragten wir Personalleiter und Betriebs- und Personalräte aus zwanzig Dienstleistungsbetrieben in Köln über ihre Erfahrungen mit der Flexibilisierung des Arbeitskräfteeinsatzes und ihren Folgen.[4] Es hat sich gezeigt, daß Flexibilisierung ein sehr komplexer Prozeß ist, der keinesfalls auf Arbeits*zeit*probleme zu reduzieren ist. Üblicherweise wird unter „Flexibilisierung" „variabel gestaltete Erwerbsarbeitszeit" verstanden. Ich fasse den Begriff weiter, weil die Einengung der Betrachtung nur auf den Zeitaspekt den Blick auf die sich gegenseitig bedingende Vielschichtigkeit bei der Umstrukturierung der Lohnarbeit verstellt. Für die Unternehmer ist der Kernpunkt der Flexibilisierung des Arbeitskräfteeinsatzes nicht der Zeitaspekt, sondern die Minimierung von Personalkosten und die Verbesserung ihrer innerbetrieblichen Machtposition. In offiziellen Verlautbarungen heißt es denn auch unter dem Stichwort „Flexibilisierung": unerwünschte Strukturverhärtungen auf dem Arbeitsmarkt beseitigen, eine Vielzahl von Arbeitsverträgen ermöglichen, Teilzeitbeschäftigung, befristete Verträge und Heimarbeit verstärkt einführen, ein anreizendes Lohngefälle herstellen und aufrechterhalten, die Anpassungsfähigkeit und Mobilität der Arbeitenden erhöhen, die Arbeitszeiten übers Jahr hin flexibel halten.[5]

Folgende unternehmerische Aktivitäten – geordnet nach der angetroffenen Häufigkeit – sind typische Flexibilisierungsmaßnahmen:

- *Abbau von Arbeitsplätzen.* Er steht an erster Stelle in fast allen der 20 befragten Betriebe. Der Abbau erfolgt üblicherweise über die sogenannte „natürliche Fluktuation", direkte Entlassungen sind seltener, weil Konflikte und Kritik in der Öffentlichkeit gemieden werden. Diese „natürliche" Fluktuation ist insbesondere in Betrieben mit einem hohen Anteil an beschäftigten Frauen groß. Arbeitsplatzabbau ist aber auch die Umwandlung von Vollzeitarbeitsplätzen in teilzeitige Arbeitsplätze.
- *Ausbau ungeschützter Arbeitsverhältnisse.* Diese Maßnahme ist offensichtlich das Kernstück aller Flexibilisierungsbemühungen. Die Hälfte der im Rahmen der Kölner Studie erfaßten über 30 000 Arbeitsverhältnisse waren ungeschützt (Näheres dazu im nächsten Abschnitt).
- *Zeitliche Zerstückelung des Arbeitseinsatzes.* Hier wird mit Normal-und Zwischenschichten und mit mehr oder weniger geregelten Formen von Abrufbeschäftigung gearbeitet.
- *Befristungen.* Die Befristung von Arbeitsverträgen wird für die Personalpolitik der Unternehmen immer wichtiger. Sie sparen vor allem Kündigungskosten, erhöhen die Konkurrenz und vermindern den Einfluß des Betriebsrates. Z.Zt. unserer Untersuchung – das Beschäftigungsför-

derungsgesetz war gerade in Kraft getreten – waren bereits 27% der erfaßten Beschäftigten in befristeten Arbeitsverhälnissen.

- *Verjüngung des Personals.* Die Lohnkosten für eine jüngere Kraft sind geringer, einschließlich der freiwilligen sozialen Leistungen, die erst über längere Betriebszugehörigkeit erworben werden. Jüngere Kräfte werden, obgleich für neue EDV-Arbeitsplätze oft besser qualifiziert, häufig eine Lohnstufe niedriger eingestellt.
- *Abbau sozialer Leistungen.* Dieser Abbau betrifft in erster Linie die freiwilligen sozialen Leistungen (Betriebskindergarten, Pensionsfonds, Zuschuß zum Kantinenessen, Schmutzzulagen, Kleidergeld etc.). Gesetzliche Sozialleistungen werden ebenfalls minimiert, indem Arbeitsformen gewählt werden, bei denen keine Sozialbeiträge abzuführen sind (geringfügige Beschäftigung, Werkverträge, freie Mitarbeit, Honorarverträge).
- *Auslagerung von Arbeit.* Das Beschäftigungsrisiko wird hierbei auf Drittfirmen, Verleiher und offiziell nicht zum Betrieb gehörende Einzelpersonen (arbeitnehmerähnliche Selbständige) verlagert; die Belegschaft und damit oft auch der Betriebsrat werden entsprechend verkleinert, Sozialkosten, Kündigungs- und Qualifizierungskosten gespart.
- *Arbeitsintensivierung.* Fast in allen befragten Betrieben hat sich das Geschäftsvolumen in den letzten Jahren ausgedehnt, die Zahl der insgesamt geleisteten Arbeitsstunden ging jedoch deutlich zurück bzw. stagnierte bestenfalls. Auch unter Einsatz neuer Techniken ist der steigende Umsatz mit Arbeitsintensivierung verbunden: Arbeitsabläufe haben sich verdichtet, Leerzeiten sind weggefallen, die psychischen Belastungen haben zugenommen. Diese Form der Flexibilisierung verbindet sich häufig mit der
- *Einforderung von Überstunden.* Für die meisten Angestellten ist eine gewisse Anzahl von Überstunden ohne zusätzliche Bezahlung in ihrem Arbeitsvertrag bereits vereinbart. Darüber hinaus werden aber auch bezahlte Überstunden verlangt, da sie für das Unternehmen immer noch kostengünstiger sind als Neueinstellungen.
- *Einstellung kostenloser Arbeitskräfte aus dem Zweiten Arbeitsmarkt.* In bestimmten Bereichen des Dienstleistungssektors, vor allem im Öffentlichen Dienst, bei den „Sozialen Diensten“ und im Altenpflegebereich, gewinnen die für den Betrieb meist kostenlosen Arbeitskräfte vom Zweiten Arbeitsmarkt mehr und mehr an Bedeutung. Ohne ABM-Kräfte, Zivildienstleistende und arbeitsverpflichtete Sozialhilfeempfänger kann die Tagesarbeit dort nicht mehr aufrechterhalten werden.

Mit diesen zehn typischen Flexibilisierungsmaßnahmen sind sicherlich nicht alle unternehmerischen Möglichkeiten aufgezeigt. Charakteristisch ist, daß diese Eingriffe selten einzeln, sondern auf längere Sicht meist kombiniert erfolgen. Flexibilisierung ist ein äußerst komplexer Prozeß, der sich über Jahre hin schleichend vollzieht. Gerade deshalb sind für Betriebsräte unternehmerische Einzelanweisungen – die Reinigung wird ausgelagert, frühere Angestellte werden zu „Selbständigen" gemacht, es werden mehr Aushilfen eingestellt etc. – nur schwer in ihrer Fernwirkung auf die Flexibilisierung der Gesamtbelegschaft hin zu erkennen, einzuschätzen und abzuwehren.

Das Kernstück der Flexibilisierung ist der Ausbau ungeschützter Arbeitsverhältnisse

Ungeschützte Arbeitsverhältnisse habe ich 1982 als „rechtlich, materiell und sozial ausgehöhlte Arbeitsverhältnisse"[6] bezeichnet. Jetzt, nach Abschluß des Forschungsprojektes, definiere ich sie genauer anhand von vier Kriterien:

A ein auf Dauer angelegtes Arbeitsverhältnis,
B die tarifrechtliche Einbindung,
C die sozialversicherungsrechtliche Einbindung,
D die existenzsichernde Entlohnung.

Ist eines dieser vier Kriterien nicht gegeben, handelt es sich um ein ungeschütztes Arbeitsverhältnis. In der Realität treffen aber meist mehrere Negativ-Kriterien gleichzeitig auf eine Arbeitsform zu.

Die Stufenleiter sich verschlechternder Arbeitsformen

Die Auswertung der über 30 000 erfaßten Arbeitsverhältnisse im Rahmen der Kölner Studie hat ergeben, daß es zweckmäßig ist, von einer Stufenleiter sich verschlechternder Arbeitsformen auszugehen. Nachfolgende Übersicht stellt den Versuch dar, die Vielfalt der angetroffenen Arbeitsformen von den relativ geschützten über die verschiedenen ungeschützten bis hin zur unbezahlten Arbeit zu systematisieren. Beispiele für die einzelnen Stufen sind in der letzten Spalte aufgeführt.

Das Kriterium „Existenzsicherung", nochmals untergliedert in „langfristige" (D_1) und „kurzfristige" (D_2) Existenzsicherung, bedurfte einer Grenze. Solch eine Grenzziehung bedeutet – ähnlich wie bei den verschiedenen Armutsgrenzen – immer auch eine wertende Festlegung. Aufgrund von Erfahrungswerten fixierten wir das angemessene Existenzminimum für eine alleinlebende Person in einer Großstadt wie

Stufenleiter prekärer Arbeitsformen

Arb. form	Kriterien		Beispiele
1	A + B + C + D	gegeben	Ledige im öffentlichen Dienst; Beamte ab A 7; Angestellte ab BAT VIII; Arbeiterin ab Lohngr. III
2	A + D B + C	gegeben nicht gegeben	leitende Angestellte
3	A + B + C + D_2 D_1	gegeben nicht gegeben	rationalisierungsgefährdete Arbeitsplätze; legale Leiharbeit für Qualifizierte
4	B + C + D_2 A + D_1	gegeben nicht gegeben	befristete Stellen; ABM-Stellen
5	A + B + C D_2	gegeben nicht gegeben	versicherungspflichtige Teilzeitarbeit; Verkäuferin in Vollzeitarbeit
6	B + C A + D_2	gegeben nicht gegeben	wie vor, aber befristet, Azubis
7	D_2 A + B + C	gegeben nicht gegeben	Werkvertrag, „freie“ Mitarbeit, Aushilfen
8	C A + B + D_2	gegeben nicht gegeben	Arbeitsförderung für Sozialhilfeempfängerinnen
9	B A + C + D_2	gegeben nicht gegeben	Wiss. Hilfskraft, Anerkennungsjahr
10	A + B + C + D_2	nicht gegeben	geringfügige Beschäftigung, freiwilliges soziales Jahr; kurzzeitige Beschäftigung
11	unbezahlte Arbeit		Ehrenamt, Konsumarbeit, Haus-, Erziehungs- und Pflegearbeit

Erläuterungen:
A = auf Dauer angelegtes Arbeitsverhältnis
B = tarifrechtlich (überwiegend) eingebunden
C = sozialversicherungsrechtlich voll eingebunden
D = existenzsicherndes Einkommen
D_1 = das Arbeitsverhältnis erbringt langfristig ein existenzsicherndes Einkommen ab 1400,– DM netto aufwärts, incl. Alterssicherung
D_2 = das Arbeitsverhältnis ist kurzfristig existenzsichernd

Köln, bezogen auf das Jahr 1985, auf monatlich 1400,– DM Nettoeinkommen. Dieses für die kurzfristige Existenzsicherung notwendige Minimum beruht auf folgendem Haushaltsbudget:

Warmmiete	420,- DM
Strom/Wasser	80,- DM
Telefon	40,- DM
Essen, Trinken	400,- DM
Kleidung	100,- DM
Körperpflege, Friseur	40,- DM
Informationen (Rundfunk, Zeitung) und Kulturelles (Bücher, Kino etc.)	50,- DM
Kommunikation (Gaststättenbesuch, Geschenke)	60,- DM
Versicherungen	30,- DM
Gewerkschaftsbeitrag	20,- DM
Fahrtkosten (öffentl. Verkehrsmittel)	60,- DM
Rücklagen für Urlaub, Reparaturen, Neuanschaffungen, Notfälle, Schuldentilgung	100,- DM

Diese Armutsgrenze ist keinesfalls überhöht, sondern äußerst niedrig angesetzt, das beweist die Tatsache, daß ein solches Netto-Einkommen nicht für einen angemessenen Unterhalt im Alter reicht. Mit einer Rente aus 1400,- DM Netto-Erwerbseinkommen ist man im Alter auf Sozialhilfe angewiesen.

Die Vielfalt der vorgefundenen Arbeitsformen innerhalb jedes Betriebes erschwert es, hier – wie bisher üblich – von einem *segmentierten innerbetrieblichen Arbeitsmarkt* zu sprechen, bei dem qualifizierte und Jedermann-Arbeitsplätze (stabiler versus instabiler Sektor) gegeneinander abgeschottet seien[7]. Die unternehmerische Flexibilisierung macht die Übergänge fließend und damit zu einer Abfolge sich verschlechternder Arbeitsformen. Auch die Behauptung, der instabile Sektor sei eine sogenannte Restkategorie zur Absicherung der Rentabilität der Ware „qualifizierte Arbeitskraft", kann für den Dienstleistungssektor nicht aufrechterhalten werden, denn hier, so die empirischen Ergebnisse, wird die Arbeit *mehrheitlich* von eben diesen instabil Beschäftigten getragen.

Die wachsende Zahl prekärer Beschäftigungsverhältnisse läßt auch den Begriff „Normalarbeitsverhältnis" immer problematischer werden. So, wie er definiert ist[8], fehlt ihm ein wichtiges Kriterium: Es wird keine Grenze für ein existenzsicherndes Minimum benannt. *Bosch* spricht von einem geregelten Mindestlohn, und *Däubler* fordert, daß die monatliche Vergütung „die Reproduktion des abhängig Beschäftigten und seiner Familie"[9] sichern soll, ohne daß er einen Betrag nennt, ganz abgesehen davon, daß in seiner Definition der männliche Kleinfamilien-Alleinernährer immer noch das Denken beherrscht. Meine Kritik richtet sich aber auch gegen einen Arbeitsbegriff, der die eine Hälfte der Bevölkerung, nämlich Frauen, in ihrer Arbeitssituation nicht begreift. Die Arbeitsrealität von Frauen enthält immer ein doppeltes Arbeitsverhältnis – ein bezahltes und ein unbezahltes –, und gerade das unbezahlte ist leider immer noch weitgehend exklusiv ihre „Norm". Dieser Teil ihrer Arbeit, der etwa die Hälfte der gesellschaftlich notwendigen Arbeit ausmacht, bleibt aber im Begriff ausgeblendet und steht damit nicht zur Veränderung an. Es würde schon eine Präzisierung der Begrifflichkeit bedeuten, sobald der Arbeitsbegriff eindeutig verwendet würde, d.h. wenn von entlohnter Arbeit die Rede ist, diese Form der Arbeit grundsätzlich nur *Erwerbsarbeit* zu nennen.

Problematisch ist für mich der Begriff „Normalarbeitsverhältnis" auch deshalb, weil in ihm der Anspruch steckt, Meßlatte zu sein für Veränderungen. Tatsächlich aber verändert sich im Bewußtsein vieler die Norm selbst, die ja u.a. ein Ausdruck ist für das Machtverhältnis zwischen Kapital und Arbeit. Ist. z.B. ein rationalisierungsgefährdetes Arbeitsverhältnis ein „normales"? Meines Erachtens nicht, aber dann stehen schätzungsweise nur noch gut die Hälfte aller abhängig Beschäftigten in einem „Normalarbeitsverhältnis".

Gewiß verbinden sich mit dem Begriff „Normalarbeitsverhältnis" wichtige kämpferische Funktionen. Diesem Kampfbegriff werden aber mehr und mehr die Zähne gezogen, wenn es nicht gelingt, ihn inhaltlich zu füllen, zu präzisieren und ihn mit einem anderen Konzept von „leben und arbeiten", in dem auch die unbezahlte Arbeit eingeschlossen ist, zu verbinden[10]. Es ist heute nicht vertretbar, die unbezahlte Arbeit in ihren unterschiedlichen Formen (siehe hierzu den letzten Abschnitt) aus der Analyse von Arbeitsmarktprozessen herauszuhalten, denn die Ausdehnung der unbezahlten Arbeit gehört notwendig zu den praktizierten Flexibilisierungsstrategien. Unbezahlte Konsumarbeit ist beispielsweise für Banken und Einzelhandelsbetriebe Teil des betrieblichen Kalküls für den Arbeitsablauf (Bankautomat, Teleshopping).

Das Ausmaß ungeschützter Arbeit

Das Ausmaß, in dem ungeschützte Arbeitsverhältnisse in den befragten 20 Betrieben des Kölner Dienstleistungssektors benutzt werden, zeigt Tabelle 1. Hier werden die Arbeitskräfte auf die 10 Arbeitsformen der Stufenleiter verteilt dargestellt. Mit den über 30 000 erfaßten Beschäftigten wurden ca. 9% der insgesamt im Dienstleistungssektor der Stadt Beschäftigten erreicht. Da in diesem Sample die kleinen und mittleren privaten Dienstleistungsbetriebe unterrepräsentiert sind, kann davon ausgegangen werden, daß der Anteil ungeschützter Arbeit insgesamt sogar noch höher ist. Im Sample sind insgesamt 17 894 Frauen und 13 061 Männer.

Verteilung der erfaßten Arbeitskräfte auf die verschiedenen Arbeitsformen: *Tabelle 1*

Arb.form lt. Stufenleiter	Beschäftigte absolut	vH	vH Frauen i. d. jew. Arbeitsform	vH Frauen an ihrer Ges.besch.	vH Männer an ihrer Ges.besch.
1	15523	50,1	44,6	38,7	65,8
2	182	0,5	-	-	-
3	-	—	—	—	—
4	1125	3,6	32,4	2,0	5,8
5	6898	22,3	84,2	32,5	8,4
6	1649	5,3	67,4	6,2	4,1
7	?	?	?	?	?
8	9	-	-	-	-
9	2043	6,6	55,5	6,3	7,0
10	3526	11,4	72,1	14,2	7,5
	30955	100,0	Ø 57,8	100,0	100,0

In Tabelle 2 werden nur die ungeschützten Arbeitsformen, in unserem Sample beginnend ab Arbeitsform 4, absolut und in Prozentzahlen ausgewiesen.

Verteilung der ungeschützt Beschäftigten auf die ungeschützten Arbeitsformen: *Tabelle 2*

	Beschäftigte absolut	vH	Frauen absolut	vH d. Frauen an ihrer ungesch. Ges.besch.	vH d. Männer an ihrer ungesch. Ges.besch.
4	1125	7,4	364	3,3	17,8
5	6898	45,3	5811	53,0	25,4
6	1649	10,8	1112	10,1	12,5
7					
8	9	0,1	—	—	—
9	2643	13,4	1133	10,3	21,2
10	3526	23,1	2545	23,2	22,9
	15250	100,0	10965 Ø 72 vH	100,0	100,0

Die Hälfte aller im Befragungsjahr 1985/86 vorgefundenen Beschäftigungsformen waren ungeschützte Arbeitsverhältnisse. Das ist weit mehr, als wir zu Beginn unserer Untersuchung erwartet hatten. Wir gingen davon aus, daß die ungeschützte Arbeit eher ergänzenden Charakter in den Betrieben hätte. In 11 der 20 Dienstleistungsbetriebe jedoch lag ihr Anteil um die 80%, d.h. *ungeschützte Arbeit ist im Dienstleistungssektor inzwischen zur tragenden Form der Betriebsarbeit geworden.* Ein besonders hoher Anteil von prekärer Arbeit ist zu registrieren für den Einzelhandel, das befragte Hotel- und Gaststättenunternehmen, für die Universität, für eine Rundfunkstation (geschätzt), für Dienstleistungsbetriebe, die Hausarbeit vermarkten, wie Reinigung, Küchenarbeit, Pflege und für die freien Wohlfahrtsverbände, hier speziell im Alten- und Pflegesektor. Im mittleren Bereich liegt ein Großbetrieb aus der Wirtschaftsabteilung „Nachrichten und Verkehr". Im unteren Drittel sind „Banken und Versicherungen", ein Großbetrieb im Bereich Verkehr und der Produktionsbetrieb angesiedelt.

Zu den einzelnen Arbeitsformen der Stufenleiter

Die *Arbeitsform 1* umfaßt die relativ geschützten Arbeitsformen. Die Hälfte der erfaßten Beschäftigten konnte hier eingeordnet werden. Frauen sind bei den relativ geschützten Arbeitsformen um 19 Prozentpunkte im Vergleich zu ihrer durchschnittlichen Beschäftigung unterrepräsentiert. In Betrieben, in denen das Einkommen auf den relativ sicheren Arbeitsplätzen vergleichsweise gut ist, haben Frauen weniger Chancen, auf einen solchen Arbeitsplatz zu kommen. Eine Ausnahme bilden hier die befragten Betriebe des „Banken- und Versicherungswesens", bei denen der Frauenanteil auf Dauerarbeitsplätzen vergleichsweise günstig ist.

Bei der *Arbeitsform 2*, den leitenden Angestellten, kommen Frauen fast gar nicht vor. Das Kriterium für *Arbeitsform 3*, rationalisierungsgefährdete Arbeitsplätze, konnte im Rahmen unserer Befragung nicht ermittelt werden.

Bei *Arbeitsform 4* beginnen im Sample die ungeschützten Beschäftigungsverhältnisse. Diese Arbeitsform umfaßt die befristeten, aber ansonsten existenzsichernden und sozial- und tarifrechtlich eingebundenen Arbeitsverhältnisse, so z.B. auch ABM-Stellen. Es sind dies die besseren der ungeschützten Beschäftigungsverhältnisse. Auch in dieser Arbeitsform sind Frauen unterrepräsentiert.

In der*Arbeitsform 5* sind alle diejenigen zusammengefaßt, deren Arbeitsverträge die Kriterien A, B und C positiv erfüllen, deren Entlohnung aber zur Existenzsicherung nicht ausreicht. Es können dies Vollzeit- und

Teilzeitarbeitsplätze sein. Solche Vertragsbedingungen sind typisch für die ungeschützte Erwerbsarbeit von Frauen. 84% der so Beschäftigten sind Frauen, das sind 1/3 aller Frauen des Gesamtsamples. Es handelt sich hierbei keinesfalls nur um die versicherungspflichtige Teilzeitarbeit. Viele der vollzeitig beschäftigten Frauen erzielten mit ihrem Tariflohn 1985/86 weniger als 1400,- DM Nettolohn. Die Bundes- Statistik weist aus, daß 1985 50,3% aller Frauen, die wöchentlich 40 Stunden und mehr arbeiten und Angaben zu ihrem Einkommen machen, einen Nettolohn von weniger als 1400,- DM erhalten[11]. Dieses minimale Einkommen betrifft auch qualifizierte Berufe wie: Verkäuferin, Friseuse, Buchhändlerin, Steuergehilfin, Altenpflegerin, Arzthelferin, Rechtsanwaltsgehilfin.

Die *Arbeitsform 6* umfaßt die Vertragsbedingungen wie die vorherige, verschlechtert dadurch, daß die Verträge befristet sind. In diese Gruppe fallen auch die Auszubildenden, 4,7% aller erfaßten Beschäftigten. Es läßt sich darüber streiten, ob ein Ausbildungsverhältnis zu den ungeschützten Beschäftigungsverhältnissen gezählt werden soll. Hier geschieht dies, weil während der mehrjährigen Ausbildungszeit keine eigenständige Existenzsicherung möglich ist, vor allem auch deshalb, weil der Übergang von einem Ausbildungsverhältnis zu einem Dauerarbeitsplatz immer seltener wird.

Die *Arbeitsform 7* ist in unserem Sample nicht ausgewiesen, da die Angaben der Personalleitungen hierzu zu ungenau blieben. Über Werkverträge, „freie" Mitarbeit und Aushilfen sind Betriebsräte in der Regel unzureichend informiert, der „Einkauf" solcher Arbeitskräfte geschieht häufig aus Sachmitteln. Statistische Angaben zu diesen Arbeitsformen fehlen ganz, dabei ist ihr Stellenwert für einzelne Betriebe (z.B. Rundfunkanstalt, Universität) nicht zu unterschätzen. Ihr Anteil, auch in anderen Branchen, wird wachsen.

Die *Arbeitsform 8* umfaßt befristete, sozialversicherungsrechtlich eingebundene Arbeitsverhältnisse, die aber nicht existenzsichernd sind und deren tarifrechtliche Ansprüche stark ausgehöhlt sind. In unserem Sample handelt es sich um Sozialhilfeempfängerinnen, die über Landesmittel in kurzfristige Arbeit vermittelt wurden. Zahlenmäßig spielte diese spezielle Beschäftigungsform kaum eine Rolle.

Die *Arbeitsform 9* betrifft solche Arbeitsverhältnisse, die zwar tarifrechtlich eingebunden sind, deren Vertrag aber keine Renten- oder Arbeitslosenversicherung vorsieht. Dies betrifft in unserem Sample die wissenschaftlichen Hilfskräfte an der Universität, Arbeitskräfte im Anerkennungsjahr und Auszubildende in überbetrieblichen Werkstätten.

Die *Arbeitsform 10,* bei der alle vier Kriterien nicht gegeben sind, ist die schlechteste Form ungeschützter Erwerbsarbeit. Fast Dreiviertel der hier Beschäftigten sind Frauen. Es handelt sich mehrheitlich um „geringfügige Beschäftigung" – die sogenannten „400-DM-Arbeitskräfte" – und die kurzzeitige Aushilfstätigkeit Die werden quer durch alle Dienstleistungsbereiche eingesetzt. In dieser Gruppe sind 23% aller ungeschützt Beschäftigten einzuordnen, bzw. 11,4% aller erfaßten Beschäftigten. Dieses Ergebnis stimmt mit den Befunden der repräsentativen Erhebung des ersten „Sozioökonomischen Panels" (Sonderforschungsbereich 3 der Universitäten Frankfurt und Mannheim) überein, obgleich dort der methodische Zugang ein ganz anderer war. Für 1984 werden dort 11,4% der Frauen und 1% der Männer als „geringfügig oder unregelmäßig teilzeitbeschäftigt" ausgewiesen[12]. Gerade diese Beschäftigungsform hat sich nach Vermutungen von *Büchtemann/Schupp* nach 1984 noch stark ausgeweitet, so daß inzwischen von einer Verdoppelung der geringfügig Beschäftigten ausgegangen werden könne[13]. Hier wird möglicherweise der Forschungsauftrag des BMA, eine repräsentative Erhebung zur „geringfügigen Beschäftigung", der im August 1988 abgeschlossen sein wird, weitere Aufschlüsse geben.

Die Verteilung der Arbeitsformen auf die Kriterien der Ungeschütztheit

Auf welche Arbeitsformen welche der vier Kriterien zutreffen, zeigt die Tabelle 3. Hier wird deutlich, daß, außer der Arbeitsform 5, alle übrigen Arbeitsformen von mehreren negativen Kriterien betroffen sind. Die Tabelle 4 (auf der folgenden Seite) weist die Verteilung der erfaßten Beschäftigten auf die einzelnen Kriterien der Ungeschütztheit aus, gesondert für Männer und Frauen.

Verteilung der Kriterien für Ungeschütztheit *Tabelle 3*

Kriterien	Arbeitsformen 4	5	6	7	8	9	10
A kein Dauerarbeitsverhältnis	x		x	x	x	x	x
B tarifrechtlich nicht eingebunden				x	x		x
C sozialvers. nicht eingebunden				x		x	x
D_2 nur kurzfristig existenzsichernd	x			x			
D nicht existenzsichernd		x	x		x	x	x

27% aller Beschäftigten des Samples sind zur Zeit der Befragung in einem *nicht auf Dauer angelegten* Arbeitsverhältnis. Hierin eingeschlossen sind auch die Auszubildenden und die „geringfügig Beschäftigten", deren Arbeitsverhältnis zum Teil ausdrücklich befristet, zum Teil täglich kündbar ist. Das Merkmal „nicht auf Dauer angelegt" wird also in unserer

Verteilung der Kriterien für Ungeschütztheit auf Frauen und Männer *Tabelle 4*

Kriterien	Gesamt d. Beschäftg.	vH der insg. Beschäftg.	Anteil an u. AV	Frauen insgesamt
A	8352	27	55	5154
B	3535	12	23	2545
C	5751	19	38	3678
D_2	1125	4	7	364
D	14125	46	93	10601

Kriterien	vH Frauen an u. AV insg.	vH Frauen an ihren u. AV	Männer insgesamt	vH Männer an ihren u. AV
A	62	47	3198	75
B	72	23	990	23
C	64	34	2073	48
D_2	32	3	761	18
D	75	97	3524	82

u. AV = ungeschützte Arbeitsverhältnisse

Untersuchung weiter ausgelegt, als das Merkmal „befristeter Arbeitsvertrag", wie es seit 1985 im Mikrozensus ausgewiesen wird[14]. Dort werden für 1985 11,8% der abhängig Erwerbstätigen, die Angaben zu ihrem Arbeitsvertrag machen, als „befristet" gemeldet[15], 1984 waren es 11,4%. Als unsere Befragung begann, war das Beschäftigungsförderungsgesetz gerade erst in Kraft getreten. Der Trend in den Unternehmen, verstärkt befristete Verträge abzuschließen, wurde erst in den letzten, 1986 durchgeführten Interviews deutlich. Die Flexibilisierungseffekte – Einsparung von Kündigungskosten, Verlängerung von Probezeiten, erhöhte Arbeitsleistung, Umgehen von Mitbestimmungsrechten – sind nicht zu übersehen. Die ersten Monate nach Inkrafttreten des Gesetzes wurden eher zur Legitimierung der bisher schon üblichen Praxis der Befristung genutzt. Untersuchungen von Einzelgewerkschaften haben ergeben, daß die Personalleitungen jedoch bald begannen, umfassend von dieser erweiterten rechtlichen Möglichkeit zur Befristung von Arbeitsverträgen Gebrauch zu machen.[16]

Arbeitsverhältnisse, die nicht auf Dauer angelegt sind, betreffen im Sample mehr als die Hälfte (55%) der ungeschützten Beschäftigungsformen. Frauen sind stärker betroffen als Männer. Ihre befristeten Arbeitsverhältnisse sind mehrheitlich Teilzeitarbeitsformen, während es sich bei den Männern mehrheitlich um Vollzeitarbeit handelt, speziell in

Form von Ausbildungsverhältnissen, Zivildienst und Ferienjobs. Männer in zeitlich begrenzter Teilzeitarbeit fanden sich in der Krankenpflege, im Reinigungsgewerbe und im Gaststättengewerbe, für sie meist ein Nebenverdienst zum Hauptberuf.

Die tarifrechtliche Einbindung fehlte in 12% aller Arbeitsverhältnisse, knapp ein Viertel der ungeschützten Arbeit ist tarifrechtlich nur mangelhaft oder gar nicht abgesichert. Hiervon sind die Frauen wiederum überdurchschnittlich betroffen. Die 3535 Fälle des Samples betreffen in erster Linie die Arbeitsform 10, grundsätzlich aber auch die Arbeitsform 7 und 8. Geringfügig Beschäftigte haben selten einen schriftlichen Arbeitsvertrag. Falls sie doch einen besitzen, so sind die Rechte auf das gesetzliche Mindestmaß reduziert. Selbst dieses Mindestmaß ist vielen Beschäftigten nicht bekannt, so daß sie beispielsweise keinen Urlaub einfordern. Bei Betriebsvereinbarungen sind die „geringfügig" und „kurzzeitig" Beschäftigten meist ausgeschlossen, und auch im Selbstverständnis der meisten Betriebsräte fallen diese Arbeitskräfte nicht unter das Betriebsverfassungsgesetz, obgleich die Rechtsprechung das Gegenteil betont[17].

5751 Beschäftigte aus dem Sample (= 19%) sind *sozialversicherungsrechtlich* nicht eingebunden, d.h. sie sind aus einer oder mehreren der zentralen Arbeitnehmerversicherungen – Arbeitslosen-, Kranken- und Rentenversicherung – ausgeschlossen. Dies betrifft wiederum hauptsächlich die Arbeitsform 10, aber auch die Arbeitsform 9, und damit überdurchschnittlich die Frauen. Wieviele dieser Frauen über ihren Ehemann zumindest krankenversichert sind, konnten wir nicht ermitteln. Es ist jedoch eine Tatsache, daß alle Formen geringfügiger Beschäftigung immer noch keine Möglichkeit bieten, eigene sozialversicherungsrechtliche Ansprüche aufzubauen.

Durchgängig für fast alle Formen ungeschützter Arbeit ist das Kriterium *„nicht-existenzsichernde Entlohnung"*. In 93% aller ungeschützten Arbeitsformen des Samples erzielen die so Beschäftigten ein Netto-Einkommen von unter 1400,– DM im Monat. Diese Armut in der Erwerbsarbeit betrifft Frauen in ganz besonderem Maße. Es läßt sich verallgemeinernd feststellen, daß fast alle ungeschützte Arbeit für sie nichtexistenzsichernd ist (97%). Von den insgesamt 17894 beschäftigten Frauen im Sample liegen 59,2% mit ihrem Einkommen unter der hier gesetzten Armutsgrenze (Männer 27%).

Die Rahmenbedingungen für prekäre Arbeitsverhältnisse

Je mehr wir im Laufe der Untersuchung über die sukzessive Verschlechterung von Vertragsrechten und Arbeitsbedingungen der abhängig

Beschäftigten erfuhren, desto eindringlicher wurde die Frage: Wieso gelingt es den Unternehmen, Veränderungen der Beschäftigungsverhältnisse, die sich eindeutig zu Lasten der Lohnabhängigen und zum Vorteil der Unternehmerseite auswirken, so reibungslos durchzusetzen? Es läßt sich ein ganzes Bündel von Bedingungen und Maßnahmen benennen, die zur Verschlechterung der Vertrags- und Arbeitsbedingungen beigetragen haben und sie noch weiter negativ beeinflussen; so die in einer profitwirtschaftlich ausgerichteten Betriebsführung liegenden Zwänge zum Investieren, Rationalisieren und Technisieren, damit die Konkurrenzfähigkeit erhalten bleibt; so die staatlicherseits geduldete steigende Erwerbslosigkeit, der Aufbau eines zweiten, für den öffentlichen Dienst und die Unternehmen kostenlosen Arbeitsmarktes, finanziert aus der Solidarversicherung der Lohnabhängigen – sie finanzieren also ihre eigene Konkurrenz –; so das Beschäftigungsförderungsgesetz, das zwar die schlimmsten Auswüchse der Abrufbeschäftigung und des job-sharings kappt, dafür aber, ebenso wie das vorbereitete neue Arbeitszeitgesetz, erkämpfte Arbeitsrechte der abhängig Beschäftigten außer Kraft setzt.

Im folgenden konzentriere ich mich auf eine zentrale gesellschaftliche Bedingung und ihre Folgen, weil sie meines Erachtens die entscheidende Voraussetzung für die reibungs- und geräuschlose Durchsetzung ungeschützter Arbeitsverhältnisse ist und weil diese Bedingung bisher in den gewerkschaftlich orientierten Überlegungen, Konzepten und Strategien nicht vorkommt. Meine These ist: *Die vorherrschende Arbeitsteilung zwischen Männern und Frauen ist das Einfallstor zur Prekarisierung der Arbeitsverhältnisse.*

Ungeschützte Arbeit ist mehrheitlich Frauenarbeit. Das ist kein Zufall. Frauen wird heute in aller Regel von den Männern immer noch die alleinige Verantwortung und Zuständigkeit für die Hausarbeit und die Versorgung von Kindern, Alten und Kranken aufgebürdet. Der Umfang der Arbeit entspricht etwa dem Arbeitsvolumen der Erwerbsarbeit. Diese Reproduktionsarbeit, ohne die Erwerbsarbeit nicht möglich wäre, hat unter den gegebenen Verhältnissen keinen Marktwert, sie ist von den Frauen unbezahlt zu leisten.

Der Umfang der unbezahlten Arbeit zwingt Frauen zu Erwerbsarbeit in kurzfristigen und teilzeitigen Arbeitsformen, sie kommen in die Rolle der „Zuverdienerin“, was wiederum einen Ehemann als „Hauptemährer“ voraussetzt. Frauen sind deshalb – kurzfristig gesehen – weniger auf Sozialversicherung angewiesen, akzeptieren schlechtere Löhne, wehren sich weniger gegen schlechte Arbeitsbedingungen, denn bei täglich 4–6 Stunden Hausarbeit bleibt nicht mehr viel Kraft und Zeit für Erwerbsarbeit.

Arbeitsteilung zwischen Männern und Frauen hat es immer im Laufe der Geschichte in verschiedenen Formen gegeben; das ist auch solange nicht negativ, wie es hierdurch nicht zu Abhängigkeiten des einen vom anderen kommt. Der Begriff „Hausarbeit“ und die alleinige Zuständigkeit der Frauen für diesen „privaten“ Bereich entstanden parallel zum „freien“ Lohnarbeiter – vorbereitet durch die bürgerliche Ideologie – im Laufe des 19. Jahrhunderts.[18] Auch bis dahin gab es patriarchale Dominanzen, aber früher verinnerlichten Frauen ihre Ausgrenzungen nicht auch noch als „natürliche Seinsweise der Frau“.

Abhängigkeiten und Armut der Frauen nahmen mit der Ausbreitung kapitalistischer Wirtschaftsformen zu. Die patriarchalen Strukturen, die geschlechtshierarchische Arbeitsteilung fungierten dabei als Steigbügelhalter für sich ausbreitende kapitalistische Arbeitsformen. Immer ist es die Arbeit der Frauen, die dazu benutzt wird, neue, ausbeuterische Formen von Arbeit durchzusetzen. So waren es z.B. die Frauen, die auf dem Lande in den sogenannten „Genetien“ zumeist Textilien produzierten und damit die Verbindung zwischen ländlicher Produktion und städtischem Handelskapital ermöglichten. Es waren zu Beginn der Industrialisierung überwiegend Frauen und Kinder, die in den Webereien, Spinnereien, Bergwerken unter den schlimmsten Bedingungen arbeiten mußten. Und es sind heute wiederum Frauen, über die die „Flexibilisierung des Arbeitskräfteeinsatzes“ durchgesetzt wird, eine Unternehmerstrategie, die in Zukunft auch mehr und mehr Männer treffen wird.

Die geschlechtshierarchische Arbeitsteilung ist der Grund für ein hohes Maß an *Fluktuation* in Betrieben mit einem hohen Anteil beschäftigter Frauen. So liegt beispielsweise die jährliche Fluktuationsrate im Einzelhandel zwischen 10 bis 15%, d.h. ein Betrieb kann innerhalb von 2 bis 3 Jahren seine Belegschaft um ein Viertel verkleinern, und zwar geräuschlos, ohne daß ein Betriebsrat hierzu gehört werden muß. Der Unternehmer kann diese sogenannte „natürliche“ Fluktuation aber auch zur Umstrukturierung der Beschäftigten nutzen, kann Vollzeit-Arbeitsplätze in teilzeitige umwandeln, kann verstärkt mit Aushilfen arbeiten, kann Teile der bisher üblichen Betriebsarbeit auslagern etc. Diese Form der geräuschlosen Umstrukturierung wird wesentlich häufiger genutzt als das viel spektakulärere Mittel „Entlassung“.

Die vorherrschende Arbeitsteilung zwischen Männern und Frauen führt zu einer *scheinbaren Interessengleichheit zwischen Frauen, die teilzeitige Erwerbsarbeit suchen, und den Unternehmern,* die sie anbieten. So schlägt sich die verstärkte „Erwerbsneigung“ von Frauen überwiegend in Teilzeitarbeit nieder. *Büchtemann/Schupp* schreiben: „Mehr als 70% der Gesamtzunahme der Zahl abhängig beschäftigter Frauen zwischen 1970 und 1984 (...) sind dem Konto vermehrter Teilzeitbeschäftigung zuzurechnen“.[19] Deshalb gehen weitsichtige Betriebe heute schon dazu über

– so in einem von uns befragten Bankbetrieb –, speziell Frauen zur Weiterqualifikation zu motivieren, weil sie diese qualifizierte Arbeit in Zukunft nur noch als Teilzeitarbeit benötigen. Und wenn die Verteilung der unbezahlten Hausarbeit sich nicht ändert, wird das Potential der Frauen, die teilzeitige und kurzzeitige Arbeitsformen suchen *müssen*, nicht geringer.

Ein weiterer Grund prädestiniert Frauen dazu, als notwendige „Manövriermasse" zur Umstrukturierung der Erwerbsarbeit zu fungieren. Sie sind nicht nur flexible, sondern auch *billige Arbeitskräfte.* Die seit hundert Jahren praktizierte Tarifpolitik der Gewerkschaften war und ist durchweg immer noch ausgerichtet an dem Modell des qualifizierten männlichen Familienernährers, sicherlich eine Wechselwirkung von herrschenden patriarchalen Normen und Erwartungen und dem patriarchalen Blick der Verhandelnden. Diese Tarifpolitik wirkt sich in zweifacher Weise negativ für die Frauen aus: Sie unterstützt die Ideologie der Kleinfamilie und ihrer patriarchalen Strukturen mit den bekannten Folgen: Arbeitsteilung und Gewaltverhältnisse. Sie bewirkte und bewirkt immer noch, daß Frauenarbeit ca. 30% niedriger bewertet wird als Männerarbeit. Die Höherbewertung körperlicher Belastungen gegenüber nervlicher Belastung ist ein Grund hierfür. Aber auch hier werden geschlechtsspezifische Unterschiede gemacht, denn die Arbeit einer Büglerin, einer Krankenschwester, einer Masseurin ist sicher so anstrengend wie die Arbeit eines Druckers, Mechanikers oder Schreinergehilfen. Nicht nur die einseitige Bewertung der Belastungskriterien, auch die unterschiedliche Bewertung von ganzen Tätigkeitsfeldern hat sich bis heute nicht geändert. So werden alle hausarbeitsnahen Tätigkeiten – putzen, kochen, nähen, pflegen etc. – sehr viel geringer bewertet als z.B. mauern, hobeln, feilen.

Sicherlich ist Tarifpolitik Machtpolitik, aber sie ist im bewußten oder unbewußten Selbstverständnis derer, die sie betreiben, auf beiden Seiten der Verhandler, immer Männerpolitik geblieben. Das wird sich in Zukunft mehr und mehr gegen die Männer selbst wenden, denn die geschlechtshierarchische *Spaltung*, der die Gewerkschaften bislang kaum etwas entgegengesetzt haben, bewirkt heute die Verschlechterung auch der männlichen Arbeitsmöglichkeiten. Die Arbeitskräfte in einem Betrieb sind heute um ein Vielfaches mehr differenziert und in ihren Interessen gespalten als früher, die Vereinheitlichung von Interessen wird immer schwieriger.

Einschätzung der Entwicklung

Die Gespräche mit den Personalleitern aller größeren und mittleren Betriebe des Samples haben ergeben, daß die Umstrukturierung der abhängigen Arbeit quer durch alle Bereiche des Dienstleistungssektors derzeit und in den kommenden Jahren der zentrale Punkt ihrer Personalpolitik sein wird. In den Kleinbetrieben ist diese Flexibilisierung bereits durchgesetzt. In den Großbetrieben ist sie – begünstigt durch die modernen Informations- und Kommunikationstechniken, die eine sekundengenaue Kontrolle und Einsatzplanung des Personals ermöglichen – in vollem Gange. Immer mehr abhängig Beschäftigte finden ihre Arbeitsplätze im Dienstleistungssektor: 1981 waren es 50,6% der abhängig Beschäftigten (ohne mithelfende Familienangehörige), 1985 sind es bereits 54,3%. In den USA sind 1983 bereits 70% aller Beschäftigten dort tätig. Während *Fourastié* (1966) und *Bell* (1973) noch die Hoffnung hatten, daß der Dienstleistungssektor die Arbeitsplatzverluste im primären und sekundären Sektor auffangen könnte, zeigt sich heute ganz eindeutig, daß er diese Funktion nicht übernehmen kann. Zwischen 1974 und 1984 fielen im primären und sekundären Sektor ca. 2,2 Mio. Arbeitsplätze weg, während im tertiären Sektor knapp 1,9 Mio. Beschäftigte hinzukamen, d.h. es entstand ein Defizit von ca. 300 000 Arbeitsplätzen. Diese Negativ-Entwicklung verstärkte sich von 1984 auf 1985 noch, denn auch die Erwerbsbeteiligung insgesamt war gestiegen. Die Entwicklung in den USA zeigt, von welcher Qualität die neuen Arbeitsplätze im Dienstleistungssektor sind. Zwischen 1973 und 1983 entstanden dort ca. 15 Mio. neue Arbeitsplätze im tertiären Sektor.[20] *Wegner* muß jedoch feststellen, daß es sich bei diesem „Beschäftigungswunder" überwiegend (zu 80%) um Arbeitsplätze in Kleinbetrieben handelt und mehrheitlich um „bad jobs", in denen Jugendliche und Frauen beschäftigt sind.[21] Wieviele davon Teilzeit-Arbeitsplätze sind, läßt sich aus der amerikanischen Statistik nicht entnehmen.

Flexibilisierung und ihr Kernstück, die Zunahme ungeschützter Arbeitsverhältnisse, haben sich in den letzten zehn bis fünfzehn Jahren in den Betrieben schleichend durchsetzen können. Die Bedingungen setzten die Unternehmer. Ich möchte verallgemeinernd behaupten: Ungeschützte Beschäftigungsverhältnisse sind bereits heute die tragende Form der Arbeit quer durch alle Dienstleistungsbereiche. Verhandlungen über Arbeitszeitverkürzungen werden von den Arbeitgebern immer rigider an die Ausweitung flexibler Einsatzmöglichkeiten gebunden. Zur Zeit unserer Befragung 1985/86 hatten in den untersuchten Dienstleistungsbetrieben 61,3% der Frauen und 32,8% der Männer ein ungeschütztes Arbeitsverhältnis. Wird die Unterrepräsentation der Kleinbetriebe berücksichtigt, so kann davon ausgegangen werden, daß in der Realität der Anteil ungeschützter Arbeit höher liegt. Ungeschützte Arbeit und damit auch die Armut wird weiter zunehmen, auch für Männer. Die patriarchale Arbeitsteilung dient dabei der konfliktlosen Durchsetzung.

Gleichzeitig mit der Zunahme prekärer Arbeitsverhältnisse nimmt auch die unbezahlte Arbeit zu, sowohl als Hausarbeit – bedingt durch Kürzungen der Sozialleistungen, durch verminderte Haushaltseinkommen bei Erwerbslosigkeit und durch erhöhten Zeitaufwand für psychische Erholung –, aber auch als ehrenamtliche Arbeit und vor allem als Konsumarbeit, z.B. durch die Selbstbedienung im Supermarkt, an der Tankstelle, durch Bank- und Auskunftsautomaten, die Warenbestellung über den häuslichen Bildschirm, die Müllentsorgung. Unbezahlte Konsumarbeit wird heute schon von Unternehmen – z.B. den Banken – ganz bewußt in ihre Personalplanung einbezogen.

Das weitreichendste negative Kriterium flexibilisierter Arbeit ist die fehlende Möglichkeit, über solche Arbeitsformen die eigene Existenz zu sichern. Dieser zentrale Aspekt bleibt in den öffentlichen Diskussionen über Flexibilisierung fast immer ausgeblendet. Das bewahrt die diskutierenden Männer auf beiden Seiten der Tarifparteien davor, zur Kenntnis zu nehmen, daß fast keine Frau in ungeschützter Arbeit ihre eigene Existenz sichern kann und daß 59% *aller* erwerbstätigen Frauen dies verweigert wird.[22]

1984 betrug die durchschnittliche Rente einer Arbeiterin im Monat 434,- DM, einer Angestellten 774,- DM – der Lohn dafür, daß Frauen nachweislich zwei Drittel der gesellschaftlich notwendigen Arbeit leisten. Das Ausmaß der Abhängigkeit und Armut der Frauen ist ein Skandal. Obgleich die Feminisierung der Armut sichtbar fortschreitet, gibt es auch in den Gewerkschaften bis heute immer noch kein Konzept, diese Frauenarmut zu stoppen und abzubauen. *Ein solches Konzept setzt die Einbeziehung der unbezahlten Arbeit als Basis der Erwerbsarbeit und die grundsätzliche Infragestellung der herrschenden Arbeitsteilung zwischen Männern und Frauen voraus.*

Wenn Gewerkschaften ernsthaft die Interessen von Frauen in abhängiger Erwerbsarbeit vertreten wollen, so ist es sicher notwendig, ungeschützte Arbeit tarifrechtlich und sozialversicherungsrechtlich einzubinden und für kollektive tägliche Arbeitszeitverkürzung zu kämpfen, aber es reicht bei weitem nicht hin, die Ursache für die fortschreitende Prekarisierung – die geschlechtshierarchische Arbeitsteilung – zu beseitigen. Dazu bedarf es vor allem einer Neubewertung von Tätigkeitsmerkmalen, einer angemessenen finanziellen Bewertung von bisher unbezahlt gebliebener Sorgearbeit um Kinder, Alte und Kranke, des Ausbaus einer kollektiv organisierten Infrastruktur, um berufliche und außerberufliche Arbeit besser vereinbaren zu können und einer gleichwertigen Verteilung von bezahlter und unbezahlter Arbeit unter Männern und Frauen.

Diese aktuellen politischen Forderungen können nicht auf nationale Grenzen beschränkt behandelt werden. je stärker die internationale Arbeitsteilung durchgesetzt wird, je umfassender das Kapital international verflochten ist, je einheitlicher es sich dabei auf die geschlechtshierarchische Arbeitsteilung stützen kann, desto leichter werden national begrenzte Gegenmaßnahmen und evtl. Erfolge zu Scheinerfolgen. Mit den oben benannten Forderungen ist allerdings die Kernfrage, um Armut und Ungleichverteilung des Reichtums weltweit abzubauen, noch gar nicht berührt: Wie kann der notwendige Lebensbedarf der Menschen zur Richtschnur für wirtschaftliches Handeln werden? Welche Arbeit ist unter welchem Technikeinsatz überhaupt notwendig, um welche notwendigen Güter und Dienstleistungen für unseren Alltag bereitzustellen?[23]

(überarbeiteter Artikel, Erstabdruck in WSI-Mitteilungen 8/1988)

Anmerkungen

1 Den zentralen theoretischen Stellenwert geschlechtsspezifischer Arbeitsteilung haben schon sehr früh herausgearbeitet: Delphy, Chr., Der Hauptfeind, Paris 1970. – Bock, G., Duden, B., Arbeit aus Liebe – Liebe als Arbeit, in: Frauen und Wissenschaft, Berlin 1977. – v. Werlhoff, C., Frauenarbeit: Der blinde Fleck in der Kritik der politischen Ökonomie. in: beiträge zur feministischen theorie und praxis 1/1978. – Empirische Forschungen zu ungeschützter Arbeit und Frauenarmut begannen 1982: Möller, C., Ungeschützte Beschäftigungsverhältnisse – verstärkte Spaltung der abhängig Arbeitenden. in: 21. Deutscher Soziologentag 1982, Beiträge der Sektions- und ad-hoc-Gruppen, hrsg. von Heckmann, F., Winter, P., Opladen 1983. Es folgten zahlreiche Untersuchungen zu einzelnen ungeschützten Arbeitsformen, auch von Gewerkschafterinnen, die hier nicht alle aufgeführt werden können. Zur Armut siehe auch: Kickbusch, I., Riedmüller, B., Die armen Frauen, eds 1156, Frankfurt 1984.

2 Siehe exemplarisch die Beiträge der – auch linken – Männer auf dem 21. Deutschen Soziologentag unter dem Titel „Krise der Arbeitsgesellschaft", Bamberg 1982 oder noch 1985 die Beiträge von Altvater, E. u.a., Arbeit 2000, Hamburg 1985.

3 Möller, C., Flexibel in die Armut. Empirische Untersuchung und theoretische Verortung prekärer Arbeitsverhältnisse. Köln 1987, Forschungsbericht Bd. 3 des Hamburger Instituts für Sozialforschung, Hamburg 1988.

4 In Form von Fallstudien wurden 20 Dienstleistungsbetriebe und ein Produktionsbetrieb untersucht. Es wurden Betriebe aus allen Wirtschaftsabteilungen des Dienstleistungssektors einbezogen, einschließlich des Öffentlichen Dienstes. Kleinere Betriebe blieben unterrepräsentiert. Durch mehrstündige

Interviews mit den Personalleitern und Betriebsräten und die Beschäftigungsstatistiken der Betriebe erhielten wir Informationen zu den Arbeits(vertrags)-formen von über 30000 Beschäftigten, das sind gut 9vH der insgesamt im Dienstleistungsbereich in Köln Beschäftigten.

5 Alle Stichworte sind entnommen dem Bericht der hochrangigen Sachverständigengruppe an den Generalsekretär der OECD unter dem Titel „Arbeitsmarktflexibilität", Paris 1986.

6 Möller, C., 1982, s. Anm. 1.

7 Eine gute Darstellung der verschiedenen Segmentationsansätze bringt Schmitt-Hofemann, R., Die Leistungsfähigkeit der Segmentationsansätze zur Erklärung struktureller Arbeitslosigkeit, in: BeitrAB 59/1981.

8 Siehe hierzu: Bosch, G., Hat das Normalarbeitsverhältnis eine Zukunft? in: WSI-Mitteilungen 3/1986. – Däubler, W., Deregulierung und Flexibilisierung im Arbeitsrecht, WSI-Mitteilungen 8/1988.

9 Däubler, W., WSI-Mitteilungen 8/1988.

10 Siehe hierzu auch Kurz-Scherf, I., Das Normalarbeitsverhältnis als Grundlage gesicherter Existenz für alle Arbeitnehmer. Welchen Anforderungen müssen Arbeitsverhältnisse genügen? in: Tagungsmaterialien, zu „Sicherung und Ausbau des Normalarbeitsverhältnisses, 24./25.3.1988.

11 Statistisches Bundesamt (Hrsg.), Bevölkerung und Erwerbstätigkeit, Fachserie 1, Reihe 4.1.1., Tab. 13, 1985.

12 Büchtemann, Chr., Schupp, J., Zur Sozioökonomie der Teilzeitbeschäftigung in der BRD, discussion papers IIM/LMP 86-15, Berlin 1986.

13 Ebenda, S. 13.

14 Zum Stand der Forschung und zur Begriffsbestimmung siehe Brinkmann, Chr., MS, Nürnberg 1986. – Rudolph, H., Befristete Beschäftigung – ein Überblick, in: MittAB, 3/1987.

15 Statistisches Bundesamt, Bevölkerung und Erwerbstätigkeit..., a.a.O., Tab. 21.

16 Eine Synopse der wichtigsten Untersuchungen gibt Rudolph, H., Befristete Beschäftigung..., a.a.O.

17 LAG Hamm, Akt.Zn.: 3 Ia BV 9/79.

18 Knapp, U., Frauenarbeit in Deutschland, 2.Band, München 1986. S. 193ff.

19 Büchtemann, Chr., Schupp, J., Zur Sozioökonomie..., a.a.O.

20 Wegner, Die Schaffung von Arbeitsplätzen im Dienstleistungsbereich. Ein Vergleich zwischen den USA und der BRD, in: ifo-Schnelldienst 6/1985.

21 Weitere Daten zur Verarmung von Frauen siehe: Möller, C., Hehr, I., Frauenarbeit – Frauenarmut,in: Umbau des Sozialstaates, hrsg. von Opielka, M., Ostner, E., Essen 1987.

22 Der Mikrozensus von 1985 weist ebenfalls aus, daß 59% der erwerbstätigen Frauen im Dienstleistungsbereich ein Netto-Einkommen von weniger als 1400,- DM im Monat haben. Siehe Anm. 11.

23 Siehe hierzu: Möller, C., Rahmenbedingungen für andere Arbeitsverhältnisse, in: Evangelische Akademie Baden (Hrsg.), Die Arbeit der Zukunft, Tagungsprotokoll, Nov. 1988.

Barbara Ketelhut

Familienfesseln

Aspekte sozialer Sicherung von Frauen in der BRD

Die Bundesrepublik gehört als Industrienation zu den reichen Ländern der Welt. Dennoch ist auch hier der Reichtum nicht gleich verteilt; das gilt nicht nur für die Klassen, sondern in eklatanter Weise *auch* für die Geschlechter, strukturell bedingt und insofern auch klassenunabhängig. *„Frauen, ein Drittel der offiziell erfaßten Erwerbspersonen, leisten fast zwei Drittel aller Arbeitsstunden, erhalten dafür aber nur ein Zehntel des Einkommens und verfügen über weniger als ein Hundertstel des Vermögens."* So faßt Annemarie Mennel (1988, S. 82) das materielle durchschnittliche Elend der Frauen dieser Welt zusammen.

Wie kommt es, daß Frauen insgesamt weniger Einkommen als Männer haben, obwohl sie mehr arbeiten? Und – wie reproduzieren sich solche Strukturen, die zur Aufrechterhaltung ökonomischer Ungleichheiten beitragen? Die Gründe sind vielfältig und z.T. bekannt, wie die von der Frauenbewegung ausführlich diskutierte alleinige Zuständigkeit der Frauen für die unbezahlte Hausarbeit.

Frauen konzentrieren sich in der BRD immer noch auf sieben Hauptberufe, sie sind stärker von dem Risiko der Arbeitslosigkeit betroffen und verdienen im Durchschnitt weniger als Männer. Diese finanziellen Benachteiligungen setzen sich in der sozialen Sicherung von Frauen fort; sie erhalten weniger Rente, weniger Arbeitslosengeld usw. Es geht uns im folgenden um die materiellen Bedingungen, unter denen Frauen in der Bundesrepublik leben[1], und wie Kapitalismus und Patriarchat eine Verbindung eingehen, die zur Reproduktion geschlechtsspezifischer Arbeitsteilung beiträgt und damit ein wesentliches Element von Frauenunterdrückung in westlichen Industrienationen aufrechterhält, mit all seinen Folgewirkungen. Familie erhält darin einen besonderen Stellenwert. Unter Familie verstehen wir im folgenden die heutige Form der bürgerlichen Kernfamilie, in der Konstellation von Vater, Mutter und Kind(ern).[2]

Wenn Familie als Fessel für Frauen beschrieben wird, soll das nicht bedeuten, daß wir dagegen sind, wenn Frauen Kinder aufziehen; hier geht es um die Formen. Wir denken, daß gerade eine Mutter, die ihre Kinder ohne Ehemann erzieht und versorgt, unter anderen Bedingungen lebt, als ein Ehepaar mit Kindern. Das betrifft sowohl zumeist negativ die finanziellen Bedingungen als auch die interpersonellen Beziehungen zwischen den Generationen, die wir an dieser Stelle nicht näher untersuchen konnten; das wäre ein noch zu leistender zweiter Schritt.

Es geht uns um solche Begründungen für die (im Vergleich zu den Männern) schlechte soziale Sicherung von Frauen, die auf der Selbstverständlichkeit geschlechtsspezifischer Arbeitsteilung beruhen. Der Familie kommt darin nach wie vor Bedeutung zu, obwohl sie als praktisch gelebte oder von Frauen erstrebte Zusammenlebensform an Wichtigkeit verliert. Familie stellt einen Knoten im Filz von Kapitalismus und Patriarchat dar, weil über ihre Existenz sowohl Klassentrennung als auch Geschlechtertrennung aufrechterhalten werden können[3]. Dies wird besonders im System sozialer Sicherung deutlich, weil von dort materielle Hilfe kommt, wenn Familie „versagt".

Wir stellen Aspekte und die Entwicklung sozialer Sicherung dar und betrachten die gegenwärtigen Auswirkungen für Frauen. Zum Schluß stellen wir kritisch sozialpolitische Veränderungsvorschläge vor und versuchen, sie zu ergänzen.

Doch zunächst ein kurzer Blick in die Geschichte auf der Suche nach den Frauen und der Bedeutung von Familie bei der Regelung sozialer Fragen. Es begann im 19. Jahrhundert in den Kämpfen der Arbeiterbewegung.

Wie kommt die Familie in die soziale Sicherung?

Die schlechten Arbeits- und Reproduktionsbedingungen in den Anfängen der Industrialisierung führten zu Kämpfen um Verbesserungen seitens der Arbeiterbewegung. Die materielle Lage der LohnarbeiterInnen um die Jahrhundertwende kann aus heutiger Sicht als katastrophal beschrieben werden, die vorhandenen Mittel reichten gerade so zum Überleben der Arbeiter(familien). Unter schlechten Bedingungen am Arbeitsplatz, bei geringen Löhnen saugte die Maschinerie alle Familienmitglieder in den Produktionsprozeß. Der Lohn richtet sich historisch danach, wieviel ein Lohnarbeiter zur Erhaltung seiner Arbeitskraft braucht (MEW 23). Ob und inwieweit in diesem Lohn die Mittel zur Reproduktion weiterer Familienmitglieder enthalten waren, hing von den Kämpfen der Arbeiterbewegung ab. Engels beschrieb dies für die englischen Industriearbeiter im Verhältnis zu den Bedürfnissen der Kapitalisten:

„Der frisch eingewanderte, im ersten besten Stalle kampierende Irländer, der selbst in einer erträglichen Wohnung jede Woche auf die Straße gesetzt wird, weil er alles versäuft und die Miete nicht bezahlen kann, der würde ein schlechter Fabrikarbeiter sein; daher muß den Fabrikarbeitern soviel

gegeben werden, daß sie ihre Kinder zu regelmäßiger Arbeit erziehen können — aber auch nicht mehr, damit sie nicht den Lohn ihrer Kinder entbehren können und sie etwas anderes werden lassen als bloße Arbeiter. Auch hier ist die Schranke, das Minimum des Lohns, relativ; wo jeder in der Familie arbeitet, braucht der einzelne um soviel weniger zu erhalten, und die Bourgeoisie hat die Gelegenheit zur Beschäftigung und Rentbarmachung der Weiber und Kinder, die ihr in der Maschinenarbeit gegeben wurde, zur Herabdrückung des Lohns weidlich genutzt.“ (MEW 2, S.308)

Bereits in diesem kurzen Zitat wird der diffizile Zusammenhang zwischen Fabrikarbeitern, Frauen, Kindern, Produktivkraftentwicklung, den Interessen der Bourgeoisie und der Arbeiterbewegung deutlich. Die Industrialisierung und die Zusammenlebensform „Familie“ boten dem Kapital die Möglichkeit, mit dem Lohn zu jonglieren. Wenn jedes Familienmitglied arbeitete, konnte zum einen der Lohn der einzelnen niedrig sein, weil (mit Ausnahme kleiner Kinder) niemand *mit* versorgt werden mußte. Zugleich mußten die addierten Löhne einer Arbeiterfamilie so niedrig bleiben, daß sie einen beruflichen Aufstieg der Kinder verhinderten, während sie aber insgesamt das Überleben aller Familienmitglieder sicherten. So liegt es fast nahe, daß die Löhne der Frauen und Kinder niedriger waren als die des einzelnen männlichen Arbeiters, aber dessen Lohn nicht für die gesamte Familie ausreichte. Familie und Industrialisierung boten einen guten Nährboden, Bedürfnisse von Kapital und Bourgeoisie zu befriedigen, bei gleichzeitiger Befriedung der Arbeiter.

So stellte die Arbeiterklasse, ohne es zu wollen, ihre lohndrückerische Konkurrenz aus den eigenen Reihen. Hier eine strategische ArbeiterInnenpolitik zu erfinden, war schwierig. So ist es kaum verwunderlich, daß sich die Arbeiterbewegung in ihren Forderungen auf Aspekte dieses Dilemmas innerhalb des gegebenen Rahmens, dem Zusammenhang der Entwicklung der Produktionsverhältnisse und der (bürgerlichen) Familienform, beschränkte, anstatt die Formen des Zusammenlebens und ihre Ausnutzbarkeit für die Bourgeoisie zu thematisieren. Indem sie die Geschlechterverhältnisse nicht analysierte, konnte sie für einen *Familienlohn* kämpfen, einen Lohn des *männlichen* Arbeiters, der ausreichen sollte, eine ganze Familie zu ernähren[4]. Für die männlichen Arbeiter hatte dies zwei Vorteile: Sie versprachen sich davon, die weibliche Konkurrenz aus dem Produktionsbereich heraushalten zu können, in der Hoffnung, ihre Frauen von (für sie) katastrophalen Arbeitsbedingungen zu befreien. So gab es damals kaum einen Mutterschutz, Frauen mußten oft gleich nach der Geburt weiterarbeiten. Und alles war von den Arbeiterinnen innerhalb eines vollgestopften Alltags zu bewältigen, der morgens um fünf Uhr z.B. mit der Vorsorge fürs Mittagessen begann und der oft erst in der Nacht mit der Herstellung und Reparatur von Kleidung endete.

Während der Ausbildung der industriellen Produktionsweise hatten die Kämpfe der Arbeiterbewegung um den Familienlohn (neben dem *versuchten* Ausschluß der Frauen aus der industriellen Produktion) auch eine Schutzfunktion, die sich allerdings heute bei veränderten Produktionsbedingungen und unter anderen materiellen Verhältnissen noch einmal mehr strukturell gegen die Frauen richtet (vgl. Ketelhut u.a. 1984). Obwohl es einen Familienlohn in seiner materiellen Vollständigkeit kaum wirklich gegeben hat, Arbeiterfamilien also in der Regel auf die Lohnarbeit der Frauen angewiesen waren, wirkt er sich als „Mythos" auf die Situation von Frauen aus. (Vgl. Michèle Barrett und Mary McIntosh 1982). Das führte in der Arbeiterbewegung zu widersprüchlichen Strategien. So lernte sie zwar von den Frauen, daß diese eigentlich gleichen Lohn für gleiche Arbeit bekommen sollten, und stellte solche Forderungen auf. Zugleich hielt sie aber am Konzept des Familienlohnes fest. Beide Strategien schließen sich in ihrer Realisierung gegenseitig aus. Der Familienlohn und die Regelung der Versorgung von Frauen durch die Familie wirken sich auf die Möglichkeiten aus, die Frauen auf dem Arbeitsmarkt haben.

Viele soziale Aufgaben wurden im privaten Bereich der Familie belassen oder zurückverlagert und damit in den dominanten Zuständigkeitsbereich der Frauen.[5] Die so geschaffenen Tatsachen dienten dann im folgenden immer wieder zur Begründung dafür, die Frauen in der Familie zu halten. Dort sollen sie kostengünstig alte Menschen pflegen, Kinder erziehen, für den armen kranken Nachbarn sorgen u.v.m. Mit der anteiligen Privatisierung sozialer Probleme schaffte sich der Staat einen Puffer für wirtschaftliche Notlagen, je nach Konjunktur kann er Aufgaben an die Familien zurückgeben:

„Gemäß dem 'Subsidiaritätsprinzip', das den (...) kleinen Gemeinschaften wie der Familie Vorrang vor staatlichen Hilfen einräumt, ist die Familie der Ort der sozialen Sicherung der Frau. Erst bei Versagen dieses Sicherungssystems kann die Frau staatliche Hilfe beanspruchen." (Riedmüller, 1983, S. 266)

Dies wirkt sich auch auf die gesellschaftlichen Möglichkeiten von Frauen aus. Immer noch dient die Erwerbstätigkeit des Ehemannes als Argument, eine Frau nicht zu beschäftigen, immer noch wird in der sozialen Sicherung von der Nicht-Erwerbstätigkeit der Frauen ausgegangen.

Alte Struktur im neuen Kontext

Am strukturellen Aufbau der sozialen Sicherung hat sich bis heute nichts verändert, obwohl sich sowohl die Biographien der Frauen als auch die

Lebens- und Arbeitsbedingungen grundlegend geändert haben. Inzwischen gibt es Mutterschutz- und andere Arbeitsschutzgesetze für Frauen, die im Effekt die Gesundheit von Frauen und Müttern eher garantieren als die Bedingungen, unter denen Frauen vor 100 Jahren arbeiten mußten. Zugleich festigen aber auch diese Gesetze die geschlechtsspezifische Arbeitsteilung, wenn Frauen aus bestimmten Arbeitsbereichen und Arbeitszeiten ausgeschlossen werden, aufgrund ihres biologischen Geschlechts, ihrer Gebärfähigkeit usw. (Näheres vgl. Nemitz u.a. 1984).

Der Anteil der erwerbstätigen Frauen, obwohl nicht so hoch wie oft angenommen, ist im Ansteigen begriffen und liegt z.Zt. bei knapp 40 Prozent. Frauen haben kontinuierlichere Erwerbsverläufe als oft angenommen wird oder wünschen sich eine lebenslange Erwerbstätigkeit ohne Unterbrechungen (vgl. Metz-Göckel/Müller 1987).

Ein anderer Aspekt ist die Orientierung an männlichen Plänen, die Frauen bei der Planung ihrer Lebensperspektiven vornehmen. Frauen sind heute weniger bereit, sich in psychische und ökonomische Abhängigkeit von einem Mann zu begeben. So wächst der Anteil alleinstehender Frauen (er liegt zur Zeit bei ca. 9 Mio., vgl. Martiny 1989). Das sind Frauen, die nicht oder nicht mehr verheiratet sind. Inwieweit der Wunsch nach einer Ehe besteht, ist eine offene Frage.[6] Selbst die Mühen, Kinder ohne väterliche Unterstützung zu erziehen, nehmen immer mehr Frauen auf sich in einer Gesellschaft, die wenig Raum für Kinder schafft und unzureichende Möglichkeiten für Frauen, den eigenen Unterhalt und den der Kinder zu finanzieren.

Zugleich ist, auch unter „Linken", ein Trend zurück in die Familie zu verzeichnen, trotz der Kritik der Studentenbewegung an bürgerlichen Zusammenlebensformen.

„Sie (die Linken, B.K.) *heiraten, kriegen Kinder, lassen sich scheiden usw. Interessant ist aber zu beobachten, daß diese Familien nach den Aussagen ihrer Gründerinnen was anderes und besseres sind. Mit der herkömmlichen, normalen Familie will kaum einer oder eine was zu tun haben."* (Düchting 1984, S.56)

Auf diese Art kann gegen die konservative Familienpolitik argumentiert werden und gleichzeitig können die Zusammenlebensformen erhalten bleiben. Ob der Trend zurück zur Familie nur auf einen subjektiven Eindruck aus den eigenen alternativen Lebensbereichen zurückgeht oder einen gesamtgesellschaftlichen Trend darstellt, ist zur Zeit noch nicht statistisch nachweisbar. Deutlich wird die Hilflosigkeit auf der Suche nach alternativen Formen des Zusammenlebens der Geschlechter und der Generationen. Ein Teil, vor allem der Frauen, versucht, mit der Erziehung der Kinder ohne (Ehe-)Mann zurechtzukommen, andere kehren wieder in die alten Formen zurück und versuchen, sich einzurichten.

Wir sind hier mit den Grünen einer Meinung, alle Formen des Zusammenlebens seien insofern gleich zu bewerten, daß keine Form gegenüber einer anderen finanziell besser gestellt sei oder die geschlechtsspezifische Arbeitsteilung steuerlich begünstigt werden solle (z.B. durch das Ehegattensplitting). An den Vorstellungen von Ehe und Familie (in der Ehepaar-Kind-Konstellation) setzt auch die Kritik des Systems sozialer Sicherung an, schließlich beruht es auf den beiden Säulen von Familie und Erwerbstätigkeit, mit den entsprechenden geschlechtsspezifischen Zuordnungen.

Soziale Sicherung

Hier müssen zunächst zwei Prinzipien unterschieden werden, das Versicherungs- und das Fürsorgeprinzip. Im ersten Fall richtet sich die Höhe von Transferleistungen nach der Höhe des ehemaligen Lohnes oder Gehaltes, das gilt für Arbeitslosengeld und -hilfe, für die Renten u.a., so daß sich über die Transferleistungen die Einkommensunterschiede reproduzieren. Nach dem Fürsorgeprinzip werden Leistungen, quasi in letzter Instanz, gewährt, wenn weder Leistungen über die Erwerbsarbeit ableitbar sind noch Familienangehörige in Anspruch genommen werden können (das betrifft insbesondere die Sozialhilfe). Die Leistungen werden nach Bedürftigkeit bewilligt und sind so niedrig gehalten, daß eine Lohnarbeit erstrebenswert bleibt, gleichzeitig aber so „hoch", daß sie zu vielfältiger Diskriminierung, insbesondere seitens der erwerbstätigen Mitmenschen, Anlaß gibt, die den SozialhilfeempfängerInnen Faulheit und Arbeitsscheu nachsagen. Auch werden sie z.T. auf dem Sozialamt nicht wie Personen behandelt, die Anspruch auf diese staatlichen Gelder haben, sondern wie Menschen, denen seitens der SachbearbeiterInnen „Gnade" gewährt wird.[7]

In der Regel wird in diesem System für die nicht-erwerbstätige Frau über den Ehemann gesorgt, nur wenn dies nicht mehr gelingt, hilft der Staat (vgl. Gerhard 1988). Selbst Frauen, die unabhängig von einem Mann leben und kontinuierlich erwerbstätig sind, sind aufgrund der Normalitätsvorstellungen von Familie und damit verknüpft Familienlohn schlechter gestellt als Männer. Zwar ist der Anteil der Frauen an allen Erwerbstätigen in den letzten Jahren gestiegen, dennoch verdienen die Frauen im Durchschnitt weniger als Männer. 1983 erhielten (laut Mikrozensus) über 40 Prozent der erwerbstätigen Frauen ein monatliches Nettoeinkommen von unter 1000,– DM, aber nur knapp 10 Prozent der Männer hatten ein vergleichbar niedriges Einkommen.

Gemäß den Ergebnissen des Mikrozensus von 1980 sah die Verteilung der Höhe der monatlichen Netto-Einkommen für die Geschlechter folgendermaßen aus:

Netto-Einkommen	unter 1000	1000-1399	1400-2199	2200 u. mehr
erwerbstätige Männer	9,7%	15%	44,2%	24,4%
erwerbstätige Frauen	40,4%	24,8%	18,7%	4,5%

Keine Angaben machten 7% der Männer und 11,5% der Frauen.
Quelle: Statistisches Bundesamt 1983.

Das geringe Einkommen von Frauen hat finanzielle Folgen für die Sozialleistungen, weil sich deren Höhe nach dem Einkommen richtet. Durch die einkommensabhängige Regelung sozialer Leistungen werden Einkommensunterschiede (vor allem im Alter) aufrechterhalten, zwischen den Klassen und den Geschlechtern. Auf die Ansprüche der Frauen wirkt sich die familiäre Zuständigkeit zusätzlich leistungsmindernd in der Sozialversicherung aus. Die daraus resultierende ungleiche Behandlung von Männern und Frauen führt zu systemimmanenten Widersprüchen zwischen dem Ehe- und dem Sozialrecht. Obwohl die Gleichberechtigung im Grundgesetz verankert ist, werden Eheleute im Eherecht zumindest formal gleichgestellt, aber nicht im Rentenrecht, wie wir zeigen werden.

Sowohl der Staat als auch die Männer haben ein großes Interesse an Nachwuchs, halten aber zugleich *allein* die Frauen für die Versorgung der Kinder zuständig. So sprach die (inzwischen ehemalige) Familienministerin Rita Süssmuth 1985 von der Verantwortung der Frauen für die Gesellschaft, die sie durch Geburten erbringen sollten. Dort, wo staatliche Maßnahmen, wie die Bevölkerungspolitik, nicht mehr greifen, wird an die gesellschaftliche Verantwortung der Frauen appelliert. Die von Sigrid Metz-Göckel und Ursula Müller (1987) befragten Männer unterstützten in ihren Aussagen diese geschlechtsspezifische Arbeitsteilung, indem sie ausschließlich die Mütter (z.T. noch weitere Verwandte) für befähigt hielten, angemessen die Kinder zu betreuen.

Obwohl die Zuständigkeit der Frauen für die Sorge um die Kinder als selbstverständlich angesehen wird, werden die Zeiten der Kindererziehung und -betreuung nicht als Ausfallzeiten in der Rentenversicherung anerkannt. Ausfall- und Ersatzzeiten, wie z.B. Zeiten der Ausbildung[8] und des Wehrdienstes, werden positiv auf die Rente angerechnet, obwohl in diesen Zeiten keine Beiträge an die Sozialversicherung abgeführt werden. In der Rentenversicherung werden allerdings die Ausfallzeiten nur bei einer bestimmten *Beitragsdichte* anerkannt. Konkret bedeutet dies, daß die Monate, gerechnet vom ersten Beitrag zur Rentenversicherung bis zur ersten Rentenzahlung, zur Hälfte mit eingezahlten Beiträgen belegt sein müssen. Das kann bei Frauen, die wegen ihrer Kinder ihre Erwerbstätigkeit unterbrechen, dazu führen, daß sie diese Halbbelegung nicht 'schaffen' und damit nur einen kleinen Teil der Zeit, nur die Monate, in denen sie Beiträge zur Rentenversicherung geleistet haben, auf die Rente anerkannt bekommen (vgl. Kohleiss 1988). Unter den Frauen werden besonders solche mit einer kurzen Ausbildung benachteiligt, die früh ihren ersten Beitrag zur Rentenversicherung zahlen, aber dann Kinder bekommen und ihre Erwerbstätigkeit unterbrechen. Wer spät in die Rentenversicherung eintritt, schafft eher die Halbbelegung. Insgesamt richtet sich die Halbbelegungsregel im Effekt fast ausschließlich gegen Frauen; männlich sozialversicherungspflichtige Erwerbsverläufe sind in der Regel kontinuierlich. Sie haben keine Probleme, die Halbbelegung zu 'schaffen', weil ihre Ausfallzeiten begrenzt sind und grundsätzlich anerkannt werden, wie z.B. der Wehrdienst. Die dominante Zuständigkeit der Frauen für ihre Kinder und die Privatisierung der Kinderbetreuung wirken sich in der sozialen Sicherung benachteiligend für die Mütter aus.

Systemimmanente Widersprüche

Gehen Frauen den für sie vorgesehen Weg und versorgen in der Hauptsache Ehemann und Kinder, geraten sie spätestens im Rentenalter an die Widersprüche rechtlicher Regelungen.

Ein Verdienst der neuen Frauenbewegung war es, die Arbeit der Frauen im Haus überhaupt sichtbar zu machen. Die Vorstellung, daß weibliche Hausarbeit gesellschaftlich notwendige Arbeit ist und nicht einfach selbstverständlich von Frauen aufgrund ihres Geschlechts verlangt werden kann, ging mit der Reform 1977 ins Eherecht ein. Seitdem können Frauen nicht mehr primär auf die Aufgaben im Haus verwiesen werden, die Aufgabenteilung innerhalb der Familie liegt im Ermessen der Eheleute. Beides, Gelderwerb und Haushaltsführung (inklusive der Kindererziehung), gelten im Ehe*recht* als gleichwertige Tätigkeiten, die beide dem Unterhalt der Familie dienen. In der Praxis allerdings fühlen sich nach wie vor die Frauen überwiegend für die Arbeit im Haushalt zuständig. Männer helfen bestenfalls mit, aber selbst diese Mithilfe scheint schwer meßbar zu sein, so schwanken die Angaben über den Anteil mithelfender Männer im Haushalt zwischen acht (vgl. Dörhöfer/Terlinden 1988) und 20 Prozent (vgl. Allensbach 1983). Aber selbst der Gleichberechtigungsgrundsatz geht über das Eherecht nicht hinaus, wenn es zum

Beispiel um die Rentenzahlung für eine verwitwete Hausfrau geht. Die geringe eigene Rente von Ehefrauen, die ihre Erwerbstätigkeit unterbrochen oder aufgegeben haben, wird im Falle des Todes des Ehemannes durch die Hinterbliebenenrente „kompensiert". Sie beträgt zur Zeit 60% des Rentenanspruches des Mannes. 1980 erhielt eine verwitwete Arbeiterin im Durchschnitt DM 354 an eigener Rente plus DM 680 Hinterbliebenenrente, also hatte sie insgesamt ein monatliches Einkommen von DM 1034. Am schlechtesten stehen sich finanziell Frauen, die keine (oder fast keine) eigenen Beiträge zur Rentenversicherung geleistet haben, weil sie entweder nur Hausfrauen oder nicht-sozialversicherungspflichtig beschäftigt waren. Problematisch bleibt somit die ungleiche Behandlung der Eheleute, obwohl beide Tätigkeitsbereiche für die Familie im Eherecht als gleichwertig definiert sind.[9]

Diese Inkonsequenzen zwischen verschiedenen rechtlichen Regelungen gehen eindeutig zu Lasten der Frauen. Deutlich wird die Unmöglichkeit, Gleichheit in der Ungleichheit herzustellen: Haben wir im Eherecht eine Gleichbewertung der unterschiedlichen Aufgaben der Geschlechter erreicht, setzt sich im Alter hinterrücks eine Schlechterstellung der Frauen durch.

Eine ausreichende staatliche Altersversorgung ist, wie fast alles in der sozialen Sicherung, an die männliche „Normal-Biographie" geknüpft. Frauen stehen sich finanziell im Durchschnitt in jedem Fall schlechter, gleichgültig ob sie voll erwerbstätig sind oder ob sie sich überwiegend den Aufgaben als Hausfrau und Mutter zuwenden.

„Das Rentenversicherungssystem geht für alle Versicherten von einem kontinuierlichen Erwerbsleben aus, obgleich dies für knapp die Hälfte der Versicherten, nämlich für Frauen, nur bedingt zutrifft. Denn gesellschaftlich und politisch werden nach wie vor die Frauen vor die Wahl gestellt, ob sie Hausfrau/Mutter und/oder Berufsfrau sein wollen. Männern wird diese 'Wahlfreiheit' nicht zugemutet." (Wichert 1988, S. 184)

Der Zirkel schließt sich: Frauen verdienen im Durchschnitt weniger, weil ihre eigentliche Aufgabe in der Reproduktion (der männlichen Arbeitskraft und des Lebens) liegen soll. Unter dieser Annahme bekommen sie weniger und schlechtere Arbeitsplätze mit geringem Lohn. Und weil Frauen weniger verdienen, erhalten sie geringere soziale Leistungen. Unabhängig von den realen Lebens- und Arbeitsweisen der Frauen wirkt die Vorstellung der familialen und ehelichen Normalität auch auf die gesamte Soziogenese materieller Sicherheit im Lebensverlauf der Frauen. Ihre ideelle und faktische Verwiesenheit auf die reproduktiven Aufgaben im Haushalt und im Kinderzimmer schließt sie nicht nur aus vielen öffentlichen Bereichen aus, sie dient auch dazu, Frauen finanziell zu benachteiligen, von der Wiege bis zur Bahre – all die Jahre.

Eine Mutter gehört zum Kind?

Zwar wird Erziehungsarbeit inzwischen staatlicherseits durch Erziehungsgeld und -urlaub anerkannt, aber auch dies ist wieder mit Auflagen und Widersprüchen im System staatlicher Regelungen verbunden. So wird das unserer Meinung nach spärliche Erziehungsgeld von monatlich DM 600 über den ganzen Zeitraum eines halben Jahres nur dann gewährt, wenn die erziehende Person, in der Regel die Mutter, keine sozialversicherungspflichtige Erwerbstätigkeit ausübt. Die Höhe des Erziehungsgeldes verweist wieder auf einen zusätzlichen Ernährer, der Frau und Kind mitversorgt. Auch im Rahmen des Erziehungsgeldes, bei dessen Gewährung die Anerkennung der Erziehungsleistung als Begründung dient, gibt es Widersprüche: *„Auch die nicht erwerbstätige Gattin des Multimillionärs“* (Pfarr 1988, S. 67) erhält die DM 600. Bekommt eine Mutter allerdings Arbeitslosengeld, wird Erziehungsgeld nicht gewährt (vgl. ebd. S. 64). Der gleichzeitige *Wunsch* und/oder die Notwendigkeit, für ein Kind zu sorgen *und* erwerbstätig zu sein, ist, trotz der vielen Vereinbarkeitsbeteuerungen bzgl. Beruf und Familie seitens der Regierung, undenkbar.

Die materielle Realität der Frauen hingegen macht ihre Erwerbstätigkeit in der Regel zumindest teilweise oder immer wieder mit Abständen erforderlich. So nimmt die Teilzeitbeschäftigung von Frauen zu – eine Reaktion auf die gegebenen schlechten Bedingungen, zugleich für die Kinder und die materielle Existenz sorgen zu müssen. Die Teilzeitquote (bezogen auf die 1- bis 36-Stundenwoche) der Frauen stieg 1984 von 29,5 Prozent (1975) auf 33,3 Prozent. *„Dabei wächst der Anteil solcher Teilzeitarbeiten, die nicht sozialversicherungspflichtig, also ungeschützt sind; 1981 waren dies bereits ein Drittel aller Teilzeitarbeiten.“* (Haug 1988, S. 49). Wir möchten hier nicht weiter auf die Teilzeitproblematik eingehen[10], sondern sie als einen Hinweis auf die Schwierigkeiten betrachten, die Frauen aufgrund ihrer faktischen alleinigen Zuständigkeit für Haushalt und Kinder haben.

Wegen der Teilzeitarbeit oder längerer Unterbrechungen fallen Rentenansprüche von Frauen entsprechend niedrig aus[11]. Desweiteren ergeben sich für Frauen Probleme, wenn sie nach einigen Jahren der Unterbrechung zurück ins Erwerbsleben wollen. Übergangslösungen, die Frauen den Wiedereinstieg in den „alten“ Beruf erleichtern, z.B. durch Finanzierungen von Weiterbildungsmaßnahmen, existieren zwar seit 1979 im Arbeitsförderungsgesetz (§ 43), blieben bisher aber praktisch wenig wirksam: Nur weniger als ein Viertel der Geförderten waren Frauen, die wegen ihrer Kinder die Erwerbstätigkeit unterbrochen hatten. Die gesetzlichen Maßnahmen erreichten die Frauen kaum (Gerhard 1988).

Bezogen auf die Qualifikation und die Berufserfahrung sind die Jahre der Kinderbetreuung unwiderruflich verloren. So bleibt diesen Frauen oft nichts anderes übrig, als eine schlecht bezahlte und/oder wenig qualifizierte Tätigkeit anzunehmen, die in der Regel nicht ihrer Ausbildung entspricht. Wollen oder müssen Frauen ihr Leben mit Kind(ern) unabhängig von einem Ehemann gestalten, ist dies in fast allen Fällen neben den täglichen organisatorischen Problemen und vielem anderen mehr mit erheblichen finanziellen Problemen verbunden. Wir können behaupten, daß die soziale Lage der alleinerziehenden unverheirateten Mütter im System der sozialen Sicherung kaum vorgesehen ist, obwohl der Anteil der Alleinerziehenden mit 7,6 Prozent an den Mehrpersonenhaushalten nicht zu vernachlässigen ist, wobei die alleinerziehenden Väter sich in der Minderheit befinden. Die alleinerziehenden Frauen (84,5 Prozent) können meistens weder vollständig erwerbstätig sein noch werden sie ansonsten zureichend versorgt, und zwar eben *nicht* von dem für sie eigentlich vorgesehenen Ehemann. Die katastrophale finanzielle Lage der alleinerziehenden Mütter zeigt sich in dem hohen Anteil, nämlich 53,8 Prozent, von Sozialhilfeempfängerinnen unter ihnen. Im Vergleich dazu leben nur 7 Prozent der alleinerziehenden Väter überwiegend von Sozialhilfe (vgl. Meyer und Schulze 1988)

In einer empirischen Studie (Diekmann u.a. 1986) gaben 40,2 Prozent der befragten alleinerziehenden Mütter an, „... *ihre Einkommenslage sei unzureichend. Steuer- und sozialrechtlich benachteiligt fühlten sich 63,4 Prozent der Alleinerziehenden* (Mütter und Väter, B.K.)." (Meyer/Schulze 1988, S. 37) Die an der Kernfamilie orientierte Kindererziehung als Normalfall richtet sich hier finanziell sowohl gegen Frauen als auch gegen Kinder.

Das System der sozialen Sicherung verweist die Frauen immer wieder auf die ihnen per Geschlecht zugedachten Aufgaben. Folgen Frauen diesen Zuweisungen, wird für sie staatlicherseits gesorgt, aber denkbar schlecht. Frau-Sein bedeutet in der sozialen Sicherung eine Abweichung von der Norm in beiden Fällen, sowohl in der Erfüllung von Mutterpflichten als auch bei der vollen Erwerbstätigkeit. So kann die Sozialhilfe, die eine alleinerziehende Mutter erhält, nur als finanzieller Notnagel betrachtet werden.[12]

Kindererziehung in dieser Gesellschaft obliegt der privaten Zuständigkeit der Eltern und wird nicht als gesellschaftliche Aufgabe begriffen, entsprechend schlecht wird für Mütter und Kinder gesorgt. Die vielgepriesene Wahlfreiheit der Frauen, wenn es um den Beruf, die Wohnform oder überhaupt die Art zu leben, den Alltag zu gestalten, geht, wird begrenzt durch die Privatisierung der erzieherischen Aufgaben und durch die gesellschaftliche Zuweisung dieser Aufgaben an die Mütter.

Wieviel Energie darin gebunden wird, zeigen empirische Studien, in denen deutlich wird, daß alleinstehende berufstätige Frauen ohne Kinder eher Karriere machen als ähnlich lebende Männer, während bei den Männern diejenigen erfolgreicher sind, die nach ihrem Tageswerk in eine Familie zurückkehren und sich regenerieren (lassen) (vgl. Meyer/Schulze 1988). Wie produktiv könnten Frauen erst sein, wenn sie nicht mehr allein für die Versorgung von Mann, Kind(ern) und Haushalt verantwortlich wären, wenn auch an die psychische und physische Reproduktion der weiblichen Arbeitskraft gedacht würde? Wieviel Energie könnte für politische Veränderungen mobilisiert werden in einer Gesellschaft, in der die reproduktiven Aufgaben nicht mehr ausschließlich individuell geregelt würden? Mit wieviel Lust könnten Frauen zum kulturellen Umbau beitragen, wenn auch sie endlich einmal entspannt den Tag beginnen könnten?

Krise des Sozialstaats?

Das von konservativer Seite als kaum noch finanzierbar angesehene System der sozialen Sicherung gründet sich auf zwei Säulen, die beide starken Veränderungsprozessen unterliegen. Aufgrund der derzeitigen Produktivkraftentwicklung nimmt die Anzahl der Gesamtarbeitsstunden ab. Da sich bisher noch keine *umfassende* Arbeitszeitverkürzung für alle durchsetzen ließ, bleibt die Arbeitszeit ungleich verteilt, sinkt die relative Anzahl der abhängig Beschäftigten. Auch die familiäre Sicherung durch Eheverträge nimmt ab, der Anteil der Alleinlebenden erreicht in bundesdeutschen Großstädten bis zu 40 Prozent (vgl. Spiegel 1986). So dürfte es immer schwieriger werden, die Menschen mit einem sozialen System abzusichern, das auf Normalbiographien aufbaut, die es gar nicht mehr gibt, die insbesondere für Frauen kaum noch gelten und von ihnen immer weniger erstrebt werden.

Die Antwort der Regierung auf krisenhafte Entwicklungen, wie die steigenden Arbeitslosenzahlen, den Geburtenrückgang, die raschen Veränderungen der Produktivkräfte, die zunehmenden internationalen wirtschaftlichen Verflechtungen usw., ist auf nationaler Ebene ein Leistungsabbau in der sozialen Sicherung bei gleichzeitiger Aufrechterhaltung des alten Systems, nämlich der Finanzierung durch Beiträge statt durch Steuermittel u.ä. Nach der Devise, wer nicht arbeitet, soll auch nicht essen, erhalten Arbeitslose zwar weiterhin eine Unterstützung, übersteigt diese aber die Grenze von DM 1260,– im Monat, dann dürfen auch die Erwerbslosen seit der letzten Reform im Gesundheitsbereich einen „mittleren Zahnersatz“ wie alle Erwerbstätigen selber finanzieren, wenn sie dann noch etwas zu beißen haben (vgl. Badziong 1989).

Steigende Beiträge und sinkende Leistungen in der sozialen Sicherung, vor allem in der Rentenversicherung, werden zur privaten Versicherung derjenigen führen, die es sich finanziell erlauben können, mit der Folge, daß sich auf Dauer die Schere zwischen Arm und Reich im Rentenalter noch vergrößern wird und über das Maß der Reproduktion finanzieller Ungleichheiten aus den Erwerbszeiten hinausgehen wird. Daß die Frauen auch hier wieder tendenziell zu den Gruppen derjenigen gehören, die aufgrund ihres geringen Einkommens sich z.B. keine private Renten- oder Krankenversicherung leisten können, ist systemimmanent, verstärkt sich so quantitativ.

Die geschlechtsspezifischen Folgewirkungen, die aus dem derzeitigen System sozialer Sicherung resultieren, können unserer Meinung nach nur aufgehoben werden, wenn das gesamte System sozialer Sicherung so verändert wird, daß gesamtwirtschaftliche Probleme nicht mehr zu Lasten einzelner, insbesondere von Frauen, ausgetragen werden können. Ein andiskutierter Vorschlag zur Bekämpfung sowohl der ungleichen Verteilung von Lohneinkommen als auch der Transferleistungen ist die Forderung nach einem Mindesteinkommen.

Mindesteinkommen

Die positiven Äußerungen zu einem Mindesteinkommen sind politisch breit gestreut. Unseres Wissens stammt die Idee zu einem Mindesteinkommen von dem konservativen Ökonomen Milton Friedman, dessen Ziel es war, die bürokratischen Strukturen in den Systemen sozialer Sicherung zu vereinfachen und damit die Verwaltungskosten zu minimieren. In der Bundesrepublik wurde das Mindesteinkommen hauptsächlich von den Grün-Alternativen, aber auch von einzelnen Mitgliedern der SPD (Lafontaine) in Erwägung gezogen, eine breite Diskussion in der Presse fand allerdings nicht statt[13].

Da die Frage nach der Finanzierbarkeit eines Mindesteinkommens, im Sinne einer finanziellen Grundsicherung für alle, oft blockierend auf utopische Vorstellungen wirkt (vgl. Haug 1989), gehen wir im folgenden darauf ein, welche Probleme mit einem Mindesteinkommen gelöst werden sollen. Der populärste Vorschlag ist die Forderung nach einem bestimmten Betrag für alle Einwohner der Bundesrepublik, unabhängig davon, ob und wieviel die einzelnen zum gesamtgesellschaftlichen Reichtum, z.B. durch Erwerbsarbeit, beitragen. Gefordert wird eine *individuelle* Zuteilung des Grundeinkommens an jede(n), wodurch das Subsidiaritätsprinzip der Familie aufgehoben würde, wenn jede(r) genug zum Überleben in dieser Gesellschaft hätte.

Sofern der Betrag des Grundeinkommens über dem Sozialhilfesatz läge, würde dies eine Umverteilung des gesellschaftlichen Reichtums in der Bundesrepublik bedeuten, eine Verteilung eines bestimmten Teils des gesamten Mehrwertes auf alle. Das allgemeine Recht auf ein Grundeinkommen für jede(n) ist damit auch eine verteilungspolitische Forderung, die der bundesrepublikanischen Armut entgegenwirken würde. Das hätte für viele Frauen den Vorteil, finanziell besser gestellt zu sein, ohne ständig individuelle Forderungen stellen und ohne diskriminierende Nachweise über die Bedürftigkeit erbringen zu müssen. Eine Untersuchung über die Probleme im Sozialhilfebezug von Frauen zeigt, daß Frauen sich oft nicht in der Lage sehen, für sich selbst etwas zu fordern, daß sie schlecht über Rechte informiert werden usw. (vgl. Schallhöfer 1988). Die familiäre Unabhängigkeit der Grundsicherung hätte für Frauen den Vorteil, finanziell grundsätzlich von Männern unabhängig zu sein, und würde somit eine Jahrtausende alte Abhängigkeit von Frauen aufbrechen.

Dennoch wird, unserer Meinung nach zu Recht, von feministischer Seite auf die Gefahren für Frauen hingewiesen, die ein Mindesteinkommen birgt. Könnte nicht gerade eine bestimmte Summe im Monat, gezahlt an jede(n), dazu verleiten, die Frauen wie bisher auf die Aufgaben in Haushalt und Kinderstube zu verweisen, mit der Begründung, daß sie schließlich dafür bezahlt würden? Angelika Blickhäuser und Monika Molter (1985) weisen darauf hin, daß die Höhe des Mindesteinkommens entscheidend dafür ist, ob dadurch die Ehe als Versorgungsinstanz überflüssig wird und Frauen nicht mehr zur Übernahme ungeschützter Beschäftigungen, wie bestimmte Teilzeitarbeiten das sind, gezwungen wären. Zudem hätte ein gesichertes Grundeinkommen unserer Meinung nach auch Auswirkungen auf die Arbeits- und Produktionsbedingungen, da die einzelnen nicht mehr gezwungen wären, ihre Arbeitskraft um *jeden* Preis zu verkaufen[14].

Um Arbeitsteilungen neu zur Disposition zu stellen, reicht eine individuelle Grundsicherung nicht aus. *„Das garantierte Grundeinkommen hat arbeitsmarkt- und arbeitspolitische Effekte, und es bedarf – insbesondere – arbeitspolitischer Flankierung, um sinnvoll zu funktionieren."* (Vobruba 1986, S. 51)

Gerade dieser Aspekt ist relevant für die Frage nach den Auswirkungen eines Grundeinkommens auf die geschlechtsspezifische Arbeitsteilung. Erst eine allgemeine Verkürzung der Erwerbsarbeitszeit böte den Geschlechtern die *Chance*, alle gesellschaftlich wichtigen Aufgaben zu teilen, also *auch* die Versorgung und Erziehung der Kinder und andere zur Reproduktion notwendigen Aufgaben.

Der Ehrenfestplan[15]

Ein Vorschlag zur Umverteilung von Hausarbeit und zur kollektiven finanziellen Versorgung der Kinder ist der sogenannte Ehrenfestplan. Galinka Ehrenfest schlägt eine Art „Sozialversicherung der Kindheit" vor, in Form von der Zahlung einer festen Summe für eine erziehungsberechtigte Person (in der Regel Mutter oder Vater) – in gleicher Höhe für alle. *„Die Versicherung beschränkt sich auf eine bestimmte Zeitspanne, wobei die Kinder allmählich mehr Geld bekommen für ihren Lebensunterhalt und der/die VersorgerIn weniger. (...) Diejenigen, die ihre Berufstätigkeit nicht unterbrechen wollen, können das Versicherungsgeld dazu verwenden, eine andere Person (...) zu bezahlen."* (Schade 1989, S.15) Die Höhe der monatlichen Versicherungssumme sollte sich an einem gesellschaftlichen Durchschnittseinkommen orientieren und für alle VersorgerInnen gleich sein (vgl. Schröder 1986). Auch dieser Vorschlag beinhaltet, ähnlich dem Grundeinkommen für alle, eine Umverteilung des gesellschaftlichen Reichtums. Ferner bezöge sich diese Leistung auf die durchschnittlichen Bedürfnisse eines Kindes, und die Mutter wäre nicht mehr vom väterlichen Unterhalt abhängig.

Ob die Durchsetzung dieser finanziellen Anstrengung dazu führen würde, Kindererziehung und -betreuung auch für Männer auf Dauer attraktiv zu machen, weil die Versorgung so zu einer gesellschaftlich anerkannten Arbeit mit einer akzeptablen Entlohnung werden würde, bleibt eine offene Frage. Versuchen wir an dieser Stelle die überwiegende Ablehnung einer umfassenden Kinderbetreuung seitens der Männer ernst zu nehmen, regt sich leiser Zweifel, ob es überhaupt günstig für die Entwicklung der Kinder und der Erwachsenen ist, *eine* Person auf die ganztägige Betreuung eines Kindes zu beschränken. Wir halten hier zwei gleichzeitige Strategien für notwendig, eine Gleichverteilung der Kinderbetreuungszeiten und -aufgaben auf beide Geschlechter *und* eine partielle kollektive Kinderbetreuung, unter Mitbestimmung der Eltern. Vielleicht ließe sich der Ehrenfestplan mit seiner notwendigen umfassenden finanziellen Absicherung der Kinder um diesen Aspekt erweitern. Überlegungen in diese Richtung sind auch kurzfristig notwendig, weil das derzeitige Kindergeld weder ausreicht[16] noch unbedingt an diejenigen gezahlt wird, die überwiegend für die Sorge um die Kinder zuständig sind, und das Kindergeld nicht einmal für die Kinder verwendet werden muß (vgl. Slupik 1988).

Wege aus den Krisen?

Soziale Sicherung in der Bundesrepublik mit ihrem Ableitungsprinzip sozialer Leistungen vom Erwerbseinkommen und dem familialen Subsidiaritätsprinzip benachteiligt nicht nur alle Frauen finanziell, ob sie nun kontinuierlich erwerbstätig sind oder sich (zeitweise oder ganz) dem Haushalt und den Kindern widmen. Sie fördert auch noch die Abhängigkeit von (Ex-)Ehemännern und Partnern, wenn z.B. die Bewilligung von Sozialhilfe vom Einkommen des Partners, mit dem die Antragstellerin Tisch und Bett teilt, abhängig gemacht wird, also davon ausgegangen wird, daß er sie versorgt und sie sich von ihm versorgen läßt, während der umgekehrte Fall kaum vorkommt, wie Petra Schallhöfer in ihrer Untersuchung von 100 Akten von SozialhilfeempfängerInnen feststellte (1988).

Die Durchsetzung der andiskutierten Vorschläge eines Grundeinkommens für jede(n) und/oder eine „Versicherung der Kindheit" bei gleichzeitiger Arbeitszeitverkürzung scheint uns schwierig, gerade weil diese Forderungen an den Grundfesten des bestehenden Wirtschaftssystems rütteln. Die ganzen Regelungsweisen der Sozialabgaben und Auszahlungen müßten umorganisiert werden, der gesamtgesellschaftliche Reichtum würde anders als bisher auf die Gesellschaftsmitglieder verteilt werden, Leistungen müßten neu bewertet werden, Produktionsweisen umgestellt werden usw. Die so gewonnene finanzielle Unabhängigkeit von Frauen würde ganze Domänen männlicher Herrschaft infrage stellen, wie z.B. das Ehe- und Familienrecht, worin die Scheidungsfolgenregelungen zum großen Teil überflüssig würden und damit auch die moralische Kontrolle weiblichen (Un-)Wohlverhaltens in der heterosexuellen Partnerschaft. Die Verflechtungen von Kapitalismus und Patriarchat lassen sich leider nicht wie der gordische Knoten mit einem Hieb lösen. Wir brauchen ebenso Geduld wie kurzfristige Strategien, ohne aufzuhören, über utopische Gesellschaftsentwürfe nachzudenken, an denen sich kurzfristige Strategien orientieren können und die zugleich viele bestehende Herrschaftsmomente immer wieder in neuem Licht aufscheinen lassen.

Wir stellen im folgenden einige Vorschläge zur Diskussion und Disposition, die der Frauenunterdrückung im System sozialer Sicherung entgegenwirken:

1. Unbedingt notwendig scheint uns eine *individuelle* soziale Sicherung, die jeder und jedem *unabhängig* vom Familienstand zusteht. Kurzfristig müßte eine Mindestrente gewährleisten, daß die Frauen nicht aufgrund von Kinderbetreuung und/oder Erwerbstätigkeiten in ungeschützten Arbeitsverhältnissen im Alter so unzureichend versorgt werden.[17]
2. Eine allgemeine Arbeitszeitverkürzung auf 30 – besser noch 20 – Wochenstunden gäbe beiden Geschlechtern die *Möglichkeit*, sich um Haushalt und Kinder gleichermaßen zu kümmern, und die Chance, sich stärker gesellschaftspolitisch zu engagieren (vgl. Haug 1987); die

ungeschützten Teilzeitarbeitsverhältnisse würden so auf Dauer überflüssig werden.

3. Es ist nach wie vor uneinsichtig, warum sich allein die Mütter um die jeweils eigenen Kinder ganz allein kümmern sollen, warum nicht alle Gesellschaftsmitglieder für die Sorge um die Nachgeborenen verantwortlich gemacht werden. Weder der Mangel an Erfahrungen mit Kindern noch die quasi ausschließliche Erfahrung und Kompetenz in diesem Bereich tragen zur Entwicklung bei. Hier müssen Zeiten und Gelder gefordert werden, die beiden Geschlechtern die Möglichkeiten eröffnen, ihre Kinder *und* sich selbst auf allen Ebenen zu fördern.
4. Eine kollektive Sorge um die Kinder setzt auch die Schaffung von Räumen für die Kinder voraus. Idealerweise stellen wir uns vor, daß staatlicherseits eine Verbesserung der Infrastruktur gewährleistet werden müßte, die erzieherische Betreuung der Kinder eher in Selbstverwaltung der Mütter, Väter und jeweiligen Gemeindemitglieder erfolgen würde.
5. Der Zugang zu *qualifizierter* Erwerbstätigkeit müßte verbessert werden. Die derzeitigen Maßnahmen des Arbeitsförderungsgesetzes erreichen die Frauen, die zurück ins Erwerbsleben wollen, kaum.
6. Um überhaupt nur ansatzweise einen Teil unserer Forderungen erreichen zu können, sollten wir in allen Bereichen auf Quotierung (mit 50 Prozent) bestehen, weil wir meinen, daß wir (Frauen) unsere Belange selber regeln müssen, die Männer nicht freiwillig auf ihre Privilegien verzichten werden, schon gar nicht, wenn es um Geld und Entscheidungsbefugnisse geht.

Anmerkungen

1 Wie sie es konkret schaffen, mit den wenigen ihnen zur Verfügung stehenden Mitteln auszukommen, ist eine empirische Frage, die einer extra Untersuchung bedarf und in diesem Rahmen nicht leistbar ist.

2 Wir definieren damit Familie nicht einfach kindzentriert, wie das statistische Bundesamt, das alle Konstellationen der gemeinsamen Haushaltung Familie nennt, worin Kinder oder/und Ehepaare vorkommen. Somit sind auch alleinstehende Frauen mit Kind eine Familie, so daß statistisch die Veränderungen in den Zusammenlebensformen gar nicht mehr erfaßbar sind.

3 Vergleiche hierzu: Michèle Barrett 1982.

4 Zunächst setzten sich Vertreter der Arbeiterbewegung (Ende des vergangenen Jahrhunderts) für die Erwerbstätigkeit von Frauen ein, u.a. damit sie Hand in

Hand mit den Männern für ihre Interessen kämpfen konnten. Aus dieser Zeit stammen auch Vorschläge, die anfallenden Hausarbeiten wie Waschen, Kochen und Kinderbetreuung kollektiv zu regeln, z.B. in „Wirtschaftsgenossenschaften", wie sie Lily Braun, aber auch Clara Zetkin u.a. beschrieben. Nach dem 1. Weltkrieg verschwanden sowohl die Vorstellungen über alternative Lebensformen als auch die unbedingte Erwerbstätigkeit der Frauen, nun sollten die Frauen zum Klassenkampf durch die Reproduktion der männlichen Kampfeskraft beitragen.

5 Barrett/McIntosh (1982) beschreiben für die englische Geschichte der Arbeiterbewegung im 19. Jahrhundert (in der Textilindustrie) Einrichtungen seitens der Arbeiter für Kinderbetreuung, Wasch- und Reinigungsdienste.

6 Wir denken, hierzu Näheres durch das biographische Forschungsprojekt zur „Lebenssituation alleinstehender Frauen" zu erfahren.

7 Vergleiche hierzu die Fallbeispiele von Frauendiskriminierung, die Petra Schallhöfer 1988 analysiert hat.

8 Dieser Anteil (von bis zu fünf Jahren), der in die Rentenversicherung eingeht, wurde in den Jahren seit der Einführung 1965 bis 1983 für Frauen niedriger angesetzt als für Männer mit der Begründung, daß Frauen durchschnittlich weniger verdienen als Männer (vgl. Kohleiss 1988).

9 Wir wollen an dieser Stelle nicht für eine Angleichung der beiden Rechtsbereiche sprechen, sondern verdeutlichen, daß eine rechtliche Gleichbehandlung der Geschlechter in einem Rechtssystem, das die ehelichen Abhängigkeiten von Frauen ebenso stützt wie die geschlechtsspezifischen Arbeitsteilungen, nicht zu erreichen ist, jedenfalls solange nicht, wie die sozialen Leistungen vom Familienstand abhängig gemacht werden.

10 Vergleiche hierzu den Beitrag von Carola Möller in diesem Buch.

11 „Zwar ist vorgesehen, die Anerkennung von Zeiten der Kindererziehung von bisher einem Jahr auf drei Jahre zu erweitern. Allerdings soll dies nur für solche Mütter gelten, die ihre Kinder nach dem Stichtag 1.1.1986 (nach der letzten Änderung erst 1992, B.K.) bekommen haben und nach der Geburt nicht erwerbstätig waren. Für alle anderen bleibt es bei der bisherigen Regelung, d.h. Anerkennung der Erziehungsleistung (in der Altersversorgung, B.K.) für ein Jahr bei Aufgabe der Erwerbstätigkeit." (Fabricius 1989)

12 Der Regelsatz beträgt zur Zeit für einen Hamburger Haushaltsvorstand 418,- DM im Monat.

13 Es gibt vielmehr zwei Dokumentationen der z.T. kontroversen Diskussion, die eine ist herausgegeben von Opielka/Vobruba 1986, die andere von Opielka/Ostner 1987. Ferner hat Mussmann 1986 die Diskussion überblicksartig zusammengefaßt; die Darstellung einer empirischen Erhebung findet sich in dem Beitrag von Frigga Haug 1989 zum Lafontaine Projekt.

14 Daß dies die politische Wirksamkeit der Gewerkschaften einschränken könnte, ist ein berechtigter Einwand, gleichzeitig wäre auch zu hoffen, daß sich gewerkschaftliche Politik von bloßen Tarifauseinandersetzungen abwenden könnte, hin zu breiteren arbeitspolitischen Debatten.

15 Da der Ehrenfestplan nur in holländischer Sprache vorliegt, können wir uns hier nur auf Sekundäranalysen (von Gisela Schade und Hannelore Schröder) stützen.

16 Das Kindergeld beträgt zur Zeit 50,- DM im Monat für das erste Kind, 100,- DM für das zweite, 220,- DM für das dritte und 240,- DM für jedes weitere.

17 1980 verfügten von den 1,2 Millionen Rentnerinnen 47% über ein monatliches Gesamteinkommen von weniger als 1000,- DM (vgl. Agnes Wichert 1988).

Literatur

Badziong, Norbert 1989: Falsch, unsozial, arbeitnehmerfeindlich. Sogenanntes Gesundheits-Reformgesetz belastet Beschäftigte und begünstigt private Versicherungen. In: ÖTV-Magazin 3/89

Barrett, Michéle 1982: Die unsoziale Familie. In: Das Argument 136

Barrett, Michéle und Mary McIntosh 1982: The 'family wage'. In: The Open University: The changing experience of women. Oxford

Blickhäuser, Angelika und Monika Molter 1985: Mit dem garantierten Mindesteinkommen ins Paradies? In: Beiträge zur feministischen Theorie und Praxis 15/16

Dörhöfer, Kerstin und Ulla Terlinden 1988: Orte und Räume der Hauswirtschaft. In: Gerda Tornieporth (Hg.): Arbeitsplatz Haushalt. Zur Theorie und Ökologie der Hausarbeit. Berlin/W.

Düchting, Frank 1984: Familienpackungen. In: Widersprüche 13

Fabricius, Brunhilde 1989: Rentenreform bringt Nachteile für die Frauen. In: Informationen für die Frau. Folge 2

Gerhard, Ute 1988: Sozialstaat auf Kosten der Frauen. In: Gerhard/Schwarzer/Slupik...

Gerhard, Ute, Alice Schwarzer und Vera Slupik (Hg.) 1988: Auf Kosten der Frauen. Frauenrechte im Sozialstaat. Weinheim/Basel

Haug, Frigga 1989: Die Perestrojka auf sozialdemokratisch? Ein Eingriff in die Diskussion um Lafontaine. In: Das Argument 174

dies. 1988: Perspektiven eines sozialistischen Feminismus – 20 Jahre Frauenbewegung in Westdeutschland und West-Berlin. In: Autonome Frauenredaktion (Hg.): Frauenbewegungen in der Welt/Bd. 1 Westeuropa. Berlin/W.

dies. 1986: Zeit der Privatisierungen. In: das Argument 156

Ketelhut, Barabara, Cristiane Kohne, Maren Kreutz und Erika Niehoff 1984: Familie als Brutstätte der Revolution. Familienpolitik in der Arbeiterbewegung. In: Projekt Sozialistischer Feminismus: Geschlechterverhältnisse und Frauenpolitik. Berlin/W.

Kohleiss, Annelies 1988: Frauenrechte in der gesetzlichen Rentenversicherung. In: Gerhard/Schwarzer/Slupik ...

Martiny, Ulrike 1989: Verteilung alleinstehender Frauen nach Familienstand und Altersgruppen. Unveröffentlichtes Manuskript Hamburg

Mennel, Annemarie 1988: Frauen, Steuern, Staatsausgaben. Subventionen für das Patriarchat. In: Gerhard/Schwarzer/Slupik ...

Metz-Göckel, Sigrid und Ursula Müller 1987: Partner oder Gegner? Überlebensweisen der Ideologie vom männlichen Familienernährer. In: Soziale Welt 1

MEW: Marx/Engels Werke 1972, Berlin. MEW Band 2 und Band 23

Meyer, Sibylle und Eva Schulze 1988: Lebens- und Wohnformen Alleinstehender. Literaturstudie und Bibliographie. Materialien zur Bevölkerungswissenschaft. Heft 29, hrsg. vom Bundesinstitut für Bevölkerungsforschung Wiesbaden

Mussmann, Frank 1986: Die Mindesteinkommensdiskussion. In: PROKLA 65

Nemitz, Barabara, Gabriele Runge und Sieglinde von Wasielewsky 1984: Die arbeitsschutzbedürftige Frau. In: Das Argument 147

Opielka, Michael und Ilona Ostner (Hg.) 1987: Umbau des Sozialstaates. Essen

Opielka, Michael und Georg Vobruba (Hg.) 1986: Das garantierte Grundeinkommen. Entwicklung und Perspektiven einer Forderung. Frankfurt/M.

Pfarr, Heide 1988: Mutterschaft und Mitleid. Der Zauber konservativer Frauenpolitik. In: Grottian/Krotz/Lütke/Pfarr: Die Wohlfahrtswende. München

Riedmüller, Barbara 1983: Soziale Sicherung. In: Beyer/Lamott/Meyer (Hg.):

Frauenhandlexikon. Stichworte zur Selbstbestimmung. München
Schade, Gisela 1989: Thesen zum Thema Frauen und Arbeit. In: Reader zum ersten Feministischen Ökonomieforum. Berlin
Schallhöfer, Petra 1988: Frauen als Sozialhilfeempfängerinnen. In: Gerhard/Schwarzer/Slupik...
Schröder, Hannelore 1986: Zur Empirie und Theorie ökonomischer Verpauperung von Müttern. Hrsg. von der gemeinsamen Kommission Frauenstudien/Frauenforschung. Hamburg
Slupik, Vera 1988: „Kinder kosten aber auch Geld". Die Diskriminierung von Frauen im Kindergeldrecht. In: Gerhard/Schwarzer/Slupik...
Spiegel, Erika 1986: Neue Haushaltstypen. Entstehungsbedingungen, Lebenssituation, Wohn- und Standortverhältnisse. Frankfurt/New York
Süssmuth, Rita 1985: Frauen – der Resignation keine Chance. Düsseldorf
Vobruba, Georg 1986: Die Entflechtung von Arbeit und Essen. Lohnarbeitszentrierte Sozialpolitik und garantiertes Grundeinkommen. In: Opielka/Vobruba ...
Wichert, Agnes 1988: Die Systematik der Diskriminierung im Rentenrecht. In: Gerhard/Schwarzer/Slupik...

Foto: Dirk Wildt

Ruth Kleinöder

Nachrichten aus Stadt und Land

Frühstücks-Gespräche über die Auswirkungen der EG-Agrarpolitik auf die kleinbäuerliche Produktionsweise (am Bespiel Milchmarkt) und die Situation von (drei) Bäuerinnen in der BRD

An einem Tisch, in einer geräumigen Wohnküche, irgendwo mitten in Berlin, treffen sich – nicht gerade zufällig – drei Frauen zum Frühstück. Es unterhalten sich: Christel, 37, nicht in der Landwirtschaft aufgewachsen, aber mit großem Interesse an „Ackerbau und Viehzucht". Sie ist vor einigen Jahren auf den 30 ha großen Schweinezucht- und Mastbetrieb ihres Freundes in Nordhessen gezogen. Dort leben unverheiratet Christel, der dreijährige Sohn und ihr Freund in den oberen Stockwerken des großen Bauernhauses; unten Herr und Frau Grass. Christel bewirtschaftet einen Gemüsegarten und fährt jeden Morgen in die nahe gelegene Stadt. Sie arbeitet bei der Volkshochschule im Bereich feministischer Bildung.

Neben ihr sitzt ihre „Schwiegermutter", Frau Grass, 84. Aufgrund von schicksalhaften Umständen wurde der 25 ha große Hof mit Garten, drei bis vier Kühen, Schweinen, rund 20 Hühnern und 20 bis 30 Gänsen über drei Generationen hinweg an Hofnachfolgerinnen vererbt. Bis dann Frau Grass Anfang der dreißiger Jahre ihren Betrieb aufgeben mußte – er befand sich in einem Braunkohleabbaugebiet – und in den Hof ihres Mannes einheiratete. Wie ihre Großmutter vermarktete sie Milchprodukte, Gänse, Mus und Eier auf dem lokalen Markt. Seit den fünfziger Jahren hat sie diese Direktvermarktung weitgehend aufgegeben und versorgt, nach einem schweren Unfall, hauptsächlich ihre Hauswirtschaft und den Garten.

Außerdem sitzt dabei Rita, 28, die seit zwei Jahren „Internationale Agrarwissenschaft" in Berlin studiert. Sie träumt von einem Dasein als selbständige Unternehmerin, die, zusammen mit anderen Bäuerinnen, einen großen Hof bewirtschaftet; allerdings ohne die Ausbeutung ihrer gesamten (Arbeits-)kraft, denn sie möchte nicht mit dem gebeugten Rükken ihrer Großmutter sterben, die sie sehr bewundert. Sie ist auf einem kleinbäuerlichen Betrieb in Süddeutschland aufgewachsen und lebt seit 10 Jahren in verschiedenen Städten. Sie wollte nicht den Bauern aus dem Nachbardorf heiraten, sondern mit Frauen leben. Der dörfliche und bäuerliche Lebenszusammenhang ist ihr nicht ganz so fremd. Sie hat ein besonderes Interesse am Umgang mit landwirtschaftlichen Maschinen und arbeitete vor Aufnahme des Studiums ein Jahr als Praktikantin im Betrieb der Familie Grass.

Auf dem Frühstückstisch stehen schon Kaffee, heiße Milch, Gouda und Brie, Joghurt, Müsli, Bananen, Butter und Honig, Pflaumenmarmelade, ein Geschenk von Frau Grass, und leckere Vollkornbrötchen aus dem Naturkostladen „Himmel und Erde“.

Rita: Immer das gleiche, sommers wie winters: Schneide ich morgens mein knackiges Müslibrötchen auf, pellt sich garantiert die steinharte Butter aus EG-Lagerbeständen übers Messer. Streichfähig ist doch nur Margarine, ein reines Pflanzenprodukt. Dazu noch kalorienarm und cholesterinfrei, besser verdaulich soll sie auch sein. Ganz neu, jetzt gibt's „die Leichte“-Butter – schmeckt wie Butter, sieht aus wie Butter und schlägt mir auch morgens nicht so auf den Magen.

Christel: „Muuh... du darfst“, kann ich dazu nur sagen. Seit der Zulassung von Butter- und Halbfett-Imitaten in den meisten europäischen Ländern verdienen sich die Nahrungsmittelkonzerne wirklich goldene Nasen. Der Milchfett-Anteil ist in diesen Produkten z.T. erheblich reduziert und wird in unterschiedlichem Maß von pflanzlichen Fetten wie Soja- und Sonnenblumenöl ersetzt, plus Emulgatoren, Geschmacks- und Farbstoffen, Gelatine, Sorbinsäure, Antioxidantien, Vitaminen, Salzen und Konservierungsstoffen. Da muß das Kleingedruckte auf den Packungen genau studiert werden. Zollfrei importierte pflanzliche Fette – im Gegensatz zum teuren, preisgestützten, in der EG produzierten Milchfett – schaffen sprunghafte Gewinne mit steigenden Absatzerwartungen. Sind Imitate erst mal EG-weit zugelassen, dann kannst du deinen kalorienarmen Bedarf mit einer breiten Palette an Kunstkäse, Kaffeeweißer, Brotaufstrichen aus Bakterien und verschiedenen Streichfetten stillen. Imitate sind allerdings keine Billigprodukte, falls du das mit der billigen Margarine verwechselst. Die Imitate-Werbung richtet sich an „Frauen von heute“, die, schlank und fit, das nötige Gesundheitsbewußtsein besitzen, um zielsicher „Bio“-Produkte in jedem Supermarkt aufzuspüren. Soja-„Fleisch“ (in Frankreich, Spanien oder Italien produziert) in der Minipizza von Aldi – bei diesem vollwertigen Lebensmittel aus dem Supermarkt müssen sich die Naturkostläden ganz schön anstrengen, um ihr Image zu bewahren (und ihren steigenden Umsatz mit der Vollwertigkeit).

Frau Grass: Wenn ich da an die arbeits- und zeitintensive Herstellung von Butter, Käse und Schmand denke, damals, als ich das noch selbst gemacht habe... Jetzt kaufe ich das alles im Laden ein. Nur das Gemüse und Obst kommt aus dem eigenen, chemiefreien Garten. Wie schmeckt euch eigentlich das mitgebrachte Mus?

Rita *(kauend)*: Ausgezeichnet, ist doch eine ganz andere Qualität als die industriell hergestellten Nahrungsmittel. Die Verarbeitung und Vermarktung von pflanzlichen und tierischen „Rohstoffen" ist ja längst nicht mehr das „Privileg" von Frauen, von Bäuerinnen. Ich selbst könnte mir meinen Alltag ohne industriell hergestellte Nahrungsmittel und ein von der Jahreszeit unabhängiges Angebot an Frischgemüse und Obst gar nicht vorstellen. Daß die Qualität von Lebensmitteln sich verschlechtert hat, die Nahrungsmittelkonzerne die höchsten Gewinne einschieben und die auf den Export ausgerichtete Landwirtschaft der „Dritten Welt" ausgebeutet wird, liegt auf der Hand. Aber wer sollte denn die (Selbst-)-Versorgung und Befriedigung der Konsumwünsche – nicht nur in den Städten – übernehmen? Mehr Frauen wieder in die Produktion für den Eigenbedarf (Subsistenzproduktion) und die direkte Vermarktung ihrer Produkte?[1] Ohne eine feministische Revolution, durch die die Lebenssituation von Frauen ökonomisch und gesellschaftlich völlig verändert wird, heißt das nur mehr Hausarbeit und die Verstärkung der gesellschaftlichen Arbeitsteilung.

Frau Grass: Die Herstellung von Nahrungsmitteln, in den zwanziger und dreißiger Jahren noch ganz üblich, war sinnvoll unter den „gegebenen Rahmenbedingungen der Haus- und Hofwirtschaft und der marktwirtschaftlichen Strukturen". (Kolbeck 1986, S. 58). Wenn jetzt zum Beispiel die Landwirtschaftsverbände wieder anfangen, Direktvermarktung zu propagieren, dann sollen die Bäuerinnen die völlig verfehlte Agrarpolitik und die Einkommensverluste, bis hin zum erzwungenen Aufgeben der klein- und mittelbäuerlichen Betriebe, aufhalten. Gefragt ist das außerlandwirtschaftliche Einkommen von Frauen (unter diesen Gesichtspunkten sind auch Bäuerinnen mit Beruf sehr erwünscht) oder das Anbieten von (zusätzlichen) Dienstleistungen, z.B. Urlaub auf dem Bauernhof und Direktvermarktung. Es sind sogenannte „Marktnischen", die das Überleben der kleineren Betriebe sichern sollen. Daß sich damit der Zeit- und Arbeitsaufwand vor allem in der Hauswirtschaft erheblich steigert, wird als Natur der Sache betrachtet. Ehrlich gesagt, ich war erleichtert, daß die häusliche Milchverarbeitung und Vermarktung bestimmter Produkte mit der zwangsweisen Ablieferung der Milch an die Molkereien ein Ende hatte.

Christel: Finde ich gut, daß du das sagst. Oft höre ich, daß Bäuerinnen so zufrieden sind mit ihrer Arbeit. Aber ich verstehe trotzdem nicht, warum Bäuerinnen den für sie sehr wichtigen und eigenständigen Bereich der Produktion und Direktvermarktung aufgegeben haben. Freiwillig etwa? Schließlich war das Milchgeld (bzw. Buttergeld, Käsegeld) sicheres Einkommen und Barguthaben, das sie verwalteten und meist im Betrieb anlegten.

Frau Grass: Die Arbeitsüberlastung der Bäuerinnen war sicher nur ein Grund für das Aufgeben. Obwohl du das nicht unterschätzen darfst, denn allein die Arbeitszeiten sind zum Teil erheblich länger als die von Männern. Sonn- und feiertags und nachts werden viele liegengebliebenen Haus-Arbeiten erledigt; und die „müssen" wir machen, während Direktvermarktung und andere Produktionszweige (z.B. Kleintierhaltung) eine zusätzliche Arbeit darstellen, die in den rationalisierten Betrieben oft gar keinen Sinn mehr macht, außer den von mir eben beschriebenen.

Bei der Produktion für den Eigenbedarf, der Verarbeitung von Obst und Gemüse, zählte weniger die Arbeitszeit als vielmehr die Qualität, die Frische und der Stolz angesichts gefüllter Vorratskammern. So hatten wir unsere eigenen ökonomischen Bereiche, vor allem die Stall- und Hauswirtschaft. Da konnten uns die Männer nicht so leicht dreinreden. Die Hauswirtschaft war ein vielfältiger Produktionsraum: Lebensmittel für den eigenen Bedarf und den Verkauf herstellen, Essen kochen, Viehfutter vorbereiten, Kinderstube und einziger beheizbarer Aufenthaltsraum (bei ärmeren Verhältnissen). Auf größeren Höfen waren viele Arbeiten im Haus bezahlte Dienstleistungen (Mägde, Tagelöhnerinnen). Durch die Vermarktung unserer Produkte auf den lokalen Märkten und an unsere Stammkundschaft bewegten wir uns in der Öffentlichkeit. Das schaffte schon ein anderes Selbstbewußtsein und eine andere ökonomische Macht als heute. Unsere Arbeit hatte eine sichtbare Anerkennung und viele Arbeitsabläufe, von der Anpflanzung und Aufzucht bis hin zum Verkauf lag alles in unseren Händen. Die Produktion war an Regionen und Böden, an Zeiten und Wachstumsrhythmen gebunden, also naturnah und umweltfreundlich.

Aber zurück zu deiner Frage, Christel. Wir wurden auch gezwungen aufzugeben. Anfang der dreißiger Jahre hat sich gerade auf dem Milchmarkt einiges verändert. Es gab zwar bereits während des 1. Weltkrieges einen Ablieferungszwang für Milch und Butter, die Preise waren festgelegt und Markennamen und Qualitätsprüfungen wurden eingeführt. Doch mit der Milchgesetzgebung 1930/31 fing die totale Marktkontrolle an. Sie war anfangs schwer durchschaubar und angreifbar, weil sie sich hinter Hygiene- und Kennzeichnungsvorschriften verbarg. Zum Beispiel durfte die Milch beim losen Verkauf nicht mehr aus Behältern geschöpft, sondern mußte durch ein Spezialventil gezapft werden. Die Verarbeitungsräume für Milch, die nicht gleichzeitig Wohnräume sein durften, mußten abwaschbare Wände und wasserdichte Fußböden haben. Dann wurden viele Milchviehbetriebe, auch die kleinsten, erfaßt. Sie waren Zwangsmitglieder im Milchversorgungsverband, der die abzuliefernde Milchmenge, den Preis und die Molkerei bestimmte. Alle milchver- und -bearbeitenden Betriebe eines Bezirks wurden in Molkereien zusammengeschlossen, und 1934 wurde die private Weiterverarbeitung und Direktvermarktung untersagt. Die Zwangsbewirtschaftung 1939 kam einer Rechtlosigkeit der Bauern und Bäuerinnen ihren Produkten gegenüber gleich. Zurückbehalten werden durfte nur eine bestimmte Menge an Nahrungsmitteln, die auf „Hofkarten" verzeichnet war (entspricht den Lebensmittelkarten).

Dies alles war ein Teil der Kriegsvorbereitung. Zum Beispiel wurde die Milchpulverherstellung intensiviert und die Butter haltbarer gemacht. Das „deutsche Volk" sollte vom Außenhandel unabhängig werden und sich selbst versorgen. Ziel war außerdem, Vermarktung und Produktion zu trennen. Den Handel und die Verarbeitung übernahm der Staat. Das andere waren die bäuerlichen Produzenten. Die jetzige Agrarpolitik bezieht sich noch immer auf die Milchgesetze 1930/31. Die Produktion von Milchpulver ist in der EG[2] längst über die für die Selbstversorgung notwendige Menge hinausgegangen.

Christel: Um bei dem Beispiel „Milch" zu bleiben. Die Zwangsbewirtschaftung während des 2. Weltkrieges wurde zwar aufgehoben, die Einschränkung für die Direktvermarktung blieb bestehen. Die Direktvermarktung von Milch liegt heute bei 1%. (Innerhalb der EG gibt es allerdings große Unterschiede, z.B. ist die Quote in Italien 20%.) Der Direktverkauf verlagerte sich auf Zwischenhändler (Molkereien, Genossenschaften, nahrungsmittelverarbeitende Industrie). Dort werden Lieferbedingungen und Preise festgesetzt, die andere Vermarktungsformen ausschließen. Hygienerechtliche Vorschriften, die teure und arbeitsintensive Verarbeitung von Milch (zu Käse oder Butter) und die Aufgabe kleiner Kuhbestände ermöglichen es nur in Genossenschaften mit einem bestimmten Markenzeichen zusammengeschlossenen Bauern und Bäuerinnen, die Direktvermarktung auszuweiten.

Rita: Klar, die Milch muß doch für den Export gesammelt werden. Seit Mitte der sechziger Jahre gibt es „künstliche" Überschüsse von Milch-Produkten, über 20 Jahre schon wachsen die Butterberge. Die EG exportiert vor allem in „Dritte-Welt-Länder". Dort mußten die „westlichen Milchprodukte" erst einmal eingeführt werden. Trotz Milchunverträglichkeit, den tödlichen Folgen des Milchpulverkonsums (Stichwort: Nestle) und der Zerstörung der nationalen kleinbäuerlichen Landwirtschaft. Wie zum Beispiel in Indien die „weiße Revolution" zu einer systematisch aufgebauten Abhängigkeit von EG-Milchpulverlieferungen führte. Oft wurden neue Konsum-Bedürfnisse erst geschaffen, z.B. für das „Luxusprodukt" Schokolade. Oder Schafskäse wurde aus Kuhmilch hergestellt und Fetakäse genannt. Eine Kreation speziell für den Nahen Osten und Griechenland, die die nationale Schafskäseproduktion verdrängte. Als Nahrungsmittelhilfe eingesetzte Exporte von Magermilch[3] und Butteröl sind nur zu einem Zehntel eigentliche Katastrophenhilfe. Vielmals kommen sie als Massenlieferungen oder projektgebunden an und konkurrieren mit einheimischen Agrarprodukten.

Christel: An den Butterbergen und Milchseen sind ja angeblich immer die Bauern und Bäuerinnen und die „verfehlte" Agrarpolitik der EG schuld. Gerade im Handelskrieg mit den USA stellen die Überschüsse aber eine sehr gezielte „Vorratshaltung" der EG dar. Bei vielen Milchprodukten hat die EG Anteile von über 50% am Welthandel. Natürlich gab es Schwankungen bei den Überschüssen, die hauptsächlich vom Fallen oder Anwachsen des Exports abhängig sind. Überschüsse rechtfertigen die Eingriffe der EG in den Milchmarkt, die die Milcherzeugung senken sollen.

Frau Grass: Während die Zahl der Kühe in den letzten Jahren nahezu gleich blieb, ging die Zahl der milchviehhaltenden Betriebe ständig zurück. Vor allem zentralisierte sich die Milchproduktion auf bestimmte Regionen, z.B. das küstennahe Norddeutschland. Die angelieferte Milchmenge stieg durch die Erhöhung der Milchleistung pro Kuh, besonders in den Großbetrieben[4]. Die „Schwarzbunten"[5] bringen zur Zeit knapp 6000 Liter mit 4% Fett (pro Kuh/Jahr) in den Tank. Diese Hochleistungskühe sind sehr anfällig für Euterkrankheiten und für Bein-und Klauenentzündungen. Sie verlieren zunehmend ihre Fruchtbarkeit und haben eine kürzere „Lebenserwartung" (nach dreieinhalb Jahren ist die moderne Milchkuh verbraucht). Züchtung mit Hilfe von Spermaübertragung und Embryotransfer ist das eine, Fütterung das andere. Dafür sind Futtermittel notwendig, die vor allem einen höheren Eiweißgehalt aufweisen als das Grünfutter. Früher haben wir hauptsächlich wirtschaftseigenes Futter (Kartoffeln, Futterhackfrüchte) gefüttert, und die Kühe standen von Frühjahr bis Herbst auf der Weide. Heute dienen Gras und Heu nur noch der Erhaltung der Magenfunktion der Kühe. Außerdem stehen in Großbetrieben sehr viele Kühe in einem Stall, unabhängig von den Grünflächen, die für diese Betriebe vorhanden sind. Den Hauptteil an Futtermitteln machen jetzt die nährstoffreicheren und billig importierten Getreideersatzfuttermittel (z.B. Tapioka aus Thailand) und Eiweißfutter (z.B. Sojaschrot) und das relativ teure Getreide aus. Die Futtermittelproduktion in der „Dritten Welt“ konkurriert mit dem Anbau von Nahrungsmitteln für den regionalen Bedarf und verschärft damit die Exportabhängigkeit dieser Länder. Die Forderung nach einem Stop der Futtermittelimporte ist dennoch nicht die einfachste Lösung. Langfristige Alternativen setzen die vollständige Veränderung des Weltwirtschaftssystems voraus.

Rita: Rinderwachstumshormone und Antibiotika finden sich ebenso wie Rückstände aus Pflanzenschutzmitteln in Milch und Milchprodukten wieder. Wenn ich an die Qualität von Nahrungsmitteln denke, würde ich am liebsten meine eigene Kuh bei einer Bio-Bäuerin unterstellen und sie für die „unverseuchte“ Milch bezahlen.

Christel: Wenn sich's um Landwirtschaft dreht, denkst du an deinen eigenen Genuß. Im Bauern- oder Naturkostladen einkaufen zu gehen oder auf Konsum zu verzichten, ist wirklich nur die eine Seite. Verbraucherinnen können damit klarmachen, welche Nahrungsmittel unter welchen Bedingungen produziert sie bezahlen wollen. Aber die Auswirkungen der EG-Agrarpolitik sind vielfältiger und gravierender.

Rita: Ja, das weiß ich doch auch: Die Fruchtfolgen (Drei-Felder-Wirtschaft) entwickeln sich zur monokulturellen Anbauweise; z.B. Zuckerrüben in Norddeutschland, Soja in Südfrankreich, exotische Früchte und Gemüse in Spanien, Getreide im Pariser Becken. Je nach optimalen Wachstumsbedingungen entsteht eine ideale Arbeitsteilung innerhalb der EG. Durch die konzentrierte Tierhaltung fallen Massen an Gülle an, die das Grundwasser ebenso vergiften wie die Chemie im Einsatz. Die Böden sterben ab. Ich will lieber wissen, wie sich das auf deine Arbeit ausgewirkt hat.

Frau Grass: Ja, Ende der fünfziger Jahre begann ein enormer Abwanderungsdruck. „Wachsen oder Weichen“ war die Devise. Die freigewordenen Arbeitskräfte aus der Landwirtschaft arbeiteten in der Industrie und im Dienstleistungsbereich. Damals stand ich morgens um vier Uhr auf, versorgte noch die Kühe, machte Frühstück und erledigte die dringlichste Hausarbeit. Ich fuhr mit einem „Pendlerbus“, in dem vor allem Frauen saßen, in die weitentfernte Kreisstadt. Ich arbeitete dort als Packerin in einer Bekleidungsfirma. Der Anpassungsdruck war stark, und die Landwirtschaft wollten wir nicht aufgeben, wie es viele aus dem Dorf gemacht haben. Von damals 50 Höfen sind 10 Vollerwerbsbetriebe[6] übriggeblieben, 15 wirtschaften im Nebenerwerb und stehen finanziell oft besser da als die kleineren Vollerwerbsbetriebe. Neue Maschinen mußten angeschafft werden, deren Bedienung mir nicht immer leichtfiel, so daß ich in der Außenwirtschaft kaum noch tätig war. Die Hack- und Pflegearbeiten, die wir wochenlang mit Tagelöhnerinnen aus dem Dorf gemacht hatten, fielen der Mechanisierung zum Opfer.

Draußen war ich gern: Die Jahreszeiten und das Wachstum beobachten können. Mit Bäuerinnen bei der Arbeit reden. Was wir uns alles erzählt haben, das muß ich jetzt bei den Familienfeierlichkeiten und Dorffesten nachholen. Die Hausarbeit blieb dabei oft liegen. Nur der Stall mußte immer gemacht werden: Schweine füttern, Rinder füttern und melken, die Ställe ausmisten, Kälber und Ferkel aufziehen, die Hühner und Gänse versorgen. Solange ich selbst vermarktete, war das mein Bereich. Tiergesundheit, Vermarktung und Schlachtung der Tiere, Ankauf und Verkauf des Viehs – das war meine Sache. Das war nicht auf jedem Hof so – aber gemolken haben die meisten Frauen. Alles andere haben der Bauer oder andere männliche Arbeitskräfte getan. Bevor wir ganz auf Schweinehaltung umstellten, habe ich immer den Stall gemacht.

Rita: Ich habe gelesen, daß mit steigender Betriebsgröße, daß mit der Vergrößerung der Tierbestände, dem Spezialisierungsprozeß hin zur Viehhaltung und der Technisierung im Stall der Anteil von Frauen in der Hofwirtschaft sinkt. Mit steigender Betriebsgröße vergrößert sich auch die Trennung von Haus und Betrieb. Die Kindererziehung läuft nicht mehr nebenbei. Die Ansprüche an die „emotionalisierte Häuslichkeit" stehen dem Arbeits- und Produktionszusammenhang des bäuerlichen Hofes gegenüber. Die Vielfalt der Bäuerinnen-Arbeit verändert sich zum Nur-Hausfrausein.

Frau Grass: Die ständige Überlastung hat mit der Rationalisierung dennoch nicht abgenommen. Ich träumte immer von einem richtigen Urlaub. Gerade als es uns wirtschaftlich so schlecht ging, mußte ich die Verantwortung für den Erhalt des Hofes übernehmen. Wer hätte es sonst getan? Meine drei Söhne hatten damals kein Interesse am Hof. Sie wollten frei entscheiden und erstmal eine richtige Ausbildung machen. Meine Tochter hat zwar ländliche Hauswirtschaft gelernt. Aber die für die Führung eines Betriebs notwendigen Kenntnisse in Pflanzenbau, Tierhaltung und Landtechnik hat sie dort nicht erworben. In den Erntezeiten ist sie schon mal auf den Traktor gesprungen. Sie will lieber in der Stadt leben. Ich hatte alle Hände voll zu tun, denn aufgeben, das war nicht drin. Seit fünf Jahren hat mein ältester Sohn den Hof gepachtet.

Christel: Unsere Haushalte sind getrennt, das weißt du ja, Rita. Getrennt kochen und essen, das hat vor allem in den ersten Jahren großen Streit gegeben. Am Anfang habe ich noch am Wochenende im Stall und bei den Außenarbeiten mitgeholfen. Ich wollte Schafe nebenbei halten und Käse verkaufen. Ich sollte dann alles auf einmal machen: meine Arbeit in der Stadt, mein Geld in den Hof stecken, abends und am Wochenende Bäuerin sein. Dagegen habe ich mich gewehrt. Jetzt halte ich mir oft die Ohren zu, wenn's um Anschaffungen, um Kredite und um den Hof geht. Ich bewirtschafte meinen großen Garten und liege auch während der stressigen Getreideernte in der Sonne. Für Zeiten, wo's mir zu bunt wird, habe ich noch ein Zimmer in der Stadt angemietet und treffe mich dort mit Freundinnen.

Rita: Als ich bei euch arbeitete, war ich die einzige Frau, die im Stall oder auf den Maschinen rumkroch. Die Futtermittelhändler, die auf den Hof kamen, sprachen mich als Jung-Bäuerin an. Daß du in der Stadt arbeitest, entsprach gar nicht ihrem Bild.

Frau Grass: Viele aus dem Dorf mußten aufhören, weil sie hoch verschuldet waren. Ich dachte, das könnten wir durch Mehr-Arbeit und Einschränkungen aufhalten. Als dann die Christel ihre „städtischen" Bedürfnisse hier durchsetzte, sah ich meine Tugenden „Fleiß und Sparsamkeit" ausgelacht. Ich hatte die Übersicht über die Finanzen und trug die Verantwortung für die Hofkasse und das Bankkonto. Die Buchführung des Betriebes machte ich größtenteils selbst. Das ermöglichte mir Handlungsspielräume bei allen Hofentscheidungen. Christel hat ihr eigenes Einkommen, mit dem sie „frei" kalkulieren kann. Dazu die billige Selbstversorgung auf dem Land. Der Sohn ist auch hauptsächlich in meiner Wohnstube aufgewachsen. Nach Aufgabe der Direktvermarktung hatte ich kein eigenes Einkommen mehr. Das selbstverdiente Geld steckte ich in den Betrieb, um letztendlich den eigenen „Arbeitsplatz" zu erhalten. Denn wieder in der Fabrik arbeiten, das wollte ich nicht. So hat mir halt vieles gestunken.

Christel: Streiten will ich aber heute nicht!!

Rita: Ein anderes Thema: In der Landwirtschaft gefragt ist die dynamische, risikofreudige Unternehmerin, die neue Marktchancen wittert, ökonomisch-rational investiert, die Technisierung vorantreibt und flexibel wirtschaftet. Für alle, die's nicht werden wollen, heißt's Natur- und Umweltschutz betreiben, um das ländliche Leben für den Tourismus zu erhalten. Die Überschüsse müssen verringert werden, das heißt lediglich, daß immer weniger LandwirtInnen immer mehr Grundnahrungsmittel produzieren bzw. landwirtschaftliche Rohstoffe liefern. Neue Märkte sollen erschlossen werden (Stichwort: nachwachsende Rohstoffe)[7], der Export verstärkt und zusätzliche Nahrungsmittelhilfe angeboten werden. Das sind nur Stichpunkte aus dem „Grünbuch“ der EG-Kommission. Wichtig ist vor allem eine veränderte Preis- und Marktpolitik der EG, „bei einem Markt, wo die Preise schon lange nicht mehr von Angebot und Nachfrage bestimmt werden“ (BUKO, S. 213).

Frau Grass: Unvorstellbar, daß ich selbst mal die Preise für meine Produkte bestimmte. Preise, die sich nicht so schnell änderten. Für die Qualität der hergestellten Nahrungsmittel war ich sogar persönlich verantwortlich. Ich habe gelesen, daß von einer Mark, die eine Verbraucherin heute für ein Produkt im Supermarkt bezahlt, 60 Pfennig Handel und nahrungsmittelverarbeitende Industrie kassieren und 20 Pfennig die Bauern und Bäuerinnen.

Rita: Ich will die Preispolitik der EG mal am Beispiel Milchmarkt erklären: Garantierte Preise gibt es nicht für die Rohmilch, die Bauern und Bäuerinnen anliefern. Dafür existiert ein unverbindlicher Richtpreis (eine Art Durchschnittspreis für die Gesamtheit der Milcherzeuger in der EG), der aber von dem tatsächlich ausgezahlten Erzeugerpreis zum Teil erheblich abweicht. Langfristig soll der Erzeugerpreis weiter herabgesetzt und auf das (niedrigere) Weltmarktniveau gedrückt werden. Die Exporterstattungen[8] (mehr als die Hälfte aller im Rahmen der EG-Agrarmarktordnung ausgegebenen Mittel entfallen auf Exporterstattungen) sollen gleichzeitig gesenkt werden. Für Butter und Magermilchpulver, also Verarbeitungsprodukte der Molkereien, gibt es garantierte Preise. Sie werden Subventions- oder Interventionspreise genannt. Aufgrund der Überschußsituation in der EG orientiert sich der Richtpreis an dem Interventionspreis, der von der EG-Kommission festgelegt wird. Sinkt der Marktpreis unter den Interventionspreis, kauft die EG Überschüsse an Magermilchpulver und Butter, in Italien einige Käsesorten auf. „Viele Molkereien erreichen also die höchsten Gewinne bzw. Auszahlungspreise, wenn sie nicht für den Markt, sondern für die Lager- und Kühlhäuser der EG produzieren.“ (BUKO, S. 96) Mit den Stützungskäufen (Intervention) der EG wurde ein künstlicher Markt geschaffen. Die Magermilch wird nicht mehr an die Bauern zurückgeführt (sie ist ein wichtiges Futtermittel für Kälber und Schweine), sondern in riesigen Trocknungslagern getrocknet. Magermilchpulver ist lange lagerfähig und ideal für den Außenhandel der EG. Den ersten Platz beim Export von weißem Pulver und Butter mußte die EG inzwischen an Neuseeland und Australien abtreten. Der Handelskrieg mit den USA verschärft den Exportrückgang der EG bei Milchprodukten noch weiter – und damit auch die restriktive Preis- und Marktpolitik der EG.

Christel: Buh, ist das kompliziert. Seit letztem Jahr hat die EG neue Richtlinien und eine einschneidende Preispolitik beschlossen: Die Milchanlieferung sank bisher nur unzureichend. Und das nach den ganzen Abschlacht- und Nichtvermarktungsprämien, den Prämien für die Verringerung der Milchkuhbestände in den siebziger und achtziger Jahren, der Förderung der Fleischrinderzucht und schließlich der Milchquotenregelung 1984. All dies führte zu einem enormen Strukturwandel in der Landwirtschaft und im Molkereibereich (1955 gab es noch 3150 Molkereien, 1985 rund 500). Riesige Nahrungsmittelkonzerne entstanden, wie z.B. Nestle, zweitgrößter Nahrungsmittelkonzern der Welt, der über seine Tochterfirmen Libby, Glücksklee und Allgäuer Alpenmilch in der EG-Milchwirtschaft mitmischt.

Mit der neuen Markt- und Preispolitik der EG sollen die Milchquoten, also die Menge an Milch, die Bauern und Bäuerinnen an die Molkereien abliefern, um weitere 9,5% gesenkt werden (1984 6,7%).[9] Zusätzlich werden die Interventionspreise entsprechend der Milch-Qualität abgestuft, das heißt, zu hoher Fettgehalt ergibt Abzüge. In Form einer „Mitverantwortungsabgabe“ (etwa an den Überschüssen?) sollen die LandwirtInnen 3% bezahlen (ab einer bestimmten Produktionsmenge einzelbetrieblich oder auf EG-Ebene). Außerdem kann die EG den Ankauf von Butter und Magermilch für bestimmte Zeiten, z.B. für 6 Monate im Wirtschaftsjahr, aussetzen. Maßnahmen, die sicher den Erzeugerpreis weiter senken werden. Geringere Ausgaben der EG-Kasse für Subvention und Intervention am Binnenmarkt stärken die Konkurrenzfähigkeit der EG auf dem Weltmarkt.

Rita: Sinkende Preise, Strukturwandel, Handelskrieg... mir brummt der Kopf. Gut zu wissen, daß es Widerstand von Bauern und Bäuerinnen gibt. Agraropposition, Umwelt- und „Dritte-Welt“-Bewegung kämpfen für „eine ökologische, soziale und solidarische Agrarpolitik“ (BUKO, S. 263). Die Unterstützung der klein- und mittelbäuerlichen Landwirtschaft steht dabei im Vordergrund. Sie wirtschaften mit weniger Chemieeinsatz, sind vielseitiger, erzeugen qualitativ bessere Nahrungsmittel und sind tendenziell eher bereit, umzustellen (z.B. auf biologischen Landbau).

Christel: „Kleinbäuerlich“ allein ist kein Markenzeichen, finde ich. Dieser Begriff steht auch in den Parteiprogrammen zur CDU/CSU-Agrarpolitik. Und über die Rolle von Frauen in der Landwirtschaft ist damit nicht viel ausgesagt.

Rita: Die Rolle der Bäuerin im bäuerlichen Familienbetrieb ist an die Erhaltung der Familie und des Hofes geknüpft. Wenn Rita Süßmuth sagt: „Die Frauen in der Landwirtschaft helfen uns allen – unsere Politik hilft ihnen und ihren Familien", meint sie nichts anderes, als den untergeordneten Status der „mithelfenden Betriebsangehörigen". In den Agrarstatistiken werden Frauen als 0,5 Familienarbeitskräfte aufgeführt. Vollarbeitskräfte sind die Betriebsinhaber, also zu 92% Männer. Frauen machen die Zuarbeit. Das stimmt ja hinten und vorne nicht.

Christel: Vor allem stimmt es dann nicht, wenn dem Frausein das Mit-der-Natur-Eins-Sein zugeordnet wird. Ich treffe all zu oft auf eine idealisierende und romantisierende Sicht der Subsistenzwirtschaft und der kleinbäuerlichen Produktionsweise und der naturverbundenen Rolle der Frauen darin.

Frau Grass: Ich hoffe wirklich, daß die Lebenseinstellungen und die Arbeitsweise der Bäuerinnen mehr bekannt werden. Aber jetzt muß ich los – mein Flugzeug nach Teneriffa fliegt in einer Stunde. Das habe ich mir doch schon so lange gewünscht, und jetzt, jetzt mach' ich das auch, koste es, was es wolle.

Anmerkungen

1 „Die gesamte Hofwirtschaft und besonders die Arbeitsbereiche der Frauen waren darauf eingestellt, so weit wie möglich alle Dinge des täglichen Bedarfs für sich und die Haushaltsmitglieder selbst herzustellen und alle anfallenden Dienstleistungen selbst zu erbringen." (Kolbeck, S. 57)

2 Die Europäische Wirtschaftsgemeinschaft (EWG) wurde 1957 von 6 europäischen Staaten, darunter der BRD, gegründet. Die EG umfaßt heute 12 Mitgliedsstaaten.

3 50% der angelieferten Milch werden in den Molkereien zu Butter verarbeitet. Nachdem der Rahm für die Butterproduktion von der Milch abgetrennt ist, bleibt die Magermilch übrig.

4 Die landwirtschaftlichen Betriebe in der BRD werden nach ihrem Erwerbscharakter in Voll-, Zuerwerbs- und Nebenerwerbsbetriebe eingeteilt (siehe Anm. 6). Die Einstufung in Groß- bzw. Kleinbetriebe kennzeichnet eher das Maß ihrer industriell-kapitalistischen Entwicklung. „Die äußeren Merkmale dieser (landwirtschaftlichen) Produktion sind
- 3- bis 4feldrige Fruchtfolgen,
- hoher Stellenwert der Veredelungsproduktion mittels zugekaufter bzw. importierter Futtermittel,

– Spezialisierung auf wenige oder auch nur einen Betriebszweig,
– Zukauf und (hoher) Einsatz von Dünge- und Pflanzenschutzbehandlungsmitteln,
– stetig zunehmende Leistungen und Erträge,
– Verfahren der Intensivtierhaltung wurden zunehmend angewendet (z.B. Spaltenböden mit Gülle, Anbindehaltung von Säuen, Käfighaltung der Hühner) usw."

(aus: Bendixen, Ernst-Otto: Bäuerliche Landwirtschaft oder industrialisierte Landwirtschaft? In: Gödde, Voegelin 1988, S. 86)

Großbetriebe sind nicht nur die aus den Medienskandalen bekannten Großmästereien und Eierfabriken.

5 „Erst nach 1945 fand die heute deutliche Unterscheidung der Rassen nach verschiedenen Nutzungsarten (Fleisch- oder Milchproduktion) statt. Die Arbeitsfähigkeit wurde als Zuchtziel völlig unbedeutend, ebenso die Anpassungsfähigkeit an die Umwelt (Klima, Gelände). Daraus resultiert die Seltenheit von früher verbreiteten Rassen wie Rotvieh, Wäldervieh, Gelbvieh. Rindermäster bevorzugen Fleischrassen, die für die Milcherzeugung nicht zu gebrauchen sind, z.B. Charolais, Angus.

Bei den Schwarzbunten wurden die neuen Möglichkeiten der Tierzucht am konsequentesten angewendet. Das ursprünglich mittelgroße und leicht mollige Zweinutzungsrind wurde seit Ende der 60er Jahre amerikanisiert, indem massenhaft Sperma nordamerikanischer „Holstein-Frisian" (HF) importiert wurde. Diese sind größer, aber eleganter (edler, sagt der Züchter) als ihre Vorfahren. Solche Kühe wollte man hier auch haben, denn die im Skelett großrahmigeren Tiere können mehr fressen, setzen einen Großteil des Futters in Milch um und nicht in Fleisch und Fettpolster, haben eine bessere Euteraufhängung, und ihre Euter sind melkmaschinengerecht. Hochleistungskühe sind rationeller, denn sie brauchen weniger Futter für ihren Erhaltungsbedarf, weniger Stallplatz und weniger Arbeitszeit, um dieselbe Menge Milch zu produzieren wie eine größere Herde herkömmlicher Kühe. Die im Register der Zuchtverbände eingetragenen Schwarzbunten bringen zur Zeit rund 6000 l Milch mit 4% Fett im Jahr in den Tank, während der Bundesdurchschnitt noch unter 5000 l liegt." (aus: Schiemann, 1986, S. 33)

6 *Vollerwerbsbetriebe*: Außerlandwirtschaftliches Einkommen unter 10% des Einkommens der Bäuerin und des Bauern.

Zuerwerbsbetriebe: Zwischen 10 und 50% des Einkommens der Bäuerin und des Bauern aus außerbetrieblicher Arbeit.

Nebenerwerbsbetriebe: Über 50% des Einkommens (Bäuerin und Bauer) aus außerbetrieblicher Arbeit.

Verteilung der Betriebe nach dem Erwerbscharakter 1986

Erwerbscharakter	Anzahl (1000)	Anteil (%)	Durchschnittsgröße (ha)
Vollerwerbsbetriebe	350,8	49,6	26,60
Zuerwerbsbetriebe	68,5	9,7	15,76
Nebenerwerbsbetriebe	288,4	40,7	5,30
Summe der Betriebe	707,7	100,0	

Quellen: Agrarbericht 1987 und Grüner Bericht 1967

Frauen sind in der Nebenerwerbslandwirtschaft vollbeschäftigt und führen den Betrieb meist in alleiniger Regie (vor allem bei Abwesenheit des Bauern).

Mit steigender Betriebsgröße arbeiten mehr betriebsfremde Arbeitskräfte (Saisonarbeiter, Melker, Fahrer) im landwirtschaftlichen Betrieb.

7 „Aus nachwachsenden Rohstoffen werden schon seit langem nicht nur Nahrungsmittel, sondern auch Energieträger und Chemiegrundstoffe gewonnen. Zwei wesentliche Gruppen von Nahrungsstoffen sind dabei zu unterscheiden. Aus landwirtschaftlichen Erzeugnissen werden Faserpflanzen für die Textilproduktion und Öle und Fette für chemische Grundstoffe gewonnen. Aus Holzbeständen können Holzprodukte, Zellstoffe (z.B. für die Papierherstellung) und einige chemische Produkte hergestellt werden." (aus: BUKO, S. 246). Nachwachsende Rohstoffe sind vor allem im industriellen Bereich und als Bioethanol (aus Zucker und Stärke) interessant.

8 Der Außenhandel der EG regelt sich über Preis-„Abschöpfungen" bei der Einfuhr und Preis-„Erstattungen" bei der Ausfuhr. Importeure müssen bei der Einfuhr die Differenz zwischen dem niedrigeren Weltmarktpreis und dem EG-Preis an die EG-Kasse abführen. Die EG erstattet den Exporteuren die Differenz zwischen EG-Marktpreis (nahe dem Interventionspreis) und dem niedrigen Weltmarktpreis. Exporterstattungen können je nach Importland unterschiedlich hoch sein und decken alle Exportkosten ab.

9 Die Milch(mengen)quotierung schloß eine Härtefallregelung und die Milchrente mit ein. Mit Hilfe der Härtefallregelung sollten v.a. kleinere MilchproduzentInnen vor Einkommensverlusten geschützt werden. Tatsächlich profitieren davon hauptsächlich diejenigen Betriebe, die rechtzeitig investiert und die Milchkuhbestände aufgestockt hatten. Ziel der Milchrente ist es, viele LandwirtInnen zur endgültigen Aufgabe der Milchviehhaltung zu bewegen. Die Milchrente wird für 10 Jahre bezahlt.

Literatur

Bauernstimme. Eine Zeitung von Bäuerinnen und Bauern. ABL Rheda-Wiedenbrück, Ausgaben 1986–1989.

Baumgartner, Monika; Brink, Dr. Antje; Klein-Langenhoff, Ursula: Landwirtschaft und Lebensqualität. GHK Kassel 1988.

Bolbach, Marianne; Liebeherz, Petra: Landwirte, Molkereien und die Kontigentierung. GHK Kassel 1986.

BUKO AGRO-Koordination: Wer Hunger pflanzt und Überschuß erntet. Hamburg 1987.

Fink, Antje: Kunstkäse. Nein Danke! Rheda-Wiedenbrück 1988.

Heitmann, Gisela: Arbeitsaufwand der weiblichen Arbeitskräfte in Haushalt und Betrieb. Hrsg. Landwirtschaftskammer Westfalen-Lippe, Münster 1980.

Inhetveen, Heide; Blasche, Magret: Frauen in der kleinbäuerlichen Landwirtschaft. Opladen 1983.

Kolbeck, Thekla: Landfrauen und Direktvermarktung. Gesamthochschule Kassel 1986.

Kolbeck, Thekla: Situation und Perspektiven von Bäuerinnen. In: Gödde, Hugo; Voegelin, Dieter (Hrsg.): Für eine bäuerliche Landwirtschaft. GHK Kassel 1988, Band 14.

Scholdei, Gundi; Schultz, Ute: Bäuerinnen in der Direktvermarktung – die aktuelle Bedeutung eines ehemals gebräuchlichen Vermarktungsweges. GHK Kassel 1988.

Schiemann, Harald: Futtermittel und Welthunger. Reinbeck bei Hamburg 1986.

Schulenburg, Kerstin: Die Stellung der Frau in Haushalt und Betrieb. TU Berlin 1988.

Annette Goerlich / Margret Krannich

Die Auswirkungen des EG-Binnenmarktes auf die Lage von Frauen

Was heißt europäischer Binnenmarkt?

Der EG-Binnenmarkt ist, auch wenn die Pressekampagne dazu den gegenteiligen Eindruck erweckt, keine neue Idee. Bereits in den 60er und 70er Jahren wurden als Voraussetzungen für eine ökonomische Vereinheitlichung die Freizügigkeit im Verkehr von Waren und Dienstleistungen sowie die Angleichung rechtlicher Normen, z.B. im Patentrecht, genannt.

Nachdem nun die Europäische Gemeinschaft jahrelang in der Krise steckte und die bisherigen Schritte westeuropäischer Einigung, die sich vor allem auf die gemeinsame Agrarpolitik, den Kohle- und Stahlsektor und das Vorantreiben der Atomindustrie konzentriert hatten, immer stärker kritisiert wurden, wird nun der Binnenmarkt als Krisenlösung vorgeschlagen.

Die Initiative dazu kam von Großunternehmen. 1985 verfaßte der damalige Chef von Philips, Dekker, ein Thesenpapier zu „Europe 1990", das nach Billigung durch die europäische Industrielobby[1] in ganzen Passagen im Weißbuch zur „Vollendung des Binnenmarktes" von der EG-Kommission aufgegriffen und vom Rat der Europäischen Gemeinschaften als Grundlage seiner Politik angenommen wurde.

Im Weißbuch wie in den Publikationen der Arbeitgeber wird die These vertreten, daß nur die Schaffung eines „investitionsfreundlichen Klimas" zu Wirtschaftswachstum und damit zu einem Aufschwung führen könne; als wesentliche Elemente für ein solches Klima werden Maßhalten bei den Reallöhnen, niedrige Steuern für Arbeitgeber, Lockerung von Beschäftigungsvorschriften und Flexibilisierung von Arbeitszeiten genannt.

Ein weiteres Interesse, das hinter dieser Binnenmarktinitiative steht, läßt sich an einem Beispiel vereinfachend erklären: Philips ist unter anderem einer der größten Hersteller von Elektrogeräten auf dem europäischen Markt. In den einzelnen EG-Ländern bestehen zum Teil völlig unterschiedliche Vorschriften bezüglich der Sicherheit von Geräten und – ganz banal – verschiedene Stecker und Stromanschlüsse. Daher ist Philips bisher gezwungen, unterschiedliche Geräte entsprechend dieser verschiedenen Normen herzustellen. Das erhöht die Produktionskosten. Zudem existieren unterschiedliche Steuersätze und Einfuhrbedingungen, die den Export erschweren. Angestrebt wird also ein vereinheitlichter EG-Absatzmarkt mit 320 Mio. KonsumentInnen, der einen Konkurrenzvorteil gegenüber der US-amerikanischen und japanischen Wirtschaft sichern soll.[2]

Um die politische Blockierung durch einzelstaatliche Interessen zu überwinden, wurde eine Art Verfassungsänderung der EG vollzogen: Im Juli 1989 trat die Einheitliche Europäische Akte in Kraft, die in allen Fragen, die die Realisierung des Binnenmarktes betreffen, das Prinzip der Einstimmigkeit im Ministerrat durch eine Mehrheitsentscheidung ersetzt.

Das oben erwähnte EG-Weißbuch enthält nun eine detaillierte Auflistung von etwa 300 Einzelmaßnahmen, die bis zum 31.12.1992 verwirklicht werden sollen. Dabei geht es um folgendes:

1. sollen die Grenzformalitäten und -kontrollen abgebaut werden;
2. sollen nicht-tarifäre Handelshemmnisse, also z.B. unterschiedliche Normen bei Lebensmitteln, verschiedene Sicherheitsvorschriften, z.B. bei Maschinen, und verschiedene Standards abgeschafft werden;
3. sollen fiskalische Schranken abgebaut werden, d.h. unterschiedliche indirekte Steuersätze sollen harmonisiert werden (z.B. die Mehrwertsteuer);
4. soll das öffentliche Auftragswesen für Anbieter aus anderen EG-Ländern geöffnet werden (bisher werden 90% der öffentlichen Aufträge an einheimische Anbieter vergeben);
5. soll der Finanzsektor durch Abbau nationaler Vorschriften und Devisenkontrollen dereguliert werden.[3]

Durch die Binnenmarktdynamik und die damit verbundene Fusionswelle und den Verdrängungswettbewerb von Unternehmen und umgekehrt die zunehmende Konkurrenz um die nationalen und regionalen Standorte für Forschung und Produktion können eine ganze Reihe lästiger rechtlicher und institutioneller Beschränkungen weggefegt werden.

Die Bestimmungen des Arbeitsschutzes, der Sozialleistungen, des Arbeits- und Sozialrechts, des Umwelt- und VerbraucherInnenschutzes sind in den einzelnen Ländern sehr unterschiedlich, je nach politischen Konstellationen und Kräfteverhältnissen. Je freier der Verkehr von Waren, Dienstleistungen, Kapital und Arbeitskräften nun wird, desto schwieriger wird es werden, nationale und regionale Regelungen, die oft hart erkämpft wurden von z.B. Gewerkschaften, Umwelt- und Frauengruppen, aufrechtzuerhalten, wenn sie die Wettbewerbsfähigkeit des einzelnen Standorts begrenzen. Wenn in Belgien am Wochenende gearbeitet wird, läßt sich das bei uns eben auch nicht vermeiden, wenn in Frankreich schwächere Umweltvorschriften bestehen, können sich andere Länder strengere auch nicht mehr leisten. Frauenarbeitsschutzgesetze wie das Nachtarbeitsverbot werden bereits unter dem Vorwand, die Gleichbehandlung zu beeinträchtigen, abgebaut. Fortschrittliche Mutterschutzregelungen einiger Länder laufen Gefahr, als Wettbewerbshindernis abgebaut zu werden.

Auswirkungen auf die Beschäftigungslage von Frauen

Im Zuge der verschärften Konkurrenz und Anpassung an einen einheitlichen Markt versuchen die Unternehmen, die Produktionskosten zu drücken. Dies geschieht vor allem durch den Faktor Arbeit.

Kernstücke dabei sind

- die weitere Automatisierung
- die (zeitweise) Verlagerung der Produktion in Billiglohnländer in arbeitsintensiven Bereichen, die nicht spezifisch qualifizierte Arbeitskräfte erfordern
- und in erster Linie die Flexibilisierung des Arbeitskräfteeinsatzes mit der zunehmenden Nutzung ungeschützter Beschäftigungsverhältnisse und der zunehmenden Nutzung unbezahlter Arbeit.[4]

Eine Studie der EG-Kommission von 1988 zu den Tendenzen und Perspektiven des europäischen Arbeitsmarktes stellt fest, daß die Entwicklung der nächsten Jahre gekennzeichnet sein wird von einem Beschäftigungsrückgang in der Landwirtschaft und z.T. in der Industrie und von Umstrukturierungen durch die Ausgliederung von Dienstleistungsaufgaben (Privatisierung bestimmter Dienste wie Kantinen, Reinigung von Gebäuden usw.), durch die Vergabe von Unteraufträgen, durch die Entwicklung sogenannter selbständiger Beschäftigungsformen – dahinter verbirgt sich zum großen Teil Heimarbeit auf eigenes Risiko – und durch das Ersetzen von dauerhaften Vollzeittätigkeiten durch flexible Beschäftigungsformen.[5] Dabei ist die bestehende geschlechtshierarchische Arbeitsteilung eine der wichtigsten Grundlagen, auf der diese Entwicklung stattfindet und auch nur stattfinden kann.

Frauen sind ja aufgrund ihrer fast alleinigen Verantwortlichkeit für Haus-, Erziehungs- und Pflegearbeit prädestiniert für unbezahlte Arbeit und für Erwerbsarbeit in Form von Zeit- und Teilzeitbeschäftigungen, und sie sind als sogenannte Zuverdienerinnen angeblich weniger auf existenzsichernde Löhne und auf Sozialversicherung angewiesen.

Die Auswirkungen des Binnenmarktes auf die Beschäftigung bzw. Nichtbeschäftigung von Frauen sollen im folgenden an einigen zentralen Bereichen illustriert werden.

Erwerbslosigkeit von Frauen

Im März 1989 betrug die Zahl der registrierten Erwerbslosen in der EG ca. 15,2 Mio.; das entspricht einer Erwerbslosenquote von 9,6%, wobei die Quote der erwerbslosen Männer 7,8%, die der Frauen 12,5% ausmacht.[6] Der Anteil von Frauen an den registrierten Erwerbslosen in der EG beträgt inzwischen 51%, obwohl ihr Anteil an den Erwerbstätigen mit zwischen 24 und 44% je nach EG-Land sehr viel niedriger liegt. Wenn die erwerbslosen Teilzeitsuchenden, die Nichtanspruchsberechtigten, die als unvermittelbar nicht länger Registrierten dazugezählt werden, verdoppelt sich die Anzahl der erwerbslosen Frauen in der EG auf ca. 15 Mio. Während die Erwerbslosigkeit von Männern in der EG insgesamt seit 1984 nicht mehr angestiegen ist und stärker beeinflußt wird durch zyklische Schwankungen in der Industrie, steigt die von Frauen ständig weiter an und drückt einen Langzeittrend der strukturellen Veränderungen vor allem im Dienstleistungsbereich und im öffentlichen Dienst aus.

Banken und Versicherungen

Dieser Sektor reagiert bereits stark auf die angekündigten Maßnahmen (freier Kapitalverkehr, freie Niederlassung von Banken und Versicherungen) in Form von Fusionen, Übernahmen, gemeinsamen Absprachen, der Standardisierung von Tätigkeiten und Einsparungen, was den Faktor Arbeit angeht. Nach einem Bericht, der 1987 im Auftrag der Kommission erstellt wurde, ist in den nächsten Jahren mit einer stark wachsenden Zahl von dequalifizierten Teilzeitbeschäftigten und mit Personalabbau im Verwaltungs- und EDV-Bereich und bei den rein funktionalen Diensten zu rechnen.[7] Vor allem bei der Korrespondenz, der Kassenführung und bei einfachen Schaltertätigkeiten werden zahlreiche Arbeitskräfte eingespart. Dies werden in erster Linie Frauen sein.

Zunehmen werden kaufmännische Tätigkeiten, Tätigkeiten im Bereich der Kundenberatung, der Verwaltung von Wertpapieren, der Anlage von Risikokapital und Tätigkeiten als Kreditexperten und Finanzanalytiker, und das sind in erster Linie Männer.

Die größten Auswirkungen in dem Bereich werden erst nach 1990 bzw. 1995 mit der Schaffung eines zwischenbanklichen Netzes und damit der Abschaffung des Scheckverkehrs erwartet.

In der Bundesrepublik verrichten 3 Mio. Personen (davon über 70% Frauen) Routinearbeit in Banken, Versicherungen und Handel; sie können zu einem großen Teil ersetzt werden durch Computer, zu einem kleineren Teil werden die Arbeitsplätze umgewandelt in flexible, ungeschützte

Arbeit und in Teleheimarbeit ohne Recht auf Mindestlohn und soziale Sicherheit. In den Niederlanden wird damit gerechnet, daß bis 1990 bereits 17% aller Typistinnen wegautomatisiert sind.

Bereits jetzt arbeiten 13% (Männer 0%) der im niederländischen Banken- und Versicherungswesen beschäftigten Frauen weniger als 15 Wochenstunden; 40,6% arbeiten halbtags (12% bei den Männern). Der Bruttostundenlohn beträgt für Vollzeitarbeit ca. 20,- DM, für Teilzeit ca. 14,50 DM und für Arbeit auf Abruf weniger als 11,75 DM, vom Wegfall von Sozialversicherung ganz zu schweigen.

Wie durch Fusionen im Zuge des Binnenmarktes erkämpfte Regelungen ausgehebelt werden können, zeigt ebenfalls ein Beispiel aus den Niederlanden: In der Postbank, einer staatlichen Bank, wurde durchgesetzt, daß 1,8 Mio. Gulden für Kinderbetreuung zur Verfügung gestellt wurden und daß alle Eltern das Recht auf jährlich 26 Tage bezahlte Elternfreistellung haben. Es kommt nun zu einer Fusion zwischen der Postbank und der NMB, einer Privatbank, wobei der Kostenfaktor Arbeit neutral bleiben soll, mit dem Ergebnis, daß jetzt diese Politik der Frauenförderung in Gefahr ist.[9]

Textilindustrie

Hier sind in der EG (ohne Spanien und Portugal) zwischen 1975 und 1985 schon 1 Mio. Arbeitsplätze verlorengegangen. Die Entwicklung in dem Bereich, die gekennzeichnet ist durch Verlagerung in Billiglohnländer, Schließung von Betrieben und Automatisierung der restlichen Betriebe, soll durch den Binnenmarkt abgerundet werden.

Diejenigen Betriebe, die arbeitsintensiv meist Produkte minderer Qualität produzieren und keine spezifisch qualifizierten Arbeitskräfte benötigen, verlagern ihre Produktion in die Peripherie, wo sie ein Reservoir flexibel einsetzbarer Frauen und Mädchen vorfinden. Umgekehrt bieten in den marginalisierten „Randregionen" prekäre Beschäftigungsverhältnisse den einzigen Anziehungspunkt für das Kapital. Illegale Arbeit wird vor allem in gering kapitalbildenden Sektoren (Textil-, Lederwaren usw.) genutzt. So werden z.B. in Portugal Mädchen zwischen 10 und 15 Jahren von der Schule geholt, um illegal in kleinen Ateliers oder als Heimarbeiterinnen für die bundesdeutsche Schuhindustrie zu arbeiten. Oft werden sie mit 25 Jahren wieder ausgesondert und sind dann ohne jegliche Ausbildung oder Einkommensquelle.[10] Ähnliche Verlagerungen finden in Teilen der Spielzeug- und Nahrungsmittelindustrie und im Elektronikbereich statt.

Umgekehrt wird sich die Produktion von hochwertigen Gütern noch mehr in den Finanz- und Industriezentren mit der entsprechenden Hochtechnologie und Infrastruktur (Werbung, Marketing, Consulting usw.) konzentrieren. Diese Produktion ist weitgehend automatisiert, und im Zuge der Automatisierung wurden Frauen von Posten wie etwa Abteilungsleiterinnen verdrängt und Männer zur Bedienung und Kontrolle der maschinellen Produktion eingestellt.

Landwirtschaft

In Griechenland arbeiten 38%, in Portugal 29% der weiblichen Erwerbstätigen in der Landwirtschaft. Die Umstrukturierung hin zur Agrarindustrie, die bei uns schon weitgehend abgeschlossen ist, wird diese Länder erst richtig erfassen und zum Sterben von kleinbäuerlichen Betrieben und damit zum Verlust von Einkommensquellen führen. Jährlich gehen etwa 300 000 kleinbäuerliche Betriebe und damit 500 000 Arbeitsplätze in der Landwirtschaft verloren.

Im Süden wandern oft die Männer auf der Suche nach einer Nebenerwerbstätigkeit ab, und die Frauen bleiben mit einer noch größeren Arbeitslast zurück und müssen zu ihrer Arbeit auch noch die traditionelle Männerarbeit (Ernte, Transport usw.) übernehmen. Um zu überleben, arbeiten viele Bäuerinnen noch nebenher als Heimarbeiterinnen oder vermieten Zimmer an TouristInnen. Dies ist auch ein Konzept, das die EG-Kommission mit Mitteln aus den europäischen Strukturfonds fördert. Darüber hinaus wird erwartet, daß in der südeuropäischen Klein- und Hausindustrie zahlreiche Einkommensquellen für Frauen verlorengehen werden.

Insgesamt wird für die bereits marginalisierten Randregionen allenfalls arbeitsintensive Teilproduktion auf Zeit abfallen, ansonsten werden sie noch mehr an den Rand gedrängt.

Öffentlicher Dienst

Die Liberalisierung des Kapitalverkehrs und die Entwicklung hin zu einer Währungseinheit verträgt sich schlecht mit großen Defiziten in den öffentlichen Haushalten. Das Argument des Binnenmarktes wird als Druckmittel für weitere Sparmaßnahmen im öffentlichen Dienst benutzt. Einsparungen werden erzielt durch Flexibilisierung und Prekarisierung der Arbeitsverhältnisse, durch Privatisierung öffentlicher Dienste und durch verstärkte Nutzung „ehrenamtlicher“ unbezahlter Frauenarbeit.

Im Gesundheitswesen werden immer mehr extrem schlecht bezahlte Hilfs- und Interimskräfte eingestellt; Verpflegung, Reinigung und Wäscherei in Krankenhäusern ist oder wird privatisiert, was neben schlechteren Beschäftigungsbedingungen für die dort beschäftigten Frauen auch Qualitätsverluste der betreffenden Dienste mit sich bringt, die durch unbezahlte Frauenarbeit wieder ausgeglichen werden sollen.

In öffentlichen Büchereien wird z.T. schon mit ehrenamtlichen Kräften gearbeitet.

Auch dadurch, daß Aufträge von kommunalen, regionalen und überregionalen Körperschaften in einem EG-Binnenmarkt in Zukunft EG-weit ausgeschrieben werden müssen, werden prekäre Arbeitsbedingungen stimuliert.

Die Uniformen für die niederländische und belgische Armee werden beispielsweise von griechischen Heimarbeiterinnen angefertigt.

Durch diese Deregulierung des öffentlichen Auftragswesens können auch leichter erkämpfte Auflagen umgangen werden. In Großbritannien etwa wurde durchgesetzt, daß öffentliche Aufträge nur an Firmen vergeben werden dürfen, die eine Politik der Gleichbehandlung von Frauen und Männern dadurch praktizieren, daß sie den Frauenanteil unter den Beschäftigten stetig erhöhen. Mit der Öffnung des öffentlichen Auftragwesens ist diese Regelung in Gefahr. Eine lokale bzw. regionale Politik wird auf diese Weise zunehmend erschwert.

Die Folgen: Armut von Frauen

Insgesamt sind EG-weit ca. 75–92% der ungeschützt Beschäftigten Frauen. Nach Schätzungen arbeitet bereits ein Drittel der Erwerbstätigen in prekären Arbeitsverhältnissen.

In Großbritannien arbeiten 1,4 Mio. – zu über 90% Frauen – bis zu 10 Stunden pro Woche; eine Arbeitsgesetzgebung existiert erst ab 16 Wochenstunden. In der Bundesrepublik arbeiten 2,3 Mio. – mehrheitlich Frauen – weniger als 15 Wochenstunden und verdienen weniger als 560,- DM monatlich. In Spanien arbeiten 42% der weiblichen Erwerbsbevölkerung in der informellen Ökonomie ohne jegliche Form von Sozialversicherung.

Eine EG-Studie von 1988 zu Heimarbeit ergab, daß Heimarbeit fast ausschließlich von ca. 30jährigen Frauen mit kleinen Kindern und von Immigrantinnen und Angehörigen ethnischer Minderheiten geleistet wird und sich nicht mehr auf traditionell gewerbliche Industriezweige beschränkt, sondern in Ländern wie Großbritannien und Frankreich bereits in allen Sektoren existiert.[11] In Großbritannien werden Heimarbeiterinnen als „Selbständige“ beschäftigt; damit werden Sozialversicherungspflicht und Kündigungsschutz unterlaufen.

Flexible/ungeschützte Arbeit ist nicht existenzsichernd, und so ist es nicht erstaunlich, daß 75–85% der Frauen in der EG ökonomisch abhängig sind und daß von den 44 Mio., die in der EG unterhalb der Armutsgrenze leben, über die Hälfte ältere Frauen und alleinerziehende Mütter sind.

Frauen als Verbraucherinnen – die verschwiegene Hälfte der Frauenarbeit

Solange eine Gesellschaft geschlechtsspezifisch strukturiert ist, haben Entwicklungen für Männer und Frauen unterschiedliche Auswirkungen. Das soll in den folgenden Abschnitten illustriert werden.

VerbraucherInnensteuer

Im Zuge der Binnenmarktentwicklung wird eine Angleichung der indirekten Steuersätze, vor allem der Mehrwertsteuer, auf EG-Ebene angestrebt. Bisher ist der Mehrwertsteuersatz in den einzelnen EG-Ländern sehr unterschiedlich: In Griechenland liegt er bei 30%, in Irland bei 25%, in Italien bei 19% und in der BRD bei 14%. Ganz unterschiedlich ist aber auch die Zuordnung von Waren zu verschiedenen Kategorien von Steuern: In Großbritannien und Portugal sind Grundnahrungsmittel steuerfrei, in Italien werden sie ebenso wie bestimmte Dienstleistungen, beispielsweise Kindergärten und städtische Reinigung, nur mit 2% besteuert, und in Irland sind Dinge des alltäglichen Bedarfs wie Bücher, Kinderkleidung, Schuhe usw. von der Mehrwertsteuer ausgenommen.

Diskutiert wird jetzt ein EG-weiter Mehrwertsteuersatz für Güter und Dienstleistungen von 4 bis 9%, was in vielen Ländern – und zwar gerade in jenen, in denen Armut besonders ausgeprägt ist – eine Verteuerung von Alltagsgütern bedeutet. Umgekehrt sollen die Steuersätze für Güter wie Autos, Energie, Rüstungs- und Luxuserzeugnisse tendenziell gesenkt werden. Einige Länder wie die BRD haben dafür schon Grundlagen in Form einer Steuer-„Reform“ geschaffen, andere werden dies erst noch tun müssen.

Diese Steuerpolitik trifft – von den damit verbundenen ökologischen Folgen einmal abgesehen – Frauen, insbesondere Frauen mit Kindern, mit ihren in der Regel niedrigen Einkünften besonders hart.

Umweltbelastung und Frauenarbeit

In der BRD leidet inzwischen jedes fünfte Kind an einer umweltbedingten Atemwegserkrankung. Nicht nur Pseudo-Krupp und Asthma, sondern auch die verschiedensten Arten von Allergien nehmen ständig zu.

Da in der Regel Frauen mit den Kindern zum Arzt gehen, Kranke pflegen, Diätkost zubereiten usw., sind sie von den Folgen der ökologischen Zerstörung besonders betroffen; sie müssen durch unbezahlte Arbeit die Verluste an Lebensqualität so gut es geht ausgleichen und die Folgen auffangen.

In Holland, das als eines der am stärksten verschmutzten Länder der Erde gilt, wurde errechnet, daß die Umweltbelastung um 70–90% gesenkt werden muß, damit es im Jahr 2010 noch eine lebenswerte Umwelt bieten kann. Auch die konservative Regierung hat inzwischen eingesehen, daß die holländische Umweltschutzpolitik weit über die EG-Richtlinien hinausgehen muß, wenn sie effektiv sein will. Die meisten Regierungen stellen sich jedoch einer konsequenten Umweltpolitik entgegen. Der kleinste gemeinsame Nenner wird zur gemeinsamen Richtlinie, und in den Mitgliedsländern vergießen die Umweltminister dann Krokodilstränen gegenüber der eigenen Öffentlichkeit, weil sie leider gezwungen seien, die nationalen Bestimmungen nach der EG-Norm zu richten, die sie selbst mitbestimmt haben. Dabei steht es nach der Einheitlichen Europäischen Akte jedem Land frei, in Umweltangelegenheiten über die EG-Normen hinausgehende, strengere Bestimmungen zu erlassen.

Dänemark wurde beispielsweise erfolglos von der EG-Kommission wegen Wettbewerbsverzerrung verklagt, weil dort Einwegflaschen verboten sind. Der Europäische Gerichtshof stellte in seiner Begründung fest, daß aus Gründen des Umweltschutzes gewisse Wettbewerbseinschränkungen erlaubt seien.

Die Begrenzung der Schwefelemission von Kraftwerken wurde lange verschleppt und schließlich mit großzügigem Zeitrahmen und etlichen Ausnahmen verabschiedet. Die FCKW-Produktion soll erst bis 1999 um nur 50% gedrosselt werden. Die Abgaswerte für Kleinwagen sind noch immer so hoch, daß sie auch ohne geregelten Dreiweg-Katalysator erreichbar sind. Zum Schutz der Nordsee kam nicht einmal eine Entschließung (die keinen bindenden Charakter hat) zustande. Eine Richtlinie zum allgemeinen Verbot der Einleitung von Dünnsäure in Gewässer wurde nicht verabschiedet. Produktionsverbote z.B. für FCKW, Asbest oder Dioxin sind tabu.

Bisher sind es nur die Grünen, die im kompetenzlosen Europäischen Parlament für eine Umweltsteuer auf umweltbelastende Produktion und Güter eintreten. Es gibt zwar eine EG-Richtlinie über die Umweltverträglichkeitsprüfung bei bestimmten öffentlichen und privaten Projekten, gerade Großprojekte wie die Erweiterung von Häfen und Staudämme sind jedoch davon ausgenommen.

Spielte die Umweltpolitik schon bisher kaum eine Rolle, so verschärft sich das durch den Binnenmarkt, der klar wirtschaftlichen und eben gerade nicht gesellschaftlichen und ökologischen Interessen entspringt. Inzwischen wird – nicht zuletzt aufgeschreckt durch die Wahlerfolge der grünen Parteien europaweit – dem Binnenmarkt neben der sozialen auch eine umweltpolitische Dimension angehängt. In welche Richtung wird diese Umweltpolitik zielen? Wird sie an der Vermeidung von Schäden ansetzen oder Folgenverminderung betreiben?

Letzteres ist ein gutes Geschäft: Von jetzt 83 Milliarden DM wird der Markt für Umwelttechnologie (z.B. Rauchgasreinigung, Abfallbehandlung und Abwasserreinigung) bis zum Jahr 2000 auf 140 Milliarden DM zunehmen. In fast allen Bereichen der Umwelttechnologie sind die drei Chemie-Multis BASF, Bayer und Hoechst vertreten; an dem Geschäft werden also gerade wieder die verdienen, die zu den Problemverursachern gehören.

Überrollt

Die Öffnung der Grenzen für die Industrie bringt einen gewaltigen Anstieg des Güterverkehrs mit sich. Nach Schätzungen soll er bis zum Jahr 2000 um 70% zunehmen. Durch den zu erwartenden Preissturz aufgrund der Aufhebung protektionistischer Maßnahmen bis 1992 im Flugverkehr wird dieser auch erheblich anwachsen. Bereits bisher stieg er jährlich um 6–7,5%. Auch in den nicht zur EG zählenden Transitländern Schweiz und Österreich werden sich bis zum Ende dieses Jahrhunderts die Verkehrsströme verdoppeln. Diese Verkehrszunahme wird einhergehen mit zunehmender Schadstoff- und Lärmbelastung, mit wachsendem Energie- und Rohstoffverbrauch, mit zunehmender Unfallhäufigkeit und ausgedehntem Straßen- und Flughafenausbau.

Füllhorn Europa?

Die EG-Kommission versucht, den Binnenmarkt der normalen Bürgerin mit angeblich – u.a. durch den verschärften Wettbewerb – sinkenden Preisen schmackhaft zu machen. Sie prognostizierte eine 6prozentige Preissenkung. Aufgrund der forcierten Unternehmenszusammenschlüsse, die leicht marktbeherrschenden Charakter annehmen können, ist es unwahrscheinlich, daß die Unternehmen längerfristig ihre Einsparungen an die KonsumentInnen weitergeben werden.

Frauen tätigen die überwältigende Mehrheit des alltäglichen Konsums; das ist eine nicht unerhebliche Machtposition, die bisher aber kaum ins Spiel gebracht wurde. Auch verfügen Frauen über Fachkompetenzen in diesem Bereich, die endlich anerkannt werden müssen und die in den gesellschaftlichen Entscheidungsgremien zu Wort kommen müssen.

Lebensmittel: Es geht um mehr als die Wurst

Die Angleichung der Normen im Lebensmittelbereich hat nicht zu unrecht Schauervisionen hervorgerufen. Die Welle von Firmenzusammenschlüssen, die die Nahrungsmittelindustrie erfassen wird, verheißt eine Einschränkung der Angebotsvielfalt und die Einebnung regionaler Unterschiede. Industrielle Verfahren werden noch stärker handwerklich geprägte und auf einem gewissen Berufsethos beruhende Herstellungsvorschriften verdrängen. Der Streit über das Reinheitsgebot des deutschen Bieres, der deutschen Wurst und ähnliche Konflikte, wie um die italienische Pasta und die belgische Schokolade – all dies führt zur Vereinheitlichung auf unterster Ebene, der die Qualität von Lebensmitteln zum Opfer fällt.

Die Nahrungsmittelindustrie entwickelt zunehmend Verfahren, die sie von landwirtschaftlichen Rohstoffen weitgehend unabhängig macht. Biotechnologische Verfahren ermöglichen die Herstellung von Imitaten oder völlig neu designten Nahrungsmitteln. Damit die VerbraucherInnen diese Produkte nicht von herkömmlichen unterscheiden können, will die Industrie eine Deklaration der Zutaten von Lebensmitteln ohne Angabe ihrer Herstellungsmethode. Außerdem setzt sie sich für die Zulassung von mehr und neuen Zusatzstoffen in Nahrungsmitteln (Farb-, Geschmacks- und Konservierungsstoffen) ein.

Dem Abbau von Handelshemmnissen wird eindeutig Vorrang vor dem Gesundheitsschutz der VerbraucherInnen eingeräumt. Ein Beispiel dafür ist die radioaktive Bestrahlung von Lebensmitteln als Konservierungsmethode, deren Folgen nicht abgeschätzt werden können, die aber trotzdem in allen Mitgliedsländern zugelassen werden soll – bisher war sie nur in sechs Mitgliedsstaaten erlaubt. Der Europäische Gerichtshof hat in einem Grundsatzurteil festgelegt, daß alles, was in einem Mitgliedsstaat rechtmäßig hergestellt worden ist, auch in jedem anderen Mitgliedsstaat auf den Markt kommen kann. Der grenzenlosen Geschmacklosigkeit steht nichts im Wege.[12]

Auch hier sind in der Regel Frauen wieder diejenigen, die durch Selbsteingekochtes den Qualitätsverlust auszugleichen versuchen bzw. mit den negativen Folgen für die Gesundheit am hautnahesten konfrontiert sind.

Freizügigkeit ...

... für Frauen aus EG-Ländern?

Die im EG-Vertrag festgelegte Freizügigkeit ist de facto eine Freizügigkeit für EG-Männer, da sie mit wenigen Ausnahmen an Erwerbsarbeit gebunden ist. Mobilität wird in erster Linie für qualifizierte Arbeit gefragt und entsprechend honoriert. Hiervon profitieren Frauen kaum, da sie einerseits die gesuchten Qualifikationen nicht aufweisen und andererseits nach wie vor für Haus und Familie zuständig sind, d.h. ihrer Mobilität ganz andere Grenzen gesetzt sind. Die Frage, wer folgt wem zu welchem Arbeitsplatz in welches EG-Land und vor allem zu welchem Preis, wird zumeist zuungunsten von Frauen beantwortet.

Die länderübergreifenden Mobilitätsanforderungen im Zuge des Binnenmarktes setzen entweder Alleinstehende oder Männer mit flexiblen Ehefrauen voraus. Lebenspartner und -partnerinnen werden von dieser Freizügigkeit ausgeschlossen, wenn sie keinen Erwerbsarbeitsplatz im entsprechenden Land finden.

Doch auch die mitziehenden nichterwerbstätigen Ehefrauen haben nur abgeleitete Rechte, d.h. sie bekommen zwar eine Aufenthaltsgenehmigung, aber keine eigenständige, haben also bei einer Scheidung oder bei Tod des Mannes keinerlei Rechte. Außerdem sind sie mit völlig unterschiedlichen Regelungen konfrontiert, was Unterhaltsrecht, Scheidung, Abtreibung (in Belgien und Irland beispielsweise verboten) und vieles mehr angeht.

Zwar wird über eine gegenseitige Anerkennung von Berufsabschlüssen und Diplomen nachgedacht, ein umfassender Entwurf von Politik, der nicht nur Erwerbstätige, sondern auch unbezahlte Arbeit und soziale Beziehungen mitdenkt, steht dagegen noch aus.

... für Immigrantinnen aus sogenannten Drittländern und Asylsuchende?

Für sie wird die Freizügigkeit nicht gelten, im Gegenteil: Während Grenzen und Grenzformalitäten für EG-Angehörige innerhalb der EG wegfallen, werden die Grenzen nach außen noch dichter gezogen. Die

Visumspflicht für ImmigrantInnen wird bestehen bleiben. Ein kommunales Wahlrecht für AusländerInnen wird es laut Kommissionsvorschlag, der vom europäischen Parlament abgesegnet wurde, nur für EG-Angehörige geben. Auf diese Weise wird Rassismus in gewisser Weise institutionalisiert, wodurch rassistischen Einstellungen in der Bevölkerung Vorschub geleistet wird.

Das Schengenabkommen, laut Pax Christi ein „Programm zur koordinierten Verhinderung der Aufnahme von Flüchtlingen“ und bisher ein Abkommen zwischen der BRD, Frankreich und den Beneluxländern, soll 1992 EG-weit gelten. Danach soll es eine gemeinsame Liste von Personen geben, denen die Einreise verweigert wird; Asylverfahren werden im Zusammenhang mit Terrorismus und Drogenschmuggel verhandelt, und jede(r) AsylbewerberIn hat nur noch das Recht auf ein Asylverfahren, d.h. sie/er kann nicht mehr in einem weiteren Land in der EG einen Asylantrag stellen. Bisher gibt es die Möglichkeit, gleichzeitig oder nacheinander in mehreren Ländern einen Antrag auf Asyl zu stellen.

Es ist zu befürchten, daß Länder mit einer liberaleren AusländerInnen- und Asylpolitik immer mehr unter Druck geraten, ihre Regelungen an die Länder anzupassen, die eine restriktive Politik verfolgen.

Gerade in einem Augenblick, in dem die Frauenbewegung für ein eigenständiges Aufenthaltsrecht für ausländische Frauen und Mädchen sowie dafür kämpft, daß die Verfolgung aufgrund des Geschlechts als Asylgrund anerkannt wird – das Europaparlament hat diese von den Grünen erhobenen Forderungen bereits verabschiedet –, in einem Augenblick, in dem Länder wie die Niederlande aufgrund des Drucks von Feministinnen anfangen, ihre ausländerrechtlichen Bestimmungen so zu ändern, daß von Frauenhandel betroffene Frauen nicht ausgewiesen werden können, kann diese Entwicklung einen entscheidenden Rückschritt bedeuten.

Ansätze zu Gegenstrategien

Es ist vielleicht deutlich geworden, daß der Binnenmarkt keine völlig neuen Entwicklungen einleitet, sondern bestehende Tendenzen verstärkt. Neu ist allerdings, daß der von allen Seiten beschworene scheinbar anonyme Marktzwang („wir müssen wettbewerbsfähig sein“) geeignet ist, sozialstaatliche Vereinbarungen und Errungenschaften in einer Weise aufzubrechen, die nationale Regierungen, die ja regelmäßig auf ihre Wähler angewiesen sind, kaum wagen könnten. Wirtschaftliche Entscheidungen werden der politischen Gestaltung noch wirkungsvoller entzogen.

Dagegen wäre auf institutioneller Ebene Demokratisierung zu fordern, und zwar nicht im Sinne einer Erweiterung der Kompetenzen des europäischen Parlaments, wie oft beschworen, sondern im Sinne einer Öffentlichkeitsbeteiligung durch öffentliche Anhörungen, durch die Verankerung von Mitspracherechten gesellschaftlicher Interessengruppen wie feministischer Gruppen, Umweltinitiativen usw. und durch eine volle Informationspflicht, die Unternehmensbilanzen einschließt. Auch ein Verbandsklagerecht von Frauen-, Umweltgruppen, Gewerkschaften usw. vor dem europäischen Gerichtshof sollte in diesem Zusammenhang diskutiert werden.

Es muß verhindert werden, daß eine weitere Kompetenzverlagerung auf die EG-Ebene stattfindet; stattdessen müssen lokale, regionale und nationale Spielräume der politischen Gestaltung wieder vergrößert werden, da auf diesen Ebenen demokratische Kontrolle eher möglich ist.

In erster Linie kommt es aber darauf an, daß sich die bestehenden Verbraucherinnen-, Immigrantinnen-, Frauengesundheits-, Eltern-, Umwelt- und Dritte Welt-Gruppen, Frauenbetriebsgruppen und -kooperativen, Gewerkschafterinnen usw. mit diesen Entwicklungen befassen, sich untereinander stärker vernetzen und sich – parallel zur transnationalen Organisation der Unternehmen – mit entsprechenden Gruppen und Bewegungen anderer Länder zusammentun und versuchen, eine Gegenöffentlichkeit herzustellen.

Dazu ist es notwendig, sich zu überlegen, über welche Forderungen sich verschiedene Bewegungen verknüpfen können.

Solche Forderungen könnten beispielsweise die nach einer Existenzsicherung aus der Summe der bezahlten und unbezahlten Arbeit und die nach radikaler Arbeitszeitverkürzung und der Neuverteilung von Arbeit zwischen Männern und Frauen sein.

Auch im Bereich Gen- und Fortpflanzungstechnologien gibt es gemeinsame Interessen zwischen Frauengruppen, VerbraucherInnen-und Umweltinitiativen, Bäuerinnen und Dritte-Welt-Gruppen, die eine Vernetzung möglich machen.

Vernetzung auf europäischer Ebene soll allerdings nicht bedeuten, Lobbystrukturen rund um die EG-Institutionen in Brüssel zu schaffen. Zum einen bleibt die nationale Ebene nach wie vor ein wichtiger Rahmen, und wir sollten nicht akzeptieren, daß sich nationale Regierungen aus ihrer Verantwortlichkeit mit dem Hinweis auf die anonyme EG herausreden. Zum anderen sollten wir uns nicht auf den EG-Rahmen beschränken, sondern die Gleichsetzung der EG mit Europa durchkreuzen.

Anmerkungen

1 Round-Table of European Industrialists; Teilnehmer sind Unternehmensvertreter von Philips, Nixdorf, AEG, Volvo, Olivetti, Shell, Siemens, Fiat, Daimler-Benz, MAN, Thyssen, Bosch u.a.

2 Innerhalb der EG steht die BRD als Exporteur an erster Stelle: 35% des Brutto-Inlandprodukts werden im Außenhandel erwirtschaftet; 1987 ging über die Hälfte des Exports der BRD in EG-Staaten; unter den 6 größten Handelspartnern der BRD sind 5 EG-Länder; von diesen Ausfuhren ist jeder 6. Erwerbsarbeitsplatz in der BRD abhängig.
Die 320 Mio. EinwohnerInnen der EG verfügen über eine Kaufkraft von $ 2.840 Mrd. für den privaten Konsum. Zum Vergleich: In den USA leben 250 Mio. Menschen mit einer Kaufkraft von $ 3.140 Mrd., in Japan leben 120 Mio. Menschen mit einer privaten Kaufkraft von $ 1.500 Mrd.

3 Weißbuch zur Vollendung des Binnenmarktes bis 1992, Amt für amtliche Veröffentlichungen der Europäischen Gemeinschaften, Luxemburg.

4 Einen Überblick darüber, was in einzelnen EG-Ländern bereits an rechtlichen Grundlagen diesbezüglich geschaffen wurde, gibt das Papier vom 3.9.1986 vom Directorate-General for Research, Luxemburg: Temporary Work and Fixed-Term Contracts – Recent Developments in Legislation in Selected Member States.

5 Tendenzen und Perspektiven des europäischen Arbeitsmarktes, aus: Soziales Europa 1/1988, S. 9ff.

6 eurostat 4/1989: Arbeitslosigkeit in der Gemeinschaft.

7 Beschäftigung im Banksektor heute und Perspektiven für 1992, aus: Soziales Europa 3/1988, S. 70ff.

8 Centraal Bureau voor de Statistik (CBS) Niederlande, 1988.

9 Close Harmony in Mineur: De Interne Markt en de Sociaal-Economische Positie van Vrouwen, 1989 von Anneke van der Vleuten.

10 European Network of Women: Network News, Nov. 1988.

11 Heimarbeit in Italien, Frankreich und dem Vereinigten Königreich, aus: Soziales Europa 1/1988, S. 104ff.

12 Auch für die Pharmaindustrie hat die EG die Umgehung nationaler Zulassungsverfahren ermöglicht. So beantragte beispielsweise die Schering AG die Zulassung für ein neues Kreislaufpräparat nicht beim (diesbezüglich in der Regel strengeren) Bundesgesundheitsamt für den deutschen Markt, sondern bei einem dafür zuständigen Ausschuß in Brüssel für den gesamten EG-Markt. Ein anderes für Frauen relevantes Beispiel ist die wegen ihrer Nebenwirkungen und ungeklärten Langzeitfolgen umstrittene Abtreibungspille „RU 486". Nachdem sie jetzt auf dem französischen Markt zugelassen ist, fordern sozialistische Abgeordnete des europäischen Parlaments, daß sie auch in anderen Ländern zugelassen werden soll.

Kritik – Gegenwehr
Forderungen – Alternativen

Martina Rački

Frauen in selbstverwalteten Betrieben

Die Unzufriedenheit mit der Arbeitssituation in der industrie-kapitalistischen Marktwirtschaft brachte in den letzten Jahren einige Menschen auf die Idee, sich selbst neue und bessere Arbeitszusammenhänge zu schaffen. Sie sehen die Alternative zu den entfremdeten Arbeitsbedingungen der traditionellen Wirtschaft in der Verwirklichung selbstverwalteten Arbeitens. Dies soll mit Hilfe einer Reihe von Prinzipien kollektiver Betriebsstrukturen wie beispielsweise dem gleichen Recht aller Arbeitenden durch das Prinzip *ein Mensch = eine Stimme*, der Aufhebung von Besitz- und Herrschaftsverhältnissen durch Kapitalneutralisierung und Einheitslohn und letztendlich auch durch die Aufhebung tradierter geschlechtsspezifischer Arbeitsteilung realisiert werden. Der zuletzt formulierte Anspruch selbstverwalteter Betriebe geht auf die parallel zur Entwicklung alternativer Ökonomie geführte Diskussion um die Gleichberechtigung von Frau und Mann zurück. Inwieweit dieser Anspruch in alternativ-ökonomischen Strukturen schon realisiert ist und die neu geschaffenen Arbeitsbedingungen auch eine Lebens- und Arbeitsalternative für Frauen darstellen, ist Gegenstand dieses Textes.

Die diskriminierenden Lebens- und Arbeitsbedingungen von Frauen in der traditionellen Wirtschaft weisen ursächlich auf die Trennung der gesellschaftlichen Arbeit in einen Hausarbeitsbereich und einen Erwerbsbereich hin. Dieser historische Prozeß war und ist noch immer mit der Polarisierung der Geschlechtscharaktere in 'männlich' und 'weiblich' verbunden.

Die daraus resultierenden Benachteiligungen von Frauen sind neben anderen die existentielle Abhängigkeit der hausarbeitenden Frau von einem berufsarbeitenden Mann, da unbezahlte Hausarbeit allein die eigene Existenz nicht sichern kann. Die Doppel- und Dreifachbelastung berufsarbeitender Frauen, ihre im Vergleich zu Männern niedrigere berufliche Qualifizierung, die Beschränkung auf frauenspezifische Arbeitsfelder ist letztendlich die Folge der Orientierung von Frauen an der tradierten gesellschaftlichen Norm 'Frau'.

Umgekehrt ist die 'Alternativrolle Hausfrau' schon seit langem Bestandteil unternehmerischer Beschäftigungspolitik. Deren Auswirkungen sind u.a. die ungeschützten Beschäftigungsverhältnisse vieler erwerbsarbeitenden Frauen, Lohndiskriminierung und die arbeitsmarktpolitische Nutzung weiblicher Beschäftigter als sogenannte stille Reserve.

Im Verhältnis zur traditionellen Wirtschaft hat sich das Bild der Lebens- und Arbeitsbedingungen von Frauen in der Selbstverwaltungswirtschaft schon erheblich gewandelt. Die Zweiteilung in vorwiegend unbezahlte Hausarbeit und bezahlte Erwerbsarbeit ist jedoch insbesondere in nicht-kommunitären selbstverwalteten Betrieben noch immer die Regel. Ausgegliedert aus der Betriebsstruktur behält Hausarbeit dadurch überwiegend den Charakter einer privaten Nebenbei-Arbeit. Die geschlechtsspezifische Arbeitsteilung könnte so relativ unkontrolliert weiterbestehen, würde sie nicht in fast allen alternativ-ökonomischen Betrieben stetig reflektiert. Die Umsetzung dieser bewußten Auseinandersetzung scheitert oftmals nicht an mangelndem Willen, sondern ist u.a. die Folge sog. Sachzwänge (wirtschaftliche Effizienz, etc.).

No kids please!

Die Einbeziehung herkömmlicher Hausarbeit während der Arbeitszeit beschränkt sich hauptsächlich auf die Organisation der Kinderbetreuung. Bei der Mehrzahl der Projekte ist sie während der Arbeitszeit garantiert. Nichtsdestotrotz bleibt die besondere Problematik erwerbsarbeitender Mütter in alternativen Zusammenhängen im Vergleich zu traditionellen gleichermaßen erhalten bzw. wird durch die Charakteristik selbstverwalteten Arbeitens zusätzlich verschärft. Mütter sind zum Beispiel aufgrund der Beanspruchung durch ihre Kinder von den Plenen oder Arbeitstreffen oftmals ausgeschlossen. Dies ist quasi gleichbedeutend mit dem Ausschluß aus dem wichtigsten Entscheidungs- und Informationsgremium des Projektes. Das geringe Einkommen und die hohe physische und psychische Arbeitsbelastung erschweren die Integration von Kindern in alternative Lebenszusammenhänge erheblich. Infolgedessen stellen selbstverwaltete Betriebe für Menschen mit Kindern gegenwärtig keine grundsätzlich positive Alternative dar.

Hochqualifiziert und langsam quotiert

Innerhalb der Projektarbeit lassen sich folgende Veränderungen festmachen: Positiv hervorzuheben ist, daß sich die für die traditionelle Wirtschaft von vielen Frauen geforderte Quotierung in selbstverwalteten Betrieben zumindest quantitativ langsam durchsetzt. Die Mehrzahl der Projektmitglieder, auch die Frauen, sind hochqualifiziert. Dies ist allerdings für die Projektarbeit nicht von Bedeutung, da viele ProjektlerInnen fachfremd arbeiten. Demzufolge könnte zunächst auf gleiche 'Startchancen' der zusammenarbeitenden Männer und Frauen geschlossen werden. Diese Vermutung relativiert sich bei einer Differenzierung von Handwerks- und Dienstleistungsbetrieben. So verfügen in den meisten Handwerksbetrieben Frauen über weniger fachliche Qualifikation als die mit ihnen zusammenarbeitenden Männer.

Die geschlechtsstereotype Konzentration auf frauen- und männerspezifische Tätigkeitsfelder läßt sich auch in der Selbstverwaltungswirtschaft verfolgen. Jedoch zeigen sich hier schon deutliche Verschiebungen im Vergleich zur traditionellen Wirtschaft. So reicht die Spannweite der inhaltlichen Arbeitsteilung von der Konzentration auf die traditionell geschlechtsstereotypen Arbeitsbereiche bis zur Rotation in den Projektbereichen unabhängig vom Geschlecht. Die Entwicklung deutet auf eine zukünftige Ausweitung der Grauzone, d.h. der 'geschlechtsneutralen' Arbeitsfelder hin.

Die Konzentration auf sozial-pflegerische Dienstleistungen von Frauen wirkt sich auch in alternativ-ökonomischen Zusammenhängen als Nachteil für die Beschäftigten aus. Die Nicht-Finanzierbarkeit und Abhängigkeit von staatlichen Subventionen dieser typischen Frauenarbeit hat u.a. zur Folge, daß sich die in diesen Bereichen arbeitenden Frauen quantitativ im unteren Spektrum der alternativen Einkommensskala befinden.

Männliches Expertentum und Beziehungsarbeit fürs Kollektiv

Eindeutiger traditionell wird das Bild bei der Betrachtung der meist informellen Betriebshierarchie selbstverwalteter Projekte. Infolge der Bevorzugung der Öffentlichkeitsarbeit durch die Projektler und der Selbstbeschränkung der Projektlerinnen auf die betriebsinternen Arbeiten kommt es in einigen Betrieben zu einer geschlechtsspezifischen Innen-Außen-Hierarchie. Ähnlich hierarchische Strukturen entstehen durch den Fortbestand tradierter Arbeitsbewertung. Geistig-produktive Arbeit, häufig geleistet von den Projekt-Männern, wird auch in selbstverwalteten Betrieben, im Verhältnis zu der meist von Frauen erbrachten reproduktiven Arbeit, höher bewertet. Auch wird die geschlechtsspezifische Zuordnung tradierter weiblicher Pflichten wie beispielsweise die der 'Beziehungsarbeit' noch in zu geringem Maße hinterfragt. Grundsätzlich positiv wirken sich dagegen die demokratischen Betriebsstrukturen selbstverwalteter Projekte auf die Gleichberechtigung von Frauen und Männern aus. Das Prinzip *ein Mensch – eine Stimme* und die praktizierte, von der Qualifikation unabhängige, einheitliche Entlohnung nach Arbeitszeit oder Bedarf vereiteln eine direkte Diskriminierung von in selbstverwalteten Betrieben arbeitenden Frauen gegenüber den Männern. Veränderte polit-ökonomische Herrschaftsverhältnisse durch das Prinzip der Kapitalneutralisierung helfen, ausbeuterische Arbeitsverhältnisse, wie sie für Frauen in der traditionellen Wirtschaft durch die Geschlechtsspezifizierung des Arbeitsmarktes bestehen, zu unterbinden. Dieses vorläufige 'Ergebnis' selbstverwalteten Arbeitens kann als ein großer Schritt in Richtung Chancengleichheit von Männern und Frauen beurteilt werden.

Selbstverwaltungswirtschaft als Experimentierfeld für Frauen?

Persönliche Abhängigkeitsverhältnisse, wie sie sich für Frauen aus der traditionellen innerfamiliaren Arbeitsteilung ergeben, sind in alternativen Zusammenhängen kaum mehr vorzufinden. Das die eigene Existenz sichernde Arbeiten ist für diese Frauen und Männer bereits zu einer Selbstverständlichkeit geworden. Ungeklärt und ungelöst bleiben allerdings die daraus erwachsenden Schwierigkeiten alleinerziehender Mütter.

Die beschriebenen, nur unvollständig zusammengefaßten Lebens- und Arbeitsbedingungen von Frauen in selbstverwalteten Betrieben lassen sich durch die praktische Umsetzung der Gleichberechtigung von Mann und Frau durch entsprechende Strukturen begründen. Um diesem Ziel noch näher zu kommen, müßte alternative Ökonomie die Hintergründe der vielfältigen Diskriminierungen von Frauen aufgrund der Struktur geschlechtsspezifischer Arbeitsteilung reflektieren und in ihre Strukturierung miteinbeziehen. D.h. sie müßte die grundlegende Problematik der Teilung von Arbeit – hier der Haus- und Erwerbsarbeit – und der damit verknüpften Verteilung von Ressourcen und immateriellen Werten (wie beispielsweise Sozialprestige) aufgreifen und entsprechende Alternativen entwickeln. Hierzu bedürfte es der Formulierung und Konkretisierung utopischer Modelle.

Die selbstverwaltete Doppelrolle

Zur Aufhebung geschlechtsspezifischer Arbeitsteilung lassen sich gegenwärtig nur einige wenige utopische Modelle und Ansätze erkennen. Beispielsweise impliziert die Forderung Claudia von Werlhofs „Recht auf Einkommen für Arbeit" die Utopie, Hausarbeit bezahlt zu machen, d.h. sie in eine existenzsichernde Arbeit zu verwandeln. Hintergrund ist hierbei der Wunsch, ausbeuterische Arbeitsverhältnisse insbesondere von Frauen, die einer Sklavenarbeit gleichkommen, zu unterbinden, indem Hausarbeit als ein autonomer Arbeitsbereich dem Erwerbsbereich gleichgesetzt wird. Ob dies eine Professionalisierung von Hausarbeit miteinschließt, wird von der Autorin nicht weiter ausgeführt.

Eine andere Utopie wird in dem Aufsatz der Kölner Gruppe autonomer und grüner Frauen dargestellt. Hausarbeit als für die menschlichen Grundbedürnisse notwendige Arbeit soll weiterhin unbezahlt und unter anderem unspezialisiert und nicht geschlechtsspezifisch verteilt geleistet werden. Die Autorinnen versprechen sich die Aufhebung geschlechtsspezifischer Arbeitsteilung durch die jeder einzelnen Person auferlegte Verpflichtung, erst alle zur Subsistenz notwendige Arbeit zu erbringen, um sich anschließend nach Interesse und Neigung auf produktive Arbeit zu spezialisieren.

Abgesehen von der Frage der politischen Durchsetzung dieser utopischen Modelle kann man sich deren Verwirklichung in unserer hochspezialisierten und komplexen Gesellschaft kaum vorstellen. Das Modell der Selbstverwaltung entspricht keinem dieser nur kurz erläuterten Modelle. Sie läßt sich weder im informellen Sektor der Dualwirtschaft ansiedeln, wie dies Claudia von Werlhof in ihrer Kritik am Dualwirtschaftskonzept zwar nicht völlig zu unrecht, in ihrer Ausschließlichkeit aber auf unakzeptable Weise getan hat. Noch gleicht sie – abgesehen von einigen wenigen Landkommunen – der Subsistenzwirtschaft, wie sie die Kölner Gruppe der autonomen und grünen Frauen für sich positiv formuliert hat.

Ansätze zur Umgestaltung

Ausgehend von den Benachteiligungen, wie sie Frauen infolge der Struktur traditionellen Wirtschaftens erfahren, ließen sich für eine Utopie neuer und besserer Arbeits- und Ressourcenverteilung in Einklang mit der Aufhebung der geschlechtsspezifischen Arbeitsteilung folgende Leitlinien aufstellen:

- Aufhebung der Aufteilung der Gesamtökonomie in einen bezahlten und einen unbezahlten Arbeitsbereich;
- daraus folgernd: Recht auf Einkommen für Arbeit;
- Einbeziehung von Hausarbeit als zur Existenzsicherung notwendige Arbeit in die Arbeitsorganisation hinsichtlich ihrer zeitlichen, inhaltlichen und finanziellen Gestaltung;

- Auflösung der geschlechtsspezifischen Zuordnung von Arbeit, d.h. Aufhebung der definitiven Festlegung von Frauen- und Männerarbeit in Verbindung mit der gesellschaftlichen Normierung von Geschlechtsrollen und -charakteren;
- Aufhebung persönlicher Abhängigkeitsverhältnisse in den Arbeitsbeziehungen in Verbindung mit dem Recht auf individuelle Existenzsicherung durch und für sich selbst als Grundprinzip der Arbeitsverhältnisse und -organisation;
- Unterbindung ausbeuterischer Arbeitsverhältnisse, wie sie sich in der traditionellen Wirtschaft durch polit-ökonomische Herrschaftsverhältnisse ergeben;
- Entwicklung eines alle gesellschaftlich und individuell notwendige Arbeiten umfassenden Arbeitsbegriffs als Ausgangspunkt neuer Formen der Arbeitsorganisation;
- darüber eine neue Bestimmung der Bewertung von Arbeit hinsichtlich ihrer Bedeutung für die Gesamtökonomie, d.h. letztendlich für die Befriedigung menschlicher Bedürfnisse;
- grundsätzliche Reflexion der Form und des Inhalts von Arbeit bzgl. ihrer menschengerechten Anpassung (und nicht umgekehrt).

Ihre Diskussion und Konkretisierung insbesondere in alternativen Zusammenhängen könnte zur Grundlage der angestrebten Aufhebung geschlechtsspezifischer Arbeitsteilung werden.

aus: Netzwerk Rundbrief Nr. 40, 29.2.88, S. 10f.

Foto: terre des hommes

Foto: Marily Stroux

Von der Liebe zur Notwendigkeit

Dokument von der IV. Begegnung der Feministinnen Lateinamerikas und der Karibik

Die Erkenntnis von der Diskriminierung der Frauen und der Bedeutung, die der Abschaffung dieser Diskriminierung zukommt, ist heute das Erbe nicht nur der Feministinnen, sondern weiter Teile der Gesellschaft. Der Feminismus hat es geschafft, dieses Thema gesellschaftlich und politisch zu legitimieren. Trotzdem hat der Feminismus noch einen weiten Weg vor sich, weil er in Wirklichkeit eine radikale Veränderung der Gesellschaft, der Politik und der Kultur anstrebt. Die Entwicklung der feministischen Bewegung hat uns heute dahin gebracht, daß wir bestimmte Kategorien unserer Analyse und politische Praktiken neu überdenken. Es ist daher nicht verwunderlich, daß im Mittelpunkt dieser vierten Begegnung das Nachdenken über eine feministische Politik in Lateinamerika stand.

Wir, eine Gruppe von Feministinnen aus verschiedenen Ländern, die alle auf eine feministische Militanz von mehr als 15 Jahren zurückblicken können, haben uns in einem Workshop getroffen, um gemeinsame Überlegungen anzustellen über die externen Hindernisse und die internen Hemmnisse, die auf die praktische Umsetzung der feministischen Politik in Lateinamerika einwirken. Unsere Analyse begann mit der Wertschätzung dessen, was der Feminismus erreicht hat: den Platz, den er in der lateinamerikanischen Frauenbewegung einnimmt, die Fortschritte von Bogotá bis Taxco, die Tatsache, daß Volks-, Berufs-, politische und religiöse Organisationen, Parteien und sogar Regierungen feministische Forderungen in ihre Programme aufgenommen haben. All das könnte den Anschein erwecken, daß die soziale und politische Legitimität des Feminismus kein Diskussionsthema mehr sein dürfte.

Beim Vergleich unserer Erfahrungen in den verschiedenen Ländern sind jedoch mit bedeutungsvoller Beharrlichkeit bestimmte Mythen immer wieder aufgetaucht. Ohne Vollständigkeitsanspruch könnten wir diese in zehn Punkten zusammenfassen:

1. *Feministinnen haben kein Interesse an Macht;*
2. *wir Feministinnen machen Politik auf andere Weise;*
3. *alle Feministinnen sind gleich;*
4. *die Tatsache, Frau zu sein, schafft schon eine natürliche Einigkeit;*
5. *Feminismus ist ausschließlich Politik von Frauen für Frauen;*
6. *die kleine Gruppe ist bereits die Bewegung;*

7. *die von Frauen geschaffenen Räume garantieren per se bereits einen positiven Prozeß;*
8. *weil ich als Frau es so empfinde, ist es wahr;*
9. *das Persönliche ist automatisch auch politisch;*
10. *Konsens ist Demokratie.*

Die Kraft des Glaubens an diese Mythen hat eine feministische politische Praxis zur Folge gehabt, die eine positive Wertung der Unterschiede verhindert und den Aufbau eines feministischen politischen Projektes erschwert.

Diese zehn Mythen bilden ein Gedankensystem, welches ineinander verkettet ist und sich gegenseitig Nahrung gibt. Wir wollen es in seiner Gesamtheit betrachten, obwohl jeder dieser Mythen tiefergehende Überlegungen verdiente. Was wir zeigen wollen, ist die Art und Weise, wie jeder von ihnen mit den anderen verknüpft ist.

Mythos Nr. 1: *„Feministinnen haben kein Interesse an Macht."* Wenn wir von der Erkenntnis ausgehen, daß Macht für eine Veränderung bestehender Verhältnisse von wesentlicher Bedeutung ist, ist es unmöglich, kein Interesse an Macht zu haben. Wir haben im Verlauf unseres Kampfes erlebt, daß wir Feministinnen durchaus an Macht interessiert sind; weil wir dies jedoch nicht offen zugeben, erzielen wir hinsichtlich des Aufbaus einer demokratischen Macht keine Fortschritte und üben wir Macht auf eine willkürliche Art aus und reproduzieren ferner den Umgang mit der Macht im häuslichen Bereich: uns als Opfer darzustellen und zu manipulieren.

Ja, wir wollen Macht. Macht, um die soziale Realität zu verändern, um eine demokratische Gesellschaft zu schaffen, in der die Forderungen aller Sektoren Berücksichtigung finden. Dies setzt Spielregeln voraus, die die Beteiligung einer Vielzahl gesellschaftlicher Akteure garantieren. Kurz gesagt, wir wollen Macht, um eine demokratische und partizipatorische Gesellschaft aufzubauen.

Befassen wir uns mit Mythos Nr. 2: *„Feministinnen machen Politik auf eine andere Art und Weise."* Ja, wir machen Politik auf eine hemmende, willkürliche, in einer Opferhaltung verharrenden und manipulativen Art. Theoretisch wollen wir eine andere Art von Politik machen, doch wenn wir ehrlich sind, so müssen wir zugeben, daß unsere Praxis viel zu wünschen übrig läßt; dies steht in Zusammenhang mit der Schwierigkeit, die Einigkeit in der Verschiedenartigkeit zu akzeptieren, und die Demokratie nicht nur als Bedürfnis, sondern als Bedingung für unser Handeln. Daher kommt auch die Unfähigkeit, klare Spielregeln aufzustellen.

Dieses Nichtakzeptieren der Verschiedenheit steht in Zusammenhang mit einem weiteren Mythos: *„Alle Frauen sind gleich."* Das Leugnen der Ungleichheit der Frauen, der intellektuellen Unterschiede, der Fähigkeiten, der Empfindsamkeiten etc. hat uns zu einer lähmenden Praxis geführt, die Effektivität und politische Präsenz der Bewegung behindert. Dieser Mythos von der Gleichheit ist mit einem anderen Glauben verknüpft, der unser Handeln beherrscht: der Vorstellung von einem *„Wesen Frau"* jenseits von Klasse, Rasse, Alter oder Nationalität und daher dem Glauben an die naturgegebene Einigkeit, die sich vom Wesen des „Frau-Seins" ableitet.

Wir alle wissen, daß es keine a-priori-Subjekte gibt, sondern daß es sich dabei um gesellschaftliche Konstrukte handelt. Das politische Subjekt Frau ist ebenfalls eine gesellschaftliche und politische Konstruktion. Diese Vorstellung von der naturgegebenen Einigkeit der Frauen – der „Mujerismo" (von Spanisch „Mujer" = Frau; Anm. d. Ü.) – ist ein Phantom, das im gesamten Feminismus zu finden ist und seinen Ausdruck in Mythos Nr. 5 findet: *„Feminismus existiert nur als Politik von Frauen für Frauen."*

Dies steht im Widerspruch zu der Vorstellung von Feminismus als einer Veränderungen bewirkenden Kraft. Der Glaube an das „Wesen Frau", an die natürliche Einigkeit der Frauen, an eine Politik von und für Frauen, drückt sich am klarsten in der Verwechslung von Frauengruppe mit Frauenbewegung aus. Das ist nichts anderes, als zu meinen, daß von Frauen geschaffene Räume bereits an sich wirksame Veränderungen garantieren und bewirken. Bei der Idealisierung dieses „Mujerismo" wird vergessen, daß sich diese Frauenräume in unzähligen Fällen in erstickende Ghettos verwandeln, in denen Kritik und Entwicklung durch Selbstgefälligkeit gebremst werden, und es wird geleugnet, mit welcher Häufigkeit wir Feministinnen das, was in unserer Gruppe geschieht, für repräsentativ für die ganze Bewegung halten. Das Verharren in der selben geschlossenen Gruppe verhindert die Konfrontation mit anderen Frauen, anderen Ideen, anderen Feminismen.

Dieser „Mujerismo" tritt in folgendem Mythos verschärft zutage: *„Weil ich als Frau es so empfinde, ist es wahr";* dies bedeutet, nicht anzuerkennen, daß Gefühle ideologisch gefärbt sind. Zu glauben, daß das, was frau denkt oder fühlt, wertvoll oder feministisch ist, nur weil es sich in einem weiblichen Körper abspielt, ist Feminismus auf willkürlichster Ebene.

Mythos Nr. 9: „Das Persönliche ist automatisch auch politisch." Dies führt das herausragende Motto des Feminismus, 'das Persönliche ist politisch', ad absurdum. Auch wenn diese Parole eine völlig legitime Kritik an der künstlichen Trennung von privater und öffentlicher Sphäre beinhaltet: zu behaupten, alles Persönliche sei automatisch politisch, bedeutet, daß alles Politische automatisch willkürlich ist. Es gibt persönliche Fragen, die nicht politisch sind, und es gibt persönliche Fragen, die pathologisch sind.

Ein konkretes Beispiel für diese willkürliche Politik ist die Vorstellung, *Konsens sei Ausdruck von Demokratie.* Das bedeutet, Konsens mit Einstimmigkeit zu verwechseln und außer acht zu lassen, daß Konsens implizit das Veto-Recht anderer Personen beinhaltet. Auf diese Art wird dieser Mechanismus zur Grundlage für Autoritarismus.

Diese 10 Mythen haben durch Frustration, Selbstgefälligkeit, Verschleiß, Ineffizienz und Verwirrung gekennzeichnete Situationen herbeigeführt, die vielen Feministinnen bewußt sind und die in der übergroßen Mehrzahl der Gruppen existieren, die heute in Lateinamerika feministische Politik betreiben. Was geschieht mit uns, warum halten wir an dieser perversen Art, Politik zu machen, fest, wie entkommen wir diesem System, das eine Falle für uns darstellt?

In allen Ländern überprüfen und vertiefen Feministinnen ihre theoretischen Ansätze; im Mittelpunkt der Debatte stehen die politischen und symbolischen Folgen der geschlechtlichen Differenzierung zwischen Männern und Frauen. Es handelt sich nicht mehr, wie noch vor Jahren angeregt, um eine Auflösung der Männerkultur; es geht auch nicht darum, eine feminine Kultur an diese anzuhängen; es geht vielmehr darum, die menschlichen Erfahrungen zu überdenken als Erfahrungen, die von dem Frau-Sein/Mann-Sein, d.h. von dem Geschlechtsunterschied, gekennzeichnet sind. Wir wissen, daß die geschlechtliche Differenzierung nicht die Konsequenz in sich birgt, daß Frauen besser oder schlechter sind als Männer. Wir können nicht von dem mystischen Glauben in das Wesen des „Frau-Seins“ ausgehen. Wir müssen erkennen, daß unsere Ungleichheit bestanden hat, weil wir in einem Zustand des symbolischen und materiellen Elends gelebt haben und unser Geschlecht über die Mutterschaft hinaus kaum einen Sinn, d.h. keine gesellschaftliche oder kulturelle Bedeutung hatte.

Unsere Vermittlung mit der Welt bestand in dem Dasein für die anderen: die Liebe als Weg, um Bedeutung zu erlangen. Diese Art der Frauen, sich mit der Welt in Beziehung zu setzen, haben wir Feministinnen auf die Aufgaben im politischen und gesellschaftlichen Leben, auf die Bewegung, auf die Frauengruppen übertragen. Wir haben eine Logik der Liebe entwickelt – wir lieben uns alle, wir sind alle gleich –, die nicht zuläßt, den Konflikt, die Unterschiede zwischen uns, die Ungleichheit zwischen Frauen zu akzeptieren. Um diesen Mechanismus aufgeben zu können, ist es notwendig, auch mit dieser Liebe Schluß zu machen und zu einer Beziehung überzugehen, die auf Notwendigkeiten, dem einander-Bedürfen, aufbaut. Wir Frauen bedürfen einander, um unser Geschlecht zu behaupten, um Kraft zu finden. Indem wir die Logik der Notwendigkeit, des einander-Bedürfens annehmen, erkennen wir unsere Unterschiede an und geben wir uns gegenseitig Unterstützung, Kraft und Autorität.

Mit anderen Worten: Indem wir anerkennen, daß eine andere Frau etwas hat, das wir nicht haben – bessere organisatorische Fähigkeiten, höher entwickelten Intellekt, mehr Geschick für bestimmte Arbeiten –, schenken wir ihr unser Vertrauen, unsere Wertschätzung und verleihen ihr eine gewisse Autorität. Denn in ihrer Stärke erkennen wir unsere Stärke und lernen uns als Frauen schätzen. Die Stärke einer Frau ist die Stärke der Frauen. Wir weisen also die vermeintliche Sicherheit zurück, die wir aus dem Gefühl beziehen, alle gleich zu sein. Es geht nicht darum, die Spiegelung unter Gleichen zu suchen, um uns in etwas zu bestätigen, das in Wirklichkeit nicht von Wert ist. Es geht vielmehr darum, mit dem Selbstmitleid aufzuhören, den Diskurs der Opfer zu durchbrechen. Wir wollen, daß der Wunsch einer Frau zu handeln, Sachen zu machen, kreativ zu sein, seine Bestärkung finde in dem Wunsch und dem Wollen der anderen. Wir leugnen nicht die Konflikte, die Widersprüche und die Unterschiede. Laßt uns fähig werden, eine Ethik der Spielregeln des Feminismus zu entwickeln, indem wir einen Pakt zwischen uns schließen, der es uns ermöglicht, vorwärts zu kommen in unserer Utopie, den Feminismus in Lateinamerika in Tiefe und Breite weiterzuentwickeln.
Demokratie ist die Anerkennung der Pluralität.
In der Kraft jeder Feministin ist die Kraft der feministischen Bewegung.

Dieses Dokument ist das Kollektiv-Produkt eines Workshops über „feministische Politik in Lateinamerika heute" beim IV. feministischen lateinamerikanischen Treffen. Es wurde erarbeitet von: Haydeé Birgin (Argentinien); Celeste Cambria, Fresia Carrasco, Virginia Vargas und Victoria Villanueva (Peru); Viviana Erazo, Margarita Pisano und Adriana Santa Cruz (Chile); Martha Lamas und Estela Surez (Mexiko).

Das vierte lateinamerikanische Feministinnentreffen (Encuentro Feminista de América Latina y el Caribe) fand vom 19.–25. Oktober in Taxco/Mexiko statt. Mit 1500 Frauen hat sich die Teilnehmerinnenzahl im Vergleich zum ersten Treffen (1981 Kolumbien, 1983 Peru, 1985 Brasilien) verfünffacht. Die zweijährlich stattfindenden Treffen sind Ausdruck, Forum und Kristallisationspunkt der feministischen Bewegung in Lateinamerika. Während die Teilnehmerinnen der ersten Treffen vor allem aus Frauenzentren und feministischen Gruppen, die in erster Linie von Mittelschichtsfrauen getragen werden, kamen, nahmen 1987 in Mexiko auch sehr viele Frauen aus Basisbewegungen, Parteien (Kuba, Nicaragua) und Befreiungsbewegungen (El Salvador) teil. Dies spiegelt gleichzeitig Annäherungsprozesse zwischen Frauen aus linken Organisationen und Feministinnen wider, die zur Entwicklung eines 'feminismo popular' beitragen könnten.

Lea Guido

Die Subversion der Einigkeit

Abschlußerklärung zur dritten 'Kontinentalen Begegnung' der lateinamerikanischen 'Kontinentalen Frauenfront'

Die 'Frente Continental de Mujeres' (Kontinentale Frauenfront) ist ein Zusammenschluß lateinamerikanischer Frauenorganisationen und einzelner Frauen, die in erster Linie gegen die Interventionspolitik der USA arbeitet. Wir dokumentieren hier die von Lea Guido, Vertreterin der nicaraguanischen Frauenorganisation AMNLAE, verfasste Abschlußerklärung zum bisher letzten Treffen der Kontinentalen Frauenfront, das sich vor allem mit der Situation lateinamerikanischer Frauen unter den Bedingungen von Verschuldung und Wirtschaftskrise beschäftigt hat. Bemerkenswert fanden wir bei diesem Papier vor allem die bildhafte und poetische Sprache dieser politischen Erklärung, die von unseren nüchternen Äußerungen hierzulande doch erheblich abweicht und in unserem Kulturkreis oft (zu) schnell als pathetisch empfunden wird. Auffällig – und in unserer Auseinandersetzung mit Lateinamerikanerinnen äußerst diskussionswürdig – ist für uns auch das darin vermittelte Bild von der Frau als Revolutionärin und Mutter.

Heute, am 7. Oktober 1988, beenden wir diese Begegnung, die dritte Begegnung der Kontinentalen Frauenfront. Seit Montag, dem 3. Oktober, haben wir uns gemeinsam in diesem lichtdurchfluteten Palast aufgehalten, inmitten der Vegetation dieser schönen und gastlichen Insel Kuba.

Beim Sitzen und Gehen, Diskutieren und dem Austragen von Meinungsverschiedenheiten, dem Analysieren und wieder Zusammenfügen haben wir Tage erlebt, die uns auf unserem Weg zur Integration und zur gegenseitigen Anerkennung, die wir anstreben und unbedingt erreichen müssen, ein Stückchen weitergebracht haben. Aber das ist die Utopie. Das, wofür wir heute arbeiten, ist hier vertreten, in diesem Spiel des Lichts und der Farben, unserer Kleidung, unseren Tüchern, der Hautfarbe von Indio-Frauen, Schwarzen, Mestizinnen und Weißen, die wir beten oder nicht beten, die Fäuste ballen oder öffnen, lachen oder weinen, Leben schaffen oder schützen, in der drangvollen Enge einer Großstadt leben oder die transparentere Luft auf einem Berg in den Anden atmen, die weißhaarig sind und langsam am Stock gehen oder mit dem unaufhaltbaren Schwung einer Siebzehnjährigen eilen; wir alle sind für einige Tage zusammengekommen, um an einer mitreißenden Veranstaltung teilzunehmen und danach die tausend unterschiedlichen Wege zu den verschiedenen Horizonten des Aufbruchs einzuschlagen.

Dieser Saal schwirrte am ersten Tag von Fragen, von Zweifeln, von Unkenntnis. Nach fünf Tagen nun gibt es einige Antworten, verschiedene Gewißheiten, viele Bande der Freundschaft und der Identifikation miteinander und neue Fragen, auf die wir bei unserer nächsten Begegnung noch bessere Antworten finden werden, als es heute der Fall war.

Zu den gefundenen oder wiedergefundenen und immer neu bekräftigten Gewißheiten gehört diese: Wir können sagen, daß es einen Komplex von Fragen gibt, in dem wir uns alle in fast demselben Rhythmus und mit derselben Tiefe bewegen. Diese Fragen fassen wir in vier Kernpunkten zusammen:

1. Die Solidarität, die wir Tag für Tag schaffen: Solidarität des Geschlechts ebenso wie die Solidarität, die den unbedingten Schutz des Lebens einschließt, das wir in die Welt setzen und aufrechterhalten.
2. Unser kategorischer und kämpferischer Antiimperialismus, aufgrund dessen wir jegliche Form von Einflußnahme, Abhängigkeit und Intervention bezüglich unserer Kultur, unserer Identität und unserer Völker hassen und zurückweisen.
3. Die – immer dringendere – Notwendigkeit der Selbstbestimmung in dem Maße, in dem unsere Identitäten als souveräne Völker reifen.
4. Das Bewußtsein unserer Lage als Frauen, die Stärkung unseres Selbstwertgefühls und der wachsende Wunsch, gegen alle Formen der Diskriminierung zu kämpfen, denen wir unterworfen sind und die unsere Entwicklung hemmen.

Alle diese Impulse, Wünsche und Notwendigkeiten, Schwierigkeiten und Bewußtwerdungen wirken hier wie ein starkes, verknüpfendes Band, das Band, das uns vereint und uns die Gewißheit gibt, daß uns von jetzt an nichts mehr trennen kann. Unser Reichtum liegt in unserer Verschiedenheit, unsere Kraft liegt in unserem gemeinsamen Vorhaben.

In diesen so wunderbaren Tagen waren alle Analysen, alle Gefühle, alle Impulse unseres Willens zur Veränderung erlaubt.

Die unerbittliche Wirtschaftskrise, die uns aus unseren Wohnungen, aber auch aus der Fabrik vertrieben hat, die das tägliche Brot immer karger macht und in weitere Ferne rücken läßt, macht uns auch immer zu den alleine Verantwortlichen im Haushalt – eine Ausschöpfung aller Rollen auf einmal in einer erschöpfenden Anstrengung.

Wie ein Polyp saugt der Internationale Währungsfonds alle Errungenschaften auf, die unsere Völker nach langen Jahren des fordernden Kampfes erreicht hatten, und ein heruntergekommener Staat, schwach und unfähig hinsichtlich seiner Aufgabe, Hilfe und Unterstützung zu leisten, entledigt sich aller Masken der christlichen Nächstenliebe, mit denen er sich vorher verkleidet hatte, und stürzt uns ins Innere eines Hungers, der nicht weniger wild ist.

Das erschütterte System zermalmt uns mit seinem Gewicht einer verwundeten Bestie; unter den Armen aber sind es wir Frauen, die am stärksten leiden. Das Elend feminisiert sich bis hinunter zu den untersten entwürdigendsten Stufen: der Kinderprostitution, den schlechtbezahltesten Arbeitsplätzen, keiner Möglichkeiten der Qualifizierung, dem Verkauf unseres Körpers in der Pornographie und sein Gebrauch als Lockvogel für den Konsum irgendwelcher Produkte, entsprungen dem perversen und gierigen Geist transnationaler Unternehmen.

Die Aggressivität, die alltägliche Gewalt, dringt in die Zonen unseres Lebens ein, die der Zuneigung und der Zärtlichkeit vorbehalten waren. Drogen schwächen und töten den Geist und Körper unserer Jugendlichen, und der Terror manifestiert sich in tausend verschiedenen Formen – öffentlichen und privaten – im Zentrum unseres Lebens.

Unsere Kinder und Enkel sind „verschwunden“ worden, und Mädchen, schön wie die Sonne, geben ihr Leben dem Krieg hin, der dem souveränen Nicaragua und auch El Salvador, das einen neuen Aufbau will, von dem Imperium im Norden aufgezwungen wurde. Das Imperium greift in Honduras ein, vernichtet die Kultur der Indigenas in Guatemala, durchlöchert die Front in Panama und streckt seine kolonialen Klauen hartnäckig noch immer in Puerto Rico aus.

Es scheint, als wolle das Imperium sich die gesamte Karibik einverleiben. Diese brutale Kraft ist jedoch einem großen Irrtum erlegen, da dies nur der Anfang der Hoffnung ist. Kuba, unser erster kontinentaler Schritt zur Freiheit, schmerzt es bereits seit 30 Jahren.

Die Völker haben Tausende von Kampfformen geschaffen, die in ihrer Vielfalt immer wieder überraschen. Aus dem Ärmel, aus dem Poncho ziehen sie ihren Mut, ihre Würde, ihre Verwegenheit hervor.

Und wir Frauen haben nichts gescheut, nicht das Leben, nicht Blut, nicht die Liebe. Wir haben unser Organisationstalent und unsere administrativen Fähigkeiten vereint und sind aufgeblüht in den verschiedensten Gruppen des Überlebens, der Verteidigung des Lebens, der Verteidigung des Friedens, für die Menschenrechte, für die Anerkennung von 500 Jahren des Widerstandes gegen den äußeren Angreifer, und wir haben uns Sprachen und Traditionen als Ausdruck unserer Kultur erhalten. Wir Frauen kommen zusammen, um zu diskutieren und uns gegenseitig zu achten, um unsere Sexualität zu adeln und erneut die Würde unseres Geschlechts zu bekräftigen. Und, falls notwendig, das Gewehr zu ergreifen.

Wir sind zu einer mächtigen politischen und gesellschaftlichen Kraft geworden, die in der Lage ist, die Geschichte in neue Bahnen zu lenken, indem wir unsere eigene Geschichte der Unterdrückung, des Opfers, der Diskriminierung und des anonymen Heldinnentums einbringen.

Auf dieser dritten Begegnung war die Rede von einem Sturm auf die Macht, um sie zu humanisieren und zu feminisieren; wir haben das Wort Demokratie in den Zusammenhang von Haushalt und Alltag gestellt. Wir wollen eine Demokratie, so weit wie unser Herz.

Wir sind eine Kraft, die aus der kapitalistischen und patriarchalischen Unterdrückung erwachsen ist: Bedroht durch die Krise des Systems, für den Veränderungswillen der Völker, erfüllt von der tiefen Sehnsucht nach Freiheit in der gesamten Region, von der großartigen Karibik bis zum geheimnisvollen Feuerland, wo Chile heute zitternd und süß wie sein Wein in seinem siegreichen Volk wiedergeboren wird.

Wir Frauen sind zur unbezähmbaren Kraft der Kreativität, der Unbeugsamkeit und der Beharrlichkeit geworden.

Die in diesen Tagen auf der dritten Begegnung geleistete Arbeit ist ein Beweis für die Richtigkeit, das Vorhandensein, die Realität dessen, was wir sind und was wir wollen. Und wir wiederholen, daß alle diese Erfahrungen Teil unseres Lebens, unseres Kampfes sind; auch wenn Fehlschläge und Mutlosigkeit uns tausendfach zurückwerfen – die Geschichte unserer Erfahrungen kann niemals mehr vernichtet werden.

An diesem Nachmittag des Abschieds, der Umarmungen und der Versprechungen rufen wir dazu auf, unsere Solidarität zu stärken, unseren Willen zur Veränderung, zur Vervollkommnung und Vertiefung unserer gegenseitigen Anerkennung als Frauen zu bewahren. Und mit der Legitimität, die uns die in der Praxis gewonnenen Überzeugungen verleihen, rufen wir unsere Schwestern in der Karibik und in Lateinamerika auf, weiterhin die Kraft und den Willen aufzubringen, unsere Organisationen durch immer engagiertere Arbeit zu bestärken, weiter nachzudenken, zu diskutieren, sich gegenseitig zu achten. Wir rufen unsere Schwestern auf, unsere „Frente Continental“ zu stärken, indem sie die in diesen Tagen erarbeiteten Vorschläge in die Tat umsetzen, um den Feind, der unsere Völker zerstört, endgültig zu vertreiben, und mit dem Ziel, allen ein gerechteres, würdevolleres und schöneres Leben zu ermöglichen und – ein für allemal – all das zu vernichten, was unseren Ausdruck und unsere Entwicklung als Frauen, die über ihr eigenes Schicksal bestimmen, erschwert.

Liebe Schwestern, die Aufgabe liegt vor uns, säen wir gemeinsam die Subversion der Einigkeit.

Volks- und Gemeinschaftsküchen in Peru

Die ökonomische Krise gestaltet das Leben vieler Familien in lateinamerikanischen Großstädten immer schwieriger. In Peru, aber auch zunehmend in anderen lateinamerikanischen Ländern, versuchen Frauen unter anderem mit Hilfe von Volksküchen, dagegen anzukämpfen.

Das Prinzip der Volksküchen ist nicht ganz neu. Bereits in den 70er Jahren haben caritative religiöse Organisationen Lebensmittel für Gemeinschaftsküchen gespendet. Die Frauen kamen aber nur in den Genuß dieser Spenden, wenn sie sich mit Arbeitsleistungen an Projekten dieser Organisationen beteiligten. In den sog. „food for work"-Projekten wurden die teilnehmenden Frauen allerdings immer abhängiger von den jeweiligen Organisationen. Ohne deren finanzielle Hilfe war die Weiterführung des Projektes nicht möglich, und natürlich versuchten die Projektinitiatoren auch, den Frauen ihre Weltbilder mehr oder weniger direkt aufzuzwingen. In Wahlkampfzeiten wurde dieses Prinzip auch von verschiedenen politischen Parteien übernommen, die sich so Stimmen von den Frauen erhofften.

Die heutige Volksküchenbewegung hat einen etwas anders gearteten Charakter. Die Frauen schließen sich spontan zusammen, gerade um sich von Hilfe von außen unabhängig machen zu können. In Peru gibt es inzwischen ca. 800 Volksküchen, von denen ungefähr 150 000 Menschen profitieren.

Wir haben das Beispiel 'Volksküchen als Mittel kollektiver Gegenwehr' in diesen Reader aufgenommen, obwohl diese Projekte – vor allem, wenn sie 'von außen' initiiert und unterstützt werden – nicht unumstritten sind. Neben der Überlebenssicherung dienen sie oft auch dazu, mittels Selbstausbeutung der betroffenen Frauen den Staat aus der Verantwortung für die sozialen Auswirkungen seiner Politik zu entlassen (vgl. dazu: Angela Meentzen in: Peripherie 30/31, S. 32ff).

Mit dem Artikel von Liisa North und den Auszügen aus einer Projektevaluierung von Terre des Hommes über ein Volksküchenprojekt aus dem Jahre 1985 wollen wir zu diesem Themenkomplex eine Diskussionsanregung bieten.

Liisa North

Die armen Frauen von Peru

Soledad ist 35 Jahre alt. Sie lebt mit drei Kindern und ihrem Ehemann in einem Elendsviertel in Lima. Sie steht um 4 Uhr morgens auf. Beim Anziehen zittert sie in der feuchten, grauen Kälte eines Wintermorgens in Lima. In dem überfüllten Raum, der ihr Heim ist, teilen sich die Kinder ein einziges Bett. Ihr Mann, der gelegentlich als Elektriker arbeitet, schläft neben dem Kerosinofen in der Ecke. Das Geschirr und die Schulbücher der Kinder stapeln sich auf dem Tisch. Die wieder und wieder geflickten Kleidungsstücke hängen an Nägeln. Sie ißt ein altbackenes Rosinenbrötchen mit Tee dazu, dann packt sie ihre Ware für ihren „ambulanten" Handel. Die Fahrt von Villa El Salvador bis zum Zentrum Limas dauert eineinhalb Stunden. Höchstwahrscheinlich wird es in dem gedrängt vollen, lautstarken Bus nur Stehplätze geben.

Sie ist eine der Tausenden von „ambulantes", Straßenverkäuferinnen, die sich in den großen Einkaufsstraßen der Hauptstadt drängeln, um Zigaretten, Süßigkeiten, Zeitschriften, Lotterielose, Billiges zum Anziehen und Kinkerlitzchen für die Touristen zu verkaufen.

Bevor sie gegen 5.30 Uhr das Haus verläßt, weckt sie ihre halbwüchsige Tochter Manuela. Diese wird das Frühstück für die Familie machen und dafür sorgen, daß ihre zwei kleinen Brüder pünktlich zur Morgenschicht der örtlichen Grundschule kommen. Die vierzehnjährige Manuela wird ein paar Schularbeiten machen, aber den größten Teil des Morgens und vormittags wird sie damit verbringen, beim Wasserhahn in der Hütte nebenan Kleider zu waschen und zu säubern. Diese Aufgaben teilt sie sich bisweilen in den Abendstunden mit ihrer Mutter. Ihr Vater, deprimiert und verbittert, wird bald seine tägliche Runde durch die Bauplätze antreten, immer auf der Suche nach Arbeit.

Irgendwann am frühen Nachmittag wird Soledad mit ihren morgendlichen Einnahmen nach Hause kommen. In ihrer „Freizeit" strickt sie noch Pullover, die sie in Kommission gibt. Seit Ramiro, ihr Mann, vor drei Monaten seinen Job verloren hat, stellen die Einnahmen aus ihrer Arbeit das einzige regelmäßige Haushaltseinkommen dar. Gegen 13.30 Uhr werden Soledad und Manuela die tägliche Hauptmahlzeit der Familie in einer „comedor popular" abholen. Das ist eine von über 800 kommunalen oder „Volksküchen", die heute in Lima bestehen. Der wöchentliche Kostenbeitrag ist gering, weil Soledad wie auch die anderen Frauen, die den „comedor" organisiert haben, gemeinsam dort tätig sind und abwechselnd die Mahlzeiten für die 12 Mitgliedsfamilien zubereiten.

Einige der Frauen arbeiten morgens im „comedor"; Soledad verbringt einen Nachmittag in der Woche dort, um Snacks herzurichten, die dann abends verteilt werden. Aber sie ist oft unkonzentriert und macht sich Sorgen darüber, was ihre kleineren Kinder wohl so treiben – niemand ist zu Hause. Manuela besucht die Nachmittagsschicht der High School.

Montags am Nachmittag gehen Soledad und zwei ihrer Nachbarinnen des lokalen „Komitees für ein Glas Milch" zum städtischen Depot, um dort ihre wöchentliche Ration an Milchpulver abzuholen. Diese wird dann von anderen Mitgliedern ihres Komitees – einem von ca. 7 500 in Lima, organisiert und betrieben von Frauen – umsonst verteilt. Das Milchprogramm ist 1984 ins Leben gerufen worden.

Trotz Soledads Anstrengungen und Bemühungen kommt ihre Familie kaum über die Runden. Die Gemeindeschwester hat ihr gesagt, daß ihre Kinder Anzeichen von Mangelernährung zeigten – eine Diagnose, die durch das häufige Kränkeln der Kinder bestätigt wird. Der tägliche Kampf darum, das Überleben ihrer Familie zu sichern, fordert einen 18stündigen Arbeitstag – das Stricken, ihr „ambulanter" Handel, die Teilnahme am „comedor comunal" und dem „Komitee für ein Glas Milch" ihres Stadtteils, und das alles zusätzlich zu ihren Haushaltspflichten. Sie sagt: „Ich fühle mich die ganze Zeit müde." Dieses Leben kann man nicht verstehen, ohne den verzerrten, abhängigen Charakter von Perus kapitalistischem System und die wirtschaftliche Krise, die das Land seit mehr als einem Jahrzehnt erschüttert, zu berücksichtigen.

Der schon immer niedrige Lebensstandard der Bevölkerungsmehrheit hat sich zunehmend verschlechtert, seit Mitte der 70er Jahre die Preise für Perus Hauptexportgüter drastisch fielen, die Inflation stark zunahm, öffentliche Ausgaben beschnitten wurden und die Investitionen zurückgingen, da sowohl nationale als auch multinationale Unternehmen ihre Gewinne ins Ausland transferierten. Unter der Regierung von Fernando Belaunde Terry (1980–1985) nahm die Verarmung beispiellose Ausmaße an; er hob Reformen auf, die in den frühen 70er Jahren durchgeführt worden waren, betrieb unter dem Druck des IWF eine rezessive Wirtschaftspolitik und gab die Hälfte des öffentlichen Budgets für das Militär und die Rückzahlungen der enormen Auslandsschulden des Landes aus.

Die Statistiken über Löhne, Arbeitslosigkeit und Unterbeschäftigung sind haarsträubend. Bis Mitte des Jahres 1985 hatten die Reallöhne in Lima einen Sturzflug gemacht, der sie bis fast auf die Hälfte des 1974er Levels brachte. Mitte der 80er Jahre schwankte die öffentliche Arbeitslosenquote um die 10%, aber die Unterbeschäftigungsquote (Unterbeschäftigung = ArbeitnehmerInnen verdienen Einkommen, die unter dem Minimallohn liegen) erreichte eine Zahl von 54% aller Erwerbsfähigen. 1984 wurde geschätzt, daß nur etwas mehr als ein Drittel aller Arbeitskräfte „adäquat“ beschäftigt war, d.h. ein ausreichendes Einkommen und die Gewißheit eines sicheren Arbeitsplatzes hatte.

Als in den letzten Jahren sowohl die Beschäftigung als auch die Gehälter geringer wurden, begannen viele Menschen, besonders Frauen und Kinder, Jobs zu 'erfinden'. Auf diese Weise erklärt sich einer der vielen Widersprüche, die den Beobachter des modernen Peru verwirren: Der Anteil arbeitender Frauen hat sich, trotz allgemein abnehmender Beschäftigungsmöglichkeiten, ständig erhöht. In Lima stieg ihr Beschäftigungsanteil zwischen 1973 und 1984 von 34% auf 40%. Tatsache ist, daß immer mehr Frauen der Unterschicht Arbeitsmöglichkeiten 'erfunden' haben, um einen Ausgleich für die sinkenden Reallöhne und die zunehmend längeren Arbeitslosigkeitszeiten ihrer Ehemänner zu schaffen.

In den amtlichen Beschäftigungsstatistiken werden die Tätigkeiten, die diese Frauen geschaffen haben, in den wohlklingenden Kategorien Handel und Dienstleistungen versteckt. Die große Mehrheit der im Handel- und Dienstleistungsbereich Beschäftigten gehört zum sogenannten „informellen Sektor“. Sie sind die „ambulantes“, die Betreiber von Straßenständen, die Besitzer von „Mikro-Unternehmen“ – die Armen der Stadt, die Unterbeschäftigten, die sogenannten „Randerscheinungen“, die den größten Teil der städtischen Bevölkerung ausmachen.

Hier findet man die meisten von Limas weiblichen Arbeitskräften. Es wird geschätzt, daß 26% von ihnen im Handel arbeiten, weitere 36% sind bei industriellen Unternehmen angestellt, wo die Löhne und die Stabilität des Arbeitsplatzes in der Regel besser sind. Es dürfte niemanden überraschen, daß das durchschnittliche Einkommen von Frauen nur die Hälfte dessen beträgt, was Männer im Schnitt verdienen, und daß der größte Teil der Arbeitssuchenden Frauen sind.

Als „ambulante“ arbeitet Soledad in dem am wenigsten einträglichen Geschäft, und so wie ihr ergeht es Tausenden von anderen zugewanderten Frauen, die in den „pueblos jovenes“ (jungen Städten, die von den Strömen von Zuwanderern bewohnt werden) leben. Die Erträge aus Soledads „unabhängigem Handel“ und dem Stricken können das fehlende Einkommen ihres Ehemannes nicht wettmachen. Nachdem Ramiro seinen Job verloren hatte, konnte durch die ständig steigenden Preise nicht einmal mehr der grundlegende Lebensmittelbedarf der Familie gedeckt werden. Deshalb schloß sich Soledad einer Gruppe von Frauen an, die mit Unterstützung des kirchlichen Sozialarbeiters ihrer Gemeinde einen „comedor comunal“ für ihren Stadtteil organisierten. Aus dem gleichen Grund arbeitet sie in dem Frauenkomitee, das die Verteilung von Milchpulver organisiert, mit. Es sind eindeutig die Frauen der ärmsten Klassen, die die Hauptlast des zerrütteten Wirtschaftssystems des Landes und dessen zehnjähriger Krise zu tragen haben. Sie sind es, die jene Organisationen betreiben, die die täglichen Überlebensprobleme zu lösen versuchen.

„Comedores“ entwickelten sich in Limas armen Vierteln in den späten 70er Jahren. Die Ursprünge der „comedores“ sind unterschiedlich. Einige entstanden durch die Initiative der zahlreichen Mütter-Clubs, die aus den frühen Jahren der „Allianz für den Fortschritt“ stammen; andere gehen auf die organisatorischen Bemühungen des reformierten Militärregimes unter General Juan Velasco Alvarado (1968–1975) zurück. Manche werden von Frauengruppen betrieben, die erst in jüngerer Zeit von christlichen Basisgemeinden und Kirchenangestellten organisiert worden sind; wieder andere sind das Resultat der autonom unternommenen Anstrengungen von Frauengruppen, die durch die gemeinsame Sorge, wie sie ihrer Familie zu wenigstens einer nahrhaften Mahlzeit am Tag verhelfen könnten, zusammengekommen sind. Ohne Zweifel haben die Lebensmittelzuteilungen, die „comedores“ wie auch das Milchprogramm die extreme Armut vieler Familien gelindert. Außerdem hat die Existenz von „comedores“ für einige Frauen Arbeitsmöglichkeiten außerhalb des Hauses geschaffen. Aber in welchem Maß hat die Mitwirkung von Frauen an all diesen Aktivitäten ihnen Vertrauen in die eigenen Fähigkeiten gegeben, ihnen Stolz auf die Wichtigkeit ihrer Arbeit, die sie innerhalb und außerhalb des Hauses leisten, sowie ein größeres Unabhängigkeitsgefühl in einer bekanntlich männerbeherrschten Gesellschaft oder ein Bewußtsein ihrer Unterdrückung als Frauen gebracht? In welchem Maß hat ihre erwiesene Fähigkeit, sich im Kampf ums tägliche Überleben zu organisieren, ihnen mehr Zugang zu politischer Macht auf lokaler wie auch auf kommunaler Ebene verschafft?

Unzählige Frauen haben an Märschen, Demonstrationen und Kampagnen für die Verbesserung der öffentlichen Dienstleistungen und die Herstellung einer grundlegenden Infrastruktur in den „pueblos jovenes“ teilgenommen. Aber haben Frauen verantwortungsvolle Positionen in den Bezirksregierungen und anderen traditionell von Männern dominierten lokalen Einrichtungen erreicht?

Frauen, die in Gemeindekrankenhäusern, kirchlichen Sozialeinrichtungen und feministischen Zentren arbeiten, haben Kurse über Ernährung, Kinderpflege, Hygiene, Sexualität und sogar ein Trainingsprogramm für die einkommenschaffenden Aktivitäten ihrer jeweiligen Organisation eingerichtet. Diese Lernerfahrungen sind ganz wesentlich für Frauen, die in vielen Fällen noch nicht einmal die Möglichkeit hatten, auch nur ihre Grundschulausbildung abzuschließen. Einige Teilnehmerinnen haben sogar mehr Respekt und Verständnis von seiten ihrer

Ehemänner erlangt, welche sich anfangs recht oft gegen die außerhäuslichen Aktivitäten ihrer Frauen gestellt hatten. Trotzdem gibt es wenig Anlaß zu glauben, daß die geschlechtsspezifische Arbeitsteilung in den Familien dadurch in Frage gestellt oder geändert worden wäre.

In einigen Distrikten haben sich die „comedores" in Verbänden organisiert, um ihre Leistungen verbessern und koordinieren zu können. In Villa El Salvador, wo Soledad lebt, haben sich die Frauengruppen ebenfalls zusammengeschlossen, um einen Verband zu gründen. Feministische Gruppen, die sich mit den spezifischen Problemen der Frauenunterdrückung befassen, haben einen Zugang zu den Massenmedien bekommen, wie er in diesem Ausmaß noch vor fünf Jahren undenkbar gewesen wäre. Radioprogramme, Dokumentationszentren, preisgünstige Buchreihen und Feiern zur Ehrung der Frauen-Aktivitäten haben in den letzten Jahren enorm zugenommen. Frauen haben definitiv eine neue Sichtbarkeit erreicht und ihre Fähigkeiten, sich auch im großen Rahmen zu organisieren, demonstriert.

Nichtsdestotrotz tendieren die Frauenorganisationen dazu, in ihren Aktivitäten isoliert zu bleiben. Ihre primäre Beschäftigung mit Programmen für das tägliche Überleben läßt ihnen nicht viel Zeit und Energie für die Diskussion größerer politischer Themen und noch viel weniger für die Formulierung einer alternativen öffentlichen Politik. Beziehungen und Austausch mit lokalen Verwaltungseinrichtungen, die sich fast gänzlich in Männerhand befinden, sind entsprechend selten. Die Verwaltung mag für die Verwirklichung oder Unterstützung bestimmter Programme die Hilfe der Frauenorganisationen in Anspruch nehmen, aber es gibt nur wenige Frauen, die es in den Institutionen der lokalen Machtebene zu einer leitenden Position gebracht haben. Schlimmer noch, viele derjenigen, die es geschafft haben, werden in der Konfrontation mit männlicher Autorität mundtot gemacht.

Die rapide wachsende Zahl von Frauengruppen, insbesondere in Lima, aber auch in anderen Küstenstädten, ist die Folge der schlimmsten ökonomischen Krise, unter der das Land in diesem Jahrhundert bislang gelitten hat. Die meisten Aktivitäten, die von den Frauen organisiert werden, sind ein Versuch, die tagtäglichen Probleme, mit denen die Frauen vorher zu Hause allein fertig werden mußten, gemeinsam zu bewältigen. Dies wirft die Frage ihrer langfristigen Lebensfähigkeit auf, sollten sich die allgemeinen wirtschaftlichen Umstände verbessern.

Selbst die produktiven, von Frauen organisierten Aktivitäten – Konfektionsunternehmen, Handwerksbetriebe, Restaurants – sind tendenziell Ausweitungen der traditionellen Hausarbeit. Mit anderen Worten, die meisten der organisierten Frauen beschäftigen sich nach wie vor mit „Frauenarbeit" und werden von den meisten Männern, die in den lokalen

Regierungsgremien und politischen Parteien sitzen, als Mitglieder von Hilfsorganisationen betrachtet. Zudem bedeutet die Kombination von Arbeit innerhalb und außerhalb des Hauses und darüber hinaus noch die Mitarbeit in den Gemeinschaftsprojekten in vielen Fällen nochmal eine Verlängerung des Arbeitstages dieser Frauen.

Die Errungenschaften der Frauenorganisationen dürfen nicht zu gering eingeschätzt werden. Vieles wurde erreicht, und in mancherlei Hinsicht ist der Boden für zukünftige Veränderungen bereitet worden. Trotzdem gelingt es Frauen dadurch noch nicht, den Aufstieg in die höheren Ebenen öffentlicher Macht zu schaffen. Obwohl es auf allen Regierungsebenen ein paar Frauen gibt, die eine wichtige und sogar einflußreiche Position erlangt haben, besteht die Gefahr, daß ein Schwerpunkt auf Überlebensfragen gelegt wird und der gerechtfertigte Stolz der Frauen auf die erfolgreiche Lösung ihrer dringendsten täglichen Probleme sie davon abhält, die grundsätzliche Verantwortlichkeit der Staatsregierung für die Bewältigung der Wirtschaftskrise zu hinterfragen. Die Notwendigkeit tiefgreifender struktureller Veränderungen in einer Gesellschaft, deren entstellter Produktionsapparat 52% des nationalen Einkommens auf 10% der Bevölkerung verteilt, ist unumgänglich.

Frauen sehen sich mit der Herausforderung konfrontiert, an diesem Prozeß nationaler Umwälzungen aktiv teilzunehmen und ihn zu fördern. Wie wollen sie sich einen Platz in der Öffentlichkeit verschaffen, um gegen die vielen Formen von Klassenausbeutung anzugehen, und gleichzeitig ihr Bewußtsein für die nicht weniger zahlreichen Manifestationen von Frauenunterdrückung erweitern? Die Benachteiligungen, unter denen sie zu leiden haben, das Erbe ihrer jahrhundertelangen Ausgrenzung, sind enorm.

Mindestens 22% der peruanischen Frauen haben keinerlei formale Ausbildung erhalten – bei den Männern sind es 12%. Die Unterschiede im Zugang zu Bildungsmöglichkeiten sind in allen Bereichen des Systems gravierend. Fast ein Drittel der peruanischen Frauen sagten, daß sie mehr Kinder haben als sie wollten, und 44% geben an, daß sie keine weiteren mehr wollen. Trotzdem sind Informationen über Verhütungsmethoden außerhalb der Mittelschichtskreise nicht leicht zu bekommen, und Männer stehen der Verbreitung solcher Informationen oft negativ gegenüber. Die Mutterschaftsvorsorge ist für die Mehrzahl der werdenden Mütter absolut unzureichend: Es wird geschätzt, daß ein Drittel aller Todesfälle bei Frauen zwischen 20 und 24 Jahren auf Komplikationen, die während der Schwangerschaft auftraten, zurückzuführen ist.

Den größten Teil der erwerbstätigen Frauen findet man in den Beschäftigungsbereichen mit der niedrigsten Bezahlung und dem geringsten Prestige. In gewerkschaftlich organisierten Betrieben, wo die

Mehrzahl der Arbeiter und Angestellten Frauen sind, dominieren die Männer in den gewerkschaftlichen Führungspositionen immer noch. Die Vertretung von Frauen im Kongreß und in den Führungsspitzen der politischen Parteien hat eine eher symbolische als reale Funktion, und das ist, ungeachtet einiger Abweichungen, im gesamten politischen Spektrum der Fall.

In Villa El Salvador machen sich Soledad und Ramiro Sorgen über den allgemeinen Zustand ihres Landes. Beide fragen: „Was soll aus unseren Kindern werden?" In den vergangenen Wochen haben die Frauen und Männer von Villa El Salvador, die arm, aber im „Komitee für städtische Selbstverwaltung" (CUAVES) und vielen anderen in den letzten Jahren gegründeten Institutionen organisiert sind, eine führende Rolle bei der Durchführung von Märschen und Demonstrationen für die „Bejahung des Lebens" eingenommen. Dieser bemerkenswerte Kampf einer Gemeinschaft für die Schaffung einer partizipatorischen, gleichberechtigten und friedlichen Gesellschaft führte schließlich zu einer Nominierung für den Friedensnobelpreis.

Aus: ISIS (Hg.), Women's World Nr. 17. Übersetzt von Claudia Otten

Ingrid Jung / Jeanette Rojas Silvas

Förderung der Frau im Pueblo Joven Bayovar

Auszüge aus einer Projektevaluierung
von Terre des Hommes Deutschland

Ziele der Frauenorganisationen

Die Mütterclubs und Volksküchen entstehen im allgemeinen anläßlich von Lebensmittelschenkungen durch irgendwelche Institutionen, und/oder um die Kosten für die Ernährung zu senken. Darüber hinaus hat diese Erfahrung, nämlich sich zusammenzutun, um sich zu organisieren, den Frauen auch ermöglicht, sich einen Freiraum und Zeit zu erwirtschaften, um sich untereinander besser kennenzulernen, Hausarbeit zu sozialisieren, Erfahrungen auszutauschen und sich gegenseitig zu helfen und zu stärken, wenn auch nur im durch die Institution vorgegebenen organisatorischen Rahmen.

Diese Organisationen stehen unter einem starken sozialen Druck, der von der Gemeinschaft ausgeht, die von ihnen erwartet, daß sie wirklich Dienstleistungen für die Familie, für den Barrio, für die Stadt und letztendlich für den Staat erbringen, und dies innerhalb des traditionellen Schemas, das in der reproduktiven Funktion der Frau ihre wesentliche Aufgabe sieht.

Das heißt also, daß es die Frau zwar geschafft hat, das Haus zu verlassen, um sich zu organisieren und einen Teil der Hausarbeit – die Essenszubereitung – zu sozialisieren, daß sie dabei aber letztlich vor allem den Bereich, für dessen Reproduktion sie verantwortlich ist, erweitert hat, wobei auf die Frauen das ganze Gewicht der Krise abgewälzt wird. Ihnen wird dabei das Gefühl vermittelt, für die Lösung des Dilemmas Alternativen suchen zu müssen und dafür verantwortlich zu sein, was wiederum zu einer Verfestigung der Geschlechtsrollen führt und es unmöglich macht, diese zu hinterfragen.

Das Programm des Stadtrates von Lima, das von der Vereinigten Linken und anderen Institutionen unterstützt wird, bewertet die Organisationen von Frauen im Zusammenhang mit der Gründung von Volksküchen als „wahrhaften Erfolg“, eine Bewertung, die auch im Bewußtsein der Frauen fest verankert ist und die dazu führt, daß sie sich schuldig fühlen, wenn ihre Organisation nicht unmittelbar auf die Befriedigung der Bedürfnisse ihrer Nachbarschaft ausgerichtet ist: Deshalb muß man sagen, daß – wenn die Frauen vorher zweifach ausgebeutet waren – sie es nun dreifach sind: der Ehemann und der Arbeitstag zuhause, der Chef oder Zwischenhändler bei der Arbeit im formellen oder informellen Sektor und die Gemeinschaft und ihre Führer und die Arbeitsleistungen, die sie für ihre Gemeinschaft erbringen müssen.

Volksküchen

Der Hauptgrund, weshalb sich Frauen hier organisieren, ist darin zu sehen, daß sie das Problem der hohen Lebenshaltungskosten in kollektiver Form anpacken und lösen wollen. Jede Frau leistet ihren Beitrag mit relativ geringen Geldeinlagen (aus diesem Fond werden Lebensmittel eingekauft) und durch Arbeit. Diese Sozialisierung eines Teils der Hausarbeit wird von den Frauen insofern als Erfolg betrachtet, als sie dadurch Freizeit gewinnen, ein Effekt, der von ihren Männern häufig mißtrauisch beobachtet wird, was sich dann in Vorwürfen wegen mangelnder Betreuung äußert, da sie ja nun nicht allein Anspruch auf die Dienstleistung ihrer Frau haben.

Die Tatsache, daß gewisse Reproduktionsarbeiten sozialisiert und so gemeinschaftlich organisiert werden, stellt bereits ein Potential dar, das die traditionellen Familienorganisationsgewohnheiten übertritt und transzendiert und andere Formen der Arbeitsteilung und -organisation im Alltag ermöglicht und das von daher erlaubt, die Rolle der Frau im Reproduktionsbereich in Frage zu stellen.

Die Perspektive, die sich nun schon in einigen Volksküchen abzeichnet, besteht darin, ausgehend von der Sozialisierung der reproduktiven Arbeit, diese produktiv werden zu lassen, was bereits dann eintritt, wenn es einen Preisunterschied bei den Essensrationen für Mitglieder der Gruppe einerseits und für andere Personen („freie Rationen") andererseits gibt. Zwar reicht der dabei erzielte „Gewinn" nie dafür aus, die geleistete Arbeit zu entlohnen, vielmehr besteht die „Rentabilität" in der Verbilligung der hohen Kosten für Ernährung und der Einsparung von Zeit, die nun auf andere Aktivitäten verwendet werden kann, aber diese Problematik zeigt, wo die Reflektion und die Diskussion über die Konzepte, Kriterien und Methoden in der Arbeit in für Frauen entwickelten Projekten ansetzen müssen:

a) Das Überschreiten des familiären Rahmens mit der Sozialisierung der Hausarbeit erlaubt es, die Situation der Frau in der Familie, im Barrio und in der Gesellschaft schlechthin in Bezug auf die Herrschaftsverhältnisse, ihre Rolle in der gesellschaftlichen Arbeitsteilung, die Konkurrenzbeziehungen zwischen Frauen usw. zu hinterfragen.

b) Die Frauen können sich die durch die kollektive Erledigung von Hausarbeit frei gewordene Zeit selbst – individuell oder kollektiv – aneignen: eine Perspektive, die sich nicht von selbst versteht.

c) Ausgehend von der kollektiv gemachten Erfahrung sollten die solidarischen Bindungen untereinander und die gegenseitige Zuneigung in dem Sinne bewußt gemacht werden, daß Frauen auch Zuneigung fühlen und vor allem empfangen können und nicht nur unter dem Zwang stehen, diese ihrem Mann und den Kindern zu geben. Es ist wichtig, die Beziehungen zwischen Mutter und Kindern und die zwischen Frau und Mann zu hinterfragen und möglicherweise anders zu gestalten und vor allem die Mutterschaft nicht als „natürliche Funktion" der Frau hinzustellen, da auf dieser Grundkonzeption unsere ganze patriarchale Gesellschaft aufbaut.

Nein zur Gewalt an Frauen

Am 25. November 1988 fanden sowohl in Manila als auch in verschiedenen Städten Europas feministische Aktionen gegen die Gewalt an Frauen statt. Über diese internationalen Aktivitäten berichten die zwei folgenden Veröffentlichungen: Informationen über den Protest der philippinischen Frauen zum einen und im Anschluß dokumentieren wir einen Aufruf von autonomen Frauen- und Lesbengruppen aus Hamburg.

Aktionen feministischer Solidarität
25. November: Internationaler Aktionstag
„Nein zur Gewalt an Frauen"

Liza Maza, zuständig für internationale Kontakte des philippinischen Frauendachverbandes GABRIELA, berichtete von der „Kommission gegen Gewalt an Frauen", die innerhalb GABRIELAs organisiert ist. Sie arbeitet gegen Prostitution, Gewalt in der Familie, sexuelle Belästigung am Arbeitsplatz und gegen Folter. Vom 21. bis 29. November plante diese Kommission gemeinsam mit anderen Gruppen ein asiatisches Forum zum Thema Prostitution in Manila. Der 25. November wurde als internationaler Protesttag gegen Gewalt an Frauen gewählt. An diesem Tag fanden gemeinsame Aktionen von Frauen in der Bundesrepublik und in Manila gegen das Geschäft mit der „Ware Frau" statt.

Am 25. November 1960 starben in der Dominikanischen Republik drei Frauen eines gewaltsamen Todes. Sie hatten gegen die Diktatur Trujillos gekämpft. Sie wurden vom Militärgeheimdienst brutal gefoltert, vergewaltigt und ermordet. Beim ersten Treffen von Feministinnen 1981 aus Lateinamerika und der Karibik in Bogota wurde der 25. November zum Protesttag gegen die Gewalt an Frauen ausgerufen. In Hamburg, Bremen, Berlin, Göttingen, Kassel, Düsseldorf, Stuttgart, Tübingen, München und Bochum fanden am Wochenende 25./26.11. Aktionen statt: am Flughafen, in der Fußgängerzone, vor Reisebüros und Ausländerämtern. Dezentrale Aktionen, unterstützt und getragen von zahlreichen ausländischen und deutschen Frauen aus verschiedenen unabhängigen Frauengruppen und Initiativen, kirchlichen Einrich-

tungen und Verbänden und Parteifrauen, die gegen Sextourismus und Heiratshandel arbeiten.

Hauptforderungen waren in Solidarität mit Frauen in Ländern der „Dritten Welt" u.a.:

- *die Unterstützung selbstbestimmter, regierungsunabhängiger Frauenprojekte; verbesserte Ausbildungschancen und die Schaffung von Arbeitsplätzen; die Unterstützung von Prostituiertenselbsthilfen in den betroffenen Ländern;*
- *ein effektives Vorgehen gegen die Frauenhändler und den Schutz von betroffenen Frauen;*
- *Aufklärung über die Methoden und Werbestrategien der Anwerbeagenturen, Heiratsvermittlungs- und Reisebüros;*
- *keine sexistische und rassistische Werbung in Reisekatalogen und Reiseliteratur;*
- *keine Angebote von Sexreisen durch Reisebüros und Veranstalter.*

In Manila hatten sich am 25.11. etwa 65 Frauen, vor allem Teilnehmerinnen des Forums über Prostitution, vor dem Juistizministerium versammelt und protestierten gegen den organisierten Frauenhandel. Am 19. August war in Butuan City der Staatsanwalt Macario Balansag ermordet worden. Er hatte zwei Filipinas verteidigt, die gegen den holländischen Staatsbürger Jan Schoeman und gegen den philippinischen ehemaligen Staatsanwalt von Butuan City, Nesterio Placer, wegen Menschenhandel und Vergewaltigung prozessieren. In einem Gespräch mit Justizminister Ordonez überbrachte Adul de Leon, Vorsitzende der „Kommission gegen Gewalt an Frauen", die Forderungen GABRIELAs: eine sofortige gründliche Aufklärung des Mordfalles Balansag und die Wiederaufnahme der Anklage gegen Schoeman und Placer.

(aus: Philippinen-Forum, Philippinenbüro e.V., Köln, Dez. '88, Nr. 4)

Frauen und Lesben kämpfen international gegen Sextourismus und Frauenhandel!

Seit Jahren kaufen vor allem europäische, japanische, US-amerikanische und australische Männer auf dem Heiratsmarkt Frauen aus z.B.: den Philippinen, Thailand, der Dominikanischen Republik, Polen und Jugoslawien, angefordert über Kataloge, käuflich mit Umtauschrecht.

Seit Jahren werden Frauen für illegale Arbeit, für Bars, Nachtclubs, Bordelle hierhergebracht und in die Prostitution gezwungen, fliegen Männer massenhaft als Sextouristen in die Länder der drei Kontinente (Asien, Afrika, Südamerika), um sich dort in den „Rotlichtvierteln Frauen anzueignen".

Der Sextourismus in Asien hat seinen Ausgangspunkt während bzw. nach dem Vietnamkrieg

Für 700 000 US-Soldaten wurde eine Vergnügungsindustrie (Bars, Clubs, „Massagesalons", Bordelle usw.) hochgezogen, die nach dem Abzug der USA aus Vietnam einfach umgestellt und ausgebaut wurden für die Interessen japanischer, europäischer oder US-amerikanischer Männer, die sich im Urlaub eine Frau kaufen wollen.

Um die heute noch existierenden Militärstützpunkte der USA wächst die Prostitution – auch die Kinderprostitution – rapide. In Olongapo (Philippinen) beispielsweise leben 20 000 Prostituierte im Alter von 10–30 Jahren, das sind 10% der dort lebenden Bevölkerung.

Neben den männlichen Touristen aus wirtschaftlich industrialisierten Nationen (Japan, Europa, USA) benutzen auch zunehmend Männer aus den islamischen Ländern des arabischen Raums und der asiatischen Staaten Malaysia und Indonesien die aufgebaute Prostitution.

Etliche Frauen sind nach dem Vietnamkrieg gezielt in die USA verschleppt worden, um dort weiter zur Verfügung zu stehen. Wie frühere Kolonialherren nehmen sich Männer Land, Bodenschätze und die Frauen, die dort leben.

Frauen sind überall auf der Welt diejenigen, die die Arbeitskraft und das psychische Funktionieren des Mannes unter Einsatz aller ihrer Kräfte erhalten sollen. In den armen Regionen der drei Kontinente sichern sie unter härtesten Bedingungen durch Haus- und Feldarbeit (Subsistenzproduktion) sowie zusätzliche Verdienstmöglichkeiten das Überleben der Familie.

Als Folge gezielter Ausbeutungspolitik auf internationaler Ebene sinken für die deshalb verarmten Länder die Einnahmen aus dem Export von Rohstoffen und landwirtschaftlichen Produkten (z.B. Zucker), wird der Tourismus z.B. für die Philippinen und für Thailand zur wichtigen Devisenquelle.

Da die traditionelle Arbeit der Frau, die Subsistenzproduktion, im Zuge dieser Entwicklung zerstört wird und die Löhne in Weltmarktfabriken kein Überleben sichern können, sehen viele Frauen nur darin einen Ausweg,

- *sich den Männern im „eigenen" Land, den dort stationierten Soldaten und den Sextouristen aus aller HERRENländer zu prostituieren,*
- *sich durch Frauenhändler an (Ehe-)Männer oder Bars in Europa verkaufen zu lassen.*

Der mit diesen Frauen betriebene Handel gleicht dem Versandprinzip eines Warenhauses. So können Männer Kataloge anfordern, Frauen aussuchen, bestellen – zur Probe, mit Rückgabe- und Umtauschrecht.

In der BRD angekommen, werden den Frauen häufig Paß, Visum und Rückflugticket abgenommen, oft müssen sie Schuldscheine unterschreiben. Mit solchen Praktiken sichern sich die Frauenhändler von Anfang an eine vollständige Abhängigkeit der Frauen. Zudem reisen die Frauen mit einem auf drei Monate befristeten Touristinnenvisum und können sich darüber hinaus nur weiter legal in der BRD aufhalten, wenn sie einen Bundesdeutschen heiraten. Sie haben kein eigenständiges Aufenthaltsrecht. Somit stehen sie unter dem Druck, innerhalb dieser Frist einen Ehemann zu bekommen, sie sind gezwungen, sich den Vermittlungspraktiken der Frauenhändler zu unterwerfen.

Vermittlung bedeutet, daß die Frauen zur Prostitution gezwungen werden: Sie werden entweder den potentiellen Ehemännern übergeben oder in die offizielle Prostitution (Bordelle, Sexclubs...) verkauft.

Auch wenn eine Frau heiratet, heißt das nicht, daß sie unabhängiges Aufenthaltsrecht hat. Juristisch ist diese Frau erst nach zwei, ohne Kinder erst nach vier Jahren berechtigt, auch ohne einen bundesdeutschen Ehemann in der BRD eine Aufenthaltsgenehmigung zu bekommen. Sie ist also gezwungen, eine Ehe mindestens über diesen Zeitraum aufrechtzuerhalten. Hinzu kommt, daß sie

- *meist kein Deutsch sprechen und verstehen,*
- *in eine völlig fremde Kultur geraten,*
- *total isoliert sind*
- *und zudem noch mit dem hier bestehenden Rassismus und Sexismus konfrontiert sind.*

Für viele Frauen bedeutet die Rückkehr in ihr Heimatland, daß sie gesellschaftlich abgelehnt, von Freunden, Bekannten, Familienmitgliedern geächtet und verfolgt werden, bis hin zu Folter und Mord.

Ein eigenständiges Aufenthaltsrecht für Frauen aufgrund sexistischer Verfolgung existiert weltweit nicht!

So werden sie sowohl von Frauenhändlern, Bordell- und Sexclubbesitzern als auch von „ihren" Ehemännern oft wie Sklavinnen gehalten und behandelt. Sie sollen Sexobjekt, Hausfrau, Mutter, Prostituierte, Köchin... sein.

Neben Frauenhändlern profitieren Reiseveranstalter (z.B. TUI, Neckermann), Medien (Zeitungen und Werbeagenturen) und Fluggesellschaften (Swissair, Philippine Airlines, Thai International und Lufthansa) vom Frauenhandel. Der Profit aus dem Geschäft mit den Sextouristen fließt außerdem in die Hände der einheimischen Oberschicht und auf ausländische Konten (z.B. Schweiz, BRD).

Das ganze Geschäft dient nicht nur den Profitinteressen riesiger Industriezweige und auch nicht nur den Interessen einzelner Sextouristen. Sextourismus und Frauenhandel sind ein ganz offener Ausdruck von Frauenverachtung, die sich nur in ihrer Schärfe von der alltäglichen Frauenunterdrückung unterscheidet.

Beides findet in einer Realität statt, die von dem Machtinteresse der Männer bestimmt ist, Frauen in aller Welt zu besitzen und über sie zu verfügen.

Frauenhandel und Sextourismus stabilisieren eine gesellschaftliche Struktur, die auf Frauenunterdrückung und -ausbeutung und Zwangsheterosexualität aufbaut. Mit Zwangsheterosexualität meinen wir die systematische Zurichtung aller Frauen, sich auf allen Ebenen auf Männer beziehen zu müssen (z.B. emotional, sexuell, geistig, ideologisch, ökonomisch, sozial...). Von frühester Kindheit an werden Mädchen in ihrem Bewußtsein dahingehend erzogen, daß sie ihre Lebens- und Beziehungsvorstellungen an Männern orientieren. Eine Lebensperspektive, mit Frauen bzw. nur mit Frauen zu leben und zu lieben, wird darin nicht zugelassen. Für uns heißt das, dem etwas entgegenzusetzen.

Wir Frauen und Lesben wollen selbst bestimmen, wie und wo wir leben. Wir kämpfen gegen patriarchale Isolation, für die Entwicklung von kollektiven Frauen- und Lesbenstrukturen.

Weltweit entscheiden sich Frauen und Lesben für den Kampf um ihre Befreiung. Auf vielen verschiedenen Ebenen wächst der Widerstand gegen Sextourismus und Frauenhandel.

- *1981 gab es Demonstrationen in Manila und Bangkok gegen den Sextourismus der Japaner anläßlich des Besuchs des japanischen Außenministers.*
- *1986 wurde in Stockholm ein „Bumsbomber" von protestierenden Frauen verabschiedet und in Manila entsprechend empfangen.*
- *1981 zwangen japanische Frauen mit ihren Protesten die Reiseveranstalter ihres Landes, die Sex-Charterflüge nach Manila und Bangkok einzustellen.*
- *1984: Demonstration auf der Insel Cebu (Philippinen) von ca. 10 000 Menschen gegen wachsenden Sextourismus.*
- *Unter anderem gibt es z.B. in Thailand, den Philippinen, in Kenia, den Niederlanden, der Schweiz und der BRD Beratungsstellen und Frauenzentren, die betroffenen Frauen Hilfe anbieten.*
- *1983 entblößten Frauen (Rasende Zora) den Frauenhändler Kurtz, ihn selbst und seine frauenfeindliche Praxis.*
- *Es gab Angriffe von Frauen gegen Frauenhändler und Heiratsvermittler. Es gab Anschläge auf Reisebüros und Fluggesellschaften, die Werbung und Transport übernehmen und damit Frauenhandel, Sextourismus und Abschiebung ermöglichen. Verantwortliche Fluggesellschaft in der BRD ist die Lufthansa, die mit Sextourismus, Frauenhandel und der Abschiebung von Flüchtlingen beträchtliche Gewinne erzielt.*

***Ingrid Strobl** soll laut Anklageschrift der Bundesanwaltschaft als Mitglied der RZ (Revolutionäre Zellen) mit einem dieser Anschläge, der am 28.10.86 in Köln durchgeführt wurde, in Zusammenhang stehen. Seit ihrer Verhaftung im Rahmen der BRD-weiten Durchsuchungs- und Festnahmeak-*

tion vom 18.12.87, die sich hauptsächlich gegen Frauen und Frauenprojekte richtete, sitzt Ingrid im Knast.

Unsere Solidarität gilt ihr und allen kämpfenden Gefangenen.

Die Angriffe gegen die Institutionen und Personen, die für die hier herrschenden Machtverhältnisse verantwortlich sind, sind Teil des Widerstandes gegen die weltweite Frauenunterdrückung.

GABRIELA** (nationaler Dachverband der philippinischen Frauengruppen)* ***fordert:

- *den Frauenhandel zu stoppen,*
- *den Opfern dieses Sexhandels Unterstützung zu geben,*
- *die Beteiligung von staatlichen Agenturen am Sexhandel zu untersuchen,*
- *die Methoden der Anwerberagenturen, Heiratsvermittlungs- und Reisebüros zu untersuchen und zu veröffentlichen,*
- *die Sklavenhändler zu bestrafen,*
- *freie Bildung für alle und gleiche Löhne und Arbeitsmöglichkeiten für Frauen.*

AGISRA** (Arbeitsgemeinschaft gegen internationale sexuelle und rassistische Ausbeutung)* ***fordert:

- *als einen von vielen notwendigen Schritten:*
  ein eigenständiges Aufenthaltsrecht für ausländische Frauen in der BRD,
- *keine diskriminierenden Grenzkontrollen bei der Einreise am Flughafen und keine Visapflicht,*
- *und, da die Frauen täglich weltweit Opfer sexistischer Gewalt sind, die Anerkennung von geschlechtsspezifischer Verfolgung als Asylgrund.*

***WIR** unterstützen die vorgenannten Forderungen, weil sie eine konkrete Verbesserung der Lebensbedingungen der Frauen sind.*

Unser Ziel ist es, daß Frauen ***selbst*** *bestimmen, wo und wie sie arbeiten, leben, lieben wollen!!!*

FRAUENBEFREIUNG sprengt alle HERRschenden SYSTEME!!

autonome Frauen- und Lesbengruppen in HH

Internationale Frauenkonferenz von GABRIELA, März 1986

Aktion gegen Sextourismus und Frauenhandel, 25. Nov. 1988, Flughafen Hamburg

Frauen und die Schuldenkrise

Erklärung und Empfehlungen der Konferenz am 8. März 1988 in den Niederlanden

Eine Gruppe holländischer Frauen aus verschiedenen entwicklungspolitischen Gruppen organisierte im März 1988 die Konferenz „Frauen und Verschuldungskrise". Ziel war es, die Auswirkungen der internationalen Schuldenkrise speziell auf Frauen in Entwicklungsländern aufzuzeigen und zwar besonders in den Bereichen Beschäftigung, Gesundheit und Erziehung. Im folgenden werden die Erklärungen und Empfehlungen der Konferenz wiedergegeben.

Erklärung

Die internationalen Schulden der Entwicklungsländer gegenüber westlichen Banken, Institutionen und Regierungen der westlichen Industrieländer haben eine ernste Krise hervorgerufen, die für die zunehmende Verarmung eines großen Teils der Bevölkerung verantwortlich ist.

Frauen aus Entwicklungsländern, die 1985 an der UN-Konferenz in Nairobi teilnahmen, warnten davor, daß diese weltweite Krise Frauen (und Kinder) wahrscheinlich am härtesten treffe. Die gleiche Sorge wird bei den Kontakten niederländischer Organisationen mit Frauen und Frauengruppen in Entwicklungsländern deutlich.

Dies ist der Hintergrund des Projektes „Frauen und die Schuldenkrise", einer Initiative niederländischer Frauen aus verschiedenen niederländischen Entwicklungsorganisationen. Zweck des Projekts ist es, Daten über die Auswirkungen der Krise auf Frauen in Entwicklungsländern zu sammeln und dieses Wissen in den Niederlanden zu verbreiten. Die Gruppe will auf diese Weise Frauen unmittelbar in die Suche nach Lösungen für die Schuldenkrise miteinbeziehen und ein echtes Engagement für die speziellen Bedürfnisse der Frauen wecken.

Die Konferenz zum Thema „Frauen und die Schuldenkrise", die am 8. März stattfand, stellte einen Teil dieses Projektes dar. Im Verlauf dieser Konferenz wurde abermals deutlich, daß Frauen die Hauptlast der internationalen Schulden und der im Zusammenhang damit konzipierten Anpassungsprogramme tragen.

Es bedarf grundlegender Änderungen, wenn die derzeitige Lage verbessert werden soll. Im folgenden legen wir einige Empfehlungen vor, die darauf abzielen, die aus unserer Sicht erforderlichen Verbesserungen herbeizuführen. Wir stellen dabei drei Punkte voran, die wir als den Kern einer neuen Politik betrachten. Es sind dies:

1. Ein gesundes internationales Wirtschaftsklima. Um dies zu erreichen, muß die derzeitige internationale Instabilität und Ungleichbehandlung in Stabilität und Gleichbehandlung verwandelt werden.
2. Eine Änderung der derzeitigen Anpassungs- und Sparpolitik, die die Grundbedürfnisse sichert und die Interessen von Frauen in den Mittelpunkt stellt.
3. Eine wirkungsvolle Beteiligung von Frauen an Entscheidungsprozessen. Dies bedeutet, daß Frauen an der Erarbeitung, Durchführung und Überwachung von Entwicklungs- und Anpassungsprogrammen direkt beteiligt werden.

Empfehlungen

1. Im Rahmen dieser Bemühungen schlagen wir als eine der wichtigsten Voraussetzungen für nationale und internationale Stabilität sowie für Gleichbehandlung folgendes vor:

- Die Niederlande und die westlichen Industrieländer im allgemeinen sollten auf realistischen Rohstoffpreisen bestehen, damit sich die Länder der Dritten Welt wirtschaftlich entwickeln können.
  Die Niederlande und der Westen sollten auf der Abschaffung protektionistischer Maßnahmen (vor allem der Agrarpolitik der EG) bestehen, damit sich die Länder der Dritten Welt wirtschaftlich entwickeln können.
- Die Niederlande sollten einen Beitrag zur Verringerung der Schuldenlast der Entwicklungsländer leisten.
  a) Die Niederlande sollten den IWF drängen, den ärmsten Ländern ihre Schulden zu erlassen bzw. ihnen längere Rückzahlungsfristen gewähren.
  b) Die Niederlande sollten im Pariser Club auf einer Umstrukturierung der Schulden bestehen, die Rückzahlungen bei gleichzeitiger Entwicklung ermöglicht. Die Festsetzung einer Schuldendienstquote könnte dafür ein geeignetes Mittel sein.
- Die Entwicklungspolitik der Niederlande und der westlichen Länder muß auf eine Stärkung der wirtschaftlichen Unabhängigkeit der Entwicklungsländer ausgerichtet sein, indem sie die eigenständige Entwicklung der Bevölkerung selbst anregt. In diesem Zusammenhang sollte das Ziel, 0,7% des Bruttosozialprodukts für Entwicklungshilfe einzusetzen, verwirklicht werden.

- Die Banken sollten gedrängt werden, Schulden abzuschreiben. Alternativ könnten sie ihre Forderungen auf den tatsächlichen Wert der Schulden zurückschrauben, wie dies gegenwärtig im Rahmen von „asset swaps“ und Umschuldungen geschieht.

2. Es bedarf einer grundlegenden **Revision der Anpassungs- und Wirtschaftspolitik**, wie sie vom IWF, der Weltbank und den Regierungen empfohlen wird. Die Niederlande sind aktiv am IWF und an der Weltbank beteiligt. Sie sollten ihren Einfluß auf die betreffenden Institutionen geltend machen, damit diese eine Politik im Einklang mit den nachfolgenden Empfehlungen verfolgen:

- Die Rechte der Schwächsten und Ärmsten in der Bevölkerung müssen in den Anpassungsprogrammen geschützt werden; der angemessene Zugang der Armen zu Lebensmitteln, Gesundheitsfürsorge und Bildung muß Vorrang haben.
- Die Interessen und Bedürfnisse von Frauen im Haushalt, im informellen Sektor und auf dem Arbeitsmarkt sollten in den Anpassungsprogrammen eine zentrale Rolle spielen.
- Untersuchungen über die Auswirkungen struktureller Anpassungsprogramme auf die Armen im allgemeinen sollten uns künftig mit geschlechtsspezifischen Daten versorgen.
- Die niederländische Regierung sollte Anpassungsmaßnahmen mit menschlichem Antlitz unterstützen, wie dies von UNICEF propagiert wird, und dabei vor allem Frauen berücksichtigen. Dies könnte zum Beispiel dadurch geschehen, daß man darauf besteht, daß der IWF, die Weltbank usw. in ihre Anpassungsprogramme Richtlinien aufnehmen, die Frauen unabhängigen Zugang zu und Ansprüche auf wirtschaftliche Ressourcen (Land, Kapital, Technologie usw.) sowie Zugang zu sozialen Leistungen (Bildung, Gesundheitsdienste, Kinderbetreuung usw.) sichern.
- Bei ihrer Suche nach einer Lösung für die Wirtschaftskrise sollten die Regierungen sowie der IWF, die Weltbank und die nicht-staatlichen Organisationen gewährleisten, daß der Lebensstandard der Ärmsten der Bevölkerung eine ebenso wichtige Variable wird, wie es die Währungsvariablen bei dem derzeitigen Vorgehen sind.
- Im Rahmen der strukturellen Anpassungsprogramme sollten die Auswirkungen auf Frauen im Rahmen eines jeden neuen Lösungsmodells, das entwickelt wird, erforscht werden.
- Auf Regierungsebene und auf internationaler Ebene sollte eine zentrale Stelle eingerichtet werden, von der aus eine Überprüfung und Kontrolle der Anpassungsprogramme in der Weise stattfinden kann, daß die Interessen von Frauen im Anpassungsprozeß gewährt sind.

3. In Bezug auf eine **wirkungsvolle Beteiligung von Frauen an Entscheidungsprozessen schlagen wir folgendes vor:**

- Auf Regierungsebene wie auch auf der Ebene der nicht-staatlichen Organisationen sollten Frauen frühzeitig miteinbezogen werden, damit sichergestellt ist, daß ihre Interessen bei der Analyse, der Durchführung und in Entscheidungsprozessen in Bezug auf Lösungen für die Schuldenkrise, zu denen auch Anpassungsprogramme gehören, berücksichtigt werden.
- Die Beteiligung von Frauen an politischer und wirtschaftlicher Planung und an Entscheidungsprozessen im Zusammenhang mit der Schuldenkrise sollte dadurch verstärkt werden, daß man sie in diesem Bereich aufklärt und schult. Wir bestehen darauf, daß die Regierung und die verschiedenen politischen und privaten Organisationen, wie beispielsweise die politischen Parteien, die Gewerkschaften, kirchlichen Organisationen, entwicklungspolitischen Organisationen und Frauenorganisationen usw., die erforderlichen finanziellen Mittel zur Verfügung stellen, um dies zu ermöglichen.
- Überall auf der Welt sollte ein Meinungs- und Informationsaustausch zwischen Frauen über den Einfluß politischer und wirtschaftlicher Vorgänge auf ihr Leben gefördert werden. Auch für diesen Zweck sollten Mittel zur Verfügung gestellt werden.

Women and Debt Consultation Group

AnneMarie Beulink (NOVIB)
Ria Brouwers (VKW)
Rinske van der Bij (Solidaridad)
Riet Delsing (VKW)
Soledad Gonzales (IOCU)
Minda Groeneveld-Jusay (workshop the Philippines)
Margriet van Hamel (NOVIB)
Betty van Hooidonk (Information Service Development Cooperation)
Ellen van Koppen (NIO)
Jet Kraemer (ICCO)
Ans Leeuwis (IKVOS)
Marjolein Leopold (NVR)
Leonie Sipkes (NIO)
Barbara Swart (EVS)
Berthy Thomas-Korvinus (NCO)
Philo Weijenborg-Pot

Clara Luckmann

Im Herzen der Bestie

Autonome und linksradikale Frauen und die Widerstandskampagne gegen den IWF- und Weltbank-Kongreß in Berlin 1988

Mit Abstand läßt sich vieles besser erkennen. Einschätzen. Abschätzen. Analysieren.

In zeitlichem Abstand sah ich zusammen mit anderen Frauen aus dem breiten Spektrum der Autonomen und Linksradikalen auf *den* Kongreß des Jahres zurück. Wir sammelten Erfahrungen und schätzten ein, inwieweit wir mit einer eigenständigen autonomen Frauenpolitik erfolgreich waren – und wo wir es nicht waren. (Da es den Begriff 'autonome Frauenbewegung' schon lange gibt – sie erkämpften beispielsweise die autonomen Frauenhäuser (im Gegensatz zu den staatlichen o.ä.) und betreiben sie, kann ich ihn hier nicht verwenden. Die Gefahr der Verwirrung liegt im Begriff 'autonom'. In meinem Text handelt es sich bei den 'autonomen Frauen' um die Frauen aus dem Spektrum der radikalen Linken.)

Der gemeinsame Widerstand gegen den Kongreß hat's gebracht!

Gemeinsam heißt: Frauen und Männer. Und gemeinsam heißt: Autonome und Linksradikale und radikale Teile des Reformerspektrums. IWF und Weltbank (WB) konnten ihren Kongreß zwar abhalten, mußten aber doch allerhand Mühe in Zusammenarbeit mit allen möglichen Behörden aufwenden, die eigenen Institutionen in ein positives Licht zu rücken. Denn dies war nicht mehr selbstverständlich. Erster großer Erfolg.

Es hatte nie zuvor zu den zweijährlich außerhalb der USA stattfindenden Tagungen ein solch breites und großes Widerstandsspektrum gegeben, das sich so intensiv mit der Thematik befaßte und ein entsprechend breites Kritikspektrum entfalten konnte. Mit Millionen von Hochglanzfaltblättern der Bundeszentrale für politische Bildung, der Banken etc. wurde ganz offensichtlich der Notwendigkeit gefolgt, dem Vorwurf „IWF und WB betreiben eine mörderische Politik“ entgegenzutreten. TV und Rundfunkanstalten nebst aller möglichen Papierpresse informierten nicht nur, sondern setzten sich auch mit unseren fundierten Gegenargumenten auseinander. Sicherlich, sie blieben spätestens bei der sozialdemokratischen Variante von Kritik an IWF und WB stehen, aber: Es wurde breit informiert. Ich denke, eine der notwendigen Voraussetzungen, daß unsere Kritik – die sehr grundsätzlich war und weit über die Kreditvergabepolitik hinausging – auf ein Vorwissen stoßen konnte.

Über das Massenaufgebot des Repressionsapparates ist genug gesagt worden: 9000 uniformierte, mindestens 1000 zivile PolizistInnen plus unbekannte Zahl von mitgebrachten body-guards. Sie waren alle auf militante Geschichten gedrillt worden. Und mit dem einmalig vielfältigen Spektrum des tatsächlichen Widerstandes waren sie überfordert. Und sie waren und sind, logisch!, nicht zu Spontaneität und Flexibilität in der Lage – dies sind allerdings unschlagbar unsere Markenzeichen. Während die Frauen und Männer in Uniform, mit Tränengas und Knüppel auf der anderen Straßenseite, nur insofern flexibel waren, als sie auch auf die Presse eindroschen. Die über 1000 nach ASOG verhafteten KritikerInnen (also Polizeigewahrsam zwischen 2 und 48 Stunden) waren sicherlich geplante Taktik. Und damit wurde uns auch tatsächlich einer reingewürgt – so viele Personendaten auf einen Schlag konnten sie wohl noch nie in ihre Karteien einspeichern; ob sie daraus aber das tatsächlich vorhandene und sich stets bewegende und verändernde Infrastrukturnetz der (nicht nur) radikalen Linken zusammenstellen können, bleibt noch offen. Zweiter großer Erfolg.

Wir waren nicht so, wie sie uns gern gehabt, sprich verprügelt und verhaftet hätten. Denn wir waren viel mehr, als alle zu glauben gewagt hatten und es passierten Geschichten, auf die zwar gehofft, aber mit denen doch nicht gerechnet worden war: massenhaftes Ignorieren von polizeilich verbotenen Veranstaltungen. Oder: ein spontanes Abweichen von der genehmigten Route des Fahrradstadtspiels – schon ging es direkt am ICC vorbei, schon war da das schönste Chaos in der staatlichen Hochsicherheit ausgebrochen. Und die PKW, die rund um das ICC in die Luft gingen, hätten natürlich – bei der Bewachung! – dort nicht mal stationiert werden können. Eigentlich. Die Widerständischen waren nicht so, wie Presse und Repressionsapparat sie vorzeitig kriminalisiert hatten und damit auseinanderdividieren wollten: Hier die 'guten' KritikerInnen, dort die 'bösen', und die 'ganz Bösen' waren wieder mal die Autonomen. Für diesen Keil, den die Staatsseite zwischen den IWF-Widerstand zu schlagen versucht hatte, gab es aber nicht das passende Stück Holz.

Den dritten großen Erfolg sehe ich darin, daß genau diese extreme Abgrenzung aus Autonomenkreisen, elitär und separatistisch wirkend, während der Aktionszeit innerhalb der IWF-Kongreßwoche durch praktisches Miteinandertun weitgehend aufgehoben wurde.

Die Vorbereitungen für *das* Ereignis waren mehrgleisig, entsprechend der sonstigen politischen Trennungen/Kontakte der verschiedenen Gruppierungen. Da waren der BUKO mit seinen vielen „3.Welt"-Solidaritäts-Gruppen, die sich mit dem Berliner Bündnis aus AL, Jusos, K-Parteien, Friedens- und kirchlichen Zusammenhängen schon frühzeitig zusammenschlossen. Eine „gerechtere Weltwirtschaft" war ihre gemeinsame Forderung; der erste Schritt dorthin sollte eine umfassende und sofortige Schuldenstreichung sein.

Und da war das Spektrum der Autonomen und Linksradikalen, die ihre Aktionen unabhängig und in radikaler Abgrenzung zu den anderen planten. Unter dem Motto 'Verhindern wir den Kongreß' wurde die Anti-IWF-Kampagne der Autonomen (noch vom geschlechter-gemischten Berliner Autonomenplenum) eingeleitet; „da sich der patriarchale Imperialismus nicht zum Nutzen der Ausgebeuteten und Unterdrückten verändern läßt, sondern ausschließlich zum profitableren Überleben von Kapital und Machtinstanzen", wurden Annäherungsversuche des Bündnisses abgelehnt mit der Begründung, daß sich ein solches System nicht reformieren lasse. Und mit Reformern wollten viele Autonome nichts zu tun haben – außer sie zu entlarven, sie zu bekämpfen.

Während der Aktionstagewoche sah das dann plötzlich alles ganz anders aus: die Autonomen waren auch auf der Reformerdemo und die Reformer hatten längst die Autonomen-Idee der Aktionstage aufgegriffen und parallel die Aktionswoche vorbereitet. Klar war vor allem: es geht um den Widerstand gegen IWF und Weltbank, es geht um die bundesdeutschen Institutionen, die diese mörderische Politik mittragen. Und es geht um die Banken und Konzerne, die sich an dieser neokolonialen Politik dumm und dusselig verdienen.

These: Nimmt frau den Kampf gegen das Patriarchat im Imperialismus ernst, dann ergibt das zwangsläufig ein anderes politisches Ziel – und andere Wege, die dahin führen. Diese Schritte zu gehen und die bisher (scheinbar) vorhandene Gemeinsamkeit – die auch eine Sicherheit darstellt – aufzugeben, ist anstrengend. Aber ich behaupte, daß daraus Leben und Kämpfe der Frauen in der langen Vorbereitung der Kampagne gegen IWF und WB eine neue Qualität bekommen haben. Und die Frauen mit diesem neuen Ansatz entscheidend zu dem Gelingen des Widerstandes beigetragen haben.

Wie kam es dazu und wie komme ich zu meiner These? Der erste entscheidende Schritt – eineinhalb Jahre vor dem IWF und WB-Kongreß – war der Auszug der Frauen aus dem gemischten autonomen Anti-IWF-Plenum in Berlin.

Im Vorwort der Broschüre „Ansätze" erklären die Herausgeberinnen ihre Entscheidung für ein Frauenplenum: „Nicht nur an der Theorie spaltete sich die Gruppe, sondern vor allem an der Praxis unserer Diskussionen. Die Männer, die von uns immer wieder auf die Bedeutung der Frauenunterdrückung für die kapitalistische Ausbeutung gestoßen wurden, beteuerten zwar immer wieder, daß sie das alles richtig und wichtig fänden, waren aber nicht in der Lage, daraus für sich Konsequenzen in der theoretischen Diskussion oder in der Entwicklung konkreter Politikansätze zu ziehen. Da wurde (und wird!) das Patriarchat dann doch zum 'Nebenwiderspruch', den man in keinem Papier vergessen darf, wenigstens in einem Abschnitt zu erwähnen. Praktisch wurde dieser Konflikt insofern, als die Männer patriarchales Ausbeutungs- und Unterdrückungsverhalten in den Diskussionszusammenhängen reproduzierten. Ihre Unfähigkeit, Frauen zuzuhören, sich für ihre Sichtweise zu interessieren und ihren Gedankengängen zu folgen, führt dazu, daß wir im gemischten Zusammenhang nur immer wieder gezwungen werden, die Ideen und Theorien der Männer nachzuvollziehen und sie durch unsere Fragen und Einwendungen ausbauen zu helfen..."

Zum einen war es also die Praxis in den gemischten Gruppen, die den Frauen stank, zum anderen die Diskussionen um Analyse,Theorie und Wege und Inhalte des Widerstandes hin zur Revolution. Der alte gemeinsame Ausgangspunkt war der geschlechterneutrale revolutionäre Klassenkampf gewesen, und zur 'Klasse' wurden alle Ausgebeuteten in der Peripherie und in den Metropolen gezählt, die mit ihrem gemeinsamen Kampf die imperialistischen Verhältnisse zum Stürzen bringen könnten. Anläßlich einer Debatte um den Begriff 'Klasse', diesmal mit den Ergebnissen feministischer Kapitalismusanalysen, wurde das unterschiedliche Getroffensein vom Patriarchat und damit auch der notwendigerweise andere Weg für Frauen unübersehbar: Die besondere Unterdrückung, Ausbeutung und Entrechtung der Frauen tauchte in den bisherigen Theorien, in dem bisherigen politischen Selbstverständnis nicht auf.

Neuer Ausgangspunkt der Diskussionen im Frauenplenum wurde der antipatriarchale Kampf, denn: „Klassenkampf ist nach unserer Bestimmung nur antiimperialistisch, wenn er sich in seinem Kern antipatriarchalisch versteht." (aus: 'Ansätze')

Die unter dem Begriff 'Bielefelder Ansatz' bekannten Ergebnisse der Wissenschaftlerinnen Bennholdt-Thomsen, Mies und v. Werlhoff gaben dem Frauenplenum entscheidende Denkanstöße (allerdings keine Lösungsmöglichkeiten). Sie stellten einen Zusammenhang zwischen der Ausbeutung der Frauen und den SubsistenzproduzentInnen der sogenannten Dritten Welt her. Hierbei wiesen sie vor allem auf die Nichtbewertung und Nichtentlohnung von gesellschaftlich notwendiger Hausarbeit und Subsistenzproduktion hin und machten den Charakter der Ausbeutung sichtbar, von dem Wirtschaft, Kapital und (Ehe-)Männer profitieren. Sie gehen davon aus, daß insbesondere ohne die weltweit unbezahlte Haus-Kinder-Reproduktionsarbeit der Frauen die Voraussetzung für Mehrwertproduktion nicht gegeben ist.

Das bedeutete: umdenken. In viele Richtungen. Auf vielen Ebenen.

Es ist ein langer Weg von der antipatriarchalen, antiimperialistischen Theorie zum Subjekt Frau, zu sich selbst.

Die Frauen begannen, diesen Weg zu begehen und teilten sich auch ihre Unsicherheiten mit – auf der Grundlage der für viele neuen Radikalität im Konsequenzenziehen aus den Erkenntnissen. Welche Bestandteile der bisherigen politischen Analysen haben denn überhaupt noch Bestand? Inwieweit und wohin verändert sich dadurch eine politische Praxis, welche die Frauen nicht leugnet? Und wo überall sind Frauen noch sehr in patriarchalen Denkrastern und Handlungsvorstellungen gefangen? Zeigten diese sich doch auch in den neuen Frauen(infra)strukturen: Diejenige, die am meisten gelesen hatte und dies rhetorisch am besten vortragen konnte, hatte immer noch einen leichteren Stand als die ungeübte, die vorsichtig sich artikulierende Frau. Aber genau Verhaltensweisen wie diese wurden selbstkritisch angegangen – damit auch veränderbar.

Von dem hohen Abstraktionsniveau herunterzukommen, das bis dahin in den autonomen Gruppen geHERRscht hatte, war eine der Hürden, die vom IWF-Frauenplenum zu erklimmen waren. Das Wissen aus eigenen konkreten Erfahrungen stellte oft das bisherige, als sicher geglaubte Kollektivwissen infrage, z.B. ob sich eine revolutionäre Situation nur dadurch auszeichnet, „... wenn Widerstand aus seiner individualistischen Orientierungslosigkeit herauskommt, sich als kollektives Anliegen begreift und zum offenen Angriff gegen Ausbeutung und Unterdrückung übergeht". Oder ob nicht genau der individuelle Widerstand a) als solcher individuell bleibend wirkungsvoll sein kann, und andrerseits b) oft Initialwirkung hat und kollektiven Widerstand erst ermöglicht. Könnte es sein, daß Frauen selbst den Widerstand von Frauen gegen die auspresserischen Verhältnisse deshalb nicht registrieren, weil er anders aussieht als das, was sie bislang als Widerstand anerkannt hatten? (Abgesehen davon, daß die Presseagenturen Widerstandsaktionen von Frauen meist nicht ernstnehmen und/oder verschweigen – sofern sie nicht sensationell aufgezogen sind.)

Waren nicht die zur Pauschalisierung und Vereinfachung neigenden Kriterien, mit denen sie bisher Politik betrachtet und gemacht hatten, genau patriarchale Kriterien? Spannende Auseinandersetzungen zeigten gestärkten Mut zur Differenzierung in der Betrachtung von Frauen- und Männerwelten im patriarchalen Imperialismus. Und erweiterten die Vorstellungen von Widerstandsformen; das bisherige Primat der Autonomen von 'der Aktion, die für sich selbst spricht', wurde als einengend und unzureichend empfunden. „Der Aufruhr der 'streetfighter' wendet sich leicht auch gegen Frauen... Frauen werden in den Kriegsspielen der Machos an die Seite gedrückt, angemacht und sogar vergewaltigt. Solche Erfahrungen konfrontieren uns mit der Tatsache, daß die Kreuzberger Straßenkämpfe in ihrem Kern erstmal Männerkämpfe sind. Wie Frauenkämpfe (...) in unmittelbarer Konfrontation mit den Bullen aussehen, darin haben wir so gut wie keine Erfahrungen. Und wir müssen mal wieder zur Kenntnis nehmen, daß die Revolten der Klasse weder identisch sind mit Frauen-Revolten noch diese automatisch enthalten." (aus: 'Ansätze')

Ich behaupte, und damit greife ich der Chronologie der Ereignisse voraus, daß den Frauen im Autonomenspektrum mit ihrer Eigenständigkeit und den Diskussionen der Sprung gelang, aus einer sich in weiten Teilen als Solidaritätsbewegung verstehenden Politik auszubrechen. Da die ganz eigenen Erlebnisse, Erfahrungen mit Ausbeutung, Unfreiheit, staatlicher und Männergewalt gegen sie in die Analysen über IWF und Weltbank und damit in den Widerstand gegen IWF und WB einflossen, waren sie erfolgreich. Das wurde nicht nur deutlich in der Art von öffentlichen Aktionen, die auf Vermittelbarkeit setzten, sondern daß sie überhaupt wieder stattfanden – und Spaß machten. Weil die Frauen wieder motiviert waren, ihre Politik zu vermitteln, deshalb fielen ihnen auch gute Theaterstücke, Straßenblockaden etc. ein.

Hätten sich auch die linksradikalen und autonomen Frauen mit der Worthülse vom antipatriarchalen Kampf zufrieden gegeben, wäre die alle politischen Richtungen umfassende, breite Palette von Widerstandsaktionen zu dem Kongreß nicht zustande gekommen. Aus der Tatsache aber, daß in der Zeit, als es drauf ankam, alles zusammenlief – die jeweiligen Ziele blieben strittig –, ziehe ich den Schluß, daß die Frauen aus dem autonomen und linksradikalen Spektrum genau dieses Spektrum für genau diese Aktionen „öffneten". Und das Bekämpfen der Reformer und sonstiger potentieller Bündnispartner in diesem Zusammenhang nicht mehr vorrangig war. Die Frauen wußten, wofür sie waren – so unklar dies auch oft noch blieb. Und sie wußten, wogegen sie waren – und innerhalb dessen waren die Reformer nur ein 'Nebenwiderspruch'.

Weitere Aktivitäten der Frauen des autonomen Frauen-IWF-Plenums

Sechs Monate nach Errichtung des Frauenplenums war – bei allem Frust und allen Widersprüchen – die erste Radiosendung fertig. In dieser Sendung wurde aus dem Frauenplenum heraus der Versuch unternommen, das Thema „Auswirkungen der Politik von IWF und Weltbank“ auf die Frauen zu beziehen. Dies wurde einerseits verdeutlicht anhand des Prozesses der Transnationalisierung des Kapitals für die Frauen weltweit, an Beispielen wie: Zunahme von ungeschützten Arbeitsverhältnissen, Familienpolitik hier und Bevölkerungspolitik dort, Weltmarktfabriken; Frauen auf der Flucht u.a. Diese Sendung wurde auch aus anderen deutschsprachigen Ländern angefordert, und sie wurde ins spanische übersetzt.

Und inzwischen hatte das erste Koordinierungstreffen mit Frauen und Lesben, nicht nur aus dem Autonomen-Spektrum, stattgefunden. Ergebnis dieser Zusammenkünfte war die internationale Frauen-Demo zum 8.März. Jahrelang war zu diesem Termin in Berlin nichts passiert – nun wurde er kraftvoll aufgefrischt.

Am Vorabend der Demo lief die 2. Radiosendung über den Berliner Alternativsender. Entsprechend der Planung – und Teilnahme – an der Demo beteiligten sich auch an der Produktion der Sendung ausländische, in Berlin lebende Frauen. Über die Einrichtung eines Frauen-Kiez-Kaffees waren neue Kontakte geknüpft und bestehende aufgefrischt worden, und wer hätte besser als die geflüchteten oder emigrierten Frauen selbst von den Lebensbedingungen in ihren Heimatländern erzählen können, aus denen sie geflüchtet waren. Aus den verschiedensten Gründen, wie sie sonntags interessierten Zuhörerinnen im Kiezkaffee erzählten, aber auch, weil von Regierungen durchgeführte IWF-Auflagen nicht mal mehr ein Überleben zuließen. Die Zusammenarbeit mit den ausländischen Frauen hatte begonnen. (Und war leider auch bald wieder beendet.)

Und bald gab es auch zusätzlich zu dem enorm vielen Material über Weltwirtschaft und Widerstand in einem bestehenden Archiv der Bewegung neu Zusammengetragenes darüber, was denn das für Frauen heißt. Dieses Wissen wurde aber auch gebraucht, denn je näher der Kongreßtermin rückte, desto dringlicher stellte sich die weitere Konkretisierung der Frage: Was haben IWF/WB mit den Frauen in der BRD zu tun? Und der zeitliche Druck wuchs, dem Stadtereignis des Jahrzehnts das Richtige entgegenzusetzen. Unter dem anspruchsvollen Wunsch, sowohl in der Stadt über Aktionen die Kritik zu vermitteln als auch weltweit durchdringen zu lassen, wieviel Widerstand sich in der reichen Industrienation gegen die „Mordmaschinen“ organisiert hatte. Im Frühsommer erschien die Broschüre 'Ansätze – zum Zusetzen, Durchsetzen, Umsetzen, Fortsetzen'. Sie sollte über „die Strategien des transnationalen Kapitals und des modernen Patriarchats informieren und daran aufzeigen, welche Auswirkungen diese Politik auf die Frauen hier und weltweit hat (z.B. Flüchtlingsströme, Sexismus, Arbeitsverhältnisse). Wir nehmen die

Praktiken von IWF und WB dabei besonders unter die Lupe und wollen aufzeigen, wo und durch wen diese Politik von hier aus unterstützt und mitgestaltet wird und wer davon profitiert. Denn Herrschaft und Gewalt gegen uns Frauen haben ja Namen und Adressen! Und deshalb berichten wir auch vom Widerstand der Frauen dagegen."

Im Sommer bildeten sich die Frauenforen um. Die inhaltlichen Unterschiede in den Vorstellungen und Herangehensweisen zur Vorbereitung des Kongresses hatten sich deutlich herauskristallisiert: Die einen wollten weiterhin hauptsächlich neue Strukturen im radikalen Frauen- und Lesbenspektrum aufbauen. Trafen sich u.a. deshalb mit bundesrepublikanischen Frauen. Leider verliefen diese Treffen aber letztlich im Sande, das letzte Treffen dieser Art, für den August vor dem Kongreß anvisiert, fand gar nicht erst statt. Es waren doch noch zu viele Unklarheiten in Theorie und Praxis – so einige Frauen aus Wessiland. Andere begannen mit der konkreten Ausgestaltung des Widerstandes. Bald gab es z.B. eine Frauen-Pantomine-Gruppe, die in Einkaufszentren, auf öffentlichen Plätzen einen Frauenalltag in zehn Bildern darstellte und Infos über IWF und WB verteilte. So organisierten sich in den Wochen vor dem Ereignis die Frauen neu, entsprechend ihrer inhaltlichen Schwerpunkte und Ziele. Zusätzlich kamen ab dem Sommer noch viele Genossinnen dazu, die bis dahin nicht in der Anti-IWF-Kampagne engagiert waren. Und parallel dazu wurde in den gemischten Plena vorbereitet.

Aktionstagewoche während des IWF- und Weltbank-Kongresses.

Alle bis zum Vorbereitungsende durchgehaltenen Abgrenzungen der verschiedenen Männer- und gemischten autonomen Gruppen, aber auch noch von Teilen des Frauenplenums gegenüber dem Reformerspektrum wurden durch die Trommelaktionen des „Büros für Ungewöhnliche Maßnahmen" endgültig ins Unrelevante verwiesen. Hier wurde abends und nachts gemeinsam getrommelt, wurden Bankerlimousinen demoliert, wurde in Polizeikesseln der staatlichen Übermacht getrotzt, wurden immer wieder Kessel gesprengt – allerdings auch immer wieder Hunderte von Genossinnen und Genossen in Polizeigewahrsam genommen. Die TrommlerInnen rund um die Gedächtniskirche zogen alle an. Und ich denke, sie erleichterten vor allem denjenigen das aktive Engagieren gegen IWF und WB, die sich politisch nicht eindeutig einbinden wollten.

Tagsüber fanden die innerhalb von Aktionstagen (Autonome) und Aktionswoche (Reformer) geplanten öffentlichen Geschichten statt, die sich ja in Thema und Ort inzwischen deckten. Auch die Schwerpunkte der einzelnen Tage waren gleich: So war für den Montag die „Frauenarbeit (-Arbeit)“ durchgesetzt worden. Aus einem Flugblatt dazu: „Deshalb heißt die Frauenarbeit zum Thema zu machen zweierlei: 1. Die Verflechtung von Reproduktionsarbeit und Lohnarbeit in der Frauenarbeit selbst aufzuspüren und zu benennen: das 'Dazuverdienen' der Hausfrauen, das Abschöpfen 'spezifisch weiblicher Fähigkeiten' in niedrig bezahlter, entgarantierter und sozial wenig anerkannter Lohnarbeit einerseits. Andererseits das Lächeln der Verkäuferin, der Charme der Kassiererin... 2. Frauenarbeit als materielle Basis für die männliche Lohnarbeit zu begreifen.“

Dienstag: u.a. Rassismus und Sexismus, Mittwoch: Verschuldungs- und Verelendungspolitik der Banken und Konzerne, Donnerstag: Internationalismus – Widerstand.

Die Frauenaktionen hatten das Ziel, Auswirkungen von IWF-Auflagenpolitik für Frauen an Beispielen aus dem bundesrepublikanischen Erleben deutlich zu machen, um darüber die Lebensbedingungen von Frauen in der sog. '3.Welt' verständlich werden zu lassen. Aber auch um aufzuzeigen, wie sehr hier und dort Patriarchat und Kapitalismus zusammengeschweißt sind und daß vor der internationalen Arbeitsteilung – von der weite Teile der Bevölkerung der Industrieländer mitprofitieren – die geschlechtliche Arbeitsteilung immer schon wirkt.

Einige Beispiele von Frauen-Aktionen:

- „Im Würgegriff der Banken“. Viele Frauen kennen die Situation, wie sich ihre Schulden bei Banken auf magisch scheinende Art vergrößern und das Geld zum Leben immer knapper wird (statistisch war 1988 jeder bundesdeutsche Haushalt mit 20 000,- DM verschuldet). Die profitablen Gründe wurden aufgezeigt und darüber konnten auch die Auswirkungen der IWF-Verschuldungen auf Frauen transparent gemacht werden.
- „Schmeißt die Knochen zurück, die sie uns übriglassen!“ Überernährung für Mensch und Tier hier und Armut dort, wo statt der landesüblichen Lebensmittel nur noch Exportprodukte angebaut werden. (Happening auf dem Kudamm)
- Bei vielen verschiedenen Aktionen in Einkaufszonen und vor Kaufhäusern wurden insbesondere die importierten Billigprodukte unter die kritische und lautstarke Lupe genommen.
- Kundgebungen vor dem Frauenknast zu „Kampf und Alltag der gefangenen Frauen“.

Einige der angemeldeten Aktionen waren nicht genehmigt worden, eine mit folgender Begründung: Die Anmelderin war auch für ein Straßentheater verantwortlich gewesen, das im Vorfeld stattfand, und während dessen Vorführung hatte ein pöbelnder Typ von Frauen eins auf die Nase bekommen. Bei der gleichen Anmelderin sah die Polizei die Gefahr einer Wiederholung... Die Verschuldungsveranstaltung wurde dann trotz Verbots begonnen, sah sich aber bald in einem Polizeikessel wieder, aus dem heraus die Frauen abgefahren wurden. Das Infonetz während der IWF-Zeit war dermaßen gut, daß bald andere IWF-GegnerInnen kamen und die Gefangenentransporter blockierten. Es bildete sich eine zweite Demo, und die Bullen öffneten den Kessel. Und genau so unvorhersehbar, ungeplant, laut- und massenstark ging es etliche Male ab, nachts dann sowieso. Möglicherweise war diese gemeinsame gute Erfahrung auch einer der Gründe, daß die Internationalistische Demo am Ende der Aktionstagewoche so ein großer Erfolg wurde: Ein starker Frauenblock vorweg, gelang es den 8000 DemonstrantInnen, sich gegen die 'Jetzt-aber-hau-druff-Polizei' durchzusetzen, die schon gleich zu Beginn versuchte, die Demo zu zerschlagen.

Die Mehrzahl der Aktionen wurde durch Frauen und Männer lebendig und lautstark und offenbar interessant. Bei Kundgebungen vor Adler-Verkaufsstellen oder Sex-Shops oder Reisebüros, vor Zeitarbeitsvermittlungsstellen oder Versicherungskonzernen – fast überall gab es neugierige und oft sympathisierende Passanten (spätestens, wenn die Polizei anrückte). Ob es die Aktionen vor dem Pharma-Konzern Schering waren, mit der u.a. die Scheinheiligkeit der Argumentation mit der „Überbevölkerung" in der '3.Welt' entlarvt wurde. Gerade Schering verdient ausgesprochen gut daran, und andererseits wurde die neue restriktive, reaktionäre Familienpolitik hier dem gegenübergestellt. Oder ob es die Demo durch 'Siemens-Stadt' war – die legendere 'Bevölkerung' horchte in einem Maße auf, wie ich es schon lange nicht mehr erlebt hatte. Sicherlich trug dazu auch die „Verkleidung" vieler AntiimperialistInnen bei: Die schwarze Lederkluft war zuhause geblieben, frau und man sahen spätsommerlich 'normal' aus.

Nachbetrachtung der Ereignisse und Entwicklungen

Den Kongreß behindern – das wurde eindeutig und gemeinsam (hier im doppelten Sinne) geschafft. Und die Behinderungen und Protestaktionen fanden vor laufenden Kameras statt – was zwar noch längst nicht hieß, daß die Filme ausgestrahlt, die Fotos veröffentlicht wurden. Und es bedeutete nicht, daß die interessierten Passanten sich alle gleich einreihten. Aber meiner Meinung nach hat diese Erfahrung nicht nur die radikale Linke der Republik weitergebracht, sondern insbesondere die Frauen. Auch wenn sie in der Woche nicht besonders auffällig mit eigenen Aktionen in Erscheinung traten. Es war den Frauen aus dem Autonomenplenum nicht gelungen, größere Frauenveranstaltungen zu organisieren bzw. zu ihren Veranstaltungen Tausende von Frauen zu mobilisieren. Selbstkritische Reflexionen tun dem radikalen Aufbruch keinen Abbruch, im Gegenteil, sie versprechen Neues, Aufregendes, Aufwühlendes für die Zukunft. Genauer zu gucken, warum die Frauenaktionen im ganzen Widerstand praktisch untergegangen sind, wäre sicher aufschlußreich. Eine Frau erklärt in einem internen Papier: „Wir (wirkten) nach außen hin sehr abgeschottet...Verständlicherweise animierte dies nicht mal Frauen aus unseren eigenen Zusammenhängen, sich dafür zu interessieren, was bei uns läuft..." Sie plädiert für mehr Offenheit anderen Frauen/Gruppen gegenüber. Und sie spricht von einem 'sehr hohen Anspruch' der Frauen, daß sich alle Diskussionsergebnisse „in unseren Aktionen ausdrücken müssen". Diesen Anspruch bezeichnet sie als zu hoch, der hätte eher zu einer Blockierung beigetragen als zu einer Verbreiterung der radikalen Linken.

In der Nachbetrachtung der Ereignisse wurde erschreckend deutlich, daß das Maß von sexistischen Bullenübergriffen – verbal und körperlich – enorm gestiegen war, dieses aber nicht in die Öffentlichkeit getragen worden war. Einige der übelst angemachten Frauen begründeten ihre defensive Haltung gegenüber einer Öffentlichmachung damit, daß die Presse sowieso alles verdrehen würde. Andererseits waren viele Gegnerinnen des IWF über die „Mitarbeit" der Presse auch froh, wenn z.B. die Verkehrshinweise im Radio Aufschlüsse gaben, wo grad was los war oder täglich Live-Übertragungen von Aktionen gesendet wurden.

Insofern finde ich folgende Aktionen der Nach-IWF-Ära wichtig genug, sie dem IWF-Bericht anzufügen: In zwei Berliner Kiezen gab es wochenlang nächtliche Patrouillengänge von Frauen, weil – auch dort – Männer vergewaltigt hatten. Und die betroffenen Frauen ließen dies nicht auf sich beruhen, sondern organisierten sich. Auf sehr gut besuchten Frauen-VVs wurde für den 25.11.88 (bundesweiter Aktionstag 'Frauen gegen Sextourismus') eine Demo geplant – und sehr lautstark durchgeführt (klein, aber fein). Und ebenso wurde hier die U-Bahn-Aktion geboren. Am 2.12. trafen sich Hunderte von Frauen, um U-bahnfahrenderweise das 1. Abteil für sich zu reservieren (wie es sich die Frauen in Mexico-City bereits erkämpft haben). Zum einen war hieran erstaunlich, wieviele Frauen sich daran beteiligten, und zum anderen, wie sehr mit Aktionen wie diesen tatsächlich ein Männernerv getroffen wird. So massiv und brutal sich die Bullen auf diesen Abend vorbereitet hatten, so unglaublich reagierten auch viele Fahrgäste: als wäre ihr Leben bedroht worden.

Ich bin nicht der Auffassung, daß speziell die Nach-IWF-Politik vieler Frauen in Berlin nur deshalb zustande kam, weil sich Frauen aus dem autonomen und linksradikalen Spektrum auf ihren eigenen Kampf begonnen hatten zu beziehen. Für mich bestehen aber Zusammenhänge, daß auch Frauen aus diesem Spektrum sich da einklinkten. Ich denke, daß durch die Entwicklung des letzten Jahres bei diesen Frauen eine günstigere 'Stimmung' geschaffen wurde, dieses 'Persönliche' wieder ernst zu nehmen und publik zu machen und der eigenen (Frauens-)Person den ihr in der Weltpolitik zustehenden Platz zurückzugeben. Und nicht nur, weil es Frauen aus den eigenen Reihen getroffen hatte – gewalttätiges und sexistisches Verhalten von Genossen ist nichts Neues. So kam es also lange nach den großangelegten Kampagnen der 'autonomen Frauen' der siebziger Jahre wieder zu breiten und auffälligen politischen Aktionen zum Thema Gewalt gegen Frauen. Und gar nicht zufällig finde ich es dann auch, daß im Winter im radikalen Berlin-Info „Interim" eine neue Debatte über Sexualität begonnen hat.

Schlußbetrachtungen:

Ob die neuen radikalen Frauen-Zusammenhänge dauerhaft und weiterhin auf der Suche nach dem feministischen Internationalismus unter Einbeziehung der eigenen Subjektivität *und* gesellschaftlichen Objektivität vorwärtspreschen werden, bleibt abzuwarten. Oder ob sie sich wieder und wieder in der patriarchalen Politik mit dem Primat der Aktion verlieren werden. Es bleibt abzuwarten, ob sie nicht vor den Schwierigkeiten kapitulieren, die eine Zweigleisigkeit im Denken, Handeln, Analysieren, Leben und Kämpfen mit sich bringen: die auf der persönlichen und auf der gesellschaftlichen Ebene. Genau durch diese Dualität wird aber Frauenpolitik erst glaubwürdig. Und vielleicht beugt auch genau die Dualität der Schneller-leben-Mentalität vor, nach der Frauen nun in Windeseile eine handhabbare, ausgefeilte, griffige, antipatriarchale und antiimperialistische neue optimale und feministische Theorie meinen vorzeigen zu müssen. Ein Widerstand, der mit patriarchalen Formen und Inhalten dem Patriarchat den Garaus machen will, ist noch nie weit gekommen.

Claudia von Braunmühl

Armutsbekämpfung durch Selbsthilfe oder der real existierende Zynismus in der deutschen Entwicklungspolitik

„In einem Erfahrungsbericht über ein Begegnungsprogramm, das von der Deutschen Kommission Justitia et Pax im Januar 1987 in den Philippinen durchgeführt wurde, schreibt Dr. Angelita Ledesma: 'Die verschiedenen Teams fanden die Armen im Zustand äußerster Mittellosigkeit, aber sie waren nicht verzweifelt. Einige Gruppenmitglieder beobachteten, daß ihre Lebensaussichten in einigen Fällen fast hoffnungslos waren. Aber im allgemeinen fanden sie die Armen durchaus voller Hoffnung, mit dem Willen, ihre eigene Situation zu verbessern. Sie hatten Gefühle von Glück. Und sie hatten ihre Menschlichkeit nicht verloren. Sie besaßen starke geistige Kräfte – mit Lachen, Kreativität und Vorstellungsvermögen. Wie arm sie auch waren, versuchten sie, ihre Wohnungen mit Topfpflanzen und Blumen zu verschönern. Wir sahen, wie die Armen kämpfen mußten, aber mit einer grundlegenden inneren Zufriedenheit. Und wir fragten uns: 'Was ist die Quelle dieser positiven Kräfte in ihrem Innern?''“
(Bartolomé Peirano, BMZ, ES 31 in: Entwicklung und Zusammenarbeit (E+Z 12/88)

Begegnungsprogramme dieser Art sind sicherlich gut gemeint. Und muten doch an wie Expeditionen zu einer fremden Ethnie, den Armen. Was diese „EthnologInnen“ dort noch feststellten:

„1. Arme Menschen können arbeiten. Die Mär vom faulen Eingeborenen sei völlig unbegründet und sei nichts als ein Ausdruck der Zurückweisung und Verachtung anderer Völker und Kulturen.
2. Arme Menschen können sparen. Sie sind deshalb kreditwürdig und können mit Geld sparsam und vernünftig mit einem Blick auf die Zukunft umgehen.
3. Arme Menschen sind produktiv. Sie können zielgerichtet beträchtliche Arbeitsleistungen erbringen und wissen die beschränkten verfügbaren Ressourcen angemessen zu nutzen.
4. Arme Menschen können sich selbst helfen. Es war offensichtlich, daß arme Menschen jede Gelegenheit nutzen, um ihre Lebensbedingungen zu

verbessern und mit großer Entschlossenheit und großem Mut zu arbeiten. Oft genügt ein kleiner Anreiz von außen, um sie für Selbsthilfeaktivitäten zu mobilisieren.
Ein Teilnehmer aus den Philippinen brachte mit einem Satz alle diese Erfahrungen auf den Punkt: 'Die Armen haben die Formel zum Überleben.'"

Wie tröstlich! Denn wir haben sie gewißlich nicht. Wir, d.h. die Industrieländer, sind sehr viel versierter im Zerstören und Ausbeuten. Auf knapp eine Milliarde unterhalb der Armutsgrenze lebende Menschen haben wir es immerhin schon gebracht.

Oder, in den Worten der durchaus repräsentativen Zeitschrift deutscher Entwicklungspolitik, E+Z (Entwicklung und Zusammenarbeit), die im Dezember 1988 einen Themenschwerpunkt „Armutsbekämpfung durch Selbsthilfe" vorlegte:

„Der Entwicklungshilfe der vergangenen Dekaden ist es trotz des Einsatzes beträchtlicher Mittel und des Engagements unzähliger Helfer nicht gelungen, das Los der breiten Masse der Armen in der Dritten Welt nachhaltig zu verbessern. Im Gegenteil: Handelsschranken und die immer drückender werdende Schuldenlast sowie das ungebremste Bevölkerungswachstum haben schon erreichte Fortschritte wieder zunichte gemacht. Die zunehmende Not hat aber auch eine Vielzahl von Eigeninitiativen geboren. Die Armen der Dritten Welt wissen, daß sie ihre Entwicklung selbst in die Hand nehmen müssen."

Armutsbekämpfung durch Selbsthilfe

Selbsthilfe, das Wort beschreibt eine Praxis, die auf solidarische Zusammenhänge, auf Kampf gegen Vereinzelung, Entfremdung, Entmenschlichung zielt, auf materielle und soziale Lebensverhältnisse, die menschlicher Entfaltung zuträglich sind. Es wird nun verknüpft mit einer kaum verhüllten Kapitulationserklärung. Es ist nicht gelungen, die Ressourcen der Welt so zu verteilen und zu nutzen, daß menschliches Leben für alle gesichert ist. Als Ende der 60er Jahre die erste große Ernüchterung am Konzept „nachholender Entwicklung" um sich griff und die Erkenntnis unabweisbar wurde, daß der berühmte „trickle-down"-Effekt – auf den die private Marktwirtschaft weltweit ja setzt – in wachsender Verelendung statt sozialer Entwicklung bestand, da wurde die Notwendigkeit sozial bewußter Prioritätensetzung sehr wohl gesehen. *Grundbedürfnisse*, so hieß es seit Mitte der 70er Jahre, seien vorrangig zu befriedigen und an dieser Priorität habe Entwicklungshilfe sich zu orientieren. Dabei war direkte Partizipation der Betroffenen bei Strukturveränderungen und bei der Neubestimmung der Produktionsorientierung immer mitgedacht.

Daß es Entwicklungspolitik und Entwicklungshilfe gelänge, Grundbedürfnisse zu befriedigen, mutet uns heute wie ein fast vermessener Anspruch an. Von Bedürfnissen ist denn auch gar nicht mehr die Rede, auch nicht von Entwicklung, sondern von Armut, von Armutsbekämpfung, von schlichtem Überleben.

„Armutsbekämpfung durch Selbsthilfe", so lautet auch der Name einer Sondereinheit im BMZ, die dort, gleichsam als innerdeutsches Beratungsprojekt deutscher Entwicklungshilfe, 1983 für zunächst 3 Jahre eingerichtet wurde. Unmittelbarer Anlaß war eine Evaluierung von Entwicklungsbanken gewesen, die das bestürzende Ergebnis hervorbrachte, daß die Zielgruppe der unteren 40% der Bevölkerung von den Mitteln durchweg nicht erreicht wurde. Es rückte also die Frage ins Zentrum: Wie kann staatliche Entwicklungshilfe es anstellen, mit ihren Finanzierungsinstrumenten nach „ganz unten" zu gelangen, um dort Selbsthilfe zu unterstützen.

Nun gibt es – viel zu wenig, aber doch – immer mal wieder Einzelprojekt- und Programmevaluierungen mit Aussagen, die eigentlich unmittelbar konsequentes Umsteuern erforderlich machten, ohne daß dies allzu häufig der Fall wäre. Insofern ist der von der „ES 31", das ist die organisationsinterne Bezeichnung für die Sondereinheit, selbst gern hervorgebrachte Verweis auf die Studie nur die halbe Wahrheit.

1983, das ist auch die Zeit, wo die großen multilateralen Organisationen wie Weltbank und UNICEF auf je eigene Weise beginnen, sich mit den allenthalben massenhaft auftretenden Folgen der IWF-verordneten Strukturanpassungsprogrammatik auseinanderzusetzen. „Poverty Alleviation Programs" (Weltbank) nennen es die einen, „Strukturanpassung mit menschlichem Gesicht" (UNICEF) die anderen. Auf jeden Fall, das zeichnete sich in der ersten Hälfte der 80er Jahre überaus klar ab: Wo multilaterale und bilaterale Handels- und Finanzpolitik mit ihren Erosionen und Zerstörungen mühelos hinkommen, nämlich nach „ganz unten", da tut sich die staatliche Entwicklungspolitik, die solche Zerstörungszusammenhänge diskret unerwähnt läßt, aus strukturellen Gründen außerordentlich schwer, ihre subjektiv oft durchaus ehrlichen Hilfsangebote anzubringen.

Daher der Denktank, daher auch das staatliche Sich-Umsehen nach Modellen im nicht-staatlichen Bereich, nach Tür-Öffnen und Weg-Bereiten in der NGO-Community. 1986 erweiterte sich die Sondereinheit „Armutsbekämpfung durch Selbsthilfe" in einer erneuten dreijährigen Verlängerungsphase, zusammen mit den großen deutschen Organisationen auch der kirchlichen entwicklungspolitischen Zusammenarbeit (Carl Duisburg Gesellschaft, Deutsche Stiftung für internationale

Entwicklung, Evangelische Zentralstelle für Entwicklungshilfe, Friedrich-Ebert-Stiftung, Deutsche Gesellschaft für Technische Zusammenarbeit, Kreditanstalt für Wiederaufbau und Misereor) zu einer Gemeinsamen Arbeitsgruppe, die sich als solche Ende April 1989 programmgemäß auflöste. Das Projekt ist sozusagen beendet. Es soll nun in der entwicklungspolitischen Praxis der beteiligten Institutionen seine nachhaltende und selbsttragende Wirkung entfalten. Mannigfache neue Kontakte, einzelne Arbeitszusammenhänge bleiben bestehen, sowohl zwischen als auch innerhalb einzelner Organisationen. Im BMZ selber wurde ein kleines Querschnittsreferat in Sachen Selbsthilfe, Armutsbekämpfung und Frauenförderung eingerichtet.

„Armutsbekämpfung durch Selbsthilfe“ also. Wie immer aufrichtig das Bemühen der einzelnen – und daß dem so ist, daran gibt es gar keinen Zweifel –, die Namensgebung läßt sich doch auch so lesen: „Wir haben euch in mehreren Entwicklungsdekaden mit unserer Entwicklungshilfe nicht helfen können. Im Gegenteil. Nun helft euch selber. Wir, die wir mit unseren Strategien – jedenfalls mit denen, die *uns* nicht weh tun – am Ende sind, wollen *eure* Strategien, die euch das Überleben sichern, unterstützen. Die taten uns in der Vergangenheit nämlich auch nicht weh.“

Von *Armut* ist jetzt die Rede, und von „den Armen“. Das in den Diskussionen der 70er Jahre verwandte Wort „Marginalisierte“ verwies noch auf das bewegende, bei uns liegende Zentrum. Armut ist eine überhistorische Kategorie, eine immer da gewesene soziale Befindlichkeit, von der bestenfalls moralische Beunruhigung ausgeht, die den so Bewegten adelt.

So hat die Entdeckung der Armut und der Armen etwas Berührendes und etwas Zynisches zugleich. Wo wir uns jahrzehntelang um Modernisierung, also um Formalisierung ’rückständiger’ Lebensweisen sorgten, fragen wir nun nach den Trampelpfaden, die der informelle Sektor sich abseits der den Großen vorbehaltenen formellen Wege selber schafft, und hetzen Horden von ForscherInnen und ProjektsondiererInnen hinterher, meist in der Absicht, die bislang vernachlässigte ’Ressource’ an die formale Ökonomie anzubinden.

Wo wir vor Jahren noch lernten, über den Handwerker, der die Notwendigkeit einer Sechs- bis Sieben-Tage-Woche (in seiner Lage!) nicht einsehen wollte, empört den Kopf zu schütteln, beklagen wir heute den Verlust traditioneller Werte, stöbern ihre Restbestände hektisch auf und bemühen uns – von außen – um ihre Reaktivierung.

BMZ-Staatssekretär Volkmar Köhler:

„’Tragfähige Entwicklung muß anknüpfen an die Tradition.’ Die Zeit müsse vorbei sein, in der Traditionen als Entwicklungshemmnisse, zumin-

dest als Störaktionen der Entwicklungszusammenarbeit begriffen wurden. Heute arbeite man im BMZ nach sozio-kulturellen Planungskriterien.“ (E+Z, 12/88)

Ein großer Aufwand an konzeptioneller Arbeit und Diskussion, sechs Jahre während, viel Besetzen von Begriffen – viel Hilflosigkeit übrigens auch, dieser Enteignung etwas entgegenzusetzen – und ein einziges Wort, das den großen Verantwortungszusammenhang elegant aus dem Scheinwerferlicht holt: Rahmenbedingungen.

„Würden die jeweiligen Gesellschaften Rahmenbedingungen schaffen, innerhalb derer die Menschen ihre kreativen Kräfte entfalten können, wäre die Verringerung der Armut kein besonderes Problem.“ (Werner Schreiber, CDU/CSU)

Recht hat er. Aber wer sind die „jeweiligen Gesellschaften“?

(Bei dem Satz handelt es sich übrigens um ein um wichtige Worte verändertes Zitat aus den Erläuterungen eines engagierten Bangla Deshi, bei dem nicht von Rahmenbedingungen die Rede ist, sondern davon, daß etwas grundlegend falsch ist in Methodik, Konzept und Instrumenten der Entwicklungshilfe.)

Die Rahmenbedingungen

Es ist in den letzten Jahren viel von der Verschuldungskrise der Entwicklungsländer die Rede. Mit anderen Worten: Was drei 'Entwicklungs'-Dekaden übriggelassen haben, ist eine massive Verschlechterung der Lebensumstände der Masse der Bevölkerung in der Dritten Welt und obendrein eine horrende Schuldenlast. In manchen Ländern verschlingt allein der Zinsendienst mehr als das gesamte Exporteinkommen. Ein Blick auf das Verhältnis von Bruttosozialprodukt, Export und Schulden zeigt, daß es für fast alle keine Chance gibt, sich da herauszuproduzieren.

Man kann die Situation aber auch anders definieren: Anstatt von einem Zuwenig an Einkommen kann man von einem Zuviel an Ausgaben sprechen, dann heißt die Parole: „Gürtel enger schnallen.“ Wie eng, ist eine Frage der Zumutbarkeit. Mancherorts hat es darüber blutige Aufstände und Tote gegeben.

Genau das propagiert seit ungefähr zehn Jahren der Internationale Währungsfonds und seit 1980 auch die Weltbank. Ihre Kredite, die wiederum tonangebend für private internationale Kreditgeber sind, werden nur unter der Bedingung von 'structural adjustment', zu deutsch *Strukturanpassung* gegeben.

Es ist also etwas aus den Fugen geraten; Anpassung tut not. Nicht die reichen Industrieländer aber passen ihre Strukturen und Verfahrensweisen den ja nicht unbekannten Folgen ihres weltweiten wirtschaftlichen Tuns an. Die Entwicklungsländer müssen sich anpassen. An den uns nützlichen status quo.

Auch die deutsche Bundesregierung fügt seit Beginn der 80er Jahre ihre Entwicklungspolitik in diese Strukturanpassungsprogrammatik ein. Das dahinter liegende Konzept wird seit Jahren theoretisch kritisiert und hat sich praktisch längst widerlegt. Es trägt eben gerade nicht zu Stabilisierung und wirtschaftlicher Gesundung bei. Ganz im Gegenteil, es begünstigt wenige Reiche und hält für die Masse der Bevölkerung nur weitere Verarmung und das Verrotten lebenswichtiger staatlicher Leistungen bereit. Es stimmt also durchaus, „daß in den letzten Jahren Entwicklungen sich vollzogen haben, die für die Umsetzung des Selbsthilfegedankens eine neue Grundlage darstellen“ (Volkmar Köhler).

Die 'Umsetzung des Selbsthilfegedankens' folgt schlicht dem Zwang der Verhältnisse. Der Selbsthilfe wird überantwortet, was die 'Rahmenbedingungen' zerstören: hinreichende Einkommensquellen und gesellschaftliche Leistungen, die notwendiger Teil eines Entwicklungsprozesses sind, wie Schul- und Gesundheitswesen, Straßen-, Wege- und Brükkenbau u.ä., die als staatliche Leistungen immer weniger finanzierbar sind. Zugleich wird die soziale Versorgung großflächig reprivatisiert. Staatlichen Kürzungen zum Opfer fallende soziale Einrichtungen werden der Wohlfahrt überantwortet bzw. eben der nützlichen Selbsthilfe.

Nur wird immer wieder, so auch in dem mehrfach zitierten E+Z-Heft, in einem gewagten argumentativen Sprung vorgegaukelt, *Überleben* sei Entwicklung, die Gesetze des Überlebens seien die eines Entwicklungsprozesses, Selbsthilfe als Management der Marginalität sei Veränderung der berühmten Rahmenbedingungen. Nichts davon ist der Fall.

Der zähe Kampf ums schlichte Überleben, die verzweifelte Kraft, die er abverlangt, das wird uns zum 'Elan vital' stilisiert, zu „geistiger Ressource und Kreativität“ (Gisela Bock, KfW), die es anzuzapfen gelte. (Die Armen haben die Formel zum Überleben!) Not macht erfinderisch, ja. Entfaltung menschlicher Kreativität ist doch wohl aber etwas anderes, als z.B. aus am Stadtrand gelegenen Müllhalden herauszupolken, was noch irgend verwertbar ist. Und daß Not nicht nur erfinderisch macht und Armut nicht nur 'innere Zufriedenheit' gebiert, sondern Verrohung und menschliche Stagnation, auch davon keine Rede.

Das sei Hilfe zur Selbsthilfe, so wird uns gesagt, „daß man die innere Kraft der Armen mobilisiert durch Erziehung, durch Gewährung von Krediten, mit anderen Worten, daß man die Entwicklungsaktivitäten dazu einsetzt, ein humanes Umfeld für die Armen zu schaffen“. Das also ist Armutsbekämpfung durch Selbsthilfe, ein 'humanes Umfeld' für den Kampf ums Überleben schaffen, während die 'Rahmenbedingungen' jenseits jeglicher Thematisierung weiterhin ihre unmenschliche Wirkung entfalten?

Die bisherige Erfahrung hat gezeigt, so wird uns gesagt, daß der Prozeß der Selbsthilfe und die Selbsthilfeförderung lange, nie vorausberechenbare Zeiträume erfordert. Sehr wohl berechenbar aber ist – die Berichte aller großen Entwicklungsorganisationen von Weltbank bis UNICEF führen uns die Daten wirtschaftlichen und sozialen Verfalls, der insbesondere die 80er Jahre, die Jahre der Propagierung der Selbsthilfe also, kennzeichnen, jährlich in eindringlichen Bilanzen und schrecklichen Prognosen vor Augen – die Zerstörung an Mensch und Natur seitens der 'Rahmenbedingungen'.

Hilfe zur Selbsthilfe und Frauenförderung

Gleichwohl und umso mehr: Die Armen haben es immerhin geschafft, drei fehlgeschlagene Entwicklungsdekaden zu überleben. Man fragt sich, wie sie das gemacht haben, und man fragt sich das mit großem Interesse, denn sie werden, ceteris paribus, 'das Problem ihres Überlebens' noch verdammt lange zu lösen haben. Das vor allem ist nun erfahrenswert, *wie* sie es geschafft haben zu überleben. Dort soll angesetzt werden.

Die Subsistenzwirtschaft wird erneut entdeckt und der informelle Sektor. Galt das eine in den 70er Jahren als Bodensatz, der keineswegs auch noch ins Rutschen kommen durfte (Weltbankstrategie unter McNamara), so wurde das andere als zwielichtige Schattenökonomie aktiv bekämpft, bestenfalls geduldet, in der Regel jedoch kaum wahrgenommen. Nun wird aus der Subsistenzwirtschaft eine gelegentlich nahezu hymnisch gepriesene ökonomische Strategie. Kaum ist der informelle Sektor in seiner Funktionstüchtigkeit und Dynamik erkannt, bosseln Kleinkreditprojekte in zum Teil gründlicher Verkennung seiner Funktionsgesetze an seiner Einbindung in den formellen Sektor herum.

In Subsistenzwirtschaft und informellem Sektor ist vorrangig die *Frauenförderung* angesiedelt, die insbesondere in den 80er Jahren Prominenz gewonnen hat. Dafür gibt es viele Gründe; nicht zuletzt hat auch die Dynamik von Frauenpolitik in den Metropolen damit zu tun. Aber die Entdeckung der Frauen in Entwicklungspolitik und Entwicklungshilfe ist doch nicht ohne Bezugsrahmen. Und der liegt weniger in der schon in den 70er Jahren ausführlich diskutierten – folgenreichen – Ignoranz von Entwicklungsplanern und -machern gegenüber der Rolle der Frauen in den jeweiligen Gesellschaften, als in der Krise der 80er Jahre.

Die 80er Jahre, das ist die Zeit, da die hohe Verschuldung der Entwicklungsländer zur Krise wurde. Nicht, wie die Kredite verwandt wurden, was ihre Verwendung in den Gesellschaften angerichtet hatte, wurde im übrigen als die Krise begriffen, sondern die Krise lag in der Unfähigkeit der Länder, ihre Schulden zurückzuzahlen, ja auch nur ihren Schuldendienst zu bewältigen. Unter der Federführung von IWF und Weltbank wurden Land für Land in der Dritten Welt sogenannte Strukturanpassungsprogramme verpaßt, die nun die Krise zur innergesellschaftlich akuten machten.

Mittlerweile ist gänzlich unbestritten und in vielfältigen Studien belegt, von welch schwer faßlicher Härte die sozialen Folgen dieser Strukturanpassungsprogrammatik sind. Es wird nun, so der Titel eines umfassenden UNICEF-Berichts von 1987, eine 'Anpassung mit menschlichem Gesicht' gefordert. Allein darin ist eine bemerkenswerte Aussage über die bisherige Praxis enthalten. Ob dieser und anderer schwer zu überhörender Kritik hat die Weltbank, darauf ist sie sehr stolz, auf die ihr eigene Art nun auch die „Armut im Visier"(!). „Kompensatorische Maßnahmen" will sie ergreifen, denn es bleibt ja „unausweichlich, daß einige sozioökonomische Gruppen verlieren und andere gewinnen, insbesondere wenn die Anpassung darauf abzielt, die lokalen Ressourcenallokationen zu verändern". (Finanzierung und Entwicklung 12/88)

Die Härten der Strukturanpassung und wie sie insbesondere die Frauen betreffen, das hat UNICEF in umfassenden Länderstudien eindringlich belegt. Die meist von Frauen besetzten unteren Arbeitsplätze im öffentlichen Dienst fallen als erste dem Rotstift zum Opfer ebenso wie die Arbeitsplätze in der von Importliberalisierung und Abwertung bedrängten Kleinindustrie. Die Lebenshaltungskosten sind allenthalben dramatisch gestiegen, die soziale Infrastruktur, Schulen, Erziehung, administrative Dienstleistungen, öffentlicher Transport etc. wurden dem Verfall anheimgegeben, dafür aber mit oft unerschwinglichen Preisen belegt. Die Daten der volkswirtschaftlichen Gesamtrechnungen weisen nur Rückfall und keinerlei Anzeichen auf, daß diese ungeheuren sozialen Kosten tatsächlich, wie uns IWF und Weltbank versichern, nur 'vorübergehende Anpassungserscheinungen' sind.

Es sind vor allem die Frauen, denen die Last der Überlebenssicherung überantwortet wird. Ganz konkret, von morgens bis abends. Sie mühen sich, irgendwie doch die Kinder satt zu kriegen, sie pflegen die um vieles anfälliger gewordenen Kranken und Kränklichen in der Familie, sie versuchen, durch einen Flickenteppich verschiedener Aktivitäten im sogenannten informellen Sektor den geringer gewordenen männlichen Anteil am Familieneinkommen wettzumachen bzw. generell die gestiegenen Lebenshaltungskosten aufzufangen.

Nur der geringste Teil dieser Überlebenssicherung und seiner Kosten ist in Daten zu fassen. Der erschreckende Anstieg der Anämie bei Frauen zum Beispiel, der ist sozusagen faßbar. Aber was ist mit den Erscheinungen, die selbst bei gleichbleibendem Familieneinkommen z.B. aus Peru und Mexiko beschrieben werden? Wie alle mehr schuften, auf jegliche Erholung und Vergnügen verzichten, wie krisenhaftes Zusammen- und Durchhalten einhergehen mit dem Verzicht auf individuelle Entfaltung, mit zunehmender Verrohung und einer Zunahme von Gewalt gegen Frauen.

Ihre zentrale Rolle an der Basis der Überlebenssicherung ist mittlerweile zu einer weitverbreiteten Erkenntnis geworden, und so sind auch die entwicklungspolitischen Ansätze der 80er Jahre wie nie zuvor um Frauen bemüht. Das ist begrüßenswert. Aber wir sollten bei der Entdekkung der Frauen in der Entwicklungspolitik und in den Entwicklungsländern nicht die oben angedeuteten Zusammenhänge vergessen.

Weil sich die Durchsetzung und Umsetzung dieser 'Entdeckung' bei uns mit den Kämpfen und Einklagungen engagierter Frauen verknüpft, sollten wir daraus nicht umstandslos auf eine besonders fortschrittliche und emanzipationsfördernde Strategie schließen. Mal ganz abgesehen von dem faktischen Niederschlag in finanziellen und administrativen Ressourcen für Frauenförderung und Frauenpolitik, die in schlicht beschämendem Verhältnis zur rhetorischen Ausbeute des Frauenthemas stehen.

Überlebenssicherung hat nichts mit Emanzipation zu tun oder mit Mitbestimmen oder gar Mitgestalten. Daß Frauen das Überleben sichern und nicht ihr Wohlbehagen, ihre Entfaltung, ihr Glück, ihr eigenes und das der ihnen lieben Menschen, das ist eine gänzlich aufgezwungene Angelegenheit. Überlebenssicherung ist zunächst einmal eine Last, eine schwere Bürde und Zumutung, die sich bleischwer über die Hoffnungen, Träume und Wünsche an das Leben legt. Es muß in der Tat viel und viel mehr getan werden, diese Last den Frauen zu erleichtern. Dazu bedarf es aber noch erheblicher Veränderungen nicht zuletzt im institutionellen Hinterland der Entwicklungspolitik.

Mittlerweile ist weltweit unter engagierten Frauen unterschiedlichster Denkungsart eine lebhafte Diskussion über Frauenförderung und Frauenprojekte entbrannt. Die Meinungen reichen von: Integration in den Entwicklungsprozeß des Landes, ja bitte, aber sonst alles beim Alten lassen. So zum Beispiel J.B. Endely, Kamerun: „Avoid changing people's values or attitudes concerning the nature of women's place in the society especially in male dominated societies." Die anderen fordern in radikaler feministischer Kritik der Sozialökonomie einen gänzlich 'neuen Entwicklungsbegriff', eine 'frauengerechte Entwicklung' oder auch 'eine gemeinschaftliche Neudefinition eines gerechten Gesellschaftsmodells durch Frauen und Männer'.

Allenthalben indes macht sich verstärkt Unwillen breit an der 'Berücksichtigung' von Frauen im Entwicklungsprozeß als sozialer Behindertenpolitik, Wiedergutmachung und ein bißchen Dabei-Sein-Dürfen. Zunehmend auch wird in der als solchen gestellten 'Frauenfrage' eine Falle erkannt. Die Verabschiedung der Männer aus diesem Problemkreis – dann fragt Euch mal schön – kann ja gerade nicht die gewünschte Form der Bearbeitung sein.

In dieser Debatte und vor dem Hintergrund von vergangenen Erfahrungen ist die Organisationsform Frauenprojekt in ihren verschiedenen Gestaltungen selber in eine überaus facettenreiche Debatte gekommen. Da ist es auch nicht mehr so ohne weiteres möglich, Frauenprojekte rasch mit einem emanzipatorischen Bonus zu versehen. Dazu gibt es mittlerweile zu viele Erfahrungen und zu viele Reaktionen auf diese Erfahrungen. Hier sind dringend unbefangene Auswertungen angesagt.

Vor allem aber sollten wir alle viel intensiver mit den Frauen und ihren Organisationen in der Dritten Welt ins Gespräch, d.h. erst einmal ins Zuhören kommen. Der geheime Maternalismus, der oft noch unsere Interessen an ihrem Schicksal prägt, ist gänzlich unangebracht. Allenthalben gibt es kraftvolle Frauenorganisationen, die sehr viel über die Verfaßtheit ihrer Gesellschaften nachgedacht haben, die selber Veränderungsansätze praktizieren, die auf scharfsinnigen, materialreichen Analysen basierende Forderungen an ihre Regierungen und an internationale Körperschaften richten. Wo immer wir Zugang zu Öffentlichkeit, zu entwicklungspolitischen Organisationen und zu Finanzierungsquellen haben, sollten wir viel mehr und prioritär auf die Bereitstellung kommunikativer Mittel dringen, damit diese Frauen sich in ihren Gesellschaften und bei uns mehr Gehör verschaffen können und damit wir mehr von ihnen lernen können. Wir haben es dringend nötig.

Trotz alledem

Dies ist zunächst einmal eine kritische Analyse der Verwertungszusammenhänge von Begriffen, Konzepten und Praxisformen, die aus Emanzipationsbewegungen stammen und – viel zu hilf- und kampflos! – mißbrauchender Einbindung und Anwendung dienstbar gemacht werden. Es ist am allerwenigsten ein Plädoyer, sich nun nicht mehr mit Selbsthilfe und Frauenförderung zu befassen. Im Gegenteil.

Es ist mittlerweile durchaus gängig – sie macht es einem ja auch leicht genug –, die Entwicklungspolitik in Grund und Boden zu kritisieren, in den Einzelheiten, im Ansatz, rundum. Und doch, es ist ja nicht primär die Entwicklungspolitik, die tödlich ist, sondern es sind die 'Rahmenbedingungen'. Sie zu allererst müssen aus ihrer – den realen Machtverhältnissen keineswegs gerecht werdenden – Diskretion am Rande der Bühne ins Scheinwerferlicht zurückgeholt werden. Dort ist die Aktion, dort wird über Leben und Lebenschancen entschieden. Außenwirtschaftspolitik, Finanzpolitik, Außenpolitik, Agrarpolitik, Militärpolitik, sie gehören ins Zentrum der Diskussion und des entwicklungspolitisch orientierten Handelns. Entwicklungspolitik deckt ja nur einen überaus marginalen Bereich der Gesamtbeziehungen der Bundesrepublik Deutschland zu den armen Ländern ab. Einen, in dem die nun kompensatorisch 'ins Visier' geratenen Armen nicht zur Selbsthilfe im Sinne verzweifelten und tapferen Kämpfens gegen den Strom, sondern zum Mitentscheiden über Politiken, Programme und Projekte mobilisiert werden sollten. Politiken, Programme und Projekte im übrigen, die die derzeit vorherrschende skandalöse 'Ressourcenallokation' von unten nach oben revidieren. Das wäre dann der viel beschworene 'Durchbruch zum Abbau der Massenarmut'.

Unterdes sind basisorientierte Programme und Projekte, die Überlebensstrategien unterstützen, natürlich wichtig. Hier und heute kann ja selbst die gelungenste Entwicklungshilfe nichts anderes sein als internationaler Sozialausgleich in einem immer neue Schäden herstellenden Weltzusammenhang. Aber eben davon, von dem Sozialausgleich, ist bei der 'Armutsbekämpfung durch Selbsthilfe' überhaupt nicht mehr die Rede. Das ist das Zynische an ihr.

Was also ist zu tun für die Sache der Armen, für die Sache der Frauen, die Sache einer weltweiten gesellschaftlichen Entwicklung vor allem, die der Entfaltung von menschlichem Leben bekömmlich ist? Drei Dinge zunächst einmal, die gänzlich bei uns liegen:

1. Wenn das, was im neudeutschen Entwicklungsjargon elegant 'Rahmenbedingungen' genannt wird, wenn also internationale Produktions-, Handels- und Finanzstrategien die Lebensmöglichkeiten derer, die in diesem Rahmen ein Auskommen suchen müssen, dermaßen und dermaßen katastrophal bestimmen, so muß, so ermüdend und dem Geruch dauernder Negativelei das ausgesetzt ist, Benennen und Bekämpfen der in den Rahmenbedingungen wirksamen Herrschaft und Ungerechtigkeit die entwicklungspolitische Aufgabe Nummer eins sein und bleiben.
2. Weiterhin entspricht es den schlichten, nicht zu bestreitenden Fakten, daß in allen nicht-staatlichen und staatlichen mit Entwicklungsprozessen befaßten Zusammenhängen die Art, wie der Gang der Dinge die Frauen berührt, zunächst einmal von Frauen und von niemandem anders gesehen wird. Frauen bringen die Themen, die meist Themen des Scheiterns sind, auf die Tagesordnung; sie werden darin nicht gerade

ermutigt, sie lassen gleichwohl nicht locker. Das hat etwas mit dem Interesse und der Betroffenheit von Frauen zu tun. Betroffenheit und elementares Interesse sind auch die Kräfte, welche die Kreativität und Zähigkeit von Frauen beim Auffinden und Durchsetzen von Gegenstrategien ausmachen. Die strategische Schlußfolgerung aus dieser Beobachtung liegt auf der Hand: Der Anteil von Frauen in den Institutionen muß ganz erheblich gesteigert werden. Es müssen mehr Frauen Zugang zu den mit Entwicklungsprozessen befaßten Institutionen finden, und die Institutionen müssen den Zugang zu den Frauen finden.

3. Wir selber müssen genauer hinschauen, ob die Begriffe noch den politisch-sozialen Realitäten entsprechen, aus denen heraus sie geprägt worden sind, und ob also in der Buchstabenfolge der Inhalt überhaupt noch beherbergt ist. Die hilflose Überantwortung von aus Emanzipationsbewegungen stammenden Begriffen an die Herrschenden hat unsere eigene Unklarheit und Hilflosigkeit im Umsetzen dieser Begriffe in Handlungen und Leben zur Voraussetzung. Wüßten wir klarer, was wir selber meinen, wenn wir die Worte des Befreiungsvokabulars im Munde führen, wären wir deutlicher hinsichtlich unserer eigenen Verbindlichkeit im Prozeß gesellschaftlicher Veränderung; wir wären hellhöriger, wo die Worte hohl klingen, wo sie nicht stimmen können oder eben schlicht zynisch sind.

Das ist das eine. Zum anderen – und das geht nur mit den Menschen und ihren Organisationen in den Entwicklungsländern – müssen wir überprüfen, ob nicht unsere eigene Begriffsverwendung hohl geworden ist. Was heißt denn Revolution in einem Nicaragua, das, vom Krieg ausgezehrt, sich still dem IWF und seiner bis heute immer gleichen Strukturanpassung unterwirft? Was heißt Frauenbefreiung in Ländern, wo auch die radikalste Frauenorganisation eine feministische Perspektive, was immer sie darunter versteht (was verstehen wir eigentlich darunter?), weit von sich weist?

Der merkwürdig abrupte Abbruch der vielen Aktivitäten und Kontakte anläßlich der IWF- und Weltbanktagung in Berlin hat ja auch diesen Grund, daß wir uns auf nostalgisch-radikalen Gewißheiten ausruhen, die sich die Völker der Dritten Welt nicht leisten können. Sie können ja nicht nur die großen Lösungen propagieren. Sie müssen ohne Aufschub auch die kleinen finden und leben können. Natürlich ist eine Arbeitsteilung denkbar, natürlich dürfen, ja müssen Solidaritätsbewegungen weniger pragmatisch sein, utopischer fordern und unnachgiebiger auf der Anklage ungerechter Strukturen bestehen. Aber sie müssen sich auch selber der Mühe unterziehen, jeweils neu darüber nachzudenken, wieviel Handlungsspielräume die gegenwärtigen Strukturen überhaupt zulassen.

Es gibt im Augenblick eine merkwürdige 'Realo'-Tendenz, allenthalben Alternativen zu fordern, wo unter gegenwärtigen Bedingungen Alternativen vielleicht gar nicht formulierbar sind. Statt 'Alternativen zu' müßte, meine ich, viel häufiger 'Kritik von' gesagt werden, das aber umso überzeugender. Die Alternative zur gegenwärtig propagierten Armutsbekämpfung ist ja nicht eine alternative Armutsbekämpfung, sondern die laute, nachdrückliche Kritik an den Struktur gewordenen Interessen, die so massenhaft Elend produzieren, wie keine Armutsbekämpfung und keine Selbsthilfe sie je reparieren kann.

Was Selbsthilfe als organisierten, auf Politisierung und Emanzipation zielenden Prozeß betrifft, so müßten die darin tätigen Organisationen in viel höherem Ausmaß auf in ihrem Umfeld demokratisch kontrollierte Globalmittel zurückgreifen können, als dies bislang der Fall ist. Da geht dann vielleicht die eine oder andere Mark ins Abseits. Das ist ja jetzt auch der Fall. So buchhalterisch, emotional und gegebenenfalls auch touristisch befriedigend die große wie die kleine Einzelprojektförderung auch ist, daraus bezogene Lernprozesse gehen in der Regel an uns. *Wir* werden es das nächste Mal besser machen. Es sollten die Lernprozesse, die zur Selbsthilfe als sozial-emanzipatorischer Bewegung unerläßlich gehören, aber ebenso im Lande bleiben wie das Geld. Hier müssen alle, auch die Solidaritätsbewegungen, ihre jetzigen Instrumentarien und Verfahrensweisen noch einmal gründlich überdenken.

Ingrid Schneider / Elke Sirowy

... frauen ... welt ... macht ... wirtschaft

Diskussionsansätze von Perspektiven für eine feministische Ökonomie der Welt

Dieser Beitrag basiert auf den Diskussionen und Auseinandersetzungen der 'Gruppe Feministischer Internationalismus' während der letzten sechs Jahre.

Zur Ausgangssituation in der Peripherie

Wir können die Situation von Frauen in der Dritten Welt heute nicht mehr losgelöst von der Verschuldungskrise und den verheerenden Folgen von unter dem Druck des IWF und der Gläubiger durchgeführten Strukturanpassungsprogrammen[1] analysieren und diskutieren. Die Verschuldungskrise ist dabei gleichzeitig nur ein besonders akuter und zugespitzter Ausdruck der herrschenden Weltwirtschaftsstrukturen und deren Entwicklungsdynamik. Sie ist das Resultat der Überlagerung der Krise nationaler Entwicklungsmodelle (insbesondere der verschuldeten Industrialisierung als Entwicklungsstrategie), der Krise der kapitalistischen Weltwirtschaft und der Hegemoniekrise der USA. Strukturanpassungsprogramme begreifen wir auch als Bestandteil einer weltweiten Reorganisierung von Kapitalverwertungsbedingungen. Was den überschuldeten Ländern der Dritten Welt via Weltbank, IWF, Gläubigerregierungen und -banken aufgezwungen wird, geschieht in den westlichen Industrieländern über staatliche Regelungsmechanismen und Konzernstrategien. So spricht z.B. auch die OECD von 'Strukturanpassung', und im Rahmen des gemeinsamen Binnenmarktes der EG 1992 sollen nationale Strukturen 'harmonisiert' und dereguliert werden.

Die Verschuldungskrise in der Dritten Welt ist nicht nur eine Finanz- und Wirtschaftskrise, sondern äußert sich in einer umfassenden sozialen Reproduktionskrise, die die Überlebensbedingungen der übergroßen Mehrheit der Bevölkerung immer mehr beeinträchtigt.

Die Lasten von Krise und IWF-Programmen werden vor allem auf die unteren sozialen Schichten abgewälzt und führen zu zunehmender Einkommenspolarisierung und sozialer Verelendung. Die Zeche für die immense Schuldenlast muß von den Unter- und unteren Mittelschichten bezahlt werden, also gerade von denen, die von den Krediten wenig oder gar nicht profitiert haben.

Die Auswirkungen der Verschuldung und der sozialen Krise sind gleichzeitig nicht geschlechtsneutral, sondern treffen aufgrund der bestehenden patriarchalen Strukturen und insbesondere der geschlechtshierarchischen Arbeitsteilung die Frauen der unteren Schichten in ganz besonderer Weise:

Mit und hinter der Strukturanpassung vollzieht sich eine „unsichtbare Anpassung“ auf dem Rücken der Frauen, die in einer Situation der massiven Zunahme von Erwerbslosigkeit und Unterbeschäftigung, galoppierenden Inflationsraten und absoluter Aushöhlung aller sozialen Dienste (z.B. im Gesundheits- und Erziehungsbereich) gezwungen sind,

- noch mehr zu arbeiten und auf jede nur erfindliche Art ein Einkommen aufzutun, um den Lebensunterhalt für sich und ihre Kinder zu erwirtschaften,
- und gleichzeitig immer mehr unbezahlte Arbeit zu machen, um die gekürzten sozialen Dienstleistungen durch private Mehrarbeit aufzufangen.

Die Arbeit und der Körper von Frauen sind immanenter, wenn auch versteckter Bestandteil von Strukturanpassungsprogrammen geworden:

- in den Weltmarktfabriken und bei der (Saison-)Arbeit auf den Plantagen für die landwirtschaftliche Exportproduktion, wo Frauen unter miesesten Bedingungen für die Erwirtschaftung von Devisen schuften müssen,
- im informellen Sektor als einziger Überlebensquelle für viele arme Frauen
- und im Haushalt durch ihre unbezahlte und drastisch ausgeweitete und verlängerte Reproduktionsarbeit.

Bei den Strukturanpassungen handelt es sich also nicht um eine Anpassung der wirtschaftlichen und sozialen Strukturen an die Bedürfnisse der Frauen und an eine Entwicklung, die die Grundbedürfnisse befriedigen könnte und Frauen zu mehr Befreiung verhelfen würde, sondern um eine Anpassung der Länder an die Strukturen des von den Industrieländern bzw. des internationalen Kapitals bestimmten Weltmarkts. Mit diesen Strukturanpassungen werden die internen ungleichen Machtverhältnisse zementiert, insbesondere die Interessen der nationalen Eliten bleiben ungeschoren.

Die Arbeit, der Körper, das Leben von Frauen sind dabei zu einer Strukturanpassungsvariablen verkommen, ohne daß die Frauen auf die Art und das Maß der Anpassung an die Strukturen Einfluß nehmen können.

Für Schuldenstreichung und eine andere Weltwirtschaftsordnung

Um den Ländern der Dritten Welt und den dortigen Oppositionsbewegungen überhaupt einen ökonomischen und politischen Spielraum zu ermöglichen, erscheint uns die Streichung der Auslandsschulden – die auch von den Oppositionsbewegungen in vielen Ländern gefordert wird – unverzichtbar. Über die Umsetzung dieser politischen Forderung (die zunächst natürlich auch ein Kampfbegriff ist) gibt es eine kontroverse Diskussion[2], die unbedingt in den nächsten Jahren weitergeführt werden muß. (Den Niedergang der Aktivitäten nach der IWF/Weltbank-Kampagne 1988, die als 'Beginn einer neuen Internationalismus-Bewegung' deklariert wurde, halten wir für politisch äußerst problematisch. Wir müssen wegkommen von der punktuellen und 'konjunkturellen' Internationalismusarbeit hin zu mehr Kontinuität in den Themen und der politischen Auseinandersetzung).

Die Kosten einer Schuldenstreichung müssen von denen getragen werden, die für die Krise verantwortlich sind, d.h. in erster Linie von den Banken und Konzernen, die von den Zinsen und Gewinntransfers ohnehin schon mehr als genug profitiert haben. Eine Schuldenstreichung darf aber auch nicht zugunsten der politischen und ökonomischen Eliten in der Dritten Welt, die sich an den Krediten immens bereichert haben (Kapitalflucht u.ä.), stattfinden; ebensowenig wollen wir eine Vergesellschaftung der Verluste der Banken bei Schuldenabschreibungen zu Lasten der hiesigen SteuerzahlerInnen.

Zur Durchsetzung einer globalen Schuldenstreichung unterstützen wir alle Ansätze einer Organisierung der Schuldnerländer (Schuldnerclubs/-Kartell) und Bemühungen um globale Schuldnerkonferenzen, an denen die Schuldnerländer gleichberechtigt beteiligt sind. Zur Stärkung der politischen Position der Schuldnerländer sind mehr Möglichkeiten für eine angemessene Beteiligung, Eingriffs- und Kontrollmechanismen der Dritte-Welt-Länder in der Weltwirtschaft und deren Entscheidungsstrukturen (z.B. in den internationalen Finanzorganisationen) unerläßlich. Gleichzeitig müssen alle gesellschaftlichen Gruppen innerhalb der jeweiligen Länder an der Diskussion um strukturelle Entschuldungsstrategien beteiligt werden; dies bedeutet als ersten Schritt z.B. eine Offenlegung von IWF-Verhandlungen und eine demokratische Entscheidung über die Strukturanpassungspolitik (wobei unser Demokratieverständnis selbstverständlich nicht den herrschenden scheindemokratischen oder offen diktatorischen Verhältnissen entspricht). Die bisherige IWF- und Weltbank-Strukturanpassungspolitik lehnen wir rundum ab.

Zunehmend populäre Strategien einer „Anpassung mit menschlichem

Gesicht" (UNICEF) bzw. „armutsorientierten Anpassung" (im Jargon der Weltbank), womit Modelle einer Abfederung der sozialen Folgen der Strukturanpassungsprogramme durch Nahrungsmittelhilfe- und Beschäftigungsprogramme und selektive – oft in 'Selbsthilfe' oder durch NGOs (Nicht-Regierungsorganisationen) zu erbringende – Sozialleistungen gemeint sind, halten wir für äußerst problematisch. Alle diese Strategien sind Abpufferstrategien, die die Überlebenskraft von Frauen mißbrauchen und instrumentalisieren wollen. Sie gehen in keiner Weise gegen die Logik von Strukturanpassung, d.h. des internationalen Kapitals, sondern stellen nur eine soziale Abfederung und ideologische Verkleisterung weiterbestehender destruktiver Ausbeutungsprozesse dar und schreiben die Dominanz der Industrieländer und der herrschenden Eliten fort.

Die Bewertung von Selbsthilfestrategien und ihrer finanziellen und rechtlichen bzw. staatlich-administrativen Unterstützung hängt für uns zentral von dem Kriterium ab, wieweit sie Frauen Handlungsmöglichkeiten und Spielräume geben, ihre soziale Wirklichkeit zu verändern, d.h. *politisch* zu agieren und nicht nur das Elend besser zu bewältigen. Eine solche Einbindung in einen gesamtgesellschaftlichen Veränderungsprozeß ist aber gerade in den sog. 'armutsorientierten' Strategien nicht angelegt.

Über die Schuldenstreichung hinaus ist eine tiefgreifende Veränderung der gegenwärtigen Weltwirtschaftsstrukturen und der politischen und sozialen Machtverhältnisse notwendig. Eine neue Weltwirtschaftsordnung muß Alternativen zur Ausbeutung der Menschen und zum systematischen Raubbau an der Natur ermöglichen und fördern. Sie muß geeignet sein, internationale Produktions- und Reproduktions-, Austausch- und Konsumtionsstrukturen zu entwickeln, die zu einer Aufhebung von Klassenherrschaft, Rassen- und ethnischer Diskriminierung und Sexismus führen und auf einem neuen, nicht ausbeuterischen Verhältnis zwischen Mensch und Natur beruhen. Dies bedeutet auch eine Abkehr von quantitativen Wachstums- und technokratischen Fortschrittsmodellen.

Eine neue Weltwirtschaftsordnung erfordert nicht von der Dritten Welt eine Anpassung an den Weltmarkt und sich verändernde Kapitalverwertungs- und Finanzsystembedingungen, sondern in erster Linie grundlegende Veränderungen in den Industrieländern. Bisherige Wirtschaftsstrukturen müssen entkoppelt und neu zusammengebunden werden: das heißt z.B. andere terms of trade, Abbau des Protektionismus der Industrieländer, Veränderung der Handels- und Produktionsbedingungen weltweit und eine vorrangige Orientierung auf die binnenwirtschaftliche Entwicklung und die Befriedigung der Grundbedürfnisse.

Außenwirtschaftsbeziehungen müssen grundsätzlich auch unter ethischen, menschenrechtlichen und ökologischen Kriterien diskutiert und dafür internationale Absprachen und Eingriffsmöglichkeiten – z.B. auf UN-Ebene – geschaffen werden.

Ohne Frauen(forderungen) keine neue Weltwirtschaftsordnung

Unsere Forderungen nach einer politischen Lösung der Verschuldungskrise im Interesse der Dritte-Welt-Länder und einer neuen internationalen Wirtschaftsordnung müssen mit *qualitativen Forderungen für Frauen* verbunden werden; das heißt, die bei einer Schuldenstreichung freiwerdenden Ressourcen müssen im Interesse von Frauen und für eine frauengerechte Entwicklung eingesetzt werden:

– Für die Beteiligung von Frauen an *politischer* Macht und in Entscheidungsstrukturen.
– Für die Beteiligung von Frauen an *ökonomischer* Macht: Zugang zu Land und Landrechten, Zugang zu Erwerbsmöglichkeiten und Qualifizierung, Verfügung über Geld, radikale Arbeitsentlastung, Zugang zu arbeitserleichternden Technologien und Know-how.
– Für das *Selbstbestimmungsrecht* von Frauen über ihren Körper und ihre Sexualität – gegen alle bevölkerungspolitischen Zwangsmaßnahmen und jegliche Form von Entwürdigung und Gewalt gegen Frauen.
– Für eine *soziale* Entlastung der Frauen, d.h. vor allem eine Aufhebung der geschlechtshierarchischen Arbeitsteilung und eine Kollektivierung bzw. Vergesellschaftung der Verantwortung für das Aufziehen von Kindern und die Pflege alter und kranker Menschen.
– Für *egalitäre Geschlechterverhältnisse* und soziale Beziehungen oder, um es mit einer Parole auszudrücken, die die Chileninnen in ihrem Kampf gegen die Diktatur wie gegen die patriarchalen Strukturen geprägt haben, „democracia en el pais y en la casa" – für Demokratie nicht nur im Land, sondern auch im Haus (also im Zusammenleben zwischen Menschen).

Diese Forderungen beziehen sich nicht nur auf die Dritte Welt, sondern weisen darüber hinaus. Sie sind an alle Modelle zur Veränderung der Weltwirtschaft zu stellen.

Die Veränderung der Machtverhältnisse in sozialer und politischer, nationaler wie internationaler Hinsicht setzt Bewußtwerdungsprozesse und vor allem Organisierung voraus.

Um positive Entwicklungsprozesse zu ermöglichen, ist ein gigantischer Ressourcenumschichtungsprozeß erforderlich:

- drastische Kürzung aller Rüstungsetats und Umwidmung für soziale Belange;
- Reparations- und Entschädigungszahlungen an die Dritte Welt über die Streichung der Schulden hinaus, nach Kriterien, die an den Bedürfnissen der ärmsten Bevölkerungsschichten und besonders der Frauen ausgerichtet sind.

Der Ressourcentransfer vom Norden zum Süden bezieht sich sowohl auf finanzielle wie auch nicht-monetäre Güter (z.B. Know-how, angepaßte Technologien). Ein Erfahrungsaustausch und Voneinander-Lernen über Modelle und Ansätze gelebter Utopie von nicht-ausbeuterischen Lebens-, Arbeits- und Wirtschaftsformen, kulturellen Techniken, Organisations- und Kommunikationsformen ist ebenso Bestandteil des Wegs zu einer neuen Weltwirtschafts- und Sozialordnung.

Auf unserer Seite der Weltkugel

Zur Ausgangssituation

Die Situation in den verschuldeten und verelendeten Ländern der Peripherie ist nur die eine Seite der Medaille, die die Gewinner des Weltwirtschafts- und -finanzspiels in ihren Händen halten. Die andere Seite betrifft uns hier in den Industrieländern, und zwar nicht nur durch die systemimmanente Teilhabe am größeren Stück des Kuchens, mit den leichteren materiellen Lebensbedingungen und an der Macht im weltpolitischen Zusammenhang. Das System der Weltwirtschaft hat auch seinen Preis, seine Auswirkungen, seine eigenen, von den Bedingungen in der Peripherie unterschiedlichen Prozesse von Segmentierung der Gesellschaft und materieller, kultureller und emotionaler Verarmung von immer mehr Menschen bei uns.

Parallel zu wirtschaftlichen, politischen und sozialen Veränderungen in den verschuldeten Ländern in der Peripherie, die ihrerseits notwendigerweise Auswirkungen auf weltwirtschaftliche Zusammenhänge und Verstrickungen haben werden, müssen in den reichen Ländern des Zentrums eigenständige „Strukturanpassungen des Nordens“ erfolgen.

Der Anstoß für die unerläßliche Umstrukturierung der Rolle und Funktion der BRD (und der anderen Industrieländer) im Weltwirtschaftssystem kommt – über die Erkenntnis, daß die Ausbeutung der Menschen und Ressourcen der Dritten Welt aufhören muß, hinaus – aus der Tatsache, daß unser Leben hier uns immer mehr entfremdet, entsinnlicht, vergiftet und zerstört gegenübersteht. So verschlechtert sich z.B. die Qualität sozialer, vom Staat getragener Versorgungsleistungen in den westlichen Industrieländern zunehmend, Sozialleistungen werden gekürzt und/oder Standards ausgehöhlt (z.B. die 'Gesundheits'-Reform in der BRD).

Unter anderem in der Folge der Einführung neuer Technologien, insbesondere der neuen Kommunikations- und Informationstechnologien, erscheint das Wirtschaftswachstum unter den jetzigen Kapitalverwertungsbedingungen von der Schaffung von Arbeitsplätzen abgekoppelt, die Profite steigen währenddessen immer noch.

Bereits jetzt sind mit der hohen strukturellen Erwerbslosigkeit und zunehmenden Kappung sozialer Netze Tendenzen zur Zweidrittel-Gesellschaft erkennbar. Die neue Armut trifft Frauen und dabei insbesondere alleinerziehende Mütter, jugendliche Erwerbslose und alte Frauen.

Luise Gubitzer, eine Wirtschaftsfachfrau aus Wien, beschreibt einige zentrale Ursachen, die auch die Menschen in den Industrieländern dazu veranlassen, nach neuen Wirtschaftskonzepten zu suchen, wie folgt:

> „Warum ist die Frage nach neuen Konzepten der wirtschaftlichen Entwicklung aktuell?
> Es gibt viele Ursachen dafür. Einige davon sind:
> – Weil die Natur und die Menschen mit Stoffen konfrontiert sind, auf die sie nicht vorbereitet sind. Technische Lösungen dieses Problems sind nicht in Sicht oder nicht wünschenswert (Gen-Technologie). Hinzu kommt eine Überlastung unserer sozialen Fähigkeiten, indem ein Handlungsbedarf notwendig wurde, den wir derzeit nicht leisten können, da es auch einen immer größeren Schwund an Wahrnehmungsfähigkeit gibt. Das produzierte Problemschaffungspotential ist wesentlich größer als das Problemlösungspotential.
> – Weil in den herrschenden Vorstellungen von Wirtschaft wie in ihrer Verfassung alles Tun auf die zügellose Ausdehnung instrumenteller Kräfte ausgerichtet ist, die von jeder politischen Kommunikation systemgemäß befreit sind. Weder die Tiefe der Eingriffe (Gen-Techniken) noch ihre Fristigkeit (Giftdepots für Tausende Generationen, etwa in der Plutonium-Wirtschaft, technogene Klimaveränderungen) noch ihre globale Ausdehnung (Verschmutzung der Meere, Abholzung tropischer Wälder) unterliegen einer systemgemäßen, im Wirtschaftssystem praktikablen Bewertung und Grenzziehung.
> – Weil die Nichterwerbsinteressen wie die der Umwelt, Gesundheit, Abrüstung, Nachtruhe, der Konsumenten, Arbeitslosen, Alten, Kinder, Jugend, Mieter, Frauen, Lesben, Homos... im traditionellen Organisationsgeflecht systematisch unterprivi-

legiert sind. Sie sind bei Entscheidungen, die sie oft existentiell betreffen, nicht vertreten.

- Weil es zu einer dramatischen Umwälzung der gesellschaftlichen Verhältnisse in Form einer arbeitsteiligen Zergliederung der Lebenszusammenhänge, der räumlichen und beruflichen Zwangsmobilität und der Auflösung traditioneller sozialer Milieus gekommen ist. Dies ließ eine extrem sozial desintegrierte Gesellschaft entstehen, deren Zusammenhalt mehr und mehr durch wuchernde Regulierungs- und Kontrollbürokratien gewährleistet werden muß.
- Weil die Fähigkeit zum Widerstand gegen ökologische und soziale Zerstörung mit dem Potential dieser Zerstörungen nicht mitgewachsen ist. Die Fähigkeit, Bedrohungen und Schäden so wahrzunehmen, daß Gegenwehr und Abhilfe, Erneuerung der gesellschaftlichen Verhältnisse und dann das Vermeiden von Destruktionen möglich werden, ist vermutlich 'absolut', also im Verhältnis zu anderen Epochen und Kulturen nicht geringer geworden, jedoch im Verhältnis zu den eingetretenen und drohenden Zerstörungen ist die Fähigkeit zum Wandel beängstigend kümmerlich.

Diese und zahlreiche andere Problemlagen zeigten die Mängel traditioneller wirtschaftspolitischer Konzepte, die die ökologischen, sozialen und ökonomischen Probleme integrativ lösen.“ (Beiblatt zum Reader des 1. Feministischen Ökonomieforums, 1989, Berlin, siehe Literaturliste im Anhang)

Es gibt Schätzungen, daß mit jeden von 'unseren Wirtschaftsweisen' und den Medien bejubelten 3% Wirtschaftswachstum entsprechende, aber eben nicht *öffentlich* attestierte 6% Wachstum an materiellen, ökologischen und sozialen Folgeschäden einhergehen (lt. Peter Sellin, auf dem IWF/Weltbank-Gegenkongreß, Berlin 1988).

Grober Rahmen zur Veränderung der Wirtschaftsbedingungen in der BRD

Gegenwärtig werden in der BRD von unterschiedlichen Seiten innerhalb des weiten Spektrums der Linken und der Ökologiebewegung verschiedene Ideen, Ansätze und Strategien diskutiert, die vom „Zerschlagen des IWF“ bis zum „ökosozialen Umbau“ in diversen Varianten reichen. Wir geben im folgenden einige grundsätzliche Aussagen wieder, die den *groben Rahmen* für wirtschaftliche Veränderungen in der BRD abstecken.

Einerseits bestehen entsprechend des Standes der allgemeinen Diskussion noch viele Lücken innerhalb dieses Rahmens, andererseits haben wir ihn als Feministinnen noch nicht genug auf seine Brauchbarkeit für Frauen hin mit scharfem und parteilichem Biß durchgekaut. Damit uns die Brocken nicht im Halse stecken bleiben bzw. wir gar mit den uns von Männern mittlerweile zugestandenen Frauenecken verschluckt werden, müssen wir noch mehr als bisher unsere eigenen Ansätze entwickeln und die der Linken auf Frauenfeindlichkeit hin überprüfen. Doch zunächst einige der allgemein diskutierten Rahmenbedingungen:

- Abkehr von der Exportorientierung der Wirtschaft hin zu einer Binnenorientierung;
- Abbau der strukturellen Arbeitslosigkeit, Verkürzung der Arbeitszeit und eine wesentlich weitergehende gesellschaftliche Umverteilung von Arbeit und Einkommen und die Umstrukturierung der Besitzverhältnisse;
- eine Ausrichtung auf umwelt- und sozialverträgliche Produktions-, Handels- und Konsumtionsweisen;
- ein Ausbau von Systemen der sozialen Sicherung;
- Demokratisierung von Entscheidungen über technologische Entwicklungen.

Einige Aspekte, die innerhalb dieses Rahmens auf jeden Fall diskutiert und integriert werden sollten, sind unter anderem die Ansätze von geschlossenen Produktionskreisläufen, regenerativer Energiepolitik, von eigenständigen Regionalentwicklungskonzepten (siehe österreichische Modelle), der Konversion von Rüstungs- zu einer Produktion sozial-relevanter Güter und Dienstleistungen und von einer boden-, tier- und produzentInnengerechten Landwirtschaft, um nur einige zu nennen.

Instrumente dieses Umbaus und Neuaufbaus sind dabei harte Verbote (z.B. AKW, Einwegflaschen), Auflagen (z.B. Katalysator, harte Umweltauflagen), Abgaben und Steuern sowie demokratisch organisierte Kontroll- und Weisungsbefugnisse der betroffenen ProduzentInnen (z.B. Agraropposition) und KonsumentInnen.

Politisierung des Konsums

Bisher gibt es noch kaum Ansätze, die die im weiteren (vgl. konkrete Forderungen der im Buch dargestellten politischen Kampagnen) genannten – beispielhaften und unendlich erweiterbaren – Forderungen in ein integrales und in sich konsistentes ökosoziales und feministisches Umbaukonzept zusammengebunden hätten. Dem steht neben dem Problem des

Verhältnisses von Zielentwürfen und praktischer Umsetzung auch der Zustand der politischen Bewegungen hierzulande entgegen: So hat unter anderem in den letzten Jahren eine zunehmende Polarisierung stattgefunden zwischen Gruppen, die vor allem auf eine politische Veränderung der *Verhältnisse* dringen und dies in radikalen öffentlichen Aktionen (oft allerdings auch nur verbalen Radikalitäten) äußern, und einem anderen Ansatz, der vor allem individuelle und kollektive *Verhaltens*änderungen zum Ausgangspunkt gesellschaftlicher Veränderung machen will.

Im Kontext der neuen sozialen Bewegungen ist dabei vor allem der Konsumtionsbereich Ort von Kritik und Veränderungsstrategien geworden. Dabei gibt es zum einen Kampagnen, die zum Boykott bestimmter Produkte und Konzerne aufrufen (z.B. Früchte aus Südafrika, Aufhebung der Beteiligung deutscher Banken an Geschäften mit Südafrika, Krügerrand-Boykott, Futtermittel-Kampagnen, Nestle-Boykott, Hamburger- und Fast-Food-Boykott). Der Aufruf zum Boykott bestimmter Waren wird dabei als Mittel zur Bewußtseinsbildung, zum Aufzeigen von Handels- und Produktionsstrukturen, die mit politischer Unterdrückung und ökonomischer Ausbeutung verbunden sind, benutzt und dient als Mittel zur Ausübung politischen Drucks.

Andere Ansätze versuchen beispielhaft, alternative Handelsstrukturen mit Dritte-Welt-Ländern aufzubauen – z.B. über die GEPA/Dritte-Welt-Läden, in denen Produkte aus Genossenschaften vertrieben werden, verbunden mit politischer Aufklärungsarbeit (z.B. Tee-, Kaffee-, Bananenkampagnen).

Ein anderer Diskussionsstrang ordnet ein verändertes Konsumverhalten in einen größeren Entwurf einer „öko-feministischen Gesellschaft"[3] ein (Maria Mies). Innerhalb dieses Entwurfes wird eine sog. 'Konsumbefreiungsbewegung' als Schritt in Richtung einer angestrebten 'moral economy', die sich an Subsistenzproduktion orientiert und mit einer 'Reruralisierung' verbunden sein soll, genannt.

In Teilen halten wir diesen Ansatz für wichtig, da er politische Tabus bricht (z.B. über das eigene Konsumverhalten generell; eine Einschränkung des Konsums ist gerade in Gewerkschaftskreisen, aber auch in vielen politischen Gruppen völlig inakzeptabel und rührt an einen Grundkonsens von 'Wohlstand und Wohlergehen auf der Basis ständiger Gütervermehrung') und eigene Widersprüche offenlegt. Er enthält anregende, querliegende Ideen und stellt den ersten explizit feministischen Gesellschaftsentwurf dar, der auch auf einem anderen Arbeitsbegriff aufbaut.

Dennoch ist dieser öko-feministische Ansatz für uns in vielen Punkten politisch fragwürdig. So ist für uns eine Rückkehr bzw. Neuorientierung auf eine Subsistenzwirtschaft weder realistisch noch erstrebenswert. Eine Romantisierung vorkapitalistischer Verhältnisse erscheint uns unangebracht. Selbst in der Dritten Welt ist eine Subsistenzfähigkeit zum großen Teil nicht mehr möglich, geschweige denn in unserer hochkomplexen, arbeitsteiligen Industriegesellschaft. Dies spricht nicht dagegen, dort, wo es noch bestehende subsistenzlandwirtschaftliche Verhältnisse gibt (hier und in der Dritten Welt), diese zu erhalten und gegebenenfalls auszubauen und zu stärken (wobei dies auf die konkreten Verhältnisse bezogen diskutiert werden müßte).

Auch eine generelle „Konsumbefreiung" bzw. ein „Konsumverzicht" erscheint uns äußerst problematisch, zumal sich durch Mies' Ansatz eine sehr moralische und schwarz-weiß-malende Sicht von „wirklich menschlichen" Bedürfnissen einerseits und „schädlichen" Bedürfnissen, die auf der „Sucht" nach Produkten beruhen, andererseits, hindurchzieht. (Wer bestimmt, was 'richtige' Bedürfnisse sind? – Wie wird dies gesellschaftlich durchgesetzt?)

Verbunden mit diesem Ansatz ist auch teilweise eine sehr pauschale Technikfeindlichkeit (etwa nach dem Motto Computer = männlich = böse), die wir so nicht teilen.

In der Konsequenz trägt diese Theorie sogar teilweise Züge von Zynismus, da ein „Konsumverzicht" von den in unserer Gesellschaft Marginalisierten und Verarmten ohnehin gezwungenermaßen betrieben wird. Als explizit an die Mittelschichten gerichteten Aufruf zum Konsumverzicht müßte Maria Mies aber auch angeben, wie dieser zum Machtfaktor werden könnte – d.h. was mit dem Geld anderes getan werden sollte.

Konsens ist für uns, daß ein kritischer, bewußter Konsum sinnvoll ist: Dies bedeutet für uns nicht in erster Linie einen Verzicht, sondern Veränderungen unseres Konsums, die Umstellung auf qualitativ bessere, gesündere Nahrung, umweltschonend hergestellte und zu entsorgende Produkte. In dieser Hinsicht ist 'Konsumverzicht' für uns eher ein Gewinn an Lebensqualität. Wir sind uns aber bewußt darüber, daß eine Konsumverzichts- bzw. -veränderungsstrategie allein nicht das Gesellschaftssystem oder die internationalen Ausbeutungszusammenhänge aufheben kann. Zudem ersetzt individuelles Handeln nie die politische Öffentlichkeit, d.h. daß Konsumveränderungen mit politischen Kampagnen und öffentlichkeitswirksamen Aktionen verknüpft werden müssen. Wirklich greifen kann der Boykott bzw. die Umstellung des Konsums nur, wenn sich möglichst viele Menschen daran beteiligen und auch politischen Druck erzeugen, d.h. zu einem sozialen Machtfaktor werden.

Wir wollen an dem ansetzen, 'was in den Frauen ist', welche Interessen, Forderungen und Wünsche sie aus ihrer Lebenssituation heraus formulieren (was den Blick auf Pespektiven und die Arbeit mit Träumen und Utopien keineswegs ausschließt). Wir wollen keine Bedürfnisse und Strategien für Frauen definieren. Wir haben die Erfahrung gemacht, daß sich unsere Bedürfnisse auch im Prozeß kritischer Auseinandersetzung mit bestehenden Verhältnissen und gesellschaftlichen Umorientierungen verändern. Das heißt, daß wir davon ausgehen, daß ein feministischer und öko-sozialer Umbau auch einhergeht mit dem kulturellen Prozeß der Wiederaneignung bzw. Neuschaffung von Bedürfnissen und Werten, die lebensgestaltend sind.

Deshalb stört uns besonders der moralische Imperativ und Fingerzeig, der in der Vision einer 'öko-feministischen Gesellschaft' deutlich wird. Vereinfachende globale Entwürfe lehnen wir ab. Frauen müssen sich zusammentun, in einem offenen Prozeß diskutieren und Kriterien entwikkeln, welche Strategien wo patriarchale Strukturen stützen und wo sie sie aufweichen.

Äußerst hellhörig und kritisch werden wir, wenn Frauen noch lange nicht erreichte Forderungen der Frauenbewegung (den Kampf um bürgerliche Rechte, Quotierung, angemessen entlohnte und befriedigende Erwerbsarbeit, Zugang zu ökonomischen und politischen Entscheidungsstrukturen) ad acta legen und sogar als 'falsche' Strategie bekämpfen – so wie dies in einer Vielzahl ökofeministischer Ansätze angelegt ist.[4] Wir müssen den Kampf um die Veränderung der Bedingungen, unter denen wir heute leben, aufnehmen, auch als *Mit*-Verantwortung für die bestehenden Strukturen.

Die Fragen 'Verhalten oder Verhältnisse ändern' als antagonistische Alternative führt an der Praxis vorbei: Beides muß in der Realität zusammengehen.

Konkrete Forderungen aus politischen Kampagnen – kleine und größere Schritte

Alle Strategien für feministische und öko-soziale Umbauprogramme müssen berücksichtigen, daß ein Teil unseres Wohlstandes und unserer Privilegien auf der Ausbeutung der Dritten Welt basiert. Als eine Konsequenz heißt das, daß Umbauschritte sich auch daran messen lassen müssen, ob sie zu einem solidarischen, gleichberechtigten Verhältnis zwischen Industrieländern und Dritter Welt beitragen. Wir führen hier einige Beispiele und exemplarische Schritte auf, die aus politischen Kampagnen kommen und in und mit diesen weiterentwickelt werden müssen:

- Umstellung der Fleischproduktion in Europa auf heimische Futtermittel, artgerechte Tierhaltung, standortgerechte Anbaumethoden und Förderung der bäuerlichen, biologischen Landwirtschaft; gleichzeitig Abbau der Futtermittelimporte aus der Dritten Welt und Umstrukturierung der Flächen für die Nahrungsmittelproduktion, orientiert an und getragen von den Bedürfnissen der einheimischen Bevölkerung (notwendig hierfür wäre in vielen Ländern als eine Voraussetzung eine tiefgreifende Agrarreform).

- Verbot von Produktion und Ausfuhr von gesundheitsschädlichen und umweltzerstörenden Produkten (z.B. Medikamente, Düngemittel und Pestizide).
- Importverbot für Tropenholz; Importverbot für alle Rohstoffe, deren Gewinnung zu Umweltbelastungen führt; gleichzeitig Ausgleichszahlungen an die Dritte-Welt-Länder als Übergangshilfe bei daraus entstehenden Exportverlusten.
- Verbot aller Rüstungsexporte – als eine konkrete Forderung, die aus der Analyse des militärisch-industriellen Komplexes und seiner Bedeutung für die BRD einerseits und des Zusammenhangs von Rüstung und Unterentwicklung andererseits entwickelt wurde.
- Alle Abfallstoffe müssen im Herkunftsland beseitigt werden, Verbot aller Giftmüllexporte; Umstrukturierung der Produktion hin zu einer Recyclingwirtschaft mit Müllvermeidung und umweltgerechter Entsorgung.
- Stillegung aller Atomanlagen und Entwicklung und Förderung alternativer Energiegewinnung.
- Veränderung des Steuern- und Abgabensystems, Einführung des Verursacherprinzips bei umweltschädlichen Produktionsweisen, Entwicklung umweltfreundlicher Produktions- und Konsumtionsstrukturen; Umkehrung der Beweislast (Nachweis der Unschädlichkeit der hergestellten Produkte und des Produktionsprozesses).
- Kennzeichnung umweltfreundlich hergestellter Waren und generelle Aufklärung über die Produktionsbedingungen von Produkten, nach Kriterien von Sexismus und Rassismus (Quotierung, innerbetriebliche Strukturen), Umweltverträglichkeit.[5]
- Ideelle und finanzielle Unterstützung von Gewerkschaften bei Arbeitskämpfen in anderen Ländern; Verweigerung der Gewerkschaften gegenüber 'Streikbruch' auf internationaler Ebene – z.B. durch Ablehnung von kurzfristiger Produktionsverlagerung (dies dürfte gerade auch mit der Umsetzung des EG-Binnenmarktes noch verstärkt akut werden).

Alle diese Vorschläge setzen an konkreten Produkten, Produktionsweisen, Steuern und Steuerungssystemen etc. an. Voraussetzung für den Erfolg, ja überhaupt erst für die Machbarkeit dieser Vorschläge ist, daß an den Fähigkeiten und dem Veränderungswillen der Menschen angeknüpft wird, sie sich nicht mehr steuern und leiten lassen, sondern ihre Konzepte selbst entwerfen.

Wissenschaft und Bildung als Hilfsmittel der eigenen Politisierung

In diesem Zusammenhang kommen der Wissenschaft/Forschung und der Bildung/Öffentlichkeitsarbeit besondere und neue Aufgaben und Wichtigkeit zu. Es ist an der Zeit, daß wir aufhören, Realitäten in die Muster unzureichender ökonomischer Erklärungsmodelle von links und von rechts zu pressen, und damit anfangen, über diese hinauszudenken und Alternativen zu suchen.

Das ist keineswegs eine Absage an Theorieentwicklung, sondern vielmehr die Aufforderung, solche Theorien und Ansätze zu entwickeln, die sich neben der Kritik der Verhältnisse insbesondere als praxisbezogene Veränderungshilfen verstehen.

Solche Ansätze können nur entstehen, wenn sie in einem Wechsel von Forschung und Handlung ständig ihre eigene Qualität – und das ist Präzision in der Analyse *und* Anwendbarkeit und Veränderungspotential in einem sozialen Handlungsrahmen – überprüfen. Letztlich können nur die sozialen Bewegungen und andere politisch handelnde Kräfte (Gewerkschaftsalternativen, kritische Christen u.a.m.) eine solche politische Wissenschaft einfordern und zum Instrument ihrer weiteren Politisierung machen.

Weit mehr als Reparatur und Kompensation

Wir wollen ausdrücklich darauf bestehen, daß es bei diesen pragmatischen Ansätzen und Schritten des Umbaus um mehr als nur die sich ständig wiederholende Reparatur und Kompensation für bereits bestehende Schäden gehen muß, nämlich darum, die Ursachen von Zerstörung und Ausbeutung anzugehen.

Die komplexen Verkettungen und Wirkungssysteme zwischen Menschen, Umwelt, Technik/Produktion und Wirtschaft müssen adäquat erfaßt und ihrer Komplexität entsprechend behandelt und gelöst werden. Dementsprechend sind die Anforderungen an eine menschen-, sozial- und umweltgerechte Wirtschaft mehr als die Aneinanderreihung von Umweltauflagen und z.B. arbeitnehmerInnenrechtlichen Auflagen und schon mal gar nicht die Erfüllung einer Auflage auf Kosten einer anderen.

Weit mehr als „menschengerecht“ – Sichtbarkeit von Frauen

Das heißt für *uns* konkret, daß wir die Formel des menschen- oder sozialgerechten Umbaus von ihrer falschen Geschlechtsneutralität befreien müssen und in ihrer vielschichtigen Differenziertheit von 'weiblich-männlich-menschlichem' Leben darstellen wollen. Als erstes heißt das, daß wir uns als *Frauen* dabei mit unseren Positionen und Forderungen unübersehbar machen werden.

Im weiteren wissen wir, daß das weite Konglomerat von 'den' Frauen eine *erste* Differenzierung darstellt, die in der Regel in feministischen Veröffentlichungen die weiße, gebildete Mittelschichtsfrau mittleren Alters als Subjekt setzt.

In der Frauenbewegung haben wir damit angefangen, gerade durch die Auseinandersetzungen von seiten der Lesben, der Krüppelfrauen, der schwarzen Frauen ('schwarz' steht hier nicht als Bezeichnung für eine Hautfarbe, sondern als selbstgewählter Kampfbegriff der MigrantInnen- und Flüchtlingsfrauenbewegung) unsere Positionen genauer zu betrachten und zu hinterfragen. Nur so können wir Wege der Zusammenarbeit und Auseinandersetzung entwickeln, die jenseits eines feministischen Paternalismus wirklich in Richtung auf unsere Befreiung zielen.

Eine westlich-feministische Analyse der Gesellschaft und der in ihr bestehenden Macht- und Ausbeutungsstrukturen muß zwar das Ziel haben, möglichst ganzheitliche und international gültige Aussagen zu machen, kann diesen Anspruch aber nie erfüllen. Wir müssen unsere eurozentristischen Scheuklappen in den Auseinandersetzungen mit den Frauen der Peripherie entlarven und dabei gemeinsam Perspektiven einer frauengerechten Entwicklung, Ökonomie und von Gesellschaften erarbeiten.

Frauenforderungen zwischen gesellschaftspolitischem Weitblick und Pragmatik des Alltags

Aus unserer Praxis und aus unseren Analysen wissen wir, daß Arbeit, und gerade Frauenarbeit, mehr ist als nur Lohnarbeit. Die Hausarbeitsdebatte, die Neubesetzung und inhaltliche Erweiterung des Begriffs der Reproduktionsarbeit im Kontext sowohl des Geschlechterverhältnisses als auch der internationalen Arbeitsteilung, seien hier nur kurz in Erinnerung gebracht.

Es ist letztlich immer eine *Frage der Macht*, wer, d.h. welche Klasse(n) und welches Geschlecht in dieser Gesellschaft welche Arbeit macht; ebenso, wieviel Geld frau nach getaner Arbeit im Geldbeutel hat.

Leider ein Ladenhüter des Frauenkampfes, aber immer noch aktuell sind von daher die *Forderungen* nach:
– gleichen Löhnen für Frauen;

- gezielter Förderung und Qualifizierung von Mädchen und Familienfrauen nach der Kinderpause;
- der Erweiterung des Spektrums der Frauenberufe;
- der Arbeitszeitverkürzung und Teilzeitarbeitsplätzen für alle (Frauen und besonders auch Männer) bei gesicherten Beschäftigungsverhältnissen;
- Quotierung aller Erwerbsarbeitsplätze und darüber hinaus gleichzeitig die Forderung nach sinnvoller und menschenwürdiger Arbeit;
- der gesellschaftlichen Organisierung von Reproduktionsarbeit (z.B. Kinderbetreuung etc.)

und andere von Gewerkschaftsfrauen und Frauen der autonomen Frauenbewegung gestellte Forderungen.

Eine Konsequenz dieser oben genannten Erkenntnis geht dahin, Arbeit und Einkommen zu entkoppeln. Die Diskussion um ein Existenzminimum muß in verschiedene Dimensionen hinein geführt werden: Unter anderem muß ein Existenzlohn *für alle* eingefordert werden, mit der Zielsetzung, dadurch von der Lohn-Arbeitsgesellschaft wegzukommen, in der Erkenntnis, daß Existenz ja mehr ist als Arbeit. Weiterhin muß klar darauf hingewiesen werden, daß die Entkopplung von Arbeit und Einkommen keineswegs auch die Entkopplung von Arbeit und deren geschlechtshierarchischer Zuweisung beinhaltet. Ein Leben frei mit Geld aus dem Existenzeinkommen befreit Frauen wahrlich noch nicht vom Abwasch.

Der allgemeingültig formulierte Ansatz, bei einer wirtschaftlichen Umstrukturierung die *Systeme der sozialen Sicherung* zu verbessern und zu erweitern, muß auch frauenpolitisch erweitert werden, wie es z.B. mit der „Versicherung der Kindheit“ des Ehrenfest-Planes (vgl. Ketelhut in diesem Buch) anskizziert wird. Des weiteren geht es hierbei auch um die Verankerung von eigenständigen und die Selbständigkeit gewährleistenden Rentenansprüchen für Frauen, die durch Familienarbeit und andere nicht-formalisierte Beschäftigungsverhältnisse in der jetzigen Regelung strukturell benachteiligt werden.

Eine weitere Konsequenz geht dahin, *alle* Arbeit, die von Frauen geleistet wird, ökonomisch faßbar zu machen. Sie soll somit aus der Unsicherheit, in die sie in einem historischen Prozeß gedrängt wurde und in die sie bei jeder ökonomischen Krise entsprechend den wirtschaftlichen Erfordernissen heraus- und/oder hineingezwängt wird, befreit werden.

Frauenarbeit ökonomisch faßbar zu machen ist nicht gleichbedeutend damit, alle Arbeiten von Frauen zu Erwerbsarbeit zu machen; die Illusion, daß darüber eine Befreiung von Frauen erreicht werden könnte, ist zum Glück im Archiv für Frauenkämpfe abgelegt. Ökonomisch faßbar gemachte Frauenarbeit kann z.B. im Bruttosozialprodukt auftauchen und diesen beschränkt aussagekräftigen Indikator der Volkswirtschaft berichtigen. 1985 wurde auf der Weltfrauenkonferenz in Nairobi die Aufnahme der unbezahlten Frauenarbeit in die volkswirtschaftliche Gesamtrechnung von Frauen international gefordert.

Ein nächster notwendiger Schritt wäre es, die Kategorie der volkswirtschaftlichen Gesamtrechnung noch weiter zu differenzieren und zu modifizieren, d.h. andere Meßdaten und Indikatoren für den „Reichtum" und die „Armut" einer Gesellschaft zu finden und qualitativ zu bestimmen. Konkret müßte z.B. die quantitative und qualitative Bedeutung des informellen Sektors (und der gerade darin besonders stark vertretenen Frauenarbeit) aufgenommen werden, zudem müßte aufgeschlüsselt werden, welche – und in welchem Ausmaß – Vor- und Folgearbeiten von Frauen bei bestimmten Produktionsformen stillschweigend miteinbezogen, aber eben nicht mitein*kalkuliert* sind etc.

Statt aber nun eine Bezahlung / Ökonomisierung / Durchkapitalisierung aller Lebensbereiche zu fordern, könnten wir auch fragen, wie wir es schaffen können, das *Primat der Ökonomie in unserem Leben zurückzudrängen*, d.h. ein Leben und eine Welt zu schaffen, die *auch* eine Ökonomie hat.

Wenn wir unsere Diskussionen darum führen, wie eine feministische Ökonomie aussehen müßte, die eben nur *einen* Teil vom Leben und der Gesellschaft ausmacht, wird eine Kernfrage die des *Arbeitsbegriffs* sein. Aus den bisherigen Ausführungen und aus unseren Erfahrungen ist es offensichtlich, daß er die Kategorien von Produktion und Reproduktion überschreiten muß. Es geht um eine Loslösung von der Enge des Begriffs, der sich auf die Schaffung eines materiellen Produktes, im kapitalistischen Sinn der Ware, bezieht. Daß Arbeit, der Arbeitsprozeß, nicht trennbar ist von sozialen, menschlichen und zwischenmenschlichen Prozessen, von Selbstentfaltung (bzw. im heutigen System von deren Verhinderung) und Kommunikation, zeigt sich zunehmend in unseren alternativen Projekten und Betrieben. Das notwendige neue Verständnis von der „anderen" Arbeit läßt sich nur in der ständigen praktischen Auseinandersetzung und deren Reflexion antesten. Das betrifft ganz konkrete Fragestellungen wie z.B.: Projekt, Betrieb, Genossenschaft – welche Organisationsformen passen zu welchen Menschen und zu welcher Art von „Produkten", oder: Was machen denn die Kinder im Büro und die Männer in der 'Frei'-Zeit nach der 'Arbeits'-Zeit?

Im Rahmen eines gesellschaftlichen Umbaukonzepts spielt auch die Frage der Technologieentwicklung und -veränderung eine entscheidende Rolle, denn technische und gesellschaftliche Veränderungen stehen in einem Wechselverhältnis zueinander. Das heißt, wir müssen uns bei der

Entwicklung feministischer Alternativkonzepte auch fragen: Welche Techniken wollen wir? Welche Techniken brauchen wir? In diesem Zusammenhang wäre ein pragmatischer Weg, die Einrichtung einer partizipatorischen (d.h. das Wissen, die Bedürfnisse und Interessen der von Technikanwendung betroffenen Gruppen) *Technikfolgenabschätzung vor* der Einführung von neuen Technologien zu fordern. Bisherige Konzepte zur Technikfolgenabschätzung[6] müßten dabei auf frauenspezifische Aspekte ausgeweitet werden und Antworten auf Fragen geben wie: Welche Bedürfnisse befriedigt diese Technik? Wie greift sie in soziale Verhältnisse ein (wie verändert sie beispielsweise gesellschaftliche Normen und Werte)? Welche sozialstrukturellen Veränderungen schafft sie (z.B. Arbeitsplatzstrukturen, gesellschaftliche Schichtung)? Und vor allem: Welche Auswirkungen hat sie auf Frauen (Frauenbild, kulturelle Beziehungen, Geschlechterverhältnisse, Frauenarbeitsfolgekosten[7], geschlechtshierarchische Arbeitsteilung)?

Gegen die Vereinnahmung unserer Schritte und Bewegungen

Es besteht die Gefahr, daß die Einzelschritte, in denen sich ein Umbau nur vollziehen kann, isoliert ins herrschende System aufgenommen und damit verwässert und vereinnahmt werden können. Wenn also Einzelschritte nicht mehr in einem spannungsreichen Verhältnis zur weiteren Zielperspektive stehen, dienen sie leicht dazu, Frauenunterdrückung in subtilerer Form zu zementieren.

Die Antwort liegt in der Entfaltung unseres Widerstandes und unserer Macht, und zwar der von vielen, sowohl individuell als „selfempowerment“ wie auch kollektiv.

Ausgehend von unserer jetzigen Situation, die weitgehend durch den Ausschluß von Frauen aus Machtpositionen gekennzeichnet ist, führt das zu der Forderung nach einer stärkeren Beteiligung von Frauen an politischer Macht und in Entscheidungsstrukturen. Die gleichberechtigte Partizipation von Frauen an bestehenden Entscheidungsstrukturen ist für uns dabei kein Endziel, sondern eine Voraussetzung und gleichzeitig mittel- und langfristiger Schritt auf das Ziel einer grundlegenden Veränderung von Machtstrukturen hin. Gleichzeitig sind eine autonome Organisierung von Frauen für ihre Interessen und Freiräume für Frauen unbedingt notwendig. Die autonome Organisierung von Frauen und die Beteiligung von Frauen in institutionellen Machtverhältnissen muß nicht zwangsläufig ein Widerspruch sein, sondern kann in einem Verhältnis gegenseitiger Unterstützung und konstruktiver Kritik stehen: Als praktische Schritte dahin wäre z.B. eine „Rechenschaftspflicht“ von Frauen in

Führungspositionen der „Bewegung“ gegenüber ebenso wichtig wie die politische Unterstützung des Kampfes von Feministinnen in Institutionen und/bzw. durch die Organisierung gesellschaftlichen Drucks von außen.

Frauenforderungen über die Pragmatik der kleinen Schritte hinaus

Hinter all den oben genannten Forderungen steht die grundsätzliche Anstrengung, die geschlechtshierarchische Arbeitsteilung und alle Herrschaftsverhältnisse in den Geschlechterbeziehungen aufzuheben. Das Ungleichgewicht der Aufteilung der Arbeit zwischen Männern und Frauen, zwischen Produktion und Reproduktion ist eng verknüpft mit der Frage der Macht und Machtzuschreibung, individuell und strukturell-institutionell.

Sowohl aus privaten als auch aus geschichtlichen Erfahrungen von Frauen weltweit wissen wir, daß eine Veränderung dieser Zwangsverhältnisse sowohl ökonomisch, kulturell, politisch, sexuell und sozial als auch emotional, psychologisch und spirituell, sowohl materiell als auch immateriell von uns erkämpft werden muß.

Dazu gehört u.a. auch, daß wir bestimmte Heiligtümer frech entmystifizieren, abschaffen, wie z.B. den Begriff vom Grund-Eigentum oder die anscheinend ahistorisch wertneutrale Kategorie des „Marktes“, aber genauso auch feministische Begriffe, wie z.B. den von der scheinbar natürlichen Mutterschaft und Mütterlichkeit von Frauen. Kulturgeschichte sowie psychohistorische Ansätze, ethnologisch-soziologische Frauenforschungen und insgesamt alles, was uns an patriarchatskritischen Analysen zur Verfügung steht, müssen wir für uns einsetzen, um uns eigene Vorstellungen und Begriffe von der Welt zu machen, in der wir als Frauen leben wollen.

Begriffe, Normen, Werte, Bedürfnisse – Tabu?

Begriffe, Normen, Werte und Bedürfnisse spielen eine wichtige Rolle gerade auch in der Diskussion um das 'Andere', als da seien der Begriff der Arbeit oder die feministische Ökonomie oder die menschengerechte Entwicklung etc., indem sie implizit in die Entwürfe von neuen Modellen mit einfließen. Eine Ignorierung und Tabuisierung, wie sie von Linken und auch Feministinnen gern betrieben wird („Werte und Normen erinnern an den Religionsunterricht“), wird sich langfristig rächen. Eine offensive „Werte“-Diskussion in einer Atmosphäre von Offenheit, Verarbeitung und Kreativität ist unerläßlich.

Gleichermaßen nötig ist eine Auseinandersetzung um Bedürfnisse: Bedürfnisse sind nichts Statisches, sondern geformt von unserer individual-lebensgeschichtlichen und gesellschaftlichen Gewordenheit. In Situationen, in denen wir uns unter veränderten Bedingungen erleben, wenn wir z.B. längere Zeiten in fremden Kulturen leben oder wenn wir innerhalb unserer eigenen Gesellschaft unsere routinemäßigen Wege und Bezüge verlassen und in andere Szenen eintauchen, erfahren wir auch die Möglichkeit, daß und wie sich unsere Bedürfnisse wandeln.

Die Strategie des Konsumverzichts greift unserer Einschätzung nach eben nur einen – zudem noch politisch schwer vermittelbaren – Aspekt des viel umfassenderen individuellen und gesellschaftlichen Umwandlungsprozesses von Bedürfnissen auf. Anstatt des moralisch-asketischen Appells an den Genuß-Verzicht geht es uns viel mehr darum, unsere Bedürfnisse, gerade auch die nicht befriedigten, wahrzunehmen und nach Wegen zu suchen, sie zu stillen (Beispiel befriedigende Arbeit, sichere soziale Bezüge etc.)

Bedürfnisse und Interessen stehen nicht notwendigerweise in Harmonie zueinander. Interessenkonflikte zwischen hier und der Dritten Welt müssen grundsätzlich benannt und offen diskutiert werden.

> „Auch wenn es genügend Eigeninteressen bei uns gibt, das Wirtschaftssystem grundlegend zu verändern, so sind diese Interessen doch nicht unbedingt identisch mit denen der Dritt-Welt-Völker. Wenn es zu Solidarisierungen kommen soll, muß von der Unmittelbarkeit des eigenen Interesses teilweise abstrahiert werden. Solidarisierung findet dann ihre Begründung nicht mehr nur in der Bestimmung eines materiellen Interesses, und sei es auch erweitert um den ökologischen und feministischen Aspekt. Eine Solidarisierung muß sich teilweise aus ethischen Begründungen ableiten lassen, die durchaus eine Relativierung des materiellen Eigeninteresses umfassen. Auch wenn erkannt ist, daß die Verbesserung der Lebenslage der Menschen in den Dritt-Welt-Ländern und der ärmeren Schichten bei uns nur gegen die Interessen des Kapitals durchgesetzt werden kann und damit die ärmeren Menschen in Nord und Süd einen gemeinsamen Gegner haben, dürfen die relativen Unterschiede in der Lebenssituation der abhängigen Schichten hier und in den Dritt-Welt-Ländern nicht unterschätzt werden. Wir dürfen uns über diese Differenzen nicht hinwegretten mit der heimlichen Vorstellung nach weltwirtschaftlichen Wachstumsprozessen, die es erlauben, dem einen zu geben, ohne den anderen zu nehmen."
> (Ludger Volmer: Selbstbeschränkung der Industrieländer – Leben in einer Welt, in: Gegen IWF und Weltbank, 1989. Siehe Anm. 2)

Internationale Frauensolidarität

Notwendig für die Erweiterung unserer Handlungsperspektiven ist es, ein internationales Verständnis von Frauensolidarität zu entwickeln. Das heißt zum Beispiel:

- Wenn wir hier für die Abschaffung des § 218 auf die Straße gehen, müssen wir die Bedingungen, Interessen und Forderungen der Frauen mit einbeziehen, die – oft ohne ihr Wissen – sterilisiert, mit gesundheitsschädlichen Langzeitkontrazeptiva traktiert (Dreimonatsspritze, Hormonimplantate, Anti-Schwangerschaftsimpfstoff) werden. D.h. Bevölkerungspolitik ist als internationales Mittel patriarchaler staatlicher Kontrolle über Frauen und ihre Körper, ihre Gebärfähigkeit mit unterschiedlichen Gesichtern und Ausprägungen zu begreifen.
- In der Diskussion um Pornografie und die Degradierung von Frauen zu Sexualobjekten auch den Menschenhandel mit Frauen aus der Dritten Welt, die sich dort für westliche Touristen prostituieren müssen und die durch Heiratsvermittlung und für den internationalen Sexhandel eingeschleust werden, zu thematisieren.
- In den Kampf um höhere Löhne, existenzsichernde Arbeitsplätze für Frauen, Verkürzung der Arbeitszeiten, Kollektivierung von privaten Dienst- und Reproduktionsleistungen auch Forderungen nach besseren, menschenwürdigen Arbeitsbedingungen für Frauen in den Weltmarktfabriken und anderen Arbeitsplätzen in der Kette internationaler Arbeitsteilung zu integrieren.
- Uns mit der Situation von ausländischen Frauen, die hier leben, auseinanderzusetzen (auch als Frage nach unserem eigenen Rassismus und nach Paternalismus in der Frauenbewegung) und ihre Forderungen zu unterstützen.

Kreativität und produktiver Unsinn als Voraussetzung für Neues

Es scheint auf den ersten Blick fast wie ein Faustschlag ins Gesicht der Verelendeten in der Peripherie, wenn wir meinen, daß wir unsere Kreativität entfalten müssen beim Nachdenken über mögliche Lösungen der Verschuldungskrise und der Umformung der herrschenden Weltwirtschaft.

Es geht uns aber keineswegs darum, spielerisch mit Zahlen, Statistiken und Theorien hin- und herzujonglieren, die eigentlich das Leben und das Elend von Menschen beinhalten. Das tun ja die Herren der Banken und Regierungen.

Unsere Aufgabe, noch mehr: unsere Chance besteht darin, daß wir es uns erlauben können, uns von den herkömmlichen Begriffen und Inhalten

Foto: Andradi

von Analysen, Theorien und politischen Umsetzungen zu entfernen. Denn unser schieres Überleben hängt nicht von Tag zu Tag von den Preissteigerungen für Brot und Milch und andere Grundnahrungsmittel ab.

Kreativität heißt hier, daß wir uns von unseren Wünschen, Gefühlen, Eingebungen leiten lassen dabei, bereits Gedachtes mit neuen Gedanken zu assoziieren, alte Gedankengebäude aufzuknacken und die essentiellen Splitter zu ungewohnten Stücken zusammenzubringen.

Kreativität heißt auch, daß wir die Grenzen der herkömmlich abgetrennten Bereiche überspringen, die Aufteilungen und Abtrennungen des Lebens nicht mehr hinnehmen: unsere Erfahrungen in der Wissenschaft mit unseren Erfahrungen in der Körperarbeit paaren, Sinnlichkeit und Ästhetik nicht bei der Entwicklung unserer alternativen Arbeitsprojekte und politischen Strukturen vergessen, und auch nicht unsere Freude, die Lust als eine Antriebsfeder.

Das Material für unsere Kreativität liegt in uns und in unserem bewußten Umgang mit dem, was uns umgibt, d.h. in unserem Denken, Fühlen, Handeln.

Und die Chance für ein anderes Leben (inklusive einer anderen Ökonomie) liegt darin, daß es von uns Frauen als lebendigen Subjekten gestaltet werden wird.

Und weiter noch: Utopien

Utopien zu entwickeln ist nichts Abstraktes, sondern heißt in erster Linie, die *eigenen* Utopien zu entwickeln. Das setzt voraus, daß jede sich als Frau und Persönlichkeit wichtig nimmt, sich an die erste Stelle setzt. Utopien sind mehr als nur die Projektionen der eigenen Bedürftigkeit.

Die *eigenen* Utopien und die eigene Person als Ausgangspunkt zu nehmen, soll hier nicht als Strategie einer allein selbstbezogenen Individualität mißverstanden werden. Ebensowenig wie Kinder von allein groß werden oder Menschen in langfristiger Isolation psychisch und physisch über*leben* können, können eine Vorstellung und ein Bild von einer besseren Welt von einzelnen skizziert werden.

Kollektivität heißt Zusammentragen, das Zusammenführen der Kräfte von vielen, was Strukturen und Netze schafft, die sowohl Einzelne beinhalten, tragen und stärken als auch über sie hinausgehen und dadurch halten und uns stärken.

Ohne Arbeit an der eigenen Person, ohne die Anbindung an eine soziale Bewegung, ohne die ständige Auseinandersetzung mit den anderen, die keinen Raum haben sollen und marginalisiert werden hier und in der Dritten Welt, kann keine ihre Utopie entwickeln, die sie weiterträgt als ein paar Seifenblasen weit – umso mehr, wenn sich die Utopie nicht allein auf die einzelne, sondern auch auf ihre Umgebung bis hin zur Welt (-wirtschaft) erstreckt.

Bilder und Visionen, die vom Herzen kommen, bilden den Kern, das Schaffen konkreter Erfahrungen von Freiräumen und Alternativen mit anderen zusammen bieten Ansätze, diesen Kern umzusetzen und wieder neu zu regenerieren.

Anmerkungen

1 Die vom IWF verordneten Strukturanpassungsprogramme umfassen in der Regel folgende Maßnahmen: Abwertung der Landeswährung; Aufhebung sog. 'nicht-marktkonformer Eingriffe' (z.B. Subventionen von Grundnahrungsmitteln, Importzölle); Abbau des staatlichen Haushaltsdefizits (insbesondere durch Kürzungen im Sozialbereich, Entlassungen im öffentlichen Dienst); Lohnsenkungen (zur Schaffung eines 'investitionsförderlichen Klimas' und zur Inflationsbekämpfung); Verknappung des umlaufenden Geldes; Privatisierung staatlicher Unternehmen; und generell die Orientierung der Wirtschaft auf den Export und die Öffnung für ausländisches Kapital (Multis).

2 Vgl. dazu z.B.: Trägerkreis des Internationalen Gegenkongresses der IWF/Weltbank-Kampagne; Die Grünen im Bundestag (Hg.): Gegen IWF und Weltbank. Beiträge zum Internationalen Gegenkongreß der IWF/Weltbank-Kampagne; und Peripherie 8 (1988) 33/34: Umkämpfte Souveränität. Zur Politik von IWF und Weltbank.

3 Siehe dazu: Maria Mies: Konturen einer öko-feministischen Gesellschaft, in: Frauen und Ökologie: Gegen den Machbarkeitswahn, Hrsginnen: Die Grünen im Bundestag, AK Frauenpolitik, Köln 1987, S. 39–53.

4 Vgl. beispielhaft: Veronika Bennholdt-Thomsen: Die Ökologiefrage ist eine Frauenfrage, in: Frauen und Ökologie, a.a.O., S. 29–38.

5 So gibt es z.B. in den USA im Rahmen von Kampagnen von Verbraucherorganisationen ein Handbuch, in dem Produkte aufgeführt werden, deren Herstellung in Unternehmen stattfindet, die fortschrittlichen Maßstäben wie innerbetrieblicher Quotierung hinsichtlich Geschlecht und Rasse entsprechen (vgl. natur 8/89). Hier in der BRD existieren ähnliche Verzeichnisse, allerdings in 'negativer' Form (z.B. ein 'Wegweiser durch den Supermarkt', der Markenartikel und Produktnamen multinationalen Konzernen zuordnet und mit entsprechenden Boykottkampagnen verknüpft (Beispiel Nestlé, Südafrika-Früchte, Unilever). Eine 'positive' Produktliste steht noch aus.

6 Unter Technikfolgenabschätzung versteht man allgemein eine integrierte und systematische Abschätzung und Voraussage der wesentlichen (positiven und negativen, direkten und indirekten) Auswirkungen in den zentralen Bereichen einer Gesellschaft (Wirtschaft, Umwelt, Institutionen, Allgemeinheit, spezielle Gruppen), die bei Einführung oder Veränderung einer Technologie auftreten. Aktuell sind Diskussionen um die Institutionalisierung von Technologiefolgenabschätzung vor allem im Bereich der Kommunikations- und Informationstechnologien und der Bio-, Gen- und Reproduktionstechnologien.

7 Ein besonders augenfälliges Beispiel für Frauenarbeitsfolgekosten war die Tschernobyl-Katastrophe. Aber auch bei vielen anderen Technologien werden zusätzliche (Frauen-)Arbeiten vor allem im Reproduktionsbereich stillschweigend (und unbezahlt) miteinkalkuliert. Würde man adäquat berücksichtigen, was Frauen durch die ewige kompensatorische Hausarbeit an Selbstverwirklichung und gesellschaftlicher Lebensqualität verweigert wird, sähen Berechnungen über den Nutzen und vor allem Schaden von Technologien völlig anders aus.

Ansätze Internationaler Frauensolidarität
– Netzwerke und Organisationen –

Allgemeine Netzwerke / Organisationen / Institutionen im Bereich Ökonomie/Entwicklungspolitik

BRD

Einen umfassenden Überblick über Aktionsgruppen, entwicklungspolitische Organisationen und Institutionen in der BRD gibt das Aktionshandbuch Dritte Welt, Hrsg. Bundeskongreß entwicklungspolitischer Aktionsgruppen, 7. überarbeitete Auflage, Wuppertal, 1986.

BUKO – Arbeitsschwerpunkt Weltwirtschaft und Verschuldungskrise
Nernstweg 32-34
2000 Hamburg 50
Dieser inhaltlich eigenständig arbeitende Schwerpunkt gehört zum BUKO, der Dachorganisation der „Dritte Welt"- und entwicklungspolitischen Aktionsgruppen der BRD. Einen Frauenschwerpunkt gibt es nicht.

International

The Debt Crisis Network
Institute for Policy Studies – Transnational Institute
1901 Q St. NW Washington, D.C., 2009 / USA
sowie:
Paula Potterstraat 20
1071 DA Amsterdam
Niederlande

International Organization of Consumers' Action (IOCU)
Central Office
9 Emmastraat
2595 EG Den Haag
Niederlande
Regional Office for Asia and the Pacific
P.O. Box 1045
10830 Penang
Malaysia
IOCU arbeitet im Bereich von KonsumentInnenrechten, besonders von Frauen als Konsumentinnen. IOCU unterstützt Kampagnen und Netzwerke zur Verteidigung von KonsumentInnenrechten, u.a. HAI (Health International Network) in Lateinamerika und der Karibik sowie in Asien, organisiert Forschung, Kurse und Workshops.

IPS
(Inter Press Service Third World News Agency)
Anita Anand, Coordinator:
Women, Communication and Development
Via Panisperna 207
00184 Rom
Italien
IPS – BRD
Pressehaus II Zimmer 205-209
Heußallee 2-10
5300 Bonn 1
Tel. 0228/219138 und 219199
IPS ist die erste und einzige weltweit tätige Dritte Welt-Nachrichtenagentur, die sich zum Ziel gesetzt hat, die Benachteiligung der Dritte Welt-Länder im internationalen Nachrichtenfluß zu verringern und damit zu einer Neuen Weltkommunikationsordnung beizutragen.
Neben aktuellen Tages-, wöchentlichen Hintergrund- und speziellen Themendiensten gibt IPS wöchentlich auch einen 'Womens' Feature Service' heraus – eine sorgfältig recherchierte und gutgeschriebene Informations- und Analysequelle über Frauen in der Dritten Welt. Auszugsweise ist dieser Dienst auch in deutscher Sprache erhältlich.

OXFAM
274 Banbury Rd.
Oxford OX2 7DZ
England
Dieser private Entwicklungshilfeträger

veröffentlicht u.a. Studien, die die Arbeits- und Lebenssituation von Frauen in der Peripherie detailliert darstellen (siehe Literaturliste).

War on Want
WoW Campaigns,
Freepost, Room 55 B,
1 London SE 1 – 9UT
England
Die Organisation 'War on Want' führt in England eine Kampagne zur Verschuldungskrise unter der Parole „Profits out of Poverty" durch und hat eine Gruppe 'Women work together', die sich speziell der Öffentlichkeits- und Vernetzungsarbeit mit Frauen in der Dritten Welt widmet.

Frauen-Netzwerke / Organisationen / Institutionen im Bereich Ökonomie/Entwicklungspolitik

BRD

Arbeitsgemeinschaft gegen internationale sexuelle und rassistische Ausbeutung (agisra)
Mainzer Landstraße 147
6000 Frankfurt 1
Tel. 069/739 21 52
Seit 1986 besteht ein bundesweiter Zusammenschluß von Einzelpersonen und Gruppen, die zum Themenbereich Sextourismus / Frauenhandel / Frauenkauf arbeiten. Die 'Arbeitsgemeinschaft gegen internationale sexuelle und rassistische Ausbeutung' (agisra e.V.) hat ihr Koordinierungsbüro in Frankfurt. Vorrangige Aufgabe des Vereins ist die Verbreitung von Hintergrundmaterial und Informationen, um ein Bewußtsein für die Zusammenhänge von z.B. Weltwirtschaft und Prostitutionstourismus zu schaffen. Darüber hinaus finden betroffene Frauen aus der „Dritten Welt" Hilfe und Unterstützung in Notsituationen. Die weltweite Vernetzung von Gruppen, die zu diesem Problem arbeiten, ist eine unabdingbare Möglichkeit, Sextourismus und Frauenhandel zu bekämpfen.

Amnesty For Women
ist ein Netz von unabhängig voneinander arbeitenden Städtegruppen, die alle im Bereich Menschenrechte für Frauen ansetzen. In der BRD existieren Städtegruppen in Hamburg, Berlin und Frankfurt.

Amnesty For Women
Städtegruppe Hamburg
Steintorweg 2
2000 Hamburg 1
Tel. 040/280 28 29
Amnesty For Women, Städtegruppe Hamburg e.V., wurde mit dem Ziel gegründet, sich aktiv gegen Menschenrechtsverletzungen zu wenden, die Frauen aufgrund ihrer Geschlechtszugehörigkeit widerfahren. Schwerpunktmäßig arbeiten wir seit einigen Jahren zu dem Themenkomplex „Frauenhandel – Zwangsprostitution – Sextourismus". 1987 haben wir einen Treffpunkt für ausländische und deutsche Frauen geschaffen. In diesem Rahmen bieten wir kostenlose Deutschkurse, Gesprächskreise und Beratung an. Unser Beratungsangebot richtet sich vor allem an die Frauen,

die durch Heiratsvermittlung, Frauenhandel und Zwangsprostitution in die BRD gekommen sind. Unser Angebot soll dazu beitragen, daß betroffene Frauen ihre Situation einschätzen und dementsprechend handeln können.
Die Erfahrung aus dieser Arbeit bildet die Grundlage für unsere politische Arbeit, die Bewußtseinsbildung. Wir arbeiten in themenbezogenen Arbeitsgruppen, in denen wir uns mit den Hintergründen, Geschäftspraktiken, der rechtlichen und sozialen Lage der betroffenen Frauen im Zusammenhang mit Frauenhandel, Sextourismus und Zwangsprostitution auseinandersetzen. Wir organisieren Workshops, Seminare und Informationsveranstaltungen.

Frauen-Anstiftung e.V.
c/o Frauen lernen Gemeinsam e.V.
Grindelallee 43
2000 Hamburg 13
Die Initiative für eine Frauenstiftung entstand aufgrund einer Diskussion bei den Grünen, eine Stiftung zu gründen. Damit nicht wieder ein männerdominiertes Geldvergabegremium mehr entsteht, taten sich 1987 grüne und autonome Frauen zusammen und forderten eine Stiftung von und für Frauen.
Die Grünen-nahe Stiftung wurde dann ein Stiftungsverband, bestehend aus drei Teilstiftungen, dem auch die Frauen-Anstiftung angehört. Die Grünennahe Stiftung bezieht mittlerweile staatliche Gelder. Die Frauen-Anstiftung versucht auf nationaler wie internationaler Ebene, die Vernetzung von Frauengruppen/Projekten zu fördern. Sie bildet selbst ein Vernetzungsprojekt, da Frauen aus den unterschiedlichsten Ecken der Frauenbewegung in ihr mitarbeiten. Eine spezielle Arbeitsgruppe hat sich zum Thema feministischer Internationalismus gebildet, die zur Hälfte aus ausländischen Frauen besteht. Derzeitige Arbeitsschwerpunkte in der Frauen- Anstiftung bilden Themenbereiche wie: Gentechnologie und Bevölkerungspolitik, feministische Ökonomie, Frau und Öffentlichkeit und Rassismus.

Frauengruppe
von terre des hommes
Monika Huber – Geschäftsstelle
Ruppenkampstr. 11a
4500 Osnabrück
Tel. 05 41/710 11 45
Ursula Pattberg – 1. Vorsitzende
Kalifenweg 13
7000 Stuttgart 80
Tel. 07 11/71 34 29
Seit 1982 gibt es bei terre des hommes eine Frauengruppe, in der Frauen aus verschiedenen Referaten mitarbeiten, und zwar sowohl Frauen, die an der inhaltlichen Arbeit von terre des hommes beteiligt sind, als auch Sekretärinnen und Sachbearbeiterinnen. Die Frauengruppe spricht ihre Aktivitäten mit interessierten Frauen aus den tdh-Arbeitsgruppen ab, also mit denen, die ehrenamtlich die Arbeit von tdh in den einzelnen Städten unterstützen. Die Frauengruppe hat sich zum Ziel gesetzt, das Thema „Frauen und Entwicklung“ stärker bei tdh zu verankern. Inzwischen sind in die allgemeinen Projektkriterien frauenspezifische Kriterien eingefügt worden. Es hat eine Konferenz mit Projektberaterinnen aus Frauenprojekten stattgefunden, die inhaltliche Impulse zu den Themen „Gewalt gegen Frauen“, „Einkommensschaffende Maßnahmen“ und „Probleme des Organisierungsprozesses von Frauen“ gegeben hat. tdh wird sich in den nächsten Jahren schwerpunktmäßig dem Thema „Zukunft für Mädchen?!“ widmen. tdh bemüht sich um die Stärkung der Netzwerke im Bereich der deutschen Nichtregierungsorganisationen und auf europäischer Ebene (WIDE).

Die Grünen – Les verts
Frauenreferat
Margret Krannich, Annette Goerlich, Annemiek Onstenk
Europäisches Parlament
Rue Belliard 79–81
B-1040 Brüssel
Belgien
Seit Anfang 1985 gibt es in Brüssel ein Frauenreferat des Grün-Alternativen Bündnisses im Europäischen Parlament. Es versucht, feministische Poli-

tik ins EG-Parlament zu bringen und den Informationsaustausch und die Zusammenarbeit unter Fraueninitiativen auf europäischer Ebene zu stärken. In diesem Zusammenhang wurden z.B. Anhörungen zu Gen- und Fortpflanzungstechnologien und Gewalt gegen Frauen durchgeführt, ein Treffen mit dem Internationalen Komitee für die Rechte von Prostituierten organisiert, ein Bericht zur Diskriminierung von Frauen in den Einwanderungs- und Ausländergesetzen der EG-Staaten erstellt und viele andere Inhalte der Frauenbewegung in die EG-Ausschüsse und in die Öffentlichkeit getragen.

Goldrausch – Frauennetzwerk e.V.
Potsdamer Str. 139
1000 Berlin 30
Tel.: 030/215 75 54
Goldrausch ist ein autonomes feministisches Finanzierungsnetzwerk, das mit Spenden und Mitgliedsbeiträgen Berliner Frauenprojekte unterstützt.
Insgesamt wurden bis heute über 120 Frauenprojekte und -betriebe mit fast 600 000 Mark durch zinslose Kredite oder Zuschüsse gefördert. Die Summen, die Goldrausch vergibt, sind im Vergleich zu öffentlichen Programmen oder Bankkrediten bescheiden. Für die Frauenprojekte sind sie aber von enormer Bedeutung, weil sie oft die einzig erreichbare Finanzierungsquelle sind oder aber eine willkommene Entspannung der Finanzsituation darstellen. Lange Rückzahlungsfristen sind die Regel. Wir wollen fördern und nicht lauern wie Haie.
Es ist das Ziel von Goldrausch, eine Finanzierungsmöglichkeit für die politischen und beruflichen Vorhaben von Frauen zu bieten, die von niemandem abhängig ist und von einem gewählten Gremium von Frauen aus der Frauenbewegung verwaltet wird. In unsere Entschlüsse redet uns keiner hinein – kein Mann und keine Verwaltung. Hier setzen sich Frauen autonom untereinander über Geld auseinander.
Neben der Geldvergabe setzen wir mehr und mehr auf fachkundige Beratung, damit die Situation eines Projektes oder Betriebes auf Dauer stabilisiert werden kann. Zu dieser Beratung gehört auch, daß alle diejenigen Projekte, die eine öffentliche Finanzierung in Anspruch nehmen können, dies auch tun – ganz gleich, mit wieviel Arbeit dies verbunden ist. Wir möchten, daß Frauen ohne Scheu die öffentlichen Finanzquellen nach Kräften nutzen.
Seit 1985 erscheint monatlich „Blattgold – Informationen und Termine für die Berliner Frauen“, eine Monatsschrift, die über die Arbeit der Projekte informiert, Veranstaltungen ankündigt, die für Frauen interessant sind, spannende Meldungen aus Berlin und anderswo veröffentlicht, über die Goldrausch-Arbeit berichtet und Artikel zu aktuellen Diskussionen der Frauenbewegung bringt.
Im März 1989 hat Goldrausch einen '1. Feministischen Ökonomiekongreß' organisiert, dem weitere folgen sollen, um die Diskussion zum Thema voranzutreiben.

Memorandum-Frauengruppe
Susanne Schunter-Kleemann
Kohlhökerstr. 6
2800 Bremen 1
Tel. 04 21/7 60 62
Die Frauengruppe in der Arbeitsgruppe „Alternative Wirtschaftspolitik“ arbeitet seit mehreren Jahren an Themen zu
– Arbeitsmarktpolitik
– Frauen und neue Technologien
– Frauenförderungspolitik
– Beschäftigungsprogramme für Frauen
– Familien-, Sozial- und Steuerpolitik

und neuerdings zu Fragen der sozialen Sicherung von Frauen.

Terre des Femmes
Postfach 11 45
7800 Freiburg
Terre des Femmes, ein gemeinnütziger Verein, wurde 1981 als Menschenrechtsorganisation für Frauen mit dem Ziel gegründet, jegliche Benachteiligung, Diskriminierung und Gewalt

gegen Frauen zu bekämpfen. Aus diesem Grunde sind wir eine internationalistisch arbeitende Organisation und beschäftigen uns mit der Situation der Frauen in der „Dritten Welt", die nicht nur von Männerherrschaft gekennzeichnet ist, sondern auch von der Armut als Konsequenz des ungerechten Weltwirtschaftssystems. Wir setzen uns für die Verbesserung ihrer Lebensbedingungen als Arbeiterinnen, Bäuerinnen, Mütter, Hausangestellte, Ehefrauen, Prostituierte usw. ein. Dies geschieht durch Öffentlichkeitsarbeit (Büchertische, Veranstaltungen, Presseerklärungen, Demonstrationen usw.) und finanzielle Unterstützung von Frauenselbsthilfeprojekten. Seit Jahren fordern wir die Anerkennung von geschlechtsspezifischer Verfolgung als Asylgrund. Acht aktive Städtegruppen arbeiten zu Themen wie Frauenhandel, Sextourismus, Bevölkerungspolitik, Ausbeutung von Arbeiterinnen, Flüchtlingsfrauen u.a.

Europa / Nordamerika

Action Committee Against Discriminatory Muslim Laws
Amrita Chhachi
c/o Institute of Social Studies
Women's Studies
Badhuisweg 251
2509 LS Den Haag
Niederlande
Dieses Aktionskomitee wurde gegründet, um Verbindungen zwischen den Frauen verschiedener Länder mit islamischem Recht zu knüpfen und deren Kämpfe gegen unterdrückerische Gesetze zu unterstützen.

Action Committee of Women Living Under Muslim Law
Cambaillaux 34980
Frankreich
Dieses internationale Netzwerk wurde geschaffen, um ein Forum für Austausch, Information und Aktion zur Verbesserung der Lebenssituation von Frauen in islamischen Ländern zu haben.

Associated Country Women of the World
50 Warwick Square, Victoria
London SW1V 2AJ
England
Diese 1930 gegründete Vereinigung der Landfrauen hat 8 Millionen Mitgliedsfrauen in 70 Ländern. Durch ihren beratenden Status in verschiedenen UN-Institutionen nimmt die Vereinigung an vielen UN-Aktivitäten teil und ist Sprecherin der Landfrauen in der UNO. ACWW beteiligt sich an Entwicklungsprojekten auf örtlicher, nationaler und internationaler Ebene. Ihr Ansatz ist eher traditionell, bezieht sich auf die Verbesserung der Hauswirtschaftsfähigkeiten von Frauen wie auch auf landwirtschaftliche Ausbildung und einkommensschaffende Maßnahmen.
ACWW gibt einen vierteljährlich erscheinenden Rundbrief „Countrywomen" heraus.

Association International des Journalistes de la Presse Feminine et Familiale (AIJPF)
Boulevard Charlemagne 1
Boite 54
B-1041 Brüssel
Belgien
Dieser internationale Zusammenschluß von Journalistinnen von Frauen- und Familienzeitschriften hat sich die Repräsentation von Frauen in den Medien zur Aufgabe gemacht, u.a. mit einer Studie darüber, wie die Medien Frauen in Frankreich, Ungarn, Israel, Italien, Niederlande, Kanada, Großbritannien und der Schweiz behandeln.

CHANGE
P.O. Box 824
London SE 249Js
England
Change ist eine kleine Frauenorganisation, die detaillierte Berichte über die Lebenssituation von Frauen in der ganzen Welt herausgibt. Sie bietet für Nicht-Regierungsorganisationen und Regierungsorganisationen Forschungs- und Beratungsdienste an und führt ein Archiv für Forschungsberichte und andere Informationen.

FINRRAGE
Feminist International Network of Resistance to Reproductive and Genetic Engineering
c/o Ute Winkler
Feministisches Frauengesundheitszentrum
Hamburger Allee 45
6000 Frankfurt/Main 90

Das internationale feministische Netzwerk des Widerstands gegen Gen- und Reproduktionstechnologien FINRRAGE hat bisher Kontaktfrauen und -gruppen in 25 Ländern. Ziele von FINRRAGE sind:

- die internationale Entwicklung auf dem Gebiet der Gen- und Reproduktionstechnologien und in der Bevölkerungspolitik kritisch zu beobachten und zu analysieren,
- deren Implikationen für Frauen zu benennen,
- Informationen über diese Technologien und ihre Auswirkungen auf soziale Verhältnisse zu verbreiten und
- Informationen über die Formen von Frauenwiderstand gegen diese Technologien zu geben.

Dies schließt regelmäßige Treffen der FINRRAGE-Mitglieder zum Informationsaustausch und zur Planung von Strategien und Aktionen auf regionaler, nationaler und internationaler Ebene mit ein.

Das letzte große FINRRAGE-Treffen fand im März 1989 in Comilla, Bangladesh statt. Es nahmen 145 Frauen aus 30 Ländern teil, die, ausgehend von einer frauenorientierten Perspektive, in ihrer beruflichen und politischen Arbeit mit der Situation von Frauen im Bereich Gesundheit, Menschenrechte, Bildung und verantwortliche Naturwissenschaft, Technik und Landwirtschaft beschäftigt sind.

FINRRAGE erstellt regelmäßige Informationspakete und vermittelt Referentinnen.

Institute of Social Studies (I.S.S.) Women and Development Program
Badhuisweg 251 / P.O. Box 90733
2509 LS Den Haag
Niederlande

Das I.S.S. ist ein sozialwissenschaftliches Institut, das Aufbaustudiengänge im Entwicklungsbereich anbietet. Ausgebildet werden v.a. Menschen aus der Dritten Welt. Das eigene Studienprogramm 'Frauen und Entwicklung' bietet Frauen aus der Dritten Welt wissenschaftliche Fortbildungsmöglichkeiten und veröffentlicht regelmäßig Forschungspapiere und Publikationen zur aktuellen Diskussion um Feminismus und Dritte Welt.

ISIS – Internacional
Via S. Maria dell' Anima 30
00186 Rom
Italien

Siehe ISIS – Internacional, Lateinamerika.

ISIS – WICCE – Women's International Cross-Cultural Exchange
C.P. 2471
1211 Genf 2
Schweiz
Tel. 022/33 67 46

ISIS – WICCE ist ein Frauendokumentationszentrum in Genf, das sich mit seiner Schwesterorganisation in Rom aus ISIS Women's International Information and Communication Service entwickelt hat, der von 1974 bis 1983 bestand.

Zielsetzung ist es, durch Informationsaustausch und direkten Austausch die Situation von Frauen zu verbessern und internationale Informations-und Kommunikationsnetzwerk zur Bekämpfung von Frauenunterdrückung zu stärken und zu fördern.

Jedes Jahr veranstaltet ISIS – WICCE ein themenbezogenes internationales Austauschprogramm für Frauen. Zudem wird im Zentrum in folgenden Bereichen gearbeitet:

- Herausgabe der vierteljährlich erscheinenden Zeitschrift „Women's World"
- Informationsdienst, Beantwortung von Anfragen
- Ausbildung und technische Hilfe bei Kommunikations- und Informationsdiensten
- Materiallisten, Bibliographien und Dokumentations-„Pakete"

- Leihbibliothek
- Konferenzorganisation
- IFN International Feminist Network – Internationales Feministisches Netzwerk, das internationale Unterstützung und Kampagnen von Frauen mobilisiert.

International Network: Women and the Foreign Debt Crisis
c/o NIO
Ellen van Koppen
Wilhelmina Gasthuisplein 61
1054 RB Amsterdam
Niederlande
Tel. 020/12 12 20
Dieses Netzwerk, gegründet 1987 auf dem Weltkongreß der Frauen in Moskau, will grundsätzlich alle Kräfte vereinen, die die Politik der Auslandsverschuldung und ihre verheerenden Konsequenzen für Frauen bekämpfen. Ziele des Netzwerkes sind dabei, Frauen zu unterstützen, die unter der Verschuldungskrise leiden und sich dagegen wehren, Informationen über die Auslandsverschuldung der verschiedenen Länder auszutauschen sowie Vorschläge für Alternativen zu finden, die Frauen zugute kommen. Die ersten Aktivitäten des Netzwerkes richteten sich auf das IWF/Weltbank-Treffen in West-Berlin 1988, danach sollen Vorbereitungen für den WAES 1990 in Wien stattfinden.
Koordinationszentren des Netzwerkes befinden sich in Afrika (Nigeria), Asien (Philippinen), Nord-/Südamerika (Kanada) und Europa (Niederlande).

Third World Women's Network (TWWN)
c/o Maigenet Shifferraw,
TWWN Newsletter, P.O. Box 73648
Washington DC 20056 – 3648
USA
TWWN wurde 1985 gegründet und will den Informationsaustausch zwischen Frauenorganisationen und Frauen aus Industrieländern und der Dritten Welt fördern. TWWN gibt einen Infobrief mit Artikeln, Rezensionen über neuere Forschungspapiere und Adressen von Frauenorganisationen und ihre Programme heraus.

WIDE – Women in Development Europe
Pauline Eccles
Irish Commission for Justice & Peace
169 Booterstown Ave., Co. Dublin
Irland
deutsche Kontaktfrau:
Ursula Pattberg
terre des hommes BRD e.V.
Postfach 4126
4500 Osnabrück
Im Sommer 1985 lernten sich während der Weltfrauenkonferenz einige Europäerinnen kennen, die auch danach den Kontakt zueinander behalten wollten. So trafen sie sich im November 1985 zusammen mit anderen interessierten Frauen in Amsterdam wieder, um gemeinsam zu überlegen, was sie zusammen tun könnten, um die Sache der Frauen in Fragen der Entwicklungspolitik und -hilfe deutlich zu machen und voranzutreiben.
Die damals gefaßten guten Vorsätze ließen sich aber aufgrund der vielen Frauen vertrauten Tatsache der Mehrfachbelastung der Beteiligten nur sehr zögernd in Handlungen umsetzen. Beim vierten Treffen in Oxford 1988 wurde endlich beschlossen, WIDE zu institutionalisieren, um an die nötigen Finanzmittel heranzukommen und der Arbeit mehr Stringenz zu verleihen.
WIDE möchte
- Lobbyarbeit für Frauen in Entwicklungsländern innerhalb der europäischen NGOs und der EG machen
- die Bedeutung des „gender-issue“ für alle Anträge, Studien, Statistiken, Programme etc. bewußt machen und einfordern
- den Austausch zwischen den beteiligten Frauen fördern.

Ein weiterer Schwerpunkt der Arbeit sollen die Auswirkungen der Strukturanpassungsmaßnahmen des IWF auf Frauen sein. Ferner ist die Herausgabe eines WIDE-Bulletins geplant.

Women's Global Network on Reproductive Rights
P.O. Box 4098
1009 AB Amsterdam
Niederlande
Tel. 20/92 39 00

Das Women's Global Network on Reproductive Rights ist ein Netzwerk von Gruppen und einzelnen Frauen in allen Kontinenten, die am Thema der reproduktiven Rechte von Frauen arbeiten. 'Reproduktive Rechte' bedeutet, daß Frauen selbst entscheiden, ob, wann und wie sie Kinder haben wollen, ungeachtet von Nationalität, Klasse, Rasse, Alter, Religion, Behinderungen, Sexualität und ehelichem Status.
Ziele sind: Freie Entscheidung von Frauen, ob, wann und wie sie Kinder haben wollen; Recht auf sichere und effektive Empfängnisverhütung; Recht auf sichere und legale Abtreibung; sichere frauengeleitete Schwangerschaft und Geburt; Zugang zu Fruchtbarkeitsbehandlung; frauengerechte Gesundheitsversorgung; Freiheit von Mißbrauch und diskriminierenden Praktiken; Kontrolle von seiten der Frauen, keine Bevölkerungskontrolle.
Aufgaben: Kontakt- und Informationsaustausch, Veröffentlichung eines vierteljährlichen Rundbriefes, Organisation von internationalen Aktionen und Kampagnen.
Das kleine Büro in Amsterdam koordiniert das Netzwerk, unterstützt von einer Koordinationsgruppe und einem internationalen Beirat, ansonsten arbeiten die Mitglieder unabhängig in ihren Ländern.

Women and Environment Project
Irene Dankelman
Netherlands IUCN Committee
Damrak 28–30
1012 LJ Amsterdam
Niederlande
Dieses 1986 gegründete Netzwerk will Bewußtseinsarbeit im Bereich Frauen, Ökologie und Entwicklungsprojekte leisten. Es unterstützt Frauen, die gegen die Zerstörung ihrer Umwelt kämpfen. Neben der Herausgabe eines Buches zum Thema (s. Rezension in diesem Buch), will das Netzwerk daran arbeiten, daß Frauen verstärkt an der Planung und Verwaltung von Umweltschutzaktivitäten teilnehmen.

The Women's Alternative Economic Summit (WAES)
Gerti Perlaki
ÖIE
Tuchlauben 8
A-1010 Wien
Österreich
oder
Joyce Yu
UN/NGLS
Two United Nations Plaza/
DC2-1103
New York, N.Y. 10017
USA
oder
Marjorie Williams
55-25 98 Place No. 6K
Queens, N.Y. 11368
USA
Seit 1985 gibt es Überlegungen und Pläne zu einem alternativen Frauen-(Welt-)Wirtschaftsgipfel, als Reaktion auf die katastrophalen Auswirkungen der Weltwirtschaft, insbesondere der Verschuldungskrise, auf Frauen.
WAES versteht sich als ein erster Schritt in einer langen Kampagne, die sowohl das Verständnis von Frauen über nationale und internationale Wirtschaftspolitik als auch die Verbindung der Lebensrealität von Frauen mit dieser Politik fördern will. International befaßt sich WAES mit Verschuldung und Wirtschaftspolitik weltweit, national mit „Alphabetisierungskursen in Sachen Wirtschaft" für Frauen (in den USA). Es besteht der Vorschlag, einen alternativen Frauenwirtschaftsgipfel 1990 in Wien abzuhalten für Aktivistinnen, Forscherinnen und Frauen aus der Politik aus allen Ländern. Parallel dazu soll ein NGO-Seminar über „Frauen und Strukturanpassung" abgehalten werden, das Empfehlungen für die danach folgende Sitzung der „UN-Kommission zum Status der Frau" erarbeiten könnte.
WAES will die Fragestellungen und Sichtweisen von Frauen aller Länder zu Wirtschaftsfragen zusammenbringen und bittet um Beiträge und Ideen für die Planung des alternativen Frauenwirtschaftsgipfels.

Women's World Banking
684 Park Ave.
New York, N.Y. 10021
USA
Diese unabhängige und international arbeitende Finanzinstitution wurde 1979 gegründet, um die unternehmerische Selbständigkeit von Frauen in ihren jeweiligen Wirtschaften zu fördern.

Afrika / Naher Osten

Arab Women's Solidarity Association (AWSA)
4 a Dareh Saas St.,
off Kasr El Ainy St.
Kairo
Ägypten
Die AWSA wurde 1982 gegründet und zählt heute ca. 1000 Mitgliedsfrauen verschiedenster arabischer Nationen. AWSA arbeitet überregional und hat bisher 2 internationale Konferenzen organisiert, Seminare veranstaltet und verschiedene Veröffentlichungen gemacht zur Lage der arabischen Frau. AWSA wendet sich gegen jegliche Diskriminierung von Frauen in arabischen Ländern und kämpft auch gegen die Politik fundamentalistischer islamischer Gruppen. AWSA setzt sich für die Gleichberechtigung und Selbstbestimmung sowohl der Frauen als auch ihrer Völker ein und fordert dementsprechend auch eine Beteiligung von Frauen im Kampf für Frieden und soziale Gerechtigkeit in ihren Ländern.

African Participatory Research Network (APRN)
c/o Fatma Alloo
P.O. Box 20027
Dar Es Salaam
Tanzania
APRN ist ein 1982 gegründetes Frauenforschungsnetzwerk mit 16 nationalen Koordinatorinnen und ca. 100 Mitgliedern. Es gibt seit 1987 einen Infobrief heraus.

Association of African Women for Research and Development (AAWORD)
Boite Postal 3304
Dakar
Senegal
Vor mehr als 10 Jahren wurde AAWORD von 30 afrikanischen Frauen gegründet, um Erfahrungen auszutauschen sowie eigenständige Theorien und Forschungsmethoden zu entwickeln, die den praktischen Bedürfnissen und Problemen der Frauen in ihren Ländern gerecht zu werden. Schwerpunkte und Richtlinien für Forschung wurden auf dem Seminar „Afrikanische Frauen und die Dekolonisierung der Forschung“ 1977 in Dakar konzipiert. Seither hat AAWORD viele Konferenzen, Workshops und Seminare durchgeführt, wobei ein wichtiger Aspekt ihrer Arbeit Kommunikation und Vernetzung ist. Gegenwärtig umfaßt die Organisation mehr als 450 Mitgliedsfrauen. AAWORD erstellt die vierteljährlich erscheinende Zeitschrift ECHO sowie Forschungspapiere und Bibliographien.

Asien

Asian and Pacific Centre for Women and Development (APCWD)
c/o Asia and Pacific Development Centre
P.O. Box 2444
Jalan Data
Kuala Lumpur
Malaysia

Asian Pacific Women's Network (ACFOD)
P.O. Box 2930
Bangkok 10500
Thailand
Dieses 1984 gegründete Netzwerk ist ein Zusammenschluß von Frauen/Gruppen aus 10 Ländern Asiens (Neuseeland, Bangladesh, Belau, Indien, Indonesien, Japan, Malaysia, Nepal, Sri Lanka und Thailand), deren Schwerpunkt auf der Arbeit auf Gemeindeebene liegt.

Asian Women's Institute
c/o Lucknow Publishing House
37 Cantonment Road
Lucknow
Indien
Dieses Institut koordiniert 9 Zentren für Frauenstudien in Korea, Libanon, Iran, Indien, Pakistan und Japan. An der Zielsetzung von Wachstum, Gleichheit und Gerechtigkeit für alle Frauen Asiens wird durch Dokumentation, Forschung und Kommunikation schwerpunktmäßig gearbeitet. Das Institut gibt einen vierteljährlichen Rundbrief heraus. Es wird besonders unterstützt von der Association of North American Cooperating Agencies of Overseas Women's Christian Colleges.

Asian Women's Research and Action Network (AWRAN)
Irene M. Santiago
AWRAN Secretariate
c/o Pilipina
P.O. Box 208
Davao City
Philippinen
oder
Teresita Quintos Deles
AWRAN Secretariate
c/o Pilipina
12 Pasaje de la Paz, Project 4
Quezon City
Philippinen
AWRAN ist ein Netzwerk, das sich zur Aufgabe gesetzt hat, Feminismus in Forschung und Aktion ausgehend von der Realität der sozialen Aktionsgruppen zu fördern. Das Regionalzentrum verbindet die Ländernetzwerke durch Informationsaustausch über laufende Frauenforschungsprojekte, stellt Kontakte zwischen Forscherinnen und feministischen Aktionsgruppen her. Dazu bietet AWRAN an: Informationsdienste, technische Unterstützung, Fortbildung, interkulturelle Austauschprogramme, Hilfe bei der Entwicklung interregionaler Forschungsprogramme.

Committee For Asian Women
75 Peking Road 4/F
Kowloon, Hong Kong
Tel. 3/722 61 50
Telex 3 7 618 URMHX
Dieses ökumenische Programm bezieht sich auf Frauen, die am Thema Industriearbeiterinnen arbeiten. Politische Bewußtseinsarbeit mit Frauengruppen vor Ort ist ein Schwerpunkt der Arbeit, dazu kommen noch: Aufbau von Solidaritätsarbeit in der Region, Austauschprogramme, nationale Workshops, Fortbildung, Regionalberatung, Herausgabe der vierteljährlichen Zeitschrift: Asian Women Workers Newsletter.

The Pacific and Asian Women's Forum (PAWF)
5 Bhagwandas Road
New Delhi 110001
Indien
PAWF, gegründet 1977, ist ein informelles Netzwerk von Frauen, Forscherinnen und Frauenorganisationen der Region, die die Schaffung einer neuen Gesellschaftsordnung auf der Basis von sozialer Gerechtigkeit und der Gleichheit aller Menschen und besonders von Frauen und Männern anstrebt.
PAWF sammelt und verbreitet Informationen über Frauenaktionen, Frauenforschung und Aktionsgruppen zum Thema 'Frauen und Entwicklung' und veröffentlicht den Rundbrief Pacific and Asian Women's Network.

Simorgh
Women's Resources & Publications Centre
P.O. Box 3328, Main Market
Gulberg – 11
Lahore
Pakistan
Simorgh hat 1986 ein internationales Treffen für Frauen aus islamischen Ländern organisiert.

Third World Movement Against Exploitation of Women (TW-MAE-W)
P.O. Box 1434
Manila 2800
Philippinen
Seit 1981 arbeitet dieser Zusammenschluß von Frauengruppen in den Philippinen, Thailand, Taiwan, Indonesien, Süd-Korea und Japan gegen Sex-

tourismus und andere Formen der Ausbeutung von Frauen. TW-MAE-W veröffentlicht einen zweimonatlichen Rundbrief: „TW-MAE-W Action Bulletin“.

Lateinamerika / Karibik

Caribbean Association for Feminist Research and Action (CAFRA)
Language Laboratory
University of the West Indies
St. Augustine
Trinidad und Tobago
CAFRA will die Verbindungen zwischen der (Frauen-)Forschung und Aktionsprogrammen in der Region verstärken. Dafür werden Forschungsprioritäten entwickelt, die den Bedürfnissen der feministischen Bewegung entsprechen, zudem werden von CAFRA Frauentreffen in der Region organisiert.

Consejo de Educacion de Adultos de America Latina Red de Mujeres (CEEFAL)
Coordinadora Regional
Rocio Rosero
Casilla 123 – C, sucursal 15
Quito
Ecuador
Ungefähr 70 Frauengruppen aus Süd- und Mittelamerika machen dieses 1982 gegründete Netzwerk aus. In ihrer Bildungsarbeit mit Frauen auf der Gemeindeebene befassen sie sich auch mit den Auswirkungen der ökonomischen Krise und der Suche nach alternativen Lösungen.

Development Alternatives With Women For A New Era (DAWN)
Neuma Aguiar
IUPERJ
Rua Paulino Fernandes, 32
Rio de Janeiro, RJ, 22.270
Botafogo
Brasilien
Tel. 021/246/18 30
Telex 021/378 42 DAWN BR
weitere Adressen siehe unten

DAWN (Morgendämmerung) konstituierte sich 1984 in Bangalore, Indien, als ein Zusammenschluß von Frauen und Männern aus Aktionsgruppen, Wissenschaft und politischen Organisationen aus Asien, Afrika, Lateinamerika, der Karibik und dem Pazifischen Raum – die weltweiten Kontakte schließen auch einige aus den Industrieländern ein. Ziel von DAWN ist es, Bewußtsein und ein globales Netzwerk für eine Frauen- und menschengerechte Entwicklung zu schaffen, wobei das herrschende wachstumsorientierte Entwicklungsmodell entschieden kritisiert wird. 1985 trat DAWN auf dem NGO-Forum der Weltfrauenkonferenz in Nairobi mit einem Positionspapier zur Frage von Entwicklung aus der Sicht von „Dritte Welt“-Frauen an die Öffentlichkeit. (DAWN: Development, Crises and Alternative Visions: Third World Women's Perspective, Olden, Kopenhagen, 1985).
DAWN veröffentlicht einen vierteljährlich erscheinenden Rundbrief.
Die Forschungs-, Vernetzungs- und politische Arbeit von DAWN teilt sich sowohl geographisch als auch thematisch in folgende Komitees auf:

DAWN's Leitungs-Komitee:

Forschung:
Hameeda Hossain
Bangladesh Institute of Development Studies, Dhaka, Bangladesh

Kommunikation:
Claire Slatter
Dept of Politics
South Pacific University
37 Rewa Street
Suva, Fiji

Recht:
Lucille Mair ISER
University of West Indies
Mona, Kingston, 6 Jamaica

Internationale Beziehungen:
Devaki Jain. ISST
Tharanga, Rajmahal Vilas Extension,
Bangalore 560006
Indien

Veröffentlichungen:
Lourdes Arizpe

Museo Nac. Culturas Populares
Av. Hidalgo 289,
Mexico 04000, DF.
Mexiko

Koordinatorinnen der Forschungsgruppen:

Ernährung, Energie und Verschuldungskrise:

Karibik:
Peggy Antrobus
Extra Mural Dept., University of West Indies
Pinelands – Barbados

Ostafrika:
Maria Nzomo – Dept. of Government, University of Nairobi
P.O. Box 30197
Nairobi – Kenya

Westafrika:
Ayesha Imam
Dept. of Sociology – Ahmadu Bello University
Zaria – Nigeria

Südasien:
Nirmala Banerjee – CSSO
10 Lake Terrace, Cal 29 Calentha
Indien 700029

Südostasien:
Noeleen Hayzer
Asian and Pacific Development Centre – Pesiaran Duta
Kuala Lumpur – Malaysia

Pazifischer Raum:
Claire Slatter
s. oben

Lateinamerika:
Virginia Vargas
Flora Tristan
Parque Herman Vilarde, 42
Lima – Peru

Frauenvisionen und Frauenbewegungen:

Karibik:
Rhoda Reddock
Lot 22B Leotaud Lands, Arima
Trinidad und Tobago

Ostafrika:
Maria Nzomo
s. oben

Westafrika:
Ayesha Imam
s. oben

Südasien:
Hameeda Hossain
7/C Bailey Road
Dhaka – Bangladesh

Südostasien:
Noeleen Heyzer
s. oben

Pazifischer Raum:
Claire Slatter
s. oben

Lateinamerika:
Cheywa Spindel – IDESP
Av. Dr. Amaldo, 1973
São Paulo 01255 – Brasilien

fempress – ilet
casilla 16-637
Santiago 9
Chile
fempress ist ein alternatives lateinamerikanisches Frauenkommunikationsnetzwerk. Es gibt eine monatlich erscheinende Zeitschrift „mujer/fempress" heraus, in der neben Berichten über Frauenaktivitäten von fempress-Korrespondentinnen auch Presseartikel aus verschiedenen lateinamerikanischen Ländern und Hinweise auf neue feministische Literatur, Zeitschriften, Broschüren und aktuelle Seminare, Frauentreffen etc. zu finden sind. Viermal jährlich erscheinen außerdem spezielle Themenschwerpunkte.

Frente Continental de Mujeres
c/o Doris Tijerino
Apartado Postal 847
Managua
Nicaragua
Die 1982 als „Kontinentale Frauenfront gegen die Intervention" gegründete FCM ist ein lateinamerikanischer Zusammenschluß von Frauen „aus unterschiedlichen Sektoren: Politikerinnen, Bäuerinnen, Forscherinnen, Feministinnen und Revolutionärinnen". FCM hat ihren Schwerpunkt in antiimperialistischer Frauenpolitik und

setzt sich u.a. für Frieden in Zentralamerika ein. FCM gibt einen regelmäßig erscheinenden Rundbrief heraus und hat bisher drei lateinamerikanische Treffen veranstaltet (siehe Artikel in diesem Reader).

ISIS – Internacional
Casilla 2067/Correo Central Santiago
Chile
Tel. 56/2/49 02 71 und 56/2/225 36 29
ISIS Italien
Via S. Maria del' Anima 30
00186 Rom
Italien
Tel. 06/656 58 42
ISIS ist ein weltweiter Informations- und Kommunikationsdienst für Frauen und arbeitet mit mehr als 10 000 Kontakten (Frauengruppen, Institutionen etc.) in 150 Ländern. Vorrangiges Ziel von ISIS-Internacional ist es, Bedingungen zu schaffen für einen Austausch von Informationen und Erfahrungen.
ISIS-Internacional hat ein Zentrum in Rom, Italien, und eins in Santiago, Chile, das zum Schwerpunkt hat, die Aktivitäten der Region Lateinamerika und Karibik zu koordinieren sowie Kontakte zu Frauen in anderen Teilen der Welt, speziell der „Dritten Welt", herzustellen.
Die über die Kontakte eingehenden Informationen werden in regelmäßig erscheinenden Publikationen verarbeitet, es existiert auch ein Dokumentationszentrum. Weiterhin werden Austauschprogramme zwischen Frauen unterschiedlicher Kulturen, Konferenzen und internationale Kampagnen von ISIS organisiert.
Publikationen: Ausgaben von ISIS-Internacional de las Mujeres, mit dem Beiheft Mujeres en Accion (Frauen in Aktion), Boletin de la Red de Salud de las Mujeres Latinoamericanas y del Caribe (Rundbrief des Gesundheitsnetzwerkes der Frauen Lateinamerikas und der Karibik), Informationshefte.

Red de Salud de las Mujeres Latinoamericanas y del Caribe
c/o ISIS-Internacional
Casilla 2067 – Correo Central
Santiago
Chile
Dieses 1984 gegründete Gesundheitsnetzwerk der Frauen Lateinamerikas und der Karibik mit Sitz bei ISIS-Internacional in Santiago vereint ca. 200 Gruppen. Die Arbeit des Netzwerkes beinhaltet die Schaffung eines Informationszentrums, Veröffentlichung von Materialien und Informationen sowie eines zweimonatlich erscheinenden Rundbriefes, die Koordination von Gruppen, Kampagnen und Aktionen.
Das Netzwerk will auch Austausch mit Frauengesundheitsgruppen über Lateinamerika hinaus, aus anderen Ländern der „Dritten Welt" fördern.

Women And Development Unit (WAND)
c/o Peggy Antrobus
Tutor/Coordinator
Women and Development Unit
Extra Mural Department UWJ
Pinelands, St. Michael
Barbados
1977 wurde WAND als Konsequenz des Regierungsfrauenseminars „Integration of Women in the National Development in the Caribbean" gegründet.
WAND soll mit folgenden Aufgaben dazu beitragen, den auf dem Seminar entwickelten Aktionsplan zu begleiten: Fortbildung für Ausbilderinnen und Multiplikatorinnen, technische Hilfsprogramme, Veröffentlichung von Materialien, Entwicklung von Forschungsprogrammen und Programmen für Gesetzesveränderungen.
Zu den Veröffentlichungen gehören: der vierteljährliche Rundbrief „Woman speak", die Artikel-Serie „Concerning Women and Development" sowie andere Studien und Medien.

Frauenorganisationen innerhalb der Vereinten Nationen

INSTRAW
(United Nations International Research and Training Institute for the Advancement of Women)
Cesár Nicolás Penson
102-A, P.O. Box 21747
Santo Domingo
Dominikanische Republik
INSTRAW ist ein 1983 gegründetes Frauenforschungs- und Fortbildungszentrum der UNO, das von freiwilligen Beitragszahlungen der Mitgliedsländer getragen wird. Im Rahmen seiner Dokumentations- und Informationsarbeit gibt INSTRAW einen vierteljährlich erscheinenden Infobrief und eine Publikationsreihe heraus, die sich besonders den Themen Frauen und Weltwirtschaft, internationale Arbeitsteilung etc. widmet.

JUNIC/NGO
Programme Group of Women
(Joint United Nations Information Committee)
UN-Office
A-1400 Wien
Österreich
Dieses Komitee gibt Materialsammlungen zu speziellen Frauen-Themenschwerpunkten heraus (Behinderung, Gesundheit, ökonomische und soziale Rolle der Frauen, Wohnung, Frieden). Demnächst erscheint ein Schwerpunkt zu 'Frauen und Weltwirtschaftskrise'.

UNIFEM
(United Nations Development Fund for Women)
304, East 45th St., 6th Floor
New York, N.Y. 10017
USA
UNIFEM ist ein Fonds zur Unterstützung von Frauenentwicklungsprojekten in der Dritten Welt. Er leistet direkte finanzielle und technische Hilfe an Frauenprojekte und „erfüllt eine Katalysatorfunktion bei der Vergabe bi-und multilateraler Entwicklungshilfe, durch Beteiligung bei Projektplanung, -betreuung und -auswertung". UNIFEM arbeitet eng mit dem Entwicklungsprogramm der UN (UNDP) zusammen. In unregelmäßigen Abständen werden „occasional papers" herausgegeben.

UN-Division for the Advancement of Women
United Nations Office
1400 Wien
Österreich

Neben diesen speziellen UN-Frauenorganisationen (die allerdings allesamt von der Mittelausstattung äußerst bescheiden sind und nur über freiwillige Beiträge aufrechterhalten werden), gibt es, insbesondere seit der von der UN ausgerufenen 'Dekade der Frau' (1976–1985) auch innerhalb der einzelnen UN-Unterorganisationen eine Vielzahl von Aktivitäten und Frauenstudien (insbesondere bei ILO – regelmäßige Zeitschrift „Women at Work" –, FAO, UNICEF, UNESCO und WHO).
Informationen über die Arbeit der UN in Sachen Frauen sind erhältlich bei der:
Deutschen Gesellschaft für die Vereinten Nationen (DGVN)
Dag-Hammarskjöld-Haus
Poppelsdorfer Allee 55
5300 Bonn 1

Andere UN-Organisationen

FAO – Food and Agriculture Organization
Via delle Terme di Caracalla
00142 Rom
Italien

ILO – International Labour Organization
4, route de Morillons
1211 Genf 22
Schweiz

UNESCO – United Nations Educational, Scientific and Cultural Organization
7, place de Fontenay
75700 Paris
Frankreich

UNHCR – United Nations High Commissioner for Refugees
Palais des Nations
1211 Genf 10
Schweiz

UNICEF – United Nations Children's Fund
866 United Nations Plaza
New York, N.Y. 10017
USA

WHO – World Health Organization
20, Avenue Appia
1211 Genf 27
Schweiz

CEPAL – Comision Economica para America Latina
Casilla 179-D
Santiago
Chile

ECA – Economic Commission for Africa
P.O. Box 3001
Addis Abeba
Äthiopien

ECOSOC – Economic and Social Council
United Nations Plaza, UN-Building
New York, N.Y. 10017
USA

ESCAP – Economic and Social Commission for Asia and the Pacific
The United Nations Building
Rajadamnern Avenue
Bangkok 2 10200
Thailand

ECWA – Economic Commission for Western Asia
P.O. Box 27
Baghdad
Irak

Eine ausführliche kommentierte Liste (englisch und spanisch) von Frauennetzwerken auf internationaler und nationaler Ebene, insbesondere zum Bereich Gesundheit und Bevölkerungspolitik, ist zu beziehen bei:
terre des hommes
Postfach 4126
4500 Osnabrück

Weitere Adressen

AGKED
(Arbeitsgemeinschaft Kirchlicher Entwicklungsdienst)
Eva von Hertzberg
Frauenbüro
Kniebisstraße 29
7000 Stuttgart

Marjorie Mbilinyi
University of
Dar es Salaam, z.Zt.
Avenue Wellington 150
1180 Brüssel
Belgien

Resource Center for Nonviolence
Project Abraco: North Americans in Solidarity with the People of Brazil
Judith Hurley
515 Broadway
Santa Cruz, CA 95060
USA

Taller de recursos para la Mujer
Socorro Ramirez
Apartado Aereo 25388
Bogotá
Kolumbien

AMNLAE
(Asociación de Mujeres Nicaraguenses „Luisa Amanda Espinoza")
Silvya Mc. Evans
Secretaria Nacional
Relaciones Internacionales
Apartado Postal A-238
Managua
Nicaragua

Mafalda Sibille
Coordinadora Programa de Información de la Mujer
Apartado 1009
Centro Colón
San José
Costa Rica

Fundação Carlos Chagas
Carmen Barroso
Av. Prof. Francisco Morato, 1565
São Paulo – SP-05513
Brasilien
Tel. 211/45 11 oder 262/47 76 (home)

GABRIELA
P.O. Box 4386
Manila 2800
Philippinen

Caren Grown c/o Economics Dept.
Graduate
Faculty, New School for Social Research
65 Fifth Ave.
New York, N.Y. 10025
USA

Asian and Pacific Development Centre
Noeleen Heyzer
Pesiaran Duta
Kuala Lumpur
Malaysia
Tel. 254/8088

Nirmala Banerjee
31, Mahanirvan Rd. Cal. 29 (home)
CSSO, 10, Lake Terrace, Cal. 29 (office)
Calentha – 700029
Indien
Tel. 42/64 96 (home)
Tel. 46/79 58 / 46/64 72 (office)

Sheela Shukla
Women's Development Studies and Research Centre
Rani Durgavati University
Jabalpur – 482001 MP
Indien

Ela R. Bhatt
Self Employed Women's Association (SEWA)
Sewa Reception Centre
Opp. Victoria Garden
Ahmedabad – 380017
Indien
Tel. 44 52 15 / 39 05 77 / 39 03 29

SOON-YOUNG YOON
c/o WHO / SEARO
The World Health House
Mahatma Gandhi Marg
New Delhi – 110002
Indien

Literatur

Frauen und ökonomische Krise in der Dritten Welt

AAWORD, "The crises in Africa and women's vision of the way out", Seminar-Hintergrundpapier, Dakar 1988; zu beziehen von AAWORD, Adresse s. Netzwerke Afrika.

Arteaga Montero, Vivian: Recesión economica, estrategias de viva y el rol de la mujer en Bolivia. Cedoin. Informe especial. La Paz 1988.

Barbieri, Teresita de: La Presencia de las Mujeres de América Latina en una Década de Crisis, CIPAF. Sto. Domingo 1987. (Bezug: CIPAF, Apartado Postal 1744, Sto. Domingo, Republica Dominicana).

Berio, Rina; Molina, Ivan: El impacto de la politica monetaria y financiera en la mujer latinoamericana. INSTRAW, Santo Domingo 1986.

Braunmühl, Claudia von: Strukturanpassung – mit Frauenaugen gesehen. Was die Politik des Internationalen Währungsfonds (IWF) und der Weltbank für die Frauen in Jamaika bedeutet. In: Beiträge zur feministischen Theorie und Praxis Nr. 23, S. 53-65.

Change, International Reports (Hg.): The Cost of Debt: Women and the International Debt Crisis. (Bezug: 29, Great James Street, London WC 3ES, GB)

Coote, Belinda: Debt and Poverty, a case Study of Jamaica, Oxford 1985. (Bezug: Oxfam, Adr. siehe Netzwerk-Teil).

División de Desarrollo Social de la CEPAL: Las Mujeres Latinoamericanas y la Crisis: el impacto en el mercado de trabajo. o.O. 1987. (Viele UN-Organisationen wie CEPAL, ILO, UNICEF haben Studien zu diesem Themenbereich erstellt; Bezug s. im Netzwerk-Teil).

Entwicklungspolitische Korrespondenz – EPK, 3/87: Zwischen Staatshaushalt und Haushaltskasse. Frauenarbeit und Weltwirtschaft.

Gidwani, Sushila: Impact of monetary and financial policies upon women. INSTRAW, Santo Domingo 1985. (Bezug: INSTRAW, siehe Netzwerk-Teil).

Hamburger Frauen- und Dritte Welt-Gruppen: Zwischen Bank und Besen. Frauenarbeit, Weltwirtschaft und Verschuldungskrise. In: BUKO (Hg.): Elende Schuld, unverschuldetes Elend, S. 85-99. Hamburg 1987.

Joekes, Susan: Industrialization, trade and female employment in development countries: Experiences of the 1970's and after. INSTRAW, Santo Domingo 1986. (Bezug INSTRAW, s. Netzwerk-Teil).

León, Magdalena; Deere, Carmen Diana (Hg.): La mujer y la politica agraria en América Latina. Mexiko 1986.

MUDAR; ISIS: Mujeres, crisis y movimiento. América Latina y el Caribe. ISIS Ediciones de las Mujeres No. 9, o.O. 1988.

Ramirez, Soccorro: Necesitamos la Crisis para formar un Movimiento de Mujeres. Fempress Ilet No. 78, Santiago o.J. (Bezug: Fempress, Casilla 16-637, Chile).

Schneider, Ingrid: Soziale Auswirkungen von Wirtschaftskrise und Strukturanpassung in Lateinamerika. Hamburg 1989. (Bezug: Institut für Iberoamerikakunde, Alsterglacis 8, 2000 Hamburg 36).

Sen, Gita; Grown, Caren: Development, Crisis and Alternative Visions: Third World Women's Perspectives. DAWN. Kopenhagen 1985.

SID; ACEP; PIEM (Sociedad Internacional para el Desarrollo / Asociación Colombiana para el Estudio de la Población / Programa Interdisciplinario de Estudios de la Mujer): Las Mujeres frente a la crisis de América Latina y el Caribe. Bogotá 1985. (Bezug: ACEP, Cra. 23 – No. 39-82, Bogotá, Kolumbien).

Stern, Brigitte: The changing role of women in international economic relations. Conceptual framework of research studies. INSTRAW. Santo Domingo 1985.
Tibaijuka, Anna K.: The Impact of Structural Adjustment Programmes on Women: The Case of Tanzania's Economic Recovery Programme. Economic Research Bureau, University of Dar es Salaam, Tanzania, 1988.
Wel, Lisette van der: Tell Me a Place Where You Can Mine Money From the Ground. Women, Money and Development. Research and Documentation Centre, Women and Autonomy, University of Leiden, NL 1986. (Bezug: ISIS-WICCE, s. Netzwerk-Teil).
Westberliner IWF/Weltbank Frauenplenum: Ohne uns Frauen läuft nix. Ansätze zum Zusetzen, Durchsetzen, Umsetzen, Fortsetzen. Berlin 1988.
Wuttke, Gisela: Zum Verhältnis von Liebe und Verschuldung. Wie Frauen sich aus einem Elend retten, das sie nicht verschulden. In: Dörfler, Anneli u.a. (Hg.): ... dazwischen liegen Welten..., S. 185–188. Saarbrücken, Fort Lauderdale 1988.
UNICEF: The invisible adjustment. Poor women and the economic crisis. Santiago de Chile 1987.
UNICEF: Analisis de la situación actual de la Mujer en el Salvador. San Salvador 1988. (UNICEF hat in den letzten Jahren eine Vielzahl von Frauenstudien zum Themenschwerpunkt ökonomische Krise veröffentlicht.)
Zdunnek, Gabriele: Strukturanpassung – ein Ausweg aus der Krise? Auswirkungen der Strukturanpassungspolitik auf die Situation von Frauen in nigerianischen Städten. In: Beiträge zur feministischen Theorie und Praxis Nr. 23, S. 65ff.

Frauen in der Dritten Welt

Allison, Helen; Ashworth, Georgina: Hard Cash, Man-Made Development and its Consequences, a Feminist Perspective on Aid. In: Change / War on Want (Hg.) o.J. (Bezug: 37–39 Great Guilford Street, London SE1 OE5, GB).
Berninghausen, Jutta; Kerstan, Birgit (Hg.): Die unsichtbare Stärke: Frauenarbeit in der Dritten Welt, Entwicklungsprojekte und Selbsthilfe. Saarbrücken/Fort Lauderdale 1984.
Change (Hg.): Shaming the World – The Needs of Women Refugees, by Lucy Bonnerjea. (Bezug: Change, International Reports: Women and Society, 29 Great James Street, Landon WC1 N3ES, GB).
Centre for Social Development and Humanitarian Aid: Women 2000, Branch for the Advancement of Women. Wien o.J. (Bezug: Vienna International Centre, P.O. Box 500, 1040 Wien).
DAWN: Morgenrot für die Feminisierung in der Entwicklung? In: Peripherie, Zeitschrift für Politik und Ökonomie in der Dritten Welt Nr. 25/26, S. 143ff.
Dörfler, Anneli u.a. (Hg.): ... dazwischen liegen Welten... Frauenstudienvorhaben in Afrika, Asien und Lateinamerika. ASA-Studien 15, Saarbrücken/Fort Lauderdale 1988.
Dokumentationsstelle Lateinamerika: Frauen in Lateinamerika. Eine Auswahlbibliografie. Dokumentationsstelle Lateinamerika im Deutschen Überseeinstitut, Hamburg 1989.
Fenton, Thomas P.; Hecfron, Mary J.: Women and Third World – a Directory of Resources. New York 1987.
Fuentes, Marta: Women and Politics in Chile (1964–1984). o.O., o.J. (Bezug: Marta Fuentes, H. Bosmannstraat 57, 1077 X6 Amsterdam).
IKO/Pädagogik: Dritte Welt: Frauen in aller Herren Länder – Alltag und Organisationsformen. Frankfurt 1987.

IKO/Pädagogik: Dritte Welt: Ländliche Entwicklung – Konzepte, Umsetzungen, Frauen als Trägerinnen von Entwicklung. Frankfurt 1987.
ILO/INSTRAW: Women in Economic Activity: A Global Statistical Survey (1950–2000). Santo Domingo 1985.
Jacobi, Carola; Nieß, Thomas: Hausfrauen, Bauern, Marginalisierte: Überlebensproduktion in Dritter und Erster Welt. Bielefelder Studien zur Entwicklungssoziologie Bd. 10, Saarbrücken 1980.
Lachenmann, Gudrun: Frauenpolitik in der Entwicklungspolitik. Verbesserung der Rahmenbedingungen für Frauenförderung in Afrika durch Entwicklungszusammenarbeit. Berlin 1989. (Bezug: DIE – Deutsches Institut für Entwicklungspolitik, Fraunhoferstr. 33–36, 1000 Berlin 10).
Leon, Magdalena (Hg.): Debate sobre la mujer en America Latina y el Caribe. Bd. I: La Realidad Colombiana; Bd. II: Las Trabajadoras del Agro; Bd. III: Sociedad, Subordinación y Feminismo. Bogotá 1982. (Bezug: ACEP, Cra. 23 – No. 39-82, Bogotá, Kolumbien).
Lenz, Ilse; Rott, Renate (Hg.): Frauenarbeit im Entwicklungsprozeß. Saarbrükken/Fort Lauderdale 1984.
Mamozai, Martha: Herrenmenschen. Frauen im deutschen Kolonialismus. Reinbek bei Hamburg 1982.
Mies, Maria: Patriarchat und Kapital. Frauen in der internationalen Arbeitsteilung. Zürich 1988.
Morgan, Robin (Hg.): Sisterhood is global. The International Women's Movement. Anthology. New York 1984.
New Internationalist (Hg.): Frauen – ein Weltbericht. Berlin 1986.
Potts, Lydia: Weltmarkt für Arbeitskraft. Von der Kolonisation Amerikas bis zu den Migrationen der Gegenwart. Hamburg 1988.
Terre des Hommes: Arbeit ist Frauensache, Frauenprojekte in Asien, Afrika und Lateinamerika. Osnabrück 1987. (Bezug: Terre des Hommes, Ruppenkampstr. 11, 4500 Osnabrück).
Terre des Hommes: Für alles mußt Du kämpfen. Internationale Frauenkonferenz – Berichte, Workshops, Kontakte. Osnabrück 1988.
Werlhof, Claudia v.; Mies, Maria; Bennholdt-Thomsen, Veronika (Hg.): Frauen, die letzte Kolonie. Zur Hausfrauisierung der Arbeit. Reinbek bei Hamburg 1983.
Wichterich, Christa: Frauen in der Dritten Welt. Zum Stand der Diskussion um die „Integration von Frauen in die Entwicklung". Bonn 1984. (Bezug: DSE, Hans-Böckler-Str. 5, 5300 Bonn 3).
dies.: Paradigmawechsel. Von der 'Integration in die Entwicklung' zur 'Feminisierung der Entwicklung'. In: Peripherie 25/26.
Wieringa, S. (Hg.): Women's Struggle and Strategies. London 1988.
Young, Kate u.a. (Hg.): Of Marriage and the Market. London 1981.
Zanzig, Heike; Weiss, Marianne: Die Rolle der Frau in Afrika. Eine Auswahlbibliografie. Institut für Afrikakunde Hamburg, 1984.

Zeitschriften, in denen regelmäßig Artikel zu Frauen in der Dritten Welt erscheinen

Blätter des IZ3W – Informationszentrum 3. Welt, Freiburg.
Frauensolidarität, Entwicklungspolitische Initiativen für Frauen in der Dritten Welt. (Bezug: Kleeblattgasse 4/II, A 1010 Wien).
Ila-Info – Informationsstelle Lateinamerika, Bonn.
Peripherie, Zeitschrift für Politik und Ökonomie in der Dritten Welt. Nr. 30/31: Frauen: Arbeit und Organisation; Nr. 13: Frauen und gesellschaftliche Macht. (Auch in anderen Nummern sind sehr oft interessante Frauenartikel erschienen.)

Sozialwissenschaftliche Forschung und Praxis für Frauen e.V. (Hg.): Beiträge zur feministischen Theorie und Praxis. Nr. 3: Frauen und Dritte Welt; Nr. 23: Modernisierung und Ungleichheit. (Auch in anderen Heften sind Artikel zu dem Themenbereich 'Frauen und Dritte Welt' erschienen.)

Verschuldungskrise

Altvater, Elmar u.a. (Hg.): Die Armut der Nationen. Handbuch der Schuldenkrise von Argentinien bis Zaire. Berlin 1988.
Blätter des IZ3W (Informationszentrum 3. Welt) Nr. 121: Verschuldung und IWF. Freiburg.
Blätter des IZ3W Nr. 137: Zahlen oder nicht zahlen? Freiburg.
Boris, Dieter u.a. (Hg.): Schuldenkrise und Dritte Welt, Stimmen aus der Peripherie. Köln 1987.
Boris, Dieter u.a. (Hg.): Informationsbrief Weltwirtschaft und Entwicklung. Erscheint monatlich. (Bezug: ASK, Hamburger Allee 52, 6000 Frankfurt 90).
Borz: Die Schuldenkrise. Frankfurt/M. 1987.
Braunmühl, Claudia von: Hilfe zur Selbsthilfe worldwide. Eine entwicklungspolitische Polemik. In: Contraste, Nov. 1987.
Büro für ungewöhnliche Maßnahmen; BUKO (Hg.): Wut, Witz, Widerstand. Die IWF/Weltbank-Kampagne in Bild und Wort. Stuttgart 1989.
BUKO (Hg.): Elende Schuld – unverschuldetes Elend. Hamburg 1987.
Castro, Fidel: Wenn wir überleben wollen. Düsseldorf 1984.
Clark, John: For Richer for Poorer. An Oxfam Report on Western Connections with World Hunger. Oxford 1986.
Cornia, Giovanni A. u.a. (Hg.): Adjustment with a Human Face. Vol. 1: Protecting the Vulnerable and Promoting Growth. UNICEF. Oxford 1987.
ders. u.a. (Hg.): Adjustment with a Human Face. Vol. 2: Ten Country Studies. UNICEF. Oxford 1988. – Eine deutsche Fassung „Anpassung mit menschlichem Gesicht" soll noch 1989 erscheinen. (Bezug: UNICEF, Abt. Dokumentation, Steinfelder Gasse 9, 5000 Köln 1).
Dirmoser, Dietmar u.a. (Hg.): Kinder ohne Kindheit. Lateinamerika Analysen und Berichte 12. Hamburg 1988.
Entwicklungspolitische Korrespondenz (EPK) 2/83: Die Schuldenfalle – Das Verschuldungsproblem der Dritten Welt. Hamburg.
George, Susan: Sie sterben an unserem Geld. Die Verschuldung der Dritten Welt. Reinbek bei Hamburg 1988.
IMSF; ASK (Hg.): Die Dritte Welt in der Schuldenkrise – Rolle der Bundesrepublik – Diskussion um Alternativen. Frankfurt/M. 1986.
Jolly, Richard u.a. (Hg.): the impact of world recession on children. UNICEF. World development 12. o.O. 1984.
Körner, Peter u.a.: Im Teufelskreis der Verschuldung – Der Internationale Währungsfonds und die Dritte Welt. Hamburg 1985.
Lachenmann, Gudrun: Anmerkungen zu den gesellschaftlichen Aspekten der Strukturkrise in Afrika. Berlin 1987. (Bezug: DIE, Fraunhoferstr. 33-36, 1000 Berlin 10).
Lever, Harold; Huhne, Christopher: Debt and Danger. London 1985.
van Osch-van Raay, Thera: La economía del rebusque. Reflexiones teóricas para una transformación social. UNICEF. Bogotá 1986.
Pater, Siegfried: Geld für die Welt – Bundesdeutsche Banken und die Dritte Welt. Bornheim 1987.
Peripherie, Zeitschrift für Politik und Ökonomie in der Dritten Welt, Nr. 33/34: Umkämpfte Souveränität – Zur Politik von IWF und Weltbank.

Sandner, Paul; Sommer, Michael: IWF – Weltbank – Entwicklungshilfe oder Knüppel für die Dritte Welt. Stuttgart 1988[6].
dies.: Banken, Kredite und die „Dritte Welt". Bd. 1: Verschuldung als moderne Form der Ausplünderung. Stuttgart 1988[3].
Sampson, Anthony: Die Geldverleiher – von der Macht der Banken und der Ohnmacht der Politik. Reinbek bei Hamburg 1982.
Schubert, Alexander: Die Internationale Verschuldung. Die Dritte Welt und das transnationale Bankensystem. Frankfurt 1985.
Solidarische Welt Nr. 120: Schuld, Mitschuld ... Berlin 1987. (Bezug: ASW, Hedemannstr. 14, 1000 Berlin 61).
Trägerkreis des Internationalen Gegenkongresses der IWF/Weltbank-Kampagne; Die Grünen im Bundestag (Hg.): Gegen IWF und Weltbank, Beiträge vom Internationalen Gegenkongreß der IWF/Weltbank-Kampagne, Köln 1989.
Treibsand Reader, Zeitung des ASTA der Uni Bremen, Nr. 70: Neuer Internationalismus und IWF-Kampagne. Bremen 1987.
UN-NGO-Workshop on „Debt Adjustment and the needs of the Poor" 19.-22.9.1987, Final Statement. UN. Genf 1987.
War on Want (Hg.): Profits Out Of Poverty. (Bezug: War on Want, Suite 4-6, The Hop Exchange, 24, Southwark Str., London, SE 1, GB).

Frauen und Ökonomie in der BRD

Barben, Marie-Luise; Ryter, Elisabeth: Verflixt und zugenäht. Frauenberufsbildung – Frauenerwerbsarbeit 1888-1988. o.O. 1989.
Beck-Gernsheim, Elisabeth: Das halbierte Leben – Männerwelt Beruf, Frauenwelt Familie. Frankfurt 1987.
dies.: Der geschlechtsspezifische Arbeitsmarkt. Zwischen Ideologie und Realität von Frauenberufen. Frankfurt/New York 1981.
Becker, Dietmar; Becker-Schmidt, Regina; Axeli-Knapp, Gudrun; Wacke, Ali: Zeitbilder der Technik. Essays zur Geschichte von Arbeit und Technologie. Bonn 1989.
Born, Verena (Hg.): Montags biste sowieso geschafft. Frauen am Fließband erzählen. Hamburg 1982.
DPWV, Zentralverband NRW e.V.: Tagungsbericht „Die Armut ist weiblich". Wuppertal 1987.
Flessner, Heike u.a.: Frauenunterdrückung und Familienverhältnisse. IMSF Forschung und Diskussion 1. Frankfurt 1989.
dies.: Klasse und Geschlecht. IMSF. Frankfurt 1989.
Freudenthal, Margarete: Gestaltwandel der städtischen, bürgerlichen und proletarischen Hauswirtschaft zwischen 1760 und 1910. Frankfurt/Berlin 1986.
Frevert, Ute: Frauengeschichte. Zwischen bürgerlicher Verbesserung und neuer Weiblichkeit. Frankfurt 1986.
Gerhard, Ute; Schwarzer, Alice; Slupik, Vera: Auf Kosten der Frauen. Frauenrechte im Sozialstaat. Weinheim/Basel 1988.
Huber, Michaela; Bussfeld, Barbara (Hg.): Blick nach vorn im Zorn. Die Zukunft der Frauenarbeit. Weinheim/Basel 1985.
Jurczyk, Karin: Frauenarbeit und Frauenrolle. Zum Zusammenhang von Familienpolitik und Frauenerwerbstätigkeit in Deutschland von 1918-1975. Frankfurt/New York 1978.
Kickbusch; Riedmüller (Hg.): Die armen Frauen. Frauen und Sozialpolitik. Frankfurt 1984.
Kittler, Gertraude: Hausarbeit. Zur Geschichte einer „Natur-Ressource". München 1980.
Knapp, Ulla: Frauenarbeit in Deutschland. Bd. I: Ständischer und bürgerlicher

Patriarchalismus. Bd. II: Hausarbeit und geschlechtsspezifischer Arbeitsmarkt im deutschen Industrialisierungsprozeß. München 1986².
König, Jutta u.a. (Hg.): Eine Zeitlang gehörte ich dazu. ABM und zweiter Arbeitsmarkt. Hamburg 1987.
Köppen, Ruth: Die Armut ist weiblich. Berlin 1985.
Kück, Marlene (Hg.): Der unwiderstehliche Charme des Geldes. Vom Umgang mit Geld aus der Sicht von Frauen. Reinbek bei Hamburg 1988.
Ostner, Ilona: Beruf und Hausarbeit. Die Arbeit der Frau in unserer Gesellschaft. Frankfurt/New York 1982.
Raĉki, Martina (Hg.): Frauen(t)raum im Männerraum. Selbstverwaltung aus Frauensicht. München 1988.
Richelmann, Doris: Frauen und neue Technologien. Eine Auswahlbibliographie mit einführender Kommentierung, Bd. 1 und 2. Bielefeld 1989.
Sichtermann, Barbara: Frauenarbeit. Über wechselnde Tätigkeiten und die Ökonomie der Emanzipation. Berlin 1987.
Sozialwissenschaftliche Forschung und Praxis für Frauen e.V. (Hg.): Beiträge zur feministischen Theorie und Praxis 9/10. Neue Verhältnisse in Technopatria. Köln 1983.
Vollmer, Christine: Konflikt Beruf und Familie. Eine gesellschaftliche Schlüsselfrage. Hamburg 1989.
Wolf-Graaf, Anke: Frauenarbeit im Abseits. Frauenbewegung und weibliches Arbeitsvermögen. München 1981.
dies.: Die verborgene Geschichte der Frauenarbeit. Eine Bildchronik. Weinheim/Basel 1983.

Zu den Autorinnen und Herausgeberinnen

Beate Beheim-Schwarzbach, geb. 1953, Diplom-Geographin (FU Berlin); 1982 mit IJGD in Ghana (dorfeigenes Ölpalmenprojekt), Teilnehmerin am Forum der Weltfrauenkonferenz in Nairobi 1985.
Ich sammle Wörter und Farben und suche Blicke auf den weiblichen Alltag vom holprigen Standpunkt aus, von schräg unten und von seitlich oben.

Claudia von Braunmühl, 45 Jahre, Dr. phil., war nach 11jähriger Lehre der Politischen Wissenschaft (internationale Politik) an den Universitäten Frankfurt und Edinburgh als Leiterin des Deutschen Entwicklungsdienstes in Jamaika tätig und arbeitet seitdem in Berlin als Lehrbeauftragte und freie Gutachterin.

Vicky Corpus. Nach ihrer Ausbildung zur Krankenschwester in Manila 1976 war sie einige Jahre in einem ländlichen Gesundheitsprojekt tätig. Danach entwickelte sie mit anderen zusammen das erste selbstverwaltete Gesundheitsprogramm für nationale Minderheiten in den Slums von Sagada. Von 1979 bis 1983 arbeitete sie als Beraterin des Ministeriums für Gesundheit und Erziehung in der Cordillera-Region, zwischen 1983 und 1987 organisierte sie das Programm der Clergy-Laity-Stiftung in Nord-Luzon. Vicky Corpus leitet seit 1987 in Baquio das Bildungs- und Forschungszentrum für Frauen der Cordillera. Seit 1986 ist sie Mitglied des Nationalrates von GABRIELA, dort vertritt sie die Frauen der Cordillera-Region.

Jutta Franz, Politologin, studierte Theaterwissenschaft, Germanistik und Politologie in Berlin; seit 1988 als Wissenschaftliche Mitarbeiterin an der Uni Bremen beschäftigt. Arbeitsschwerpunkte: Strukturanpassungspolitik in Afrika, speziell Liberia, internationale Wirtschaftsbeziehungen.

Marlies Fröse, 31 Jahre, Erzieherin, Sozialarbeiterin. Veröffentlichungen über feministische Bildungsarbeit und Utopien, Frauenpolitik und der Internationalen Verschuldungskrise. Mehrmonatige Auslandsaufenthalte, u.a. in Indonesien zu 'Women in Rural Cooperatives'. Mitarbeitende in der AG-Internationalismus der Frauen-Anstiftung. Tätig an der Universität in Münster.

Annette Goerlich, geb. 1957; Studium der Politikwissenschaft, Soziologie und Geschichte in Heidelberg; aktive Mitarbeit in der autonomen Frauenbewegung seit 1974; seit 1985 wissenschaftliche Mitarbeiterin im Frauenreferat des grünalternativen europäischen Bündnisses im Europaparlament.

Doris Jäger, geb. 1958 in Osnabrück, Buchhändlerin und Theologin. Ab 1977 Mitarbeit in 'Dritte Welt'-Läden und im BUKO. Brasilienaufenthalte 1986/87 und 1988.

Barbara Ketelhut (1956), Soziologin, z.Zt. wissenschaftliche Mitarbeiterin an der Hochschule für Wirtschaft und Politik (Hamburg) im Projekt „Beschäftigungschancen alleinstehender Frauen"; Redakteurin in der autonomen Frauenredaktion der Zeitschrift „Das Argument"; Mitarbeit in der Feministischen Uni (in Hamburg); Arbeitsgebiete: Marxismus/Feminismus; Ehe/Familie; soziale Sicherung von Frauen.

Ruth Kleinöder, 28 Jahre, Berlin. – Mich interessiert in Theorie und Praxis alles, was mit Landwirtschaft zu tun hat. Arbeitsschwerpunkt: Internationaler Frauenkampf. Kritische Zuschriften an die Autorin sind sehr gefragt. Antworte prompt. Meine Postadresse: R. Kleinöder, Potsdamer Str. 139, 1000 Berlin 30.

Margret Krannich, geb. 1954; Studium der Politikwissenschaft und Germanistik; Referendariat am Gymnasium, danach Dozentin für Soziologie und politische Bildung am Berufsfortbildungswerk des deutschen Gewerkschaftsbundes; seit 1976 aktiv in der Frauenbewegung; seit 1985 wissenschaftliche Mitarbeiterin im Frauenreferat des grünalternativen europäischen Bündnisses im Europaparlament.

Annekathrin Linck, 1955 geboren, erstes Interesse an Wirtschaft durch den Beruf als Exportsachbearbeiterin, später angefangen, Soziologie zu studieren, um dabei Studium und Politikmachen zu verbinden. Aktiv in der autonomen Frauenbewegung als auch in den letzten Jahren in Mittelamerikasolidaritätsgruppen. Zwei längere Auslandsaufenthalte in Spanien und Lateinamerika halfen praktisch, das Interesse an internationalen Zusammenhängen zu verstärken. Zur Zeit Mitarbeit bei der Frauen-Anstiftung.

Clara Luckmann, Jahrgang 1951. – Seit 20 Jahren lebe ich in Berlin und erfahre das Leben immer wieder von neuen Seiten als spannend und aufregend.

Gerborg Meister, geb. 1948 in Lüdenscheidt, Lehrerin für Ökonomie und Soziologie am Comenius-Kolleg, Mettingen (NRW). Mitherausgeberin der Brasilien Nachrichten. Mehrmalige Aufenthalte in Brasilien.

Carola Möller, 59 Jahre, Dr. rer. pol., Sozialwissenschaftlerin, freiberuflich tätig. Frauenforschung mit den Schwerpunkten: Arbeitsmarkt, Sozialpolitik, Armut. Redaktionsmitglied der Zeitschrift „beiträge zur feministischen theorie & praxis".

Lydia Potts, Dr. rer. pol., Sozialwissenschaftlerin, lehrt an der Universität Oldenburg 'Theorie und Politik der Arbeitsmigration'. Veröffentlichungen: Weltmarkt für Arbeitskraft, Hamburg 1988; Aufbruch und Abenteuer – Frauen-Reisen um die Welt ab 1785, Berlin 1988.

Christa Prüßner, geb. 1954, Dipl. Soziologin, Schwerpunkt Entwicklungsplanung und -politik; beschäftige mich seit dem Studium mit Frauen und „Dritte-Welt"-Problematik (vor allem Auswirkungen von Entwicklungspolitik/-projekten auf die Lebensbedingungen von Frauen). Mehrmaliger Aufenthalt in Lateinamerika. Seit 1983 Mitarbeiterin der Geschäftsstelle des BUKO. Ich habe eine zweijährige Tochter.

Martina Rački, geb. 1959, Soziologin mit Schwerpunkt Familien- und Alterssoziologie; seit 1983 Mitarbeit im Theoriearbeitskreis Alternative Ökonomie der AG SPAK; hier Herausgabe des Buches „Frauen(t)raum im Männerraum – Selbstverwaltung aus Frauensicht". Berufliche Tätigkeit: konzeptionelle Arbeit im Bereich Altenhilfe.

Anja Ruf, geboren 1956. Studium Politischer Wissenschaften in Frankfurt. Zur Zeit schreibe ich an meiner Dissertation mit dem Titel „Frauenarbeit im Postfordismus". Vor und während des Studiums zahlreiche Erfahrungen als 'ungesichert' erwerbstätige Frau. Meine Politisierung begann als Schülerin mit der 68er Bewegung – seitdem immer Teil von oder Kontakt zu Frauengruppen oder -zusammenhängen.

Ingrid Schneider, geb. 1962, Dipl. Politologin. Seit langem aktiv in der 'Dritte Welt'-Solidaritäts- und Frauenbewegung, Aufenthalte in Lateinamerika (Nicaragua,

Kolumbien). Ich habe viel Spaß an feministischer Theorie und Politik (insbesondere zu den Themen Entwicklungspolitik/Internationalismus, feministische Naturwissenschaftskritik und internationale Bevölkerungspolitik) und dem Versuch, politische Inhalte mit ästhetischen und sinnlichen Formen zusammenzubringen. Zur Zeit beschäftigt als Referentin für entwicklungsbezogene Bildungs- und Öffentlichkeitsarbeit im Referat Entwicklungszusammenarbeit der Senatskanzlei Hamburg und Mitarbeit an einem Filmprojekt zur Gentechnologie.

Elke Sirowy, geboren 1958. In den letzten 10 Jahren bewege ich mich zwischen der Psychologie (Studium, Uni Hamburg), dem Verstehen von Welt- und Wirtschaftszusammenhängen (Internationalismusarbeit, Auslandsaufenthalte in Kanada und Tanzania), der Körper-/Energiearbeit (1. Dan im Aikido, Qi Gong) und dem Zusammenleben und -arbeiten mit Frauen (u.a. in verschiedenen Frauenbildungsprojekten in Hamburg, Aufbau und Arbeit in einem deutsch-ausländischen Frauenbewegungs- und -Kulturzentrum). Und mehr noch als die nächsten 10 Jahre werde ich mit anderen weiter politisch daran arbeiten, die Übergänge zwischen diesen Bereichen fließender werden zu lassen.

Gabriele Zdunnek, M.A. Ethnologie, Dr. phil. Politische Wissenschaften; Arbeitsschwerpunkte: Wirtschafts- und Sozialgeschichte Westafrikas, Frauenarbeit im Entwicklungsprozeß, Industrialisierung und Technologietransfer, Migration; mehrere Forschungsaufenthalte in Westafrika.